追寻自然生成的数学教学

徐华教学反思录

徐华——著

ZHUIXUN ZIRAN SHENGCHENG DE SHUXUE JIAOXUE

XUHUA JIAOXUE FANSILU

广西教育出版社·南宁

目　录

绪论　追寻自然生成的数学教学

一、缘起

曾经我就“数学的学习过程有趣吗?”面向学生做过一项调查，否定回答的比例相当大，并且随着学生年龄的增长，这个比例还在呈现出增大的趋势。我们无法否认这样一种事实，在中学阶段，有相当多的学生是凭着意志品质来维持其数学学习的。

究其原因，这多少与我们日常的数学教学有关。仔细回顾一下我们的数学教学，重结果轻过程、重运用轻推导、重技巧轻思维、重解题轻问题的提出等教学现象并不鲜见，仍严重影响着教师的数学教学观。这样的数学教学观定会影响学生的数学学习观。数学的教学过程不应仅仅是功利的应试训练，也应意识到关注数学学习生成过程对维持学生数学学习热情的帮助。

我一直很庆幸从走上讲台的那一天起，就要求自己备课时做到“三不”：在对一堂课还没有教学设计初稿时，一不看教师参考用书，二不看现成的教案，三不看问题的参考答案。这“三不”帮助我在课堂教学中收获到“顺”的感觉。备课时的“三不”为什么会帮助我实现“顺”的感觉？课堂教学是否真的需要那么在意“顺”的感觉？我一直没有认真思考过这些问题，也就谈不上有自己的主张。

2000 年，在首届全国高中青年数学教师优秀课观摩与评比活动中，评委对我执教的“棱柱的概念与性质”一课给予的评价是：铺垫恰当，概念生成自然，性质探究自然深刻有效，教态自然，多媒体运用得当。这里面不乏前辈对后生的鼓励，但其中“自然”二字却让人怦然心动，这“自然”不正是前面所提到的“顺”吗？

自然，对我们而言，往往是一种感觉，即只要一堂课听下来不感到别扭就是自然。那么，如何做到让听课的人不感到别扭呢？在追寻答案的过程中，“传道授业解惑”这六个字其实可以给我们很大的启迪：既然解惑是老师的一项重要的使命，那么合情合理是实现自然感觉的前提，同时解惑也是实现自然状态重要的途径。站在学生的角度，让一堂课的每一个教学环节做到自圆其说即为自然。对初登讲台的教师来说，自然可以是设计一节主线比较清晰、结构相对简单的课，课堂上不节外生枝，教师自如把控课堂。基于这样的认识，对何为一堂“自然的数学课”我们可以做如下的理解：在进行数学教学时着眼于学生的成长、科学有效地帮助学生解惑、准确地呈现自己对教材的理解，师生一起生成如水到渠成般和谐体验的过程。自然的数学课需要教师对课程理解到位、对教学任务明晰、对学情实时洞悉，清楚并愿意正视自己的优劣。

二、对自然的追问

自然是否是一堂数学课必须具有的特质？追求自然是否应成为数学教师的内在动力？

在《辞海》中，“自”有原来的样子的含义。“自然”，有天然，非人为的意思，如自然美；也有不造作，非勉强的意思，如态度自然、文笔自然；还指人的自然本性和自然情感。

如果我们留意一下，就会发现，无论中外，追求自然是人类与生俱来的对美的心理需求的表达方式。

聚焦中国，我们传统的思维方式强调人与自然的协调与和谐，正如道家美学思想的核心观念就是自然。

放眼国外，有许多大家的语言让人印象深刻：

我相信自然规律的简单性具有一种客观的特征，它并非只是思维经济的结果。如果自然界把我们引向极其简单而美丽的形式——我所说的形式是指假设、公理等等的贯彻一致的体系——引向前人所未见过的形式，我们就不得不认为这些形式是真的。

——德国物理学家海森堡

自然界不做无用之事。只要少做一点就成了，多做了却是无用；因为自然界喜欢简单化，而不爱用多余的原因来夸耀自己。

——牛顿

自然规律的简单性也是一种客观事实，而且真正的概念体系必须使这种简单性的主观方面和客观方面保持平衡。

——爱因斯坦

如此说来，自然的本质是简单。

而数学追求的是简洁，数学教学过程中应该在正确的时间做正确的事情，这个正确的事情是应着眼于透过现象研究其本质与规律。

三、围绕教学内容探究实现自然的策略

人教版《普通高中课程标准实验教科书 数学》主编刘绍学先生有这样一段寄语：

数学是自然的，教科书中出现的数学内容，是人类长期实践中经过千锤百炼的数学精华和基础，其中的数学概念、数学方法与数学思想的起源与发展都是自然的。如果有人感到某个概念不自然，是强加于人的，那么只要想一下它的背景、它的形成过程、它的应用以及它与其他概念的联系，你就会发现，它实际上是水到渠成、浑然天成的产物，不仅合情合理，甚至很有人情味，这将有助于大家学习。

这段话对追求自然的数学教学有很大的启示，让我们在各种内容的数学教学过程中实现“自然”有了如下途径：

生成概念时，要实现概念自然地生成。可以对概念出场的必要性进行适当铺垫——为什么要研究它；探讨概念描述的合理性以实现对概念的认同——为什么是它；利用正面性原则实现对概念的熟悉——谁是它；

利用反面性原则加深对概念认识的深刻性——哪些对象像它而不是别的；利用巩固性原则培养学生的应用意识——它可以用在哪些地方，进而提升学生的数学学科素养。

探究性质时，归纳概括过程很重要。只有在归纳概括的过程中，学生才能切身体会“万变不离其宗”的思想，而这个“宗”则是指一类研究对象里共同不变的特征。那么，在这样的归纳概括过程中，如何围绕“不变特征”组织足够的研究对象才会显现自然？

公式教学中，公式的推证和应用是关键。在推证公式环节，由于公式一般提示的是量与量之间的等量关系，故引导学生体验各因素之间的关联并寻找等量关系便成为重要的内容。在公式应用环节，应着眼于用，即顺用、逆用、变形用。

在中学，考试是检验学习成果的方式之一。在教学过程中，师生应当共同关注的一个问题是，今天我们做的这道题与明天要考的那道题有什么关联？因此在进行解题教学时，应该引导学生三问：怎么做？为什么会这样做？为什么要解决这个问题？其中，怎么做——帮助学生理清解题思路；反思这样做的理由——探究方法选择的合理性既追求思维的流畅性，也是进行思维的优化训练；为什么解决这个问题——解决学生元认知问题。

四、围绕数学核心素养探究实现自然的策略

史宁中先生认为，数学抽象、逻辑推理、数学建模、直观想象、数学运算、数据分析这六个数学核心素养中，数学抽象、逻辑推理、数学建模是数学基本思想，即会用数学眼光观察世界，会用数学思维思考世界，会用数学语言表达世界。而直观想象、数学运算、数据分析是传统的数学能力。

在一堂数学课中，我们在着眼于培养学生的数学核心素养时，学生的数学思想的渗透与数学能力的培养应是主要的工作。

那么，基于数学核心素养来分析，学生在学习数学过程中会遇到什么问题呢？

在数学抽象过程中，学生对于客观存在的数量关系和空间形式观察不出、想象不出、概括不出、概括不准、概括不精等。

在进行逻辑推理过程中，学生对论据充分与否、条理清晰与否、逻辑严密与否的判断标准是模糊的。

在数学建模过程中，学生苦恼的是自己缺乏问题意识，现实模型与数学模型之间无法顺畅地转化，分析与解决问题时思维常常受阻。

在直观想象中，学生往往出现形中无数、数中无形，几何特征观察不出来的情况，无法及时借助“形”帮助理解，也无法及时运用“数”进行运算。

在数学运算过程中，算什么，怎么算，如何快，如何准，是学生心中的疑惑。

在对数据进行分析时，如何迅捷地收集与整理数据，如何正确地理解和处理数据，如何对结论做出科学合理的解释，如何概括与形成知识，是学生的心理诉求。

如此一来，在数学课堂教学中，着眼于数学核心素养，围绕学生在学习过程中产生的疑惑或困难开展教学便有章可循。

五、自然生成的数学教学

十八世纪的思想家和教育家卢梭认为，教育应服从自然的永恒法则，听任人的身心的自由发展。他强调要让儿童从个人活动中，自然地获得知识。但是，在班级授课制中，课堂教学的生成通常具有随机性，这种随机性也就导致教学预设与教学生成是一对永恒矛盾。同时，正如李祎先生在《数学教学生成论》中提到，数学教学中教学过程的“程式化”、教学内容的“教条化”以及教学交流的“偏失性”还不同程度地存在着，于是他在进行教学生成的特征分析时，强调了“生成”的自然生长性，这恰恰与我个人的教学实践是相吻合的。①

① 李祎. 数学教学生成论［M］. 北京：高等教育出版社，2008：6.

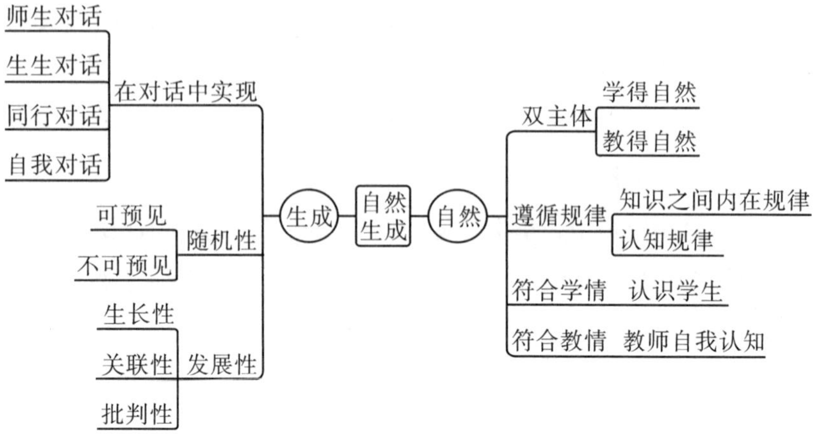

如上图所示，自然生成的数学教学体现在自然性和生成性。

自然。对自然的感受不应是教师或学生单方面的，而是实现教师自然地导和学生自然地学的有机结合。由于导在先，学在后，故自然的状态应是在教师遵循知识之间的内在规律、遵循师生的认知规律、认识学生、认识自我等前提下，课堂教学呈现出来的理想状态。

生成。教学是通过对话（包括活动）来实现的，对话既包括教研中教师自我对话、与同行对话，也包括课堂教学中的师生对话和生生对话。教学生成体现在随机性与发展性两个方面，所谓的随机性，是指在预设合理与充分的前提下，生成的结果与预设目标一致程度高，否则，一致程度就低。而所谓的发展性，一是教学的生成有如生命的孕育一般从无到有、从小到大，需要合理铺垫才会瓜熟蒂落；二是教学的生成是在经历了耐心等待和适时的启发之后对不同对象关联的顿悟；三是教学的生成还包括怀着好奇心并运用批判性思维进行审视之后得到的新发现。由此可见，无论是顺应生成的随机性还是生成的发展性，对教师的自我认知、教师对学生的认知以及教师对学习任务的认知都提出了更高的要求。稍微留意一下我们的课堂教学，当自己都很沮丧地感觉到在言之无物或者很生硬地一言堂式“讲”一节课时，那相当大的可能是因为教师在教学预设过程中的自我认知、对学生的认知、对学习任务的认知不够充分。

六、自然生成的课堂呈现的状态

如果抓住了一堂课最本质的内容，并始终围绕它演绎，那么这堂课就成功了一半。但一个不容忽视的事实是，拿着同一个教学设计，如果由不同的教师执教，效果会千差万别。作为一名教师，我崇尚自然的课堂。在一堂课中，教师以什么状态出现会更自然呢?

不做作——一堂课，首先出现在学生眼前的是教师这个人，接下来才是学习内容，教师在课堂上呈现出来的言谈举止，与教师的文化底蕴、生活阅历相匹配，这种不炫耀、不虚假谦虚的朴实感谓之自然。

不肤浅——一堂课，教师对课程有独到而深刻的见解，因有底气而呈现出落落大方的教态谓之自然。

不呆板——一堂课，教师能读懂学生的心情，随着学生的心境来掌控课堂气氛，这种因时、因势、因内容而需要的或感性、或理性、或激昂、或恬静的状态谓之自然。

不勉强——一堂课，教师在课堂上并不是在炫耀自己的超凡技能，而是沉浸于“道而弗牵，强而弗抑，开而弗达”的过程，这样水到渠成的过程谓之自然。

自然不是目的，而是我们在实现有效教学的过程中追求的状态。合情合理是实现自然的感觉前提，解惑是实现自然状态的重要途径。万物皆有其自身的成长规律，不同的学生接受同一内容的程度是千差万别的。哪怕我们找到传授内容的内在联系，在班级授课制的背景下，针对众口难调的问题，如何在数学教学过程中（并不仅仅是在课堂上），让学生聚焦共同的问题，并有效生成一节课，真的还是一个难题。

参考文献

［1］廖辉辉，史宁中，朱丹红. 数学基本思想、核心素养的内涵及教学［J］. 福建教育，2016（Z6）：94－96.

［2］焦肖燕. 追寻自然的数学教学［J］. 江西教育，2015（17）：15－18.

第一章 追寻一堂好课

上好每一堂课，是每位具有职业自觉的教师的心愿。但何为一堂好课？又如何生成一堂好课？我们心中是否有明确的答案？这是见仁见智的问题，它与每位教师的教学观有关，需要我们实现从职业自觉向专业自觉的转变。教学观是我们对于任教学科教与学的基本观念（或基本看法、基本观点、基本见解、基本概念等），是我们支配教学行为的主观意识。在新课程理念下，越来越多的教学观被我们认同，如以学习者为中心、着眼于教是为了不教、重视体验知识的发生和发展过程、关注人的全面发展等。教学观直接影响着我们对教学目标的态度、教学目标内容的确定和教学目标的达成。

那么，我心中的一堂好课是怎样的呢？

第一节　一堂好课成就一位好老师

一位优秀的数学教师，在他的执教生涯中，或许都设计、执教、反思、感悟过几堂奠定其教育观的数学课。

每个教师心中都有自己想追寻的好课，在追寻好课的路上，顺与不顺的体验都是自己成长的台阶，关键是我们不能让这些有价值的体验成为视而不见的风景。

当我第一次参加校内的教学基本功演讲大赛时，由于无法在规定的时间里组织语言进行演讲，导致干巴巴讲完后还有一大半时间没有用。遇到这样令人尴尬的场景，我并没有将其归因为自己的性格和不善言辞，而是分析出是因为自己既缺少人文素材的积累，更是对所要讲的话题没有感觉，才会导致演讲的不成功。这也让我对于教师的口才有了新的认识：教师的口才并不能等同于他的表达能力，口才可能与一个人的性格与天赋有关，但表达能力与他对要表达的内容理解的深刻程度呈正相关。由此在课堂教学中，我越来越崇尚课堂教学语言的简洁、准确和深刻。

当我本着解决“如果学生不按老师设计的套路出牌怎么办?”的初衷，遵循着“不看教师参考用书、不看现成的教案、不看参考答案”的基于学生视角审视学习内容的“三不”备课策略，收获了一堂堂自然流畅的数学课时，我逐渐地感悟到真正落实以学生为主体的学生观的意义，原来只有当学生感受到老师真正了解并正在解决他们的困惑时，教与学才刚刚开始。

当我在课堂上适时地示弱时，会惊奇地发现蕴藏在学生身上的巨大潜力。从学生口中冒出的不受束缚的奇思妙想和师生分析探究后的恍然大悟，让我感受到教学中不该将自然生成简单地理解为一帆风顺，更感悟到教学相长的含义。

当我基于培养思维的批判性而针对教材遵循简约性原则的特点去刨根问底时，会惊喜地发现原来公式的推理过程的实质是寻找等量关系，原来数学对象的性质实质就是这组对象共有的不变的特征，原来让人眼花缭乱的证明与求值问题无非就是在消除已知与未知、繁与简之间的差异。

当我对教学布置作业环节进行反思时，发现并没有任何人告诉我作业只能由老师来布置。当我在讲评作业时，发现并没有任何人告诉我作业只能由老师来讲评。于是才有了后来的课前三分钟作业自主讲评法，学生可以围绕“我怎么做？我为何这样做？别人为何让我做？”来进行讲评。

当我在习题教学中不满意就题论题或想当然地发散训练，并就“今天我们让学生所做的习题与明天他们参加高考所做的题目之间有什么关系？”“高考前怎样做才算是有效地回归课本？”“如何才能避免陷入题海？”这样的疑问进行深度思考时，才发现其实我们并没有将一道题想透彻并做透彻，于是探究如何将一道题目在不改变题设的前提下，变式为108个问题；才发现其实我们并没有真正用好教材中的例题与习题，没有深入思考我们的教学是否也应该去探究教材中的例题、习题与历年高考试题的关联。

当我在优质课比赛中呈现了一堂高质量的数学课后，得到同行的高度认可，这让我不仅收获了专业成长过程中可贵的信心，也对问题的铺垫引入、多媒体的运用、在运用“三不”策略的教学设计基础上如何查阅有价值的文献有了更深刻的认识，更在其中感受到师长们的悉心关怀。记得二十多年前获得全国首届高中青年数学教师优质课一等奖后，一直手把手指导我的前辈在那年中秋节给我发了一条短信：

中秋月圆想写诗
提笔方知难找词
十年相识为解题
一事能狂成名师
心中若无半点情

笔下何来一片痴

人生得意靠缘分

不在因为所以时

短信中的“一事能狂成名师”指的是自己参加全国大赛获得好评，为自己所在城市各学科开展说课比赛提供了有价值的参考这件事，这让我意识到一个人的进步凝聚了太多人的心血。

曾经也有老师很坦诚地与我交换意见，如此反复打磨后才形成的一堂课，毕竟不是一节常态的数学教学课，那么这样兴师动众地备一节课是否是在纸上谈兵甚至含有作秀的成分？这对日常的数学教学帮助大不大？相信有这样疑虑的人不在少数，我也是在不断经历和参加优质课比赛之后才逐渐体会到参加优质课比赛的价值：参加优质课比赛的过程，能全方位地审视自己对课程、教材、教学各环节的理解程度，这是对自己教学基本功的全面检阅；也是对于面对陌生教学对象时可能遇到不确定的教学场景做充分的预设，以确保教学的自然生成，这是教师教学经验的积累，更是教学机智形成的非常有效的途径。

我们需要明确的是，好课并不仅仅指的是在优质课比赛中脱颖而出的课，好课涵盖的范围更广。一堂好课并非处处都要追求精妙，而是一以贯之地在整个课程实施中，在适时地获得“四基”（基础知识、基本技能、基本思想、基本活动经验）、提高“四能”（发现、提出、分析和解决问题的能力）的过程中，发展学生的学科核心素养。

第二节 怎样算是一堂好课

一、我们在为学生学会学习而教吗

二十世纪三十年代，英国教育家怀特海在《教育的目的》一书中提出："学生是有血有肉的人，教育的目的是激发和引导他们的自我发展之路。"无独有偶，叶圣陶先生在二十世纪七十年代也提出了"教是为了不教"的观点。我们耳熟能详的"授人以鱼，不如授之以渔，授人以鱼只救一时之急，授人以渔则可解一生之需"也蕴含着同样的观点。

现在我们往往羞于谈灌输，是因为我们在滔滔不绝地陈述我们想让学生知晓的内容时，"我怎么没想到"往往是学生在这个时候心中产生的疑惑。其实，模仿是人类固有的天性，也是最直接的学习方式，因此，在每一次走上讲台之前，我都会提醒自己，灌输并无过错，关键是我想把什么内容呈现给学生。我认为，在一堂自然生成的数学课上，呈现自己对数学的理解、暴露教师自己解决问题的思维过程是帮助学生掌握学习方法的重要内容。

建构主义认为，学习知识不是被动接受的过程，而是认知主体在已有的认知经验基础上对新的认知材料顺应和内化的过程。知识的建构性决定了学习过程不是推翻重来的过程，而是不断扬弃与完善的过程。要帮助学生学习，就需要我们了解每位学生的认知基础，肯定其独特与合理的因素，并在此基础上帮助他们去感受、理解新知的产生和发展过程。同时我们需要提醒自己，通常是在学生用自己的语言把新学习的内容表述出来的时候，才是我们开始评价学生的时候。

知识的社会性决定了在学习共同体教学过程中，师生之间、生生之间的有效对话是学生获取学习方法的重要途径。由此可见，一堂课，需要师生实时进行有效对话。

二、我们的学生真的会解题吗

解题是数学教学最基本的活动，波利亚曾指出“中学数学教育的首要任务就是加强解题训练”。在解题过程中，帮助学生获得独立完整的解题体验，从中形成概念，归纳性质、方法，最终发展学生的学科素养。我们除了引导学生有效处理数据、合理准确地运算和灵活地进行数形转换，更应重视的是如何发展学习的科学素养。正如史宁中教授说的，我们须引导学生用数学的眼光观察世界，用数学的思维分析世界，用数学的语言描述世界。要发展学生的数学素养，有计划地让学生去解决开放性问题、研究性学习课题等非日常短周期型的练习是非常有必要的。

在数学解题教学中，学生常常苦于无法做到举一反三，而我们应对的办法往往是进行变式教学，希望通过一题多解、一题多变来帮助学生开拓视野，这在很大程度上取决于学生的记忆力或反复刺激的次数，对于提高学生应变能力帮助并不大。试想一下，如果我们引导学生在回顾已经做过的习题时，习惯追问自己以下四个问题，是否会有效改善学生面临的学习困惑呢？

①这是一个什么问题？

②这个问题用什么方法解决？

③为什么要用这个方法来解决？

④我为什么要解这道题？

当然，在进行数学解题教学时，有一个问题是我们无法回避的，那就是我们今天让学生做的题目与将来他们面临的高（中）考之间存在着什么样的关系？

因此，在我们的数学解题教学中，除了上述四个问题，再让学生尝试着去思考如下的问题是有价值的。

⑤命题者为什么要我做这道题？

⑥高（中）考题与教科书中的问题之间存在怎样的关联？

三、我们的数学课是否具有数学特点

《普通高中数学课程标准（2017年版）》对数学课程性质给出了如下表述："数学是研究数量关系和空间形式的一门科学。数学源于对现实世界的抽象，基于抽象结构，通过符号运算、形式推理、模型构建等，理解和表达现实世界中事物的本质、关系和规律。数学与人类生活和社会发展紧密关联。数学不仅是运算和推理的工具，还是表达和交流的语言。数学承载着思想和文化，是人类文明的重要组成部分。数学是自然科学的重要基础，并且在社会科学中发挥越来越大的作用，数学的应用已渗透到现代社会及人们日常生活的各个方面。"① 回顾我们的数学教学，单纯地帮助学生掌握数学知识、技能、思想和方法，并不是一项困难的工作，让我们陷入困境的问题有哪些呢？

首先，教师自身对区分知识的类型不是太热情。现代认知心理学将广义的知识分为两类，一类是描述客观事物的特点及关系的陈述性知识，另一类是强调操作步骤的程序性知识。前者着眼于"是什么""怎么样"，后者着眼于"做什么""如何做"。比之更加精细的是，经济合作与发展组织（OECD）在《以知识为基础的经济》的报告中将知识分为四种类型：关于客观事实的知识，强调"是什么"；提示规律和原理方面的知识，强调"为什么"；明确技术诀窍、技能和能力方面的知识，强调"怎么做"；知晓何人具有何种知识和能力的知识，强调"是谁"。这样的分类，对我们有效地教学是有启示的，正如数学概念的教学、数学性质的教学、数学问题的解题教学等所经历的过程不可以按同一个套路行事，如果我们没有将数学知识进行分类的意识，教学的针对性自然就会打折扣。

其次，我们在发展学生的数学素养时，如何自然地让学生体验并认同数学的抽象性、基础性、广泛性、发展性，换言之，我们的数学课如何具有数学文化的特征，是我们在教学中应该思考与解决的问题。由于隐性知识比显性知识更具有文化特征，将隐性知识显性化是一项值得尝

① 中华人民共和国教育部. 普通高中数学课程标准（2017年版）[M]. 北京：人民教育出版社，2018：1.

试的工作。“数学文化是指数学的思想、精神、语言、方法、观点，以及它们的形成和发展；还包括数学在人类生活、科学技术、社会发展中的贡献和意义，以及与数学相关的人文活动。”① 《普通高中数学课程标准（2017 年版）》中对数学文化的解读对我们在教学中渗透数学文化是有帮助的。知识是人类关于世界的认识，这种认识将所获得的信息进行处理并清晰地表达出来，是系统的认识，而文化是对知识的升华。因此，数学文化的渗透是伴随着学生知识的习得过程实现的，每一类数学知识的产生，其蕴含着的数学思想与方法，经历的数学意识与思维，凝聚的数学精神都成就了一个个鲜活的数学故事。将这些数学故事适当地挖掘与呈现出来，会帮助学生产生身临其境的代入感，体验数学家发现知识的心路历程，这恰恰也是布鲁纳倡导的“发现法”，对学生的好奇心的维持与想象力的培养是有帮助的。

四、我们是否处理好教学个性与共性的关系

智能结构、文化底蕴、生活阅历、工作团队的价值取向等因素会影响教师追求教学的差异化，这样的差异往往体现在“我是怎么教的”，由此形成个人的教学风格。教学风格体现出一位教师教学艺术水准和教学机智的灵活程度。对于教学风格的态度，齐白石老先生所说的“学我者生，似我者死”比较中肯，正是因为个人教学特色与其先天因素和后天成长经历息息相关，所以教学特色不应成为教学模式的组成内容予以推广，自然也不宜完全照搬，以免东施效颦。

在形成与保持个人鲜明的教学风格的同时，数学教学也必须有共性，如在知识积累的过程中，注重理性思维能力的训练，注重概念的抽象、概括、表述、辨析与运用和逻辑的严谨，注重变式训练，以及在变式训练中捕捉特征，归纳性质，最后掌握规律。在漫长的数学教学发展过程中，我们的数学课无论是强调基本知识、基本技能的“双基”，还是强调基础知识、基本技能、基本思想与基本活动经验的“四基”，抑或是从数

① 中华人民共和国教育部. 普通高中数学课程标准（2017 年版）[M]. 北京：人民教育出版社，2018：10.

学角度发现和提出问题的能力，分析与解决问题的能力（四能），以及数学核心素养的培养，教师一直都很关注学以致用，善于温故而知新，重视对新知的辨析，重视解题的方法与技巧及适用范围，也重视处理好记忆与理解的关系、速度与效率的关系。

当然，无论是知识的学习、能力的训练，还是素养的培养，如何做到水到渠成地进行也应是每位教师共同关注的话题。

五、我们心中真的装有教学目标吗

关于教学目标，值得一提的是，章建跃博士在连续两届高中青年数学教师课例展示与培训活动总结会上，均对选手不恰当设立的教学目标提出了批评。反思我们自己的数学课堂教学，有一个现象需要警惕：很多时候，我们的教学目标是写给别人看的。我们所列的教学目标让人无从知晓是如何操作的，其导向、激励、调控和评价的作用并未真正地体现出来。

崔允漷教授曾说："它（教学目标）既是教学的出发点，也是归宿，或者说，它是教学的灵魂，支配着教学的全过程，并规定教与学的方向。"① 一份高质量的教学设计是实现有效教学的前提，可是老师们往往口头上说很重视教学目标，但日常教学中要么不以为然，要么对于具体如何确定教学目标，自己会比较茫然。这样呈现在我们面前的要么是空洞无物的教学目标，要么是比较片面的教学目标。尤其是新课程标准颁布之后，在众多新理念、新名词面前，教师对于教学目标的确定更是无所适从。

① 崔允漷．教学目标：不该被遗忘的教学起点［J］．人民教育，2004（13/14）：16－18.

第三节　如何确立明确而合理的教学目标

既然教学目标如此重要，那么就值得每位数学教师围绕教学目标好好地进行思考。

新课程标准下的教学目标该如何确定呢？

通过对普通高中数学课程标准的分析，我们会发现，在确定具体一堂课的教学目标之前，首先应明确数学课程目标、主题教学目标、单元教学目标分别是什么，在此基础上再去确定课时教学目标，如图 1－1 所示。

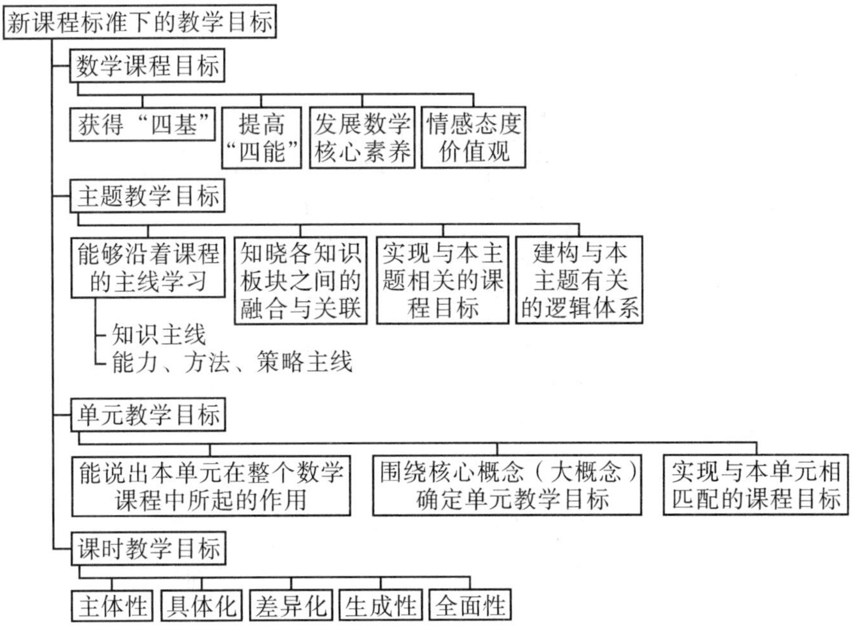

图 1－1

一、数学课程目标

1. 获得“四基”，即基础知识、基本技能、基本思想、基本活动经验。

2. 提高“四能”，即从数学视角去发现问题的能力、提出问题的能力、分析问题的能力、解决问题的能力。

3. 发展数学学科核心素养。

数学学科核心素养是数学课程目标的集中体现，是具有数学基本特征的思维品质、关键能力以及情感、态度与价值观的综合体现。由于普通高中数学课程标准中数学核心素养的内涵比较丰富，似乎要求太过庞杂，给老师们在理解数学核心素养及把握数学核心素养水平划分时造成了困惑。如果细细研读普通高中数学课程标准，我们会发现每一方面的核心素养的内容是存在着逻辑关系的，若我们能够把握其中的逻辑关系，对解决我们遇到的困惑则大有帮助。

以把握数学核心素养水平划分标准为例，我们会发现，六大数学核心素养各水平划分都从各层次的情境、特例（或命题、结论）出发，最终均指向在交流过程中，学生应能够呈现的能力。以数学抽象这一核心素养的水平划分为例，出发点与落脚点可以建立类似下面的任务流程（见图 1－2、1－3、1－4）。

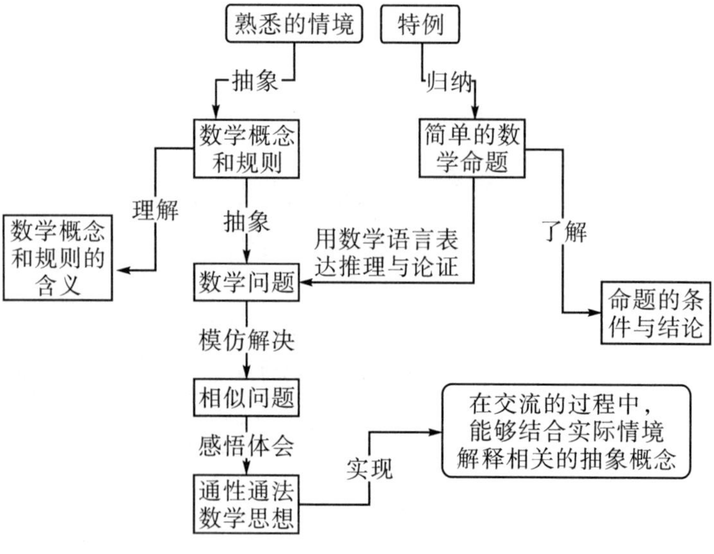

图 1－2　数学核心素养之数学抽象水平一

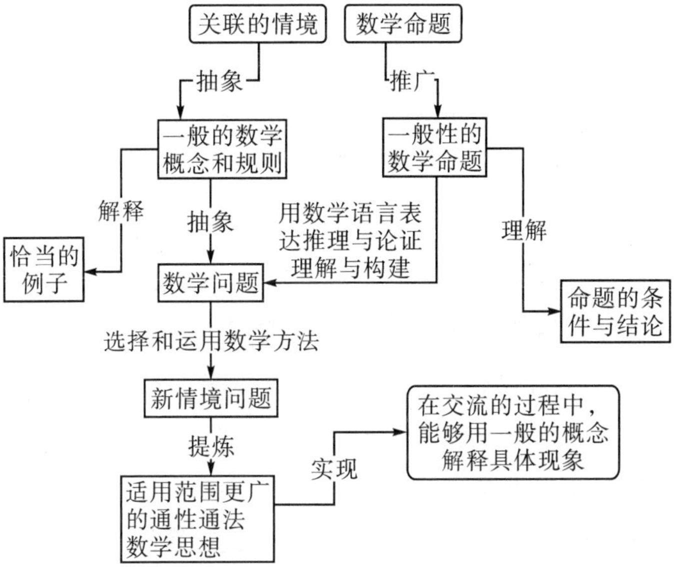

图 1-3 数学核心素养之数学抽象水平二

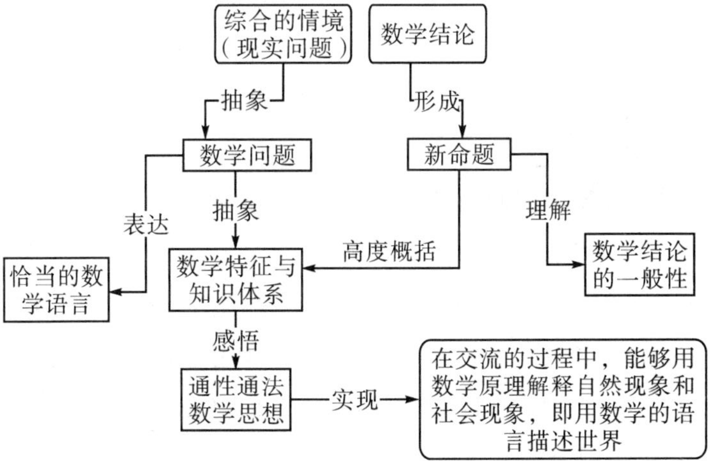

图 1-4 数学核心素养之数学抽象水平三

数学抽象是指通过对数量关系与空间形式的抽象，得到数学研究对象的素养。主要包括：从数量与数量关系、图形与图形关系中抽象出数学概念及概念之间的关系，从事物的具体背景中抽象出一般规律和结构，并用数学语言予以表征。主要表现为：获得数学概念和规则，提出数学命题和模型，形成数学方法与思想，认识数学结构与体系。

与之有关的水平划分各层次指向情况如下：

水平一：在交流的过程中，能够结合实际情境解释相关的抽象概念。

水平二：在交流的过程中，能够用一般概念解释具体现象。

水平三：在交流的过程中，能够用数学原理解释自然现象和社会现象，即用数学眼光观察世界。

逻辑推理是指从一些事实和命题出发，依据规则推出其他命题的素养。主要包括两类：一类是从特殊到一般的推理，推理形式主要有归纳、类比；一类是从一般到特殊的推理，推理形式主要有演绎。主要表现为：掌握推理基本形式和规则，发现问题和提出命题，探索和表述论证过程，理解命题体系，有逻辑地表达与交流。

与之有关的水平划分各层次指向情况如下：

水平一：能够在交流过程中，明确所讨论问题的内涵，有条理地表达观点。

水平二：能够在交流的过程中，始终围绕主题，观点明确，论述有理有据。

水平三：能够合理地运用数学语言和思维进行跨学科的表达与交流，即用数学的思维分析世界。

数学建模是对现实问题进行数学抽象，用数学语言表达问题、用数学方法构建模型解决问题的素养。主要包括：在实际情境中从数学的视角发现问题、提出问题，分析问题、建立模型，确定参数、计算求解，检验结果、改进模型，最终解决实际问题。主要表现为：发现和提出问题，建立和求解模型，检验和完善模型，分析和解决问题。

与之有关的水平划分各层次指向情况如下：

水平一：在交流的过程中，能够借助或引用已有数学建模的结果说明问题。

水平二：在交流的过程中，能够用模型的思想说明问题。

水平三：在交流的过程中，能够通过数学建模的结论和思想阐释科学规律和社会现象，即用数学的语言描述世界。

直观想象是指借助几何直观和空间想象感知事物的形态与变化，利用空间形式特别是图形，理解和解决数学问题的素养。主要包括：借助空间形式认识事物的位置关系、形态变化与运动规律；利用图形描述、分析数学问题；建立形与数的联系，构建数学问题的直观模型，探索解决问题的思路。主要表现为：建立形与数的联系，利用几何图形描述问题，借助几何直观理解问题，运用空间想象认识事物。

与之有关的水平划分各层次指向情况如下：

水平一：能够在日常生活中利用图形直观进行交流。

水平二：在交流的过程中，能够利用直观想象探讨数学问题。

水平三：在交流的过程中，能够利用直观想象探讨问题的本质及其与数学的联系。

数学运算是指在明晰运算对象的基础上，依据运算法则解决数学问题的素养。主要包括：理解运算对象，掌握运算法则，探究运算思路，选择运算方法，设计运算程序，求得运算结果等。主要表现为：理解运算对象，掌握运算法则，探究运算思路，求得运算结果。

与之有关的水平划分各层次指向情况如下：

水平一：在交流的过程中，能够用运算的结果说明问题。

水平二：在交流的过程中，能够借助运算探讨问题。

水平三：在交流的过程中，能够用程序思想理解和解释问题。

数据分析是指针对研究对象获取数据，运用数学方法对数据进行整理、分析和推断，形成关于研究对象知识的素养。主要包括：收集数据，整理数据，提取信息，构建模型，进行推断，获得结论。主要表现为：收集和整理数据，理解和处理数据，获得和解释结论，概括和形成知识。

与之有关的水平划分各层次指向情况如下：

水平一：在交流的过程中，能够用统计图表和简单概率模型解释熟悉的随机现象。

水平二：在交流的过程中，能够用数据呈现的规律解释随机现象。

水平三：在交流的过程中，能够辨明随机现象，并运用恰当的语言进行表述。

4. 情感态度价值观。

情感是人对客观事物是否满足自己的需要而产生的态度体验，是人对客观事物所持的态度体验，倾向于社会需求欲望上的态度体验，数学情感是指在数学活动中比较稳定的情感体验。态度是人们在自身道德观和价值观基础上对事物的评价和行为倾向，数学态度是在数学活动中，活动主体对于数学学习的心理倾向，表现为其对数学学习的兴趣、爱好、观点等。由此可见，情感、态度、价值观三者是相辅相成、密切联系的。数学课程核心素养是具有数学基本特征的思维品质、关键能力以及情感、态度与价值观的综合体现。教师应在发展学生学科核心素养的同时，注重学生的内心体验，通过维持学生的好奇心等途径来提升其学习数学的兴趣；让学生在进行师生或生生有效评价过程中获得成功体验，从而增强学好数学的信心；使学生在自我评价中，不断优化数学学习习惯，提升自主学习能力；帮助学生在思考完成开放式和研究性学习任务过程中，培养实验能力与创新意识，形成科学理性精神，不断修正自己的生活态度、人生态度，树立科学理性的精神；引导学生在认识数学的科学价值、应用价值、文化价值与审美价值的同时，努力实现个人价值与社会价值的统一。

二、主题教学目标

在高中数学必修课程与选择性必修课程中，从知识角度分为预备知识、函数、几何与代数、概率与统计、数学建模活动与数学探究活动五个单元。主题教学往往是跨章节、分若干个阶段来实现的，它是与本主题相关的数学课程目标的具体化。确定主题内容的策略是以知识前后逻辑为纵向线索，或以知识与其他知识的关联为横向线索，可以是知识为主线，可以是能力、方法、策略为主线。学生需通晓各知识板块之间的融合与关联，建构与主题有关的逻辑体系。

三、单元教学目标

单元教学可以看成是“微型的主题教学”，聚焦于核心概念，单元可大可小，一个大单元教学可以分解为若干个小单元教学。学生需明白本单元在整个数学课程中所起的作用（承上启下），教师围绕核心概念（大概念）确定单元教学目标。

四、课时教学目标

课时教学目标是学科课程目标在一个课时的任务，在确定课时教学目标时，需遵循主体性原则、具体化原则、差异化原则、生成性原则、全面性原则。

1. 主体性原则

课时教学目标的确定需符合学生的身心特点、认知基础，同时表述方式体现以学生为主体，使每位学生都可以学好与之相匹配的数学内容。

2. 具体化原则

为了能够让一堂课的教学目标实现效果最终可以测量、评价，需要根据课程目标、教材、课型、学情、环境等情况尽可能细化课时教学目标，使之具有操作性。章建跃博士在第十届高中青年数学教师课例展示与培训活动总结会上，对课时教学目标的表述的建议很有参考价值：课时教学目标要以内容为载体，让学生在掌握知识技能的过程中领会数学基本思想、积累基本活动经验、发展“四能”，具体为通过（经历）X，能（会）Y，发展（提高、体会）Z。其中 X 表示数学活动过程，Y 表示应会解决的问题（显性目标，主要是具体知识、技能目标），Z 表示数学思想和方法、数学关键能力（隐性目标）。

3. 差异化原则

在班级授课制前提下，确立的教学目标既要面向全体，罗列出全体学生均须达到的基础性要求，也要尊重差异，设立阶梯式的目标，实现因人而异，各取所需。

4. 生成性原则

教学预设是教学生成的基础，教学生成是教学预设的完善与升华。教学中师生都是学习者，教学生成呈现出的状态实时反映了师生在为数学学习所做的各方面准备的程度。由于我们对认知领域的认识还处于感性水平，因此我们如何对在课堂教学中出现超出预期的情况进行预设，也应成为我们教学准备的一部分。

5. 全面性原则

教学目标的设计应充分考虑学科课程标准、实际教学内容、学生实际学习需求以及教学资源等因素，而不应只关注教师感兴趣的方面。

附：教学的预设与生成实录

已知 $P(1,2)$ 为圆 $x^2+y^2=9$ 内一定点，过 P 任作一条动弦交圆于 B，C 两点，求 BC 中点 M 的轨迹方程。

课前思考：学生可能优先想到的思路是什么？可能会是参数法，即先求出点 M 轨迹的参数方程，再消参得到其普通方程。学生容易设直线 BC 方程为 $y-2=k(x-1)$，则由 $\begin{cases}y=k(x-1)+2,\\x^2+y^2=9,\end{cases}$ 得 $(1+k^2)x^2+(4k-2k^2)x+k^2-4k-5=0$。

那么点 M 横、纵坐标分别为

$$x=\frac{x_1+x_2}{2}=\frac{k^2-2k}{k^2+1}\cdots①,$$

$$y=k(x-1)+2=k\left(\frac{k^2-2k}{k^2+1}-1\right)+2=\frac{2-k}{k^2+1}\cdots②。$$

那么，接下来的消参过程应是学生思维易受阻的地方，此处应准备充分，帮助学生进行消参。

由①②得 $k=-\dfrac{x}{y}$，代入②得到 $y=\dfrac{2+\dfrac{x}{y}}{1+\dfrac{x^2}{y^2}}=\dfrac{2y^2+xy}{x^2+y^2}$。

化简后得到 $x^2+y^2-x-2y=0$。（此处化简可能对学生来说是一个难点）

得到结果后，心里有疑惑：只有如上消参的方法吗？

事实上，将 $k=-\dfrac{x}{y}$ 代入①也可以。

那么非要将 $k=-\dfrac{x}{y}$ 代入①或②不可吗？

当然不是，也可将 $k=-\dfrac{x}{y}$ 代入 $y-2=k(x-1)$。

此处学生可能会产生疑问：为什么代入 $y-2=k(x-1)$ 所得到的方程就是点 M 的轨迹方程？需提前做好准备。

课备到这里，就可以了吗？

其实，点 M 的轨迹即为直线 BC 与直线 OM 交点的轨迹。又因直线 BC 与直线 OM 的方程分别为 $y-2=k(x-1)$ 和 $y=-\frac{1}{k}x$，由这两个方程消参也可得到点 M 的轨迹方程。

备课备到此时，突然发现，其实作图出来后，图形的几何特征很突出：那就是当 O，M，P 三点不共线时，$\triangle OMP$ 是以 OP 为斜边的直角三角形，故点 M 的轨迹是以 OP 为直径的圆，那么点 M 的轨迹方程就呼之欲出了。

课堂教学片段：

在让学生对此题进行解答时，出现如下一幕。

生 1：设直线 BC 的方程为 $y-2=k(x-1)$。

由 $\begin{cases} x^2+y^2=9, \\ y=k(x-1)+2, \end{cases}$ 得 $x^2+[k(x-1)+2]^2=9$，

即得 $(1+k^2)x^2+(4k-2k^2)x+k^2-4k-5=0$，

$x=\frac{x_1+x_2}{2}=1-\frac{2k+1}{k^2+1}$…①，

$y=k(x-1)+2=2-k\cdot\frac{2k+1}{k^2+1}$…②。

如何消参，我遇到了麻烦。

由①②得到 $k=\frac{y-2}{x-1}$，将其代入②得到了一个恒等式。

师：若将其代入①式呢？

生 1：将其代入①式后得 $x=1-\frac{2\left(\frac{y-2}{x-1}\right)+1}{\left(\frac{y-2}{x-1}\right)^2+1}$，我不敢再化简下去。

教师在辅导学生的过程中，常常会遇到类似的情况，即学生沿着自己的思路走不下去，这时教师若只是给其提供一个新的便捷解法，学生

即便获得了一种解法，却并没有真正消除心中的疑惑。因此，平时辅导学生时，需要我们在肯定学生思路的前提下，顺着学生的思路帮助他们走下去，最终使问题得以解决，而不是另起炉灶。

师：你尝试着化简下去看看会遇到什么问题？

生 1：由 $x=1-\frac{2\left(\frac{y-2}{x-1}\right)+1}{\left(\frac{y-2}{x-1}\right)^2+1}$，得 $x-1=-\frac{2(y-2)(x-1)+(x-1)^2}{(y-2)^2+(x-1)^2}$。

此时去分母，等式左右两端的式子太复杂了。

师：在去分母之前，你还可以观察等式两端式子的特点。

生 1：我发现了等式两端都有共同的式子 $x-1$，我知道了，在去分母之前可以先消去相同的因式，达到降低次数的效果。

然后本节课再回到后续的教学环节。

第四节　怎样为一堂课取“名字”

有一天，听了钟原老师的一堂语文作文专题课，这堂课的“名字”是“议论文片段写作（五）：举例能有效证明分论点”，让人眼前一亮。课后特意了解到，钟老师并非偶尔为之，这一段时间钟老师进行作文专题教学过程中，几乎每堂课的“名字”都是以这样的形式呈现的：

举例论证训练（一）：人类悲剧和希望和平

举例论证训练（二）：说理有议论味

举例论证训练（三）：在情境中议论，写好分论点句

议论文片段写作（四）：在情境中完成任务——审题立意训练

议论文片段写作（五）：举例能有效证明分论点

段落写作：层次清晰证明分论点

文明是打开博物馆的正确方式——“文明参观博物馆”作文段落讲评

教育有“尺度”才能有温度——“教育惩戒听证会”作文段落讲评

尊重历史显荣耀，正气文化是王者——“王者荣耀”作文段落讲评

……

钟老师“一堂课一个观点”的教学实践让人很受启发。在评课环节，钟老师非常谦虚地说，以前笔者曾说过的“尽量让人从标题中看到作者的观点或主张”让她印象深刻，这样处理标题可以帮助她在复习课或专题课上尽量做到让教学始终围绕着一个主观点来展开，而其他更细更具体的注意事项只不过是为了维系主观点的自然生成。让一堂课的“名字”言之有物可以体现一位老师对这堂课的理解与把控。

那么，我们该为一堂课取一个什么样的“名字”呢？在提出这样一个问题时，首先会产生一个疑问：我们的课堂教学是基于教材的教学，

而教材的每个章节已经有标题了，是否还需劳神去寻求每一堂课的“名字”？

稍微留意一下各地说课比赛或课例展示活动，会发现参赛老师们对于一堂课的“名字”的叫法很丰富：有的叫课题，有的叫标题，有的叫题目等。让我们很好奇的是，老师们对于“课题”“标题”“题目”的叫法，是下意识的行为还是深思熟虑后的概括？

所谓课题，就是要研究和解决的问题；所谓标题，即标明文章等作品的简明扼要的语句，从中可以了解作品的主要内容、主张、用意；而题目也有标题的意思。

《普通高中数学课程标准（2017 年版）》明确了教材的价值：为“教”与“学”活动提供学习主题、基本线索和具体内容，是实现数学课程目标、发展学生数学学科核心素养重要的教学资源。① 这表明教材是体现课程重要的知识载体，教材呈现的是学习主题、基本线索和具体内容这些教学资源，至于如何学习、如何利用基本线索和具体内容，是一个再创造的过程，这直接影响到能否实现数学课程目标，能否有效发展学生学科核心素养。事实上，翻开任何一册教材的目录，我们都会发现，每个章节的标题几乎呈现的都是数学基础知识，即数学的基本概念、性质、定理、公式和方法等。那么对于“四基”中的基本技能、基本思想、基本活动经验的获得，“四能”中的发现问题的能力、提出问题的能力、分析问题的能力、解决问题的能力的培养，以及“数学素养”中的数学抽象、逻辑推理、数学建模、直观想象、数学运算和数据分析素养的发展，都应在基础知识的生成过程、理解过程、掌握过程、应用过程中实现。因此，单纯地以基础知识的形式呈现每一堂课的“名字”是不合适的，这无法有效指向每一堂课的核心任务，也无法体现教师对每一堂课教学设计的个性。

由此可见，给一堂课取一个什么样的“名字”是由这堂课的任务决定的，而教学任务既取决于“教”与“学”的内容所处的教学主线，也

① 中华人民共和国教育部. 普通高中数学课程标准（2017 年版）[M]. 北京：人民教育出版社，2018：90.

取决于其从属的核心概念体系，同样取决于教师本人的着眼点。

具体来说，在数学教学中，每一堂课的“名字”除了直接沿用教材中章节目录的标题，还可以做如下的尝试。

一、梳理四条主线，顺着主线定课题名称

高中数学课程内容突出函数、几何与代数、概率与统计、数学建模活动与数学探究活动四条主线。这为我们系统地为课题命名提供了方向：课题的名称可以体现同一主线内容的逻辑关系，也可以体现不同主线之间的逻辑关系，还可以体现不同数学知识所蕴含的通性通法、数学思想。在教学实践中，这一类课题名称还比较少见，值得关注和尝试。

二、确立核心概念，围绕概念定课题名称

美国数学教师协会（National Council of Teachers of Mathematics，简称 NCTM）颁布的《学校数学课程与评价标准》是美国数学课程改革的标志性文件，明确提出中小学数学核心概念，并规定其核心是推导能力和数学意识，它们应贯穿在所有的数学学习内容中，由此促进数学基本技能的学习。

在国内关于数学核心概念的研究还存在着不均衡不充分的情况下，《义务教育数学课程标准（2011 年版）》中明确提出并设计了十个核心概念，和原来《全日制义务教育数学课程标准（实验稿）》相比有所增加，这十个核心概念就是数感、符号意识、空间观念、几何直观、数据分析观念、运算能力、推理能力、模型思想、应用意识和创新意识。而在《普通高中数学课程标准（2017 年版）》中对于核心概念还没有明确界定，有些研究对核心概念的界定还比较模糊。将每一堂课的课题名称都以“核心概念+”的形式呈现出来是一种有益的实践。

三、明确中心任务，围绕任务定课题名称

关于概念的教学，通常是着眼于概念的形成、理解与巩固，这里既涉及基础知识的掌握，也涉及提出问题、解决问题、推理、抽象等活动，

这一类任务通常直接沿用概念的名称作为课题，以帮助学生学会系统地经历关于一个概念的“四何”思考：“是何”——这个概念是什么；“为何”——为何要生成这个概念，为何如此定义概念；“如何”——这个概念如何表示；“若何”——若我来定义这个概念，可能表述成什么样的形式，若有这个概念，它与其他概念之间关系是什么等。

关于性质、定理、公式的教学，通常分别着眼于研究对象共有的特征抽象、从条件到结论的演绎推理、等量关系的寻找。对这一类任务，课题名称可以以“某类数学对象的不变特征”“一个数学对象与另一个数学对象的等量关系”的形式呈现，至于最终的结论则是自然生成的结果，以避免步入结论教学的误区。

上述内容的教学，还包括数学史的学习，如何成功地引导学生尝试体验前人数学发明、发现过程，也应是教师的关注点。为了增强代入感，在明确了要探究的任务之后，以与“假如我是欧拉”类似的课题，能够较好地与学生一起体验知识的发现、发生、发展、发明过程。

关于复习课的教学，所涉及内容更加庞杂，若面面俱到则难以实现初衷。前面钟老师“一堂课一个主张”的做法值得借鉴，这种做法的优点就在于课题名称即为整堂课的小结。

第五节　如何进行课堂点评

章建跃博士在第十届高中青年数学教师课例展示与培训活动大会总结时提到：在数学课堂教学师生互动过程中，教师存在着“把有价值的问题留给自己，把回答是与不是的问题留给学生”的现象。

其实，在数学教学过程中，对于一堂课的点评视角可以分为他人视角与自我审视两类，其中他人视角又可以分为学生评价学生、教师评价学生、教师评价教师。

在生生评价里，学生重点在于比较、完善与借鉴，对由此带来的相关信息的捕捉，可以帮助教师及时掌握学情、调控课堂教学。

师生评价有激励与导向、梳理小结、激疑探究、答疑解惑的目的。在评价学生的过程中，我们需要明白的是，发生在我们身边的每一件事都蕴藏着教学生成的机会。

在师师评价过程中，教师关注的是执教者的课程观、教学观和学生观与自己的异同，无论是课程观、教学观还是学生观，往往是在课堂教学过程中对教材的处理、师生互动过程中体现出来的。

教师自我评价往往基于教学预设与生成来反思教学得失，而他人的评价往往也会影响教师的自我评价。（见图 1－5）

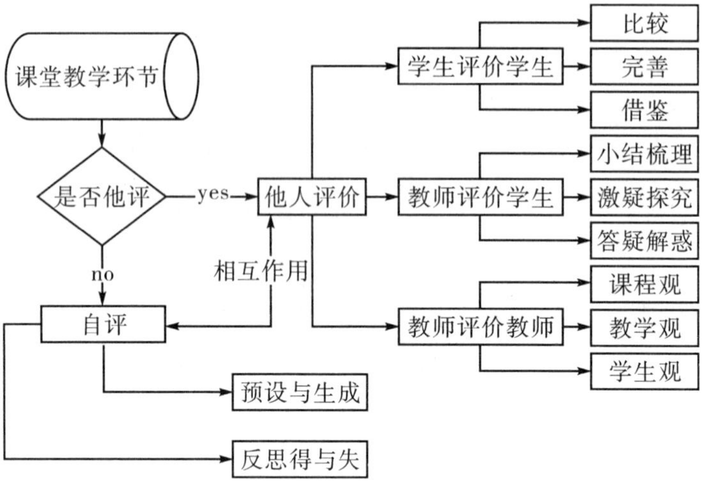

图 1-5

在一次数学学科基地研讨活动中，唐剑岚博士做了题为《常态课堂渗透数学建模思想的基本问题的探讨》的报告，以“等差数列的前 n 项和”这一节为例，探讨如何解决教材中探究栏目所给出的任务：“高斯的算法妙处在哪里？这种方法能够推广到求一般等差数列的前 n 项和吗？”

妙在何处：从整体上观察出 1 到 100 这 100 个自然数可以两两配对分为 50 组数，每组数的和为 101，从而降低了运算量。

这种配对求和的方法如何推广到求一般等差数列的前 n 项和？

先考虑：$1+2+3+\cdots+n=?$

如果给予学生足够的时间，学生会有如下的解决途径。

当 n 为偶数时，$1+2+3+\cdots+n=\frac{n}{2}(1+n)$。

当 n 为奇数时，

途径一：$1+2+3+\cdots+n=(1+n)+[2+(n-1)]+[3+(n-2)]+\cdots+\left(\frac{n-1}{2}+\frac{n+3}{2}\right)+\frac{n+1}{2}=\frac{n-1}{2}(1+n)+\frac{n+1}{2}=\frac{n}{2}(1+n)$。

途径二：$1+2+3+\cdots+n=[1+2+3+\cdots+(n-1)]+n=\frac{n-1}{2}(1+n-1)+n=\frac{n}{2}(1+n)$，或 $1+2+3+\cdots+n=1+[2+3+\cdots+(n-1)+n]$

$=1+\frac{n-1}{2}(2+n)=\frac{n}{2}(1+n)$。

途径三：由 $2(1+2+3+\cdots+n)=1+2+3+\cdots+n+1+2+3+\cdots+n=n(n+1)$，得 $1+2+3+\cdots+n=\frac{n}{2}(1+n)$。

面对老师，唐剑岚博士提出了如下的问题：如果在课堂上，有三位同学呈现出上面三种解决途径，老师均用“回答得非常好，你真棒!”之类的语言点评三位同学，是否妥当?

我的观点是，上述的点评换成其他任何一个学科的老师都可以做到，这样的点评缺少数学味道。

上述问题，教学中容易出现的问题是，在求 $1+2+3+\cdots+n$ 的和的过程中，分别孤立地去评价 n 为奇数时三种求和方法与 n 为偶数时求和方法的正确性，而没有停留下来探究这些方法彼此有何关系。由于上述方法一般来说不会出自一人之手，若没有找到它们彼此之间的逻辑关系，则不利于学生对上述方法的掌握。

如果我们的注意力集中在寻求上述方法彼此之间的联系，学生自然能够得到各种方法的一致性，如图 1 - 6 所示。

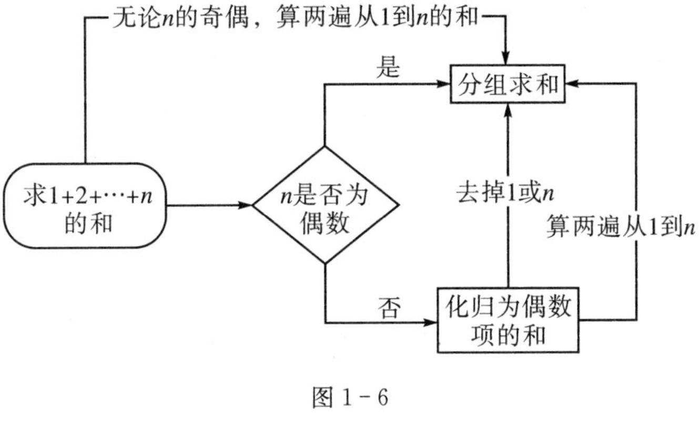

图 1 - 6

第六节　其他学段的学生在想什么

在追寻一堂好课的过程中，我一直没有忘记一位前辈给我的忠告：无论什么学科，要教好这门功课，需要做到“东看西看，东想西想”。孔子曾说过“己所不欲，勿施于人”，那么我们在教学中需要秉承的理念应是“己所欲，按需施人”，即在充分顺应学情的基础上实施教学。但是我们太专注于自己所教学段里的内容了，对其他学段的教学了解有所不足。其他低学段在教什么？学生在学什么？教学会遇到什么困难？如果对这些问题一概不关心，则各学段之间的有效衔接就会沦为一句空话。

作为中学老师，和小学生交流数学解题方法是一件困难的事情，不是难在告诉他们怎么做，即传授算法，而是难在如何让他们理解为什么该这样做，即知晓并认同算理。

所谓算法，是指解决问题具体的且具有可操作性的方案，即实现“如何算”。而算理，就是解决问题的道理或理由，即解决“为何这样算”的问题。只有帮助小学生理解与认同算理，才能有效地让其掌握算法。

1. 鸡兔同笼

《孙子算经》中有这样一个问题：今有雉兔同笼，上有三十五头，下有九十四足，问雉兔各几何？

题意是：在一个笼子里有一些鸡和兔子，它们共有 35 个头和 94 只脚，求鸡和兔子各有多少只？

解决的方法学生还是比较容易接受，即若让每只兔子都抬起两只脚，则有 35×2=70 只脚立在笼子里，那么抬起的兔脚有 94－70=24 只，因为每只兔子抬起两只脚，所以共有 12 只兔子，23 只鸡。

或者，如果把笼子里的动物都看成是鸡（也就是说每只兔子少算两只脚），那么应该共有 35×2=70 只脚，这样就多出了 94－70=24 只脚，这24只脚一定是兔子的，由于每只兔子少算了两只脚，所以共有12只兔子，23只鸡。

学生如何从“鸡兔同笼”的情境顺利地过渡到其他情境，即将其他情境问题化归为“鸡兔同笼”问题的算法，对他们来说是一个不小的挑战。

问题一：全班一共有38人，共租了8条船，大船坐6人，小船坐4人，每条船都坐满了。大、小船各租了几条?

学生对此会感到比较茫然：这一道题中，“鸡”没有，“兔”也没有，那么这一题与“鸡兔同笼”有什么关系?

很显然，这样的过渡太突然，还缺少适当的铺垫，我们可以先让学生面对与鸡兔同笼比较接近的问题，让学生先找差异，并消除差异。

问题二：有龟和鹤共40个头，龟和鹤的脚共有112只。问龟、鹤各有几只?

学生通过替换，消除鹤与鸡，龟与兔之间的差异之后，问题得以求解。

要求学生把解决问题的方法表述出来，以检查其对算法的掌握与算理的理解情况：

若让每只龟都缩回2只脚，则此时还有40×2＝80只脚露出来，那么有112－80＝32只脚是龟缩回去的，每只龟缩回了2只脚，那么共有16只龟，24只鹤。

在学生能够顺利解决问题二之后，师生可以一起体会，鸡兔同笼问题实际上并非鸡和兔出现不可，甚至也可能与动物没有关系。

这时，再去解决问题一：我们是否可以把大船和小船看成两种奇怪的“动物”，一种动物长有6只脚，另一种动物长有4只脚，那么其解题思路就非常自然了。

事实上，让每条大船少坐2人，则共可坐8×4＝32人，那么有38－32＝6人是从大船上减少的人，而且每条大船少坐了2人，所以大船有3条，小船有5条。

2. 抽屉原理

抽屉原理在小学六年级数学教科书中已经出现：6 只鸽子飞进 5 个鸽巢，总有一个鸽巢至少飞进 2 只鸽子。

要理解其合理性，可以用“保底法”，每一个鸽巢先进一只鸽子，还剩一只鸽子无论进哪一个鸽巢，都总有一个鸽巢飞进了 2 只鸽子；也可以用“反证法”，即如果每只鸽巢最多只有一只鸽子，那么 5 个鸽巢最多只进了 5 只鸽子，与 6 只鸽子飞进 5 个鸽巢题意不符，所以总有一个鸽巢至少飞进 2 只鸽子。这两种方法学生都不难理解，是因为“鸽子”与“鸽巢”很直观具体。若要让学生真正会应用抽屉原理，还需要逐步地进行铺垫，比如，我们可以让学生去解释下列结论的合理性：

（1）把 6 个球放进 5 个盒子里，总有 1 个盒子里至少有 2 个球。

（2）用 3 种颜料给 4 个点上颜色，总有 1 种颜料至少给 2 个点上了颜色。

（3）7 名同学报名参加 3 个兴趣小组，每位同学只能报名参加 1 个兴趣小组，总有 1 个兴趣小组至少有 3 名同学报名。

有了上述的铺垫，小学生对于下面的拓展问题就不会觉得那么突兀了。

要在边长为 16 m 的正方形草坪上安装水龙头，使整个草坪都能喷到水。假设每个水龙头喷洒范围是半径为 6 m 的圆面，则至少需要安装多少个水龙头？

当初看到这题时，我心中有些疑虑：几年级的小学生能够解决这道题？

首先，判断为什么三个水龙头不行，如果三个水龙头能够使整个草坪喷到水，由抽屉原理可知，一定有一个水龙头能够喷到正方形的两个顶点，而正方形的两个顶点的距离至少有 16 m，已经超过圆的直径 12 m 了，所以三个水龙头无法做到。

然后，再说明为什么四个水龙头可以，我们可以把大正方形平均分为四个边长为 8 的小正方形，由于小学生还没有学习勾股定理，故还没有办法直接算出小正方形的对角线长。如果我们假设小正方形的对角线长大于 12 m，小正方形由它的对角线分成两个小三角形，每个小三角形可以看成是等腰三角形，其底大于 12 m，高大于 6 m，那么一个小三角形的面积应大于 36 m^2，一个小正方形面积就大于 72 m^2，但我们知道由于小正方形边长为 8 m，它的面积应该是 64 m^2，所以一个小正方形的对角线应在直径为 12 m 的圆内，所以四个水龙头能够做到。

3. 估算

小学生一开始对估算往往只注意到算法的形而不理解其实质，即机械地利用“四舍五入”“进一法”“去尾法”“数量单位估计法”等，但对其合理性不以为然。如下面的问题：

问题三：三（1）班有 29 人参观展览，门票每人 8 元，带 250 元钱够买门票吗？

因为 29 接近 30，所以 $29\times8\approx30\times8=240$（元），而 $240<250$，所以带 250 元够买门票。

概括步骤为：找近似值—比较大小—下结论。

小学生对上述过程都易掌握，但并不容易准确运用。因为他们还不知道，不是所有的情形都能够用估算来解决。

如，三（1）班有 32 人参观展览，门票每人 8 元，带 250 元钱够买门票吗？

如果用估算来进行判断就会出问题：

因为 32 接近 30，所以 $32\times8\approx30\times8=240$（元），而 $240<250$，所以带 250 元够买门票。

对此，我们有必要花时间来慢慢琢磨下列问题。

自问：为什么要估算？

自答：可以更快捷地解决问题，同时可以培养学生的数感和检查纠错能力。

自问：在本题中，为什么可以通过估算来进行判断？

自答：实际上是利用了不等式的传递性。

自问：$29\times8\approx30\times8=240$ 和 $32\times8\approx30\times8=240$ 都是估算，除了数字不同，它们还有什么区别？

自答：前者是高估，后者是低估。

自问：什么时候采用高估？什么时候采用低估？

自答：在比较大小时，当我们预判需计算的值比与之作比较的值低时可考虑高估，当我们预判需计算的值比与之作比较的值高时，可考虑低估。

综上所述，通过估值来比较大小的教学中，教学的难点是如何将不等式的传递性用形象直观的方式呈现出来，帮助学生理解与认同，并明白这个性质的作用，而教学的重点是总结归纳出类似如下的解题步骤（见图 1－7 和图 1－8）。

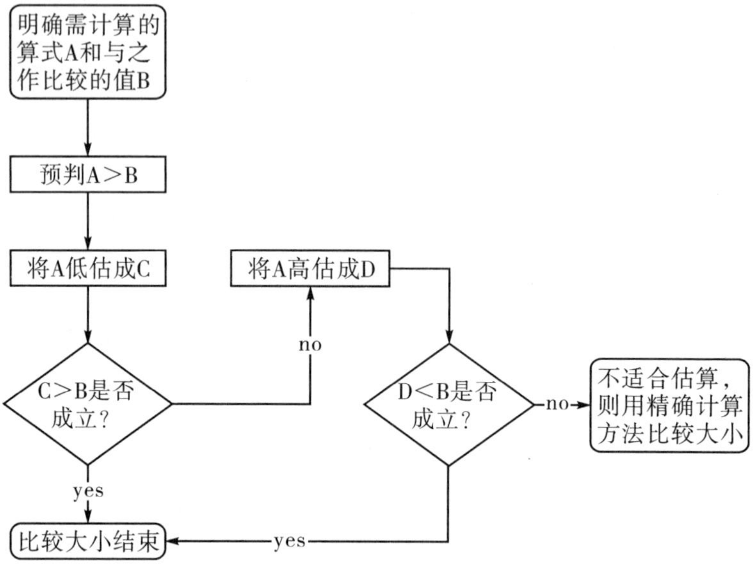

图 1－7

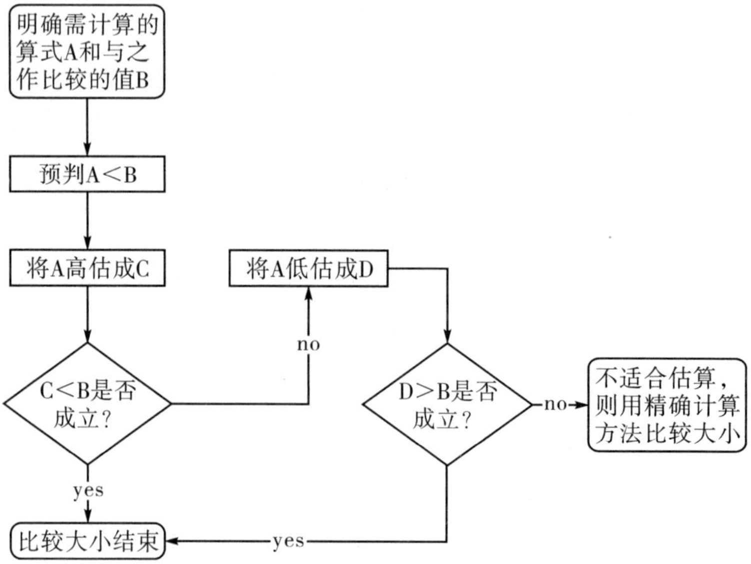

图 1－8

第二章　让反思成为一种习惯

在《人民日报》2016 年 9 月 11 日第一版上曾刊登过我回答记者时的一句话："任何一位人民教师，心中都应该时常追问自己，我们为何而教？这个问题不解决好，我们的教育就会出问题，我们不管在什么时候都要不忘初心，把当好学生'引路人'作为职业追求。"《中国青年报》也曾在 2017 年 12 月 25 日 11 版刊登过采访我的一篇文章《徐华：有反思意识才能成为一名好老师》。这无一不表明，大到教育的初心，小至某一教育（或教学）活动的有效性，我都自觉反思其在自己的教师生涯中的重要性。

"反思"一词在《辞海》中的表述是，反思在西方哲学中通常指精神的自我活动与内省的方法。洛克的"经验主义"理论认为经验按其来源可分为感觉与反思（反省），前者即外部经验，后者即内部经验；反思是心灵以自己的活动作为对象而反观自照，是人们的思维活动与心理活动。黑格尔对反思的用法概括为三种：与知性混用；与后思混用；专指将统一体分裂为对立面的二重性活动，居于知性与理性之间。其中以第三种用法出现较多。这一概念已为东西方学者普遍使用，含义广泛表示对自己的思想、心理感受的思考，对自己体验过的东西的理解或描述。反思也泛指对各种事物、现象的思考。

由此可见，发生在我们身边的每一件事情都蕴藏着反思的可能与价值，自己的目之所睹、耳之所闻、身之所触、心之所动，无不可以作为反思的素材。若是聚焦在教学方面，关于教与学的所有工作也都值得我们去反思。

需要指出的是，尽管反思可以帮助我们从感性走向理性，从优秀走向卓越，但这不应该成为我们对具体教学经历进行反思的主要目的。是否符合逻辑、是否遵循规律、是否符合师生的认知现状才是我们反思的着眼点。

第一节　怎样打草稿

2020 年 5 月 12 日晚上，黎老师拿了高三年级四月数学训练题与我进行讨论，其中一道题引起了我的注意。

例 1　已知椭圆$\frac{x^2}{a^2}+\frac{y^2}{b^2}=1(a>b>0)$的四个顶点围成的菱形的面积为$4\sqrt{3}$，椭圆的一个焦点为（1，0）。

（1）求椭圆的方程；

（2）若 M，N 为椭圆上的两个动点，直线 OM，ON 的斜率分别为 k_1，k_2，当 $k_1k_2=-\frac{3}{4}$时，$\triangle MON$ 的面积是否为定值？若为定值，求出此定值；若不为定值，说明理由。

一、顺着学生的思路

黎老师告诉我，学生大都能正确求出椭圆方程为$\frac{x^2}{4}+\frac{y^2}{3}=1$，并且第（2）小题解题的思路比较直接，相当多的同学都能求出线段 MN 的长及点 O 到直线 MN 的距离，从而得出$\triangle MON$ 的面积表达式，接着通过化简去确认该三角形的面积是否为定值。但由于运算繁琐，导致算不到底，并且能够正确求解出来的人不多。

徐：为什么算不到底？

黎：因为越写式子越复杂，自己打退堂鼓了。

徐：错在哪儿？

黎：几乎每一个运算环节都有学生出错，所以我感到比较苦恼的是，在帮助学生减少运算中的错误方面，我也知道只是简单提醒不要粗心大意其实没有多大用处，但还没有找到有效的办法。

徐：你认为归根结底的原因是什么？

黎：是运算量太大。

徐：学生在解决第（2）小题时，能够想到的思路主要有哪些？

黎：主要有两种思路。

第一种是想利用 $S_{\triangle MON}=\dfrac{1}{2}|OM||ON|\sin\angle MON$ 来验证 $\triangle MON$ 的面积是否为常数（如图 2－1）。

第二种是想利用 $S_{\triangle MON}=\dfrac{1}{2}|MN|\cdot d$（其中 d 为点 O 到直线 MN 的距离）来验证 $\triangle MON$ 的面积是否为常数（如图 2－2）。

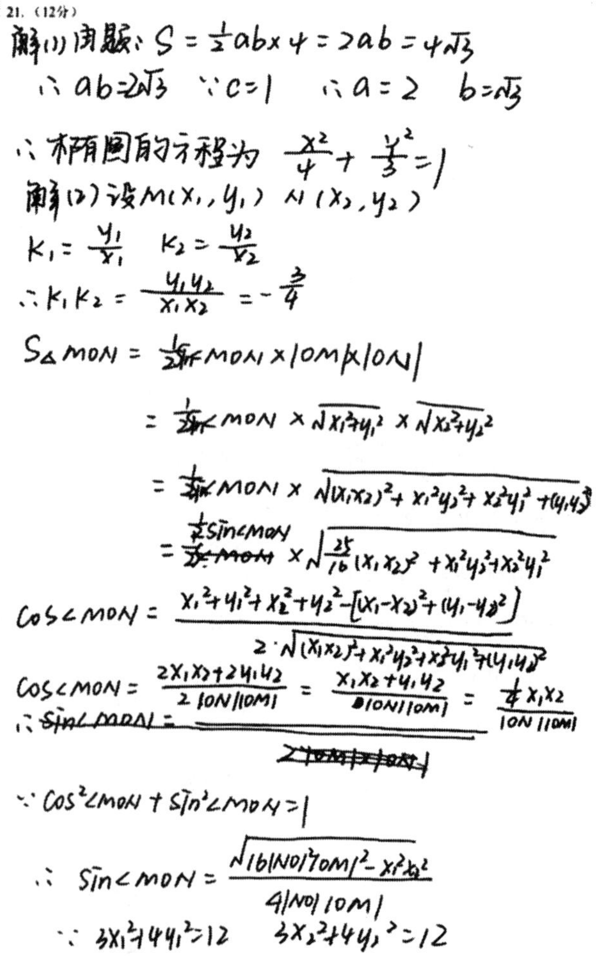
21.（12分）

解(1) 由题：$S=\frac{1}{2}ab\times4=2ab=4\sqrt{3}$

$\therefore ab=2\sqrt{3}$ $\because c=1$ $\therefore a=2$ $b=\sqrt{3}$

$\therefore$ 椭圆的方程为 $\frac{x^2}{4}+\frac{y^2}{3}=1$

解(2) 设 $M(x_1,y_1)$ $N(x_2,y_2)$

$k_1=\frac{y_1}{x_1}$ $k_2=\frac{y_2}{x_2}$

$\therefore k_1k_2=\frac{y_1y_2}{x_1x_2}=-\frac{3}{4}$

$S_{\triangle MON}=\frac{1}{2}\sin\angle MON\times|OM|\times|ON|$

$=\frac{1}{2}\sin\angle MON\times\sqrt{x_1^2+y_1^2}\times\sqrt{x_2^2+y_2^2}$

$=\frac{1}{2}\sin\angle MON\times\sqrt{(x_1x_2)^2+x_1^2y_2^2+x_2^2y_1^2+(y_1y_2)^2}$

$=\frac{1}{2}\sin\angle MON\times\sqrt{\frac{25}{16}(x_1x_2)^2+x_1^2y_2^2+x_2^2y_1^2}$

$\cos\angle MON=\frac{x_1^2+y_1^2+x_2^2+y_2^2-[(x_1-x_2)^2+(y_1-y_2)^2]}{2\cdot\sqrt{(x_1x_2)^2+x_1^2y_2^2+x_2^2y_1^2+(y_1y_2)^2}}$

$\cos\angle MON=\frac{2x_1x_2+2y_1y_2}{2|ON||OM|}=\frac{x_1x_2+y_1y_2}{|ON||OM|}=\frac{\frac{1}{4}x_1x_2}{|ON||OM|}$

~~∴ sin∠MON = ———— 2|OM|×|ON|~~

$\because\cos^2\angle MON+\sin^2\angle MON=1$

$\therefore\sin\angle MON=\frac{\sqrt{16|NO|^2|OM|^2-x_1^2x_2^2}}{4|NO||OM|}$

$\because 3x_1^2+4y_1^2=12$ $3x_2^2+4y_2^2=12$

图 2－1

徐：学生自己的思路对他来说是最自然的，老师对学生最直接的指导是顺着学生的思路帮助其克服思维障碍。在讲评或指导学生时，你按学生的思路运算到底过吗？

黎：比较少，主要还是按照自己的解法清楚地呈现给学生，而帮助学生完善思路往往有些泛泛而谈，缺少针对性。

徐：顺着学生的思路往下走是很费力的一件事。我的体会是，通常学生的想法会有一定的合理性，只要老师在草稿纸上演算时能够做到心平气和，会更容易发现问题所在。老师若能够在学生面前呈现出自己是如何顺着他们的思路走到底的话，对帮助他们会更加直接。

如图 2 - 1，该同学是利用 $S_{\triangle MON}=\frac{1}{2}|OM||ON|\sin\angle MON$ 来验证 $\triangle MON$ 的面积是否为常数，如果顺着上述思路我们会发现学生可以列出

$$S_{\triangle MON}=\frac{1}{2}|OM|\cdot|ON|\sin\angle MON=\frac{1}{8}\sqrt{16|OM|^2|ON|^2-x_1^2x_2^2}。$$

但得到此式之后就无从下手了，老师的演算可以从这里开始：

$$\begin{aligned}S_{\triangle MON}&=\frac{1}{8}\sqrt{16|OM|^2|ON|^2-x_1^2x_2^2}\\&=\frac{1}{8}\sqrt{16(x_1^2+y_1^2)(x_2^2+y_2^2)-x_1^2x_2^2}\\&=\frac{1}{8}\sqrt{16(x_1^2+k_1^2x_1^2)(x_2^2+k_2^2x_2^2)-x_1^2x_2^2}\\&=\frac{1}{8}\sqrt{[16(1+k_1^2)(1+k_2^2)-1]\cdot x_1^2x_2^2},\end{aligned}$$

因为 $k_1k_2=-\frac{3}{4}$，所以有

$$\begin{aligned}S_{\triangle MON}&=\frac{1}{8}\sqrt{[16(1+k_1^2)(1+k_2^2)-1]\cdot x_1^2x_2^2}\\&=\frac{1}{8}\sqrt{\left(24+16k_1^2+\frac{9}{k_1^2}\right)\cdot x_1^2x_2^2}。\end{aligned}$$

演算到此时，面临的问题是 $x_1^2x_2^2$ 如何用 k_1 表示出来？

事实上，由 $\begin{cases}\frac{x^2}{4}+\frac{y^2}{3}=1,\\ y=k_1x,\end{cases}$ 可得 $x_1^2=\frac{12}{3+4k_1^2}$，

类似地可得 $x_2^2=\dfrac{12}{3+4k_2^2}=\dfrac{12}{3+4\cdot\dfrac{9}{16k_1^2}}=\dfrac{16k_1^2}{3+4k_1^2}$，

则有 $S_{\triangle MON}=\dfrac{1}{8}\sqrt{\dfrac{(3+4k_1^2)^2}{k_1^2}\cdot\dfrac{12\cdot16k_1^2}{(3+4k_1^2)^2}}=\sqrt{3}$。

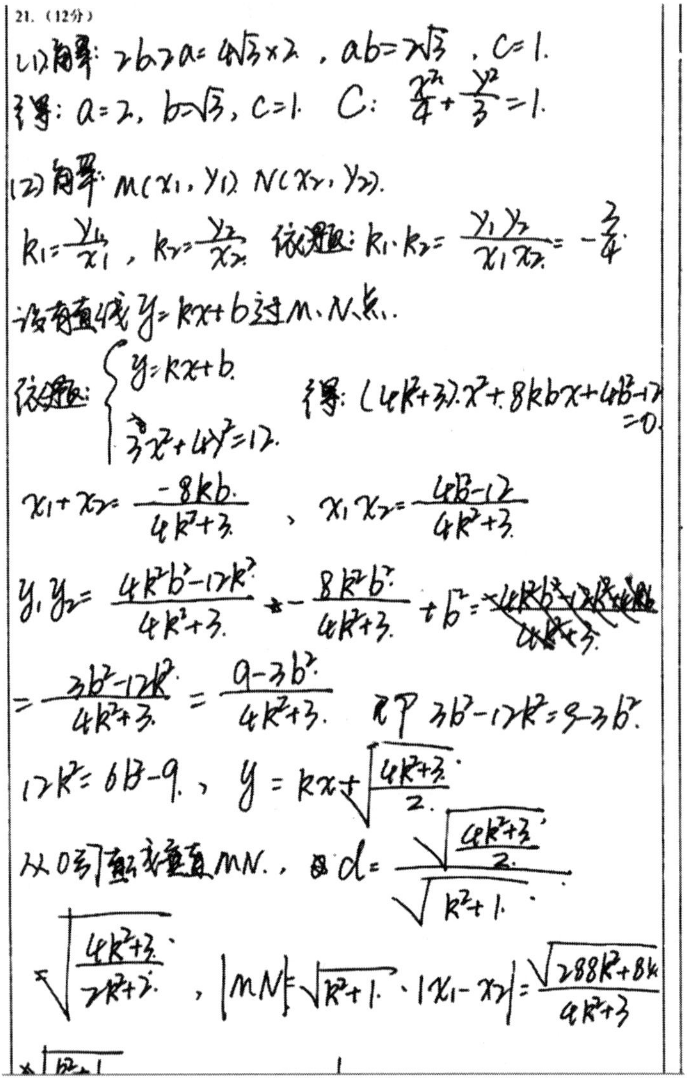
21.（12分）

(1) 解：$2b\cdot2a=4\sqrt{3}\times2$，$ab=2\sqrt{3}$，$c=1$.

得：$a=2$，$b=\sqrt{3}$，$c=1$. C：$\dfrac{x^2}{4}+\dfrac{y^2}{3}=1$.

(2) 解：$M(x_1,y_1)$ $N(x_2,y_2)$.

$k_1=\dfrac{y_1}{x_1}$，$k_2=\dfrac{y_2}{x_2}$ 依题意：$k_1\cdot k_2=\dfrac{y_1y_2}{x_1x_2}=-\dfrac{3}{4}$

设有直线 $y=kx+b$ 过 M、N 点.

依题意：$\begin{cases}y=kx+b\\3x^2+4y^2=12\end{cases}$ 得：$(4k^2+3)x^2+8kbx+4b^2-12=0$

$x_1+x_2=\dfrac{-8kb}{4k^2+3}$，$x_1x_2=\dfrac{4b^2-12}{4k^2+3}$

$y_1y_2=\dfrac{4k^2b^2-12k^2}{4k^2+3}-\dfrac{8k^2b^2}{4k^2+3}+b^2=$

$=\dfrac{3b^2-12k^2}{4k^2+3}=\dfrac{9-3b^2}{4k^2+3}$ 即 $3b^2-12k^2=9-3b^2$.

$12k^2=6b^2-9$，$y=kx+\sqrt{\dfrac{4k^2+3}{2}}$

从 O 到直线 MN，$d=\dfrac{\sqrt{\dfrac{4k^2+3}{2}}}{\sqrt{k^2+1}}$

$=\sqrt{\dfrac{4k^2+3}{2k^2+2}}$，$|MN|=\sqrt{k^2+1}\cdot|x_1-x_2|=\dfrac{\sqrt{288k^2+8k\cdots}}{4k^2+3}$

图 2－2

如图 2－2，该同学是利用 $S_{\triangle MON}=\dfrac{1}{2}|MN|\cdot d$（其中 d 为点 O 到直线 MN 的距离）来验证△MON 的面积是否为常数。通过观察我们会发

现该同学在计算 $|MN|$ 时出错，如果该同学具有较强的批判性思维，就会发现他所得到的 $|MN|=\sqrt{k^2+1}\cdot|x_1-x_2|=\sqrt{\dfrac{288k^2+8k}{4k^2+3}}$ 与 $d=\dfrac{\sqrt{4k^2+3}}{\sqrt{2k^2+2}}$ 的乘积不可能为常数，根据应试的经验，应有必要检查运算过程。

事实上，

$|MN|=\sqrt{k^2+1}\cdot|x_1-x_2|=\sqrt{(1+k^2)[(x_1+x_2)^2-4x_1x_2]}$。

因为 $x_1+x_2=-\dfrac{8kb}{4k^2+3}$，$x_1x_2=\dfrac{4b^2-12}{4k^2+3}$，

故有 $|MN|=\sqrt{(1+k^2)\dfrac{192k^2-48b^2+144}{(4k^2+3)^2}}$。

又因 $\dfrac{y_1y_2}{x_1x_2}=\dfrac{(kx_1+b)(kx_2+b)}{x_1x_2}=\dfrac{3b^2-12k^2}{4b^2-12}=-\dfrac{3}{4}$，

即得 $4k^2+3=2b^2$，

故有 $|MN|=\sqrt{\dfrac{24(1+k^2)}{4k^2+3}}$，

可得 $S_{\triangle MON}=\dfrac{1}{2}|MN|\cdot d$

$$=\frac{1}{2}\sqrt{\frac{24(1+k^2)}{4k^2+3}}\times\frac{\sqrt{4k^2+3}}{\sqrt{2k^2+2}}$$

$$=\frac{1}{2}\sqrt{12}$$

$$=\sqrt{3}。$$

二、按照自己的思路

教学是师生的互动，当老师顺着学生的思路解决出问题之后，还有必要将自己原有的思路在草稿上运算出来。

令 $M(x_1,y_1)$，$N(x_2,y_2)$，直线 OM 方程为 $y=k_1x$，由 $\begin{cases}\dfrac{x^2}{4}+\dfrac{y^2}{3}=1,\\ y=k_1x,\end{cases}$ 得 $x_1^2=\dfrac{12}{3+4k_1^2}$，$y_1^2=\dfrac{12k_1^2}{3+4k_1^2}$，则有 $|OM|=\sqrt{\dfrac{12+12k_1^2}{3+4k_1^2}}$。

由于 $k_1k_2=-\frac{3}{4}$，类似地可得 $|ON|=\sqrt{\frac{12+12k_2^2}{3+4k_2^2}}=\sqrt{\frac{9+16k_1^2}{3+4k_1^2}}$。

若要利用 $S_{\triangle MON}=\frac{1}{2}|OM||ON|\sin\angle MON$ 求解，则如何利用 k_1 表示出 $\sin\angle MON$ 为解决本题的关键。

那么我能想到的 $\sin\angle MON$ 关于 k_1 的表达式的途径有哪些?

途径一：如图 2-1 的思路。

途径二：令 $\overrightarrow{OM}=(x_1,y_1)$，$\overrightarrow{ON}=(x_2,y_2)$。

则有 $\cos\angle MON=\frac{\overrightarrow{OM}\cdot\overrightarrow{ON}}{|\overrightarrow{OM}|\cdot|\overrightarrow{ON}|}=\frac{x_1x_2+y_1y_2}{\sqrt{x_1^2+y_1^2}\cdot\sqrt{x_2^2+y_2^2}}$，

$$那么\ \sin\angle MON=\sqrt{1-\frac{(x_1x_2+y_1y_2)^2}{(x_1^2+y_1^2)\cdot(x_2^2+y_2^2)}}$$

$$=\sqrt{\frac{(x_1y_2-x_2y_1)^2}{(x_1^2+y_1^2)\cdot(x_2^2+y_2^2)}}。$$

故 $S_{\triangle MON}=\frac{1}{2}|OM||ON|\sin\angle MON=\frac{1}{2}|x_1y_2-x_2y_1|$。

又因 $y_1=k_1x_1$，$y_2=k_2x_2$，$k_1k_2=-\frac{3}{4}$，

则有 $S_{\triangle MON}=\frac{1}{2}|x_1y_2-x_2y_1|=\frac{1}{2}\cdot\frac{3+4k_1^2}{4|k_1|}|x_1x_2|$。

令直线 OM 的方程为 $y=k_1x$，由 $\begin{cases}\frac{x^2}{4}+\frac{y^2}{3}=1,\\ y=k_1x,\end{cases}$ 得 $x_1^2=\frac{12}{3+4k_1^2}$，类似地，$x_2^2=\frac{16k_1^2}{3+4k_1^2}$。

则有 $S_{\triangle MON}=\frac{1}{2}\cdot\frac{3+4k_1^2}{4|k_1|}|x_1x_2|=\frac{1}{2}\cdot\frac{3+4k_1^2}{4|k_1|}\cdot\frac{8\sqrt{3}|k_1|}{3+4k_1^2}=\sqrt{3}$。

途径三：利用两直线之间所成角的相关概念可以得到 $\sin\angle MON$ 的表达式。

因为 $k_1k_2=-\frac{3}{4}$，则有 $\tan\angle MON=\left|\frac{k_2-k_1}{1+k_1k_2}\right|=\frac{|4k_1^2+3|}{|k_1|}$，

则有 $\sin\angle MON=\dfrac{|4k_1^2+3|}{\sqrt{16k_1^4+25k_1^2+9}}$。

下面只需分别将 $|OM|$，$|ON|$ 用 k_1 表示出来即可。

三、朝着优化的目标

当老师演算到这里，心里可能会有这样的疑问：非利用 $\sin\angle MON$ 的表达式不可吗?

途径四：利用行列式也可以列出三角形的面积。

$$S_{\triangle MON}=\frac{1}{2}\cdot\left\|\begin{matrix}x_1 & y_1 & 1\\ x_2 & y_2 & 1\\ 0 & 0 & 1\end{matrix}\right\|=\frac{1}{2}\cdot|x_1y_2-x_2y_1|\text{，下略。}$$

在上述途径中，均利用到了点 M，N 的坐标，而点 M，N 均在椭圆 $\dfrac{x^2}{4}+\dfrac{y^2}{3}=1$ 上，则这两点的坐标还可以分别以 $(2\cos\alpha,\sqrt{3}\sin\alpha)$ 和 $(2\cos\beta,\sqrt{3}\sin\beta)$ 形式出现。

$$\text{则由 } S_{\triangle MON}=\frac{1}{2}\cdot\left\|\begin{matrix}2\cos\alpha & \sqrt{3}\sin\alpha & 1\\ 2\cos\beta & \sqrt{3}\sin\beta & 1\\ 0 & 0 & 1\end{matrix}\right\|=\sqrt{3}\cdot|\sin(\beta-\alpha)|\text{。}$$

可以发现，要使 $S_{\triangle MON}=\sqrt{3}\cdot|\sin(\beta-\alpha)|$ 为定值，则 $\beta-\alpha$ 要为特殊角。

事实上，由 $k_1k_2=-\dfrac{3}{4}$ 得 $\dfrac{y_1y_2}{x_1x_2}=\dfrac{3\sin\alpha\sin\beta}{4\cos\alpha\cos\beta}=-\dfrac{3}{4}$，即有 $\cos(\beta-\alpha)=0$，故 $\beta-\alpha=k\pi+\dfrac{\pi}{2}(k\in\mathbf{Z})$，所以有 $S_{\triangle MON}=\sqrt{3}\cdot|\sin(\beta-\alpha)|=\sqrt{3}$。

至此，我们发现之所以 $\triangle MON$ 的面积为定值，与 $k_1k_2=-\dfrac{3}{4}$ 中 $-\dfrac{3}{4}$ 这个值有很大关系。

四、打草稿之后的拓展

综上，我们可以得到以下一般性结论：

若椭圆$\begin{cases}x=a\cos\theta,\\ y=b\sin\theta\end{cases}(a>b>0)$上的两动点 M，N 对应的参数分别为 α，β，直线 OM，ON 的斜率分别为 k_1，k_2，当 $k_1k_2=-\dfrac{b^2}{a^2}$时，有 $\alpha-\beta=k\pi+\dfrac{\pi}{2}(k\in\mathbf{Z})$。

若点 M，N 分别为椭圆$\dfrac{x^2}{a^2}+\dfrac{y^2}{b^2}=1(a>b>0)$上的两动点，直线 OM，ON 的斜率分别为 k_1，k_2，当 $k_1k_2=-\dfrac{b^2}{a^2}$时，$\triangle MON$ 的面积为定值$\dfrac{ab}{2}$。（此为原来研究问题的依据）

若椭圆$\begin{cases}x=a\cos\theta,\\ y=b\sin\theta\end{cases}(a>b>0)$上的两动点 M，N 对应的参数分别为 α，β，当 $\alpha-\beta$ 为定值时，$\triangle MON$ 的面积为定值。

若双曲线$\begin{cases}x=a\sec\theta,\\ y=b\tan\theta\end{cases}(a>0,b>0)$上的两动点 M，N 对应的参数分别为 α，β，当 $\alpha-\beta$ 为定值时，$\triangle MON$ 的面积为定值。

当自己反思到这里时，心中突然想到一些教师在课堂上过度依赖课件，有的教师一堂课下来在黑板上基本不留下什么板书，这不利于暴露知识的发生、发展过程，也影响学生有效地理解教师所讲授的内容。而这里所提到的“草稿”，为何不作为习题讲评课的板书演示内容呢？

第二节　如何让笔记唤醒尘封的记忆

做笔记的方法不少，其中人民日报的官方微博曾介绍了多种笔记方法，分别是康奈尔笔记法（5R 笔记法，适用于听课）、卡片索引法（适用于利用碎片化时间阅读）、SQ3R 笔记法（适用于研读）、笔记流（适用于复习或思路整理）、六色笔记法（适用于有成熟思考模式的阅读）、符号记录法（适用于二次阅读）、葱鲔火锅式（适用于边阅读边摘抄）、便利贴笔记法（适用于来不及做整理的阅读）。在这些众多方法中，我们需要找到适合自己做笔记的方法，也需要不断优化整理与使用笔记的方法。

一、追问法：对听课笔记的二次整理（学生篇）

学生在课上或课后所做的学习笔记，或者是因为时间的仓促，或者是老师讲授时存在瑕疵，或者是学生理解出现了偏差，都会让笔记的质量打折扣，不利于学生正确建构知识。因此对于笔记，不应是简单的重复记忆，而是有必要进行二次整理。在对笔记进行整理时，苏格拉底提出的“产婆术”是一种有效的方法，当然这种方法并不局限于师生对话、学生与学生的对话，也包括自己与自己的对话。

刚做老师时，学习求函数值域的课堂上，一名学生所做的笔记引起了我的注意，笔记内容如下：

1. 观察法

$y=ax+b(a\neq 0)$，$y=ax^2+bx+c(a\neq 0)$，$y=\dfrac{ax+b}{cx+d}(ac\neq 0)$，

$y=\sqrt{ax+b}(a\neq 0)$，$y=\sqrt{ax^2+bx+c}(a\neq 0)$

2. 数形结合法

$y=ax^2+bx+c(a\neq 0,x\in[m,n])$，$y=ax+b\dfrac{1}{x}(ab\neq 0)$

3. 换元法

$y=ax+b+\sqrt{cx+d}\,(ac\neq0)$

4. 方程法（判别式法）

$y=\dfrac{dx+e}{ax^2+bx+c}(ad\neq0)$

课后针对上述笔记内容，我与他有如下对话：

师：用观察法求函数值域，观察的是什么？

生：函数图象和解析式的结构。

师：能说得具体点吗？

生：对于一次函数 $y=ax+b(a\neq0)$和二次函数 $y=ax^2+bx+c(a\neq0)$，我们可以通过观察它们的图象得到结果，而对于 $y=\sqrt{ax+b}\,(a\neq0)$和 $y=\sqrt{ax^2+bx+c}\,(a\neq0)$这两个函数，是在已知相应的一次函数和二次函数值域基础上，再考虑其非负这个限制条件即可。

师：对于函数 $y=\dfrac{ax+b}{cx+d}(ac\neq0)$，去观察什么呢？

生：可以把 $y=\dfrac{ax+b}{cx+d}(ac\neq0)$看成是由 $y=\dfrac{1}{x}$的图象作平移和伸缩变换而成，因此也可以看成通过观察函数的图象求值域。

师：那么这与利用数形结合的方式求函数 $y=ax^2+bx+c(a\neq0,x\in[m,n])$和 $y=ax+b\dfrac{1}{x}(ab\neq0)$的值域有什么区别呢？

生：明白了，它们可以归为同一类。

师：对于函数 $y=ax+b+\sqrt{cx+d}\,(ac\neq0)$的值域求法呢？

生：可考虑用换元法，因为换元后就可以变为一个一元二次函数。

师：$ax+b+\sqrt{cx+d}\,(ac\neq0)$这个解析式有什么特点吗？

生：$ax+b$ 是关于 x 的一次解析式，$\sqrt{cx+d}$可以看成是关于 x 的$\dfrac{1}{2}$次解析式，从次数来说，前者是后者的两倍，所以换元之后很自然地就成为一元二次函数了。

师：我们再观察一下，对于 $y=3x+5+\sqrt{x-2}$这个函数，你会用什么方法求它的值域？

生：换元法。

师：非用换元法不可吗？

生：这个我还没有想过。

师：图象与性质是我们研究函数的主要工具，这个函数的什么性质对我们求值域有帮助？

生：是单调性！这个函数是单调递增函数。

师：请你判断 $y=-3x+5+\sqrt{-x-2}$ 这个函数的单调性是什么？

生：是减函数。我们可以这样总结：对于 $y=ax+b+\sqrt{cx+d}\,(ac\neq 0)$ 这类函数，除可以用换元法求值域之外，当 $ac>0$ 时，还可以利用函数的单调性求解，换元法可以看成是求这类函数值域的通法。

师：是的，利用函数单调性求函数值域是一种重要的途径，需要予以重视。

师：你能把用方程法（判别式法）求函数 $y=\dfrac{dx+e}{ax^2+bx+c}\,(ad\neq 0)$ 值域的步骤叙述一遍吗？

生：前提是 $y=\dfrac{dx+e}{ax^2+bx+c}\,(ad\neq 0)$ 为最简分式，且其定义域为 **R**，先将 $y=\dfrac{dx+e}{ax^2+bx+c}\,(ad\neq 0)$ 变形为关于 x 的一元二次方程 $ayx^2+(by-d)x+cy-e=0$，由 $\Delta=(by-d)^2-4ay(cy-e)\geqslant 0$ 建立关于 y 的不等式，通过解此不等式得到 y 的取值范围即为所求。

师：表述得很清楚，你认为 $y=\dfrac{x+1}{x^2-x-1}$ 这个函数可以用同样的方法求解吗？

生：这个可能不行，因为这个等式尽管也可以变形为关于 x 的一元二次方程，但它的定义域不是 **R**，用同样的做法得到的范围可能不是函数的值域。

师：你可以用什么方法求此函数的值域？值域是什么？

生：令 $t=x+1$，当 $t=0$ 时，$y=0$；当 $t\neq 0$ 时，函数可转化为 $y=\dfrac{1}{t+\dfrac{1}{t}-3}$，于是把问题转化为求 $y=ax+b\dfrac{1}{x}(ab\neq 0)$ 型函数的值域。可求得此函数的值域为 $(-\infty,-1]\cup\left[-\dfrac{1}{5},+\infty\right)$。

师：你尝试利用“判别式”法算一算，看看结果是什么？

……

生：我算出的结果也是 $(-\infty,-1]\cup\left[-\dfrac{1}{5},+\infty\right)$。

师：这是巧合吗？

生：可能不是巧合，但我还说不出理由是什么。

师：这是把函数与方程有机地结合起来的结果，老师向你推荐一篇文章《反函数法求函数的值域是错误的——兼谈方程法求函数的值域》①，文章里对其合理性说明如下：

函数 $y=f(x)$ 的定义域为 D，值域为 A，$y=f(x)$ 也可以看成是关于 x 的方程，令使方程 $y=f(x)$ 在 D 内有解的 y 的取值范围为 B，我们可以证明集合 $A=B$。

事实上，当 $y_0\in A$ 时，必存在 $x_0\in D$，使 $y_0=f(x_0)$，则 y_0 使关于 x 的方程 $y=f(x)$ 在 D 内有解，故 $y_0\in B$，即 A 为 B 的子集。

反之，当 $y_0\in B$ 时，则 y_0 使关于 x 的方程 $y=f(x)$ 在 D 内有解，设解为 x_0，那么有 $y_0=f(x_0)$，故 y_0 即为自变量 x_0 对应的函数值，故 $y_0\in A$，即 B 为 A 的子集。

综上，$A=B$。

因此这种方法我们把它称为方程法更贴切，请用这种方法完整地求一下函数 $y=\dfrac{x+1}{x^2-x-1}$ 的值域。

学生解题过程如下：

当 $x=-1$ 时，$y=0$；

① 梁伍德. 反函数法求函数的值域是错误的：兼谈方程法求函数的值域 [J]. 数学通报，1997 (6)：20—21.

当 $y\neq 0$ 时，将 $y=\dfrac{x+1}{x^2-x-1}$ 变形为关于 x 的一元二次方程

$y(x^2-x-1)=x+1\cdots$①，

即 $yx^2-(y+1)x-(y+1)=0\cdots$②，

原函数定义域为 $\left(-\infty,\dfrac{1-\sqrt{5}}{2}\right)\cup\left(\dfrac{1-\sqrt{5}}{2},\dfrac{1+\sqrt{5}}{2}\right)\cup\left(\dfrac{1+\sqrt{5}}{2},+\infty\right)$。

由①可知，$\dfrac{1-\sqrt{5}}{2}$ 和 $\dfrac{1+\sqrt{5}}{2}$ 不是方程的解，

故方程②在定义域有解也可看成是在 **R** 内有解，

故 $\Delta=(y+1)^2+4y(y+1)\geqslant 0$ 得到的 y 的取值范围为 $(-\infty,-1]\cup\left[-\dfrac{1}{5},0\right)\cup(0,+\infty)$。

综上所述，原函数的值域为 $(-\infty,-1]\cup\left[-\dfrac{1}{5},+\infty\right)$。

师：很好，过后请用方程法求 $y=\dfrac{x^2-x-1}{x+1}$ 和 $y=-3x+5+\sqrt{-x-2}$ 的值域。

对求函数值域方法，我们可以做如下梳理：

（1）会用图象法与单调性求以下基本函数的值域：一元一次函数、一元二次函数、反比例函数、双勾函数。

（2）利用换元法将较为复杂的函数转化为上述函数。

（3）方程法。

通过检查笔记，围绕笔记进行师生对话，可以帮助学生更深刻地理解、更系统地整理所学内容，这实际上是老师指导学生的一条有效途径。

二、设问法：对听课笔记的二次整理（教师篇）

学生听课是学习的常态，而教师听课则是协作教研的常态。教师也会写下听课笔记，但常常是为记笔记而记笔记，未能将其与提升个人的批判性思维能力有机联系起来。其实，当我们再次面对听课笔记，在对其进行分析和整理的过程中，也会唤醒自己听课过程中未来得及记下的

内容和想法，由此有机会去解决听课过程中的一些疑点，这会使我们进行这部分内容教学时更加从容与自然。

听了一位老师的课，其给出了如下一道题目：

例 1 已知 k，m 为实数，不等式 $|x^2-kx-m|\leqslant 1$ 对所有的 $x\in[a,b]$ 成立。证明：$b-a\leqslant 2\sqrt{2}$。

在听老师作解题分析时，我也做了如下思考：

一般来说，学生面对此题的心理是，本题的难点在于出现的参数多，不确定性增多，有些无从下手的感觉。

于是如何消去参数 k，m 就是解决本题的关键，本题为条件不等式的证明，消除条件与结论之间的差异是我们解决此题的一个重要途径。

令 $f(x)=x^2-kx-m$，则有 $f(a)=a^2-ka-m\cdots$①，$f(b)=b^2-kb-m\cdots$②，这两个式子与待求证的 $b-a\leqslant 2\sqrt{2}$ 的差异在哪儿？

首先是次数的差异，要消除此差异可把待证的不等式转化为 $(b-a)^2=b^2-2ba+a^2\leqslant 8$。

其次是消除此不等式与①②的差异，即有无 ab 这一项，

则可考虑 $f\left(\frac{a+b}{2}\right)=\left(\frac{a+b}{2}\right)^2-k\,\frac{a+b}{2}-m=\frac{a^2+b^2}{4}+\frac{ab}{2}-k\,\frac{a+b}{2}-m\cdots$③，

则由①＋②－2③得 $\left|f(a)+f(b)-2f\left(\frac{a+b}{2}\right)\right|\leqslant|f(a)|+|f(b)|+2\left|f\left(\frac{a+b}{2}\right)\right|\leqslant 4$，

即有 $\left|\frac{a^2+b^2-2ab}{2}\right|\leqslant 4$，

故有 $(b-a)^2=b^2-2ba+a^2\leqslant 8$ 成立，

则 $b-a\leqslant 2\sqrt{2}$ 成立。

此思路具有一定的技巧性，不易把控。若把此题改为求 $b-a$ 的最大值，那么上面的思路就更不易产生了。

再则上述解题过程全是通过抽象代数运算完成的，解完之后几乎没

有给人留下什么特别深刻的印象，正如华罗庚先生所说“数缺形时少直观”①。

因此，为了寻找其他解题途径，我们可以利用数与形的结合来寻找出路。

其实，本题可以翻译如下：

使 $f(x)=x^2-kx-m$ 图象在直线 $y=1$ 与 $y=-1$ 之间的部分对应的 x 的最大区间长度不超过 $2\sqrt{2}$。

因为 k，m 影响函数 $f(x)=x^2-kx-m$ 图象对称轴的位置或顶点的高低，而不影响其形状，类似华罗庚先生的“退一步”解题策略②，此问题就可化归为：使 $f(x)=x^2-m$ 图象在直线 $y=1$ 与 $y=-1$ 之间的部分对应的 x 的最大区间长度不会超过 $2\sqrt{2}$。而由 $f'(x)=2x$ 为增函数可知，$f(x)=x^2-m$ 的图象越靠近 y 轴越“平缓”，则抛物线 $f(x)=x^2-m$ 顶点在直线 $y=-1$ 上时，$f(x)=x^2-m$ 图象在直线 $y=1$ 与 $y=-1$ 之间的部分对应的 x 的区间最长，此时该区间长度的最大值为 $2\sqrt{2}$。

这样可以帮助我们理解本题结论的合理性，但它还算不上严谨的推证过程。所以还需规范其解答过程：

由 $|x^2-m|\leqslant 1$ 得 $m-1\leqslant x^2\leqslant m+1$，解此关于 x 的不等式组，

当 $m>1$ 时，$x\in[-\sqrt{m+1},-\sqrt{m-1}]\cup[\sqrt{m-1},\sqrt{m+1}]$；

当 $-1\leqslant m\leqslant 1$ 时，$x\in[-\sqrt{m+1},\sqrt{m+1}]$；

当 $m<-1$ 时，$x\in\varnothing$。

$$故\ b-a=\begin{cases}\sqrt{m+1}-\sqrt{m-1}=\dfrac{2}{\sqrt{m+1}+\sqrt{m-1}}, & m>1,\\ 2\sqrt{m+1}, & -1\leqslant m\leqslant 1。\end{cases}$$

求得此分段函数的最大值为 $2\sqrt{2}$。

学生在解题过程中遇到的困惑，并不完全是因为学生的基本知识与基本方法储备不够，有时常常是学生自己熟悉的场景与遇到的场景之间

① 华罗庚. 谈谈与蜂房结构有关的数学问题 [M]. 北京：科学出版社，2002：50.
② 华罗庚. 数学归纳法 [M]. 北京：科学出版社，2002：25.

差异较大造成的。那么如何做到让答疑自然呢？启发，即寻找学生的最近发展区，实现消除学生认知上的差异。

三、再现法

做笔记是为了使用，尽管数学笔记的作用是多方面的，可是若不及时浏览，间隔时间一长，很可能连基本的备忘效果都会打折扣。当我翻阅了笔记中的一题，发现如果在面对笔记呈现的内容时，能够清晰地表述出自己此时的感受，不失为一种有用的复习方法。

例 2 在$\triangle ABC$中，角A为钝角，$AC=2$，$AB=1$，$S_{\triangle ABC}=\frac{\sqrt{3}}{2}$，$P$为$\triangle ABC$的外心，设$\overrightarrow{AC}=\boldsymbol{u}$，$\overrightarrow{AB}=\boldsymbol{v}$。

(1) 求$\boldsymbol{u}\cdot\boldsymbol{v}$；

(2) 设$\overrightarrow{AP}=s\boldsymbol{u}+t\boldsymbol{v}$，求$s$，$t$的值。

以下是在笔记中呈现的内容及面对笔记时的感受。

(1)【笔记呈现的内容】

利用$S_{\triangle ABC}=\frac{1}{2}AB\cdot AC\sin A=\frac{\sqrt{3}}{2}$可得$\sin A=\frac{\sqrt{3}}{2}$，因为$A$为钝角，故$\cos A=-\frac{1}{2}$，则有$\boldsymbol{u}\cdot\boldsymbol{v}=-1$。

【面对笔记时的感受】

利用分析法容易理清第(1)小题解题思路，该小题是向量数量积公式与三角形面积公式的直接应用，题目中限制A为钝角是为了避免分类讨论。

(2)【笔记呈现的内容】

思路一：如图 2-3，作平行四边形$AEPF$，尝试求出AE，AF的长即可，不过这涉及求解多个三角形的运算。

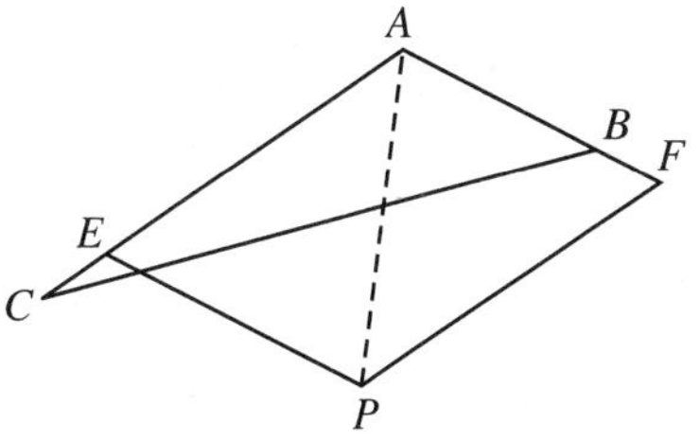

图 2-3

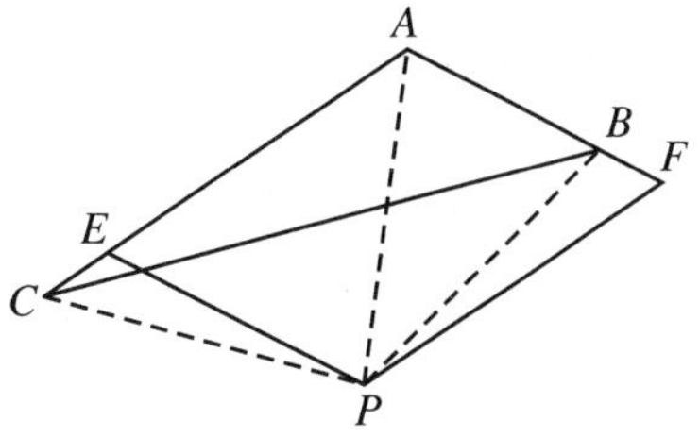

图 2-4

【面对笔记时的感受】

因为当初笔记只列了简单的思路，对于“涉及求解多个三角形的运算”没有感觉，只能重新去理思路，若学生也是这样做笔记，对其今后帮助不大。那么，笔记的作用就没能有效地发挥。

以下做笔记的方法可以帮助我们快速从笔记中提取解题思路。

流程图法：如图 2-4，作平行四边形 $AEPF$，连接 PC，PB。按图 2-5 所示的流程图即可得到 AE，AF 的长。

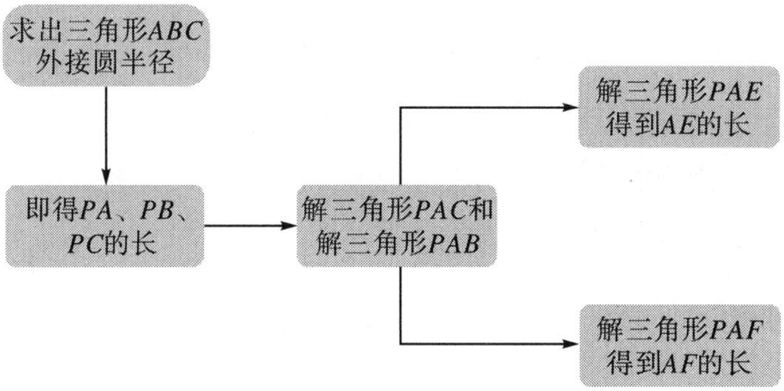

图 2-5

【笔记呈现的内容】

思路二：如图 2-6，作 $PM\perp AC$ 于 M，$PN\perp AB$ 于 N。

则有 $\overrightarrow{PM}=\frac{1}{2}\overrightarrow{AC}-\overrightarrow{AP}=\frac{1}{2}\boldsymbol{u}-(s\boldsymbol{u}+t\boldsymbol{v})$

$=\left(\frac{1}{2}-s\right)\boldsymbol{u}-t\boldsymbol{v}$。

由 $\overrightarrow{PM}\cdot\overrightarrow{AC}=0$ 可得 $4s-t-2=0$，类

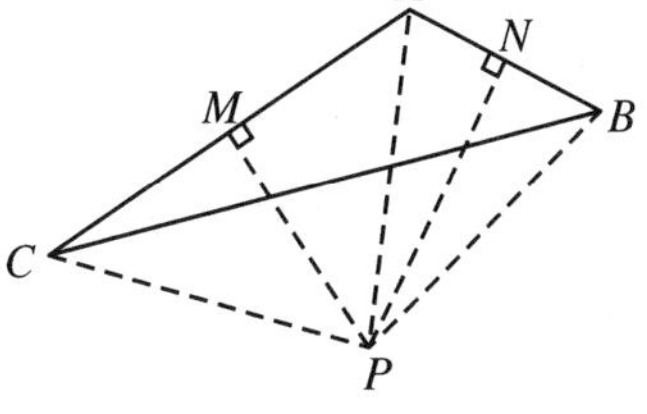

图 2-6

似地由$\overrightarrow{PN}=\left(\frac{1}{2}-t\right)\boldsymbol{v}-s\boldsymbol{u}$和$\overrightarrow{PN}\cdot\overrightarrow{AB}=0$可得$2t-2s-1=0$。联立$4s-t-2=0$与$2t-2s-1=0$即可求出$s$，$t$。

【面对笔记时的感受】

本思路是利用了方程思想，即为了求两未知量s，t，可以尝试构造关于s，t的方程组，则需要寻找与之有关的两组等量关系，而$\overrightarrow{PM}\perp\overrightarrow{AC}$，$\overrightarrow{PN}\perp\overrightarrow{AB}$这两组垂直关系恰好可以转化为两组等量关系：$\overrightarrow{PM}\cdot\overrightarrow{AC}=0$，$\overrightarrow{PN}\cdot\overrightarrow{AB}=0$。

上述文字比起原来的解题过程记录会更有价值。

【笔记呈现的内容】

思路三：因为点P为三角形ABC的外心，故$|\overrightarrow{PA}|=|\overrightarrow{PB}|=|\overrightarrow{PC}|$。由$\overrightarrow{AP}=s\boldsymbol{u}+t\boldsymbol{v}$，$\overrightarrow{PC}=\overrightarrow{AC}-\overrightarrow{AP}=(1-s)\boldsymbol{u}-t\boldsymbol{v}$，$\overrightarrow{PB}=(1-t)\boldsymbol{v}-s\boldsymbol{u}$，则可化归为关于$s$，$t$的方程。

【面对笔记时的感受】

要构造关于s，t的方程，首先需要寻找与s，t有关的等量关系。而$|\overrightarrow{PA}|=|\overrightarrow{PB}|=|\overrightarrow{PC}|$就蕴藏着两组等量关系。

【笔记呈现的内容】

思路四：如图2－7建立直角坐标系，则$A(0,0)$，$B\left(-\frac{1}{2},\frac{\sqrt{3}}{2}\right)$，$C(2,0)$，因为点$P$为$AB$，$AC$垂直平分线的交点，则可求出点$P$的坐标。

再将$\overrightarrow{AP}=s\boldsymbol{u}+t\boldsymbol{v}$坐标化即可得到关于$s$，$t$的方程组。

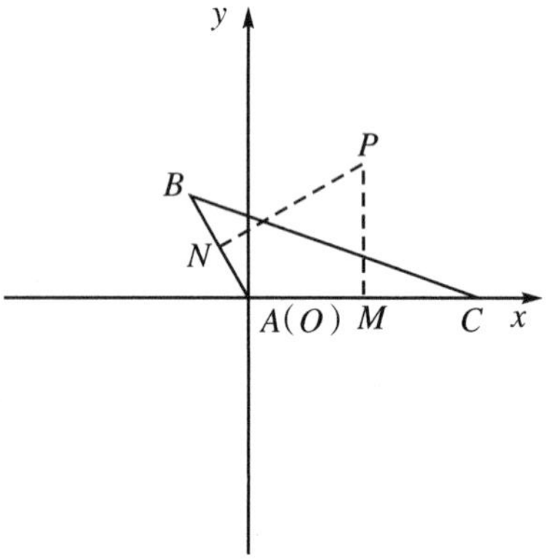

图2－7

【面对笔记时的感受】

用正交基底来表示向量比$\boldsymbol{u}$，$\boldsymbol{v}$为基底简单，同时也感受到解析法的优点。

回头审视上面的笔记，会明显感觉到当初做笔记时比较仓促，之后未对笔记进行二次整理，导致复习查阅时耗费较多的时间，故指导学生及时对自己所做的笔记进行二次整理是非常有必要的。

第三节　如何有效地暴露思维

学生的学习首先是从模仿开始的，而教学却常常仅停留在让学生模仿“我怎么做”阶段，较少尝试让学生模仿“我怎么想得到”。学生缺少面对陌生情境时解决问题的体验过程，解决数学问题的能力就会停留在记模型或记题型的层次。

上述数学教学存在的现象，与师生的元认知知识、元认知监控和元认知体验的缺失有关。根据元认知理论，我们知道，元认知体验过程大都只可意会不可言传，但是基于批判性思维的问题思考有助于提升我们对新问题的认知体验。尽管我们无法完整地呈现出自己的认知体验，但我们可以努力去呈现认知过程的监视、控制和调节环节，即在预备阶段决定好目标，预设解决的路径，判断可能出现的问题及应对办法；在解决问题时，明确现状与预期之间的差异，针对差异调整策略，寻求消除差异的办法；在实现问题解决后，重新审视解决问题的过程，使思路更清晰，明确解决问题的策略合理性，预测所获得解决问题策略的适用性，由此不断循环往复。这对学生自然流畅地解决问题是有帮助的。

要帮助学生自觉暴露认知过程的监控、控制和调节过程，教师自己应能够呈现认知过程的监控、控制和调节过程，而教师的自问自答是一种有效的方法。

例 1　设两个向量 $\boldsymbol{a}=(\lambda+2,\lambda^2-\cos^2\alpha)$，$\boldsymbol{b}=\left(m,\dfrac{m}{2}+\sin\alpha\right)$，其中 λ，m，α 为实数，若 $\boldsymbol{a}=2\boldsymbol{b}$，则 $\dfrac{\lambda}{m}$ 的取值范围是________。

学生解答此题时遇到的困惑：由 $\boldsymbol{a}=2\boldsymbol{b}$ 得到 $\begin{cases}\lambda+2=2m,\\ \lambda^2-\cos^2\alpha=m+2\sin\alpha,\end{cases}$ 可

是由$\begin{cases}\lambda+2=2m,\\ \lambda^2-\cos^2\alpha=m+2\sin\alpha\end{cases}$求关于$\frac{\lambda}{m}$的解析式时思维受阻。

如何突破难点？不妨进一步追问如下。

自问：难在哪儿？

自答：根据平时解题的经验遇到解决两个量的比值问题，首先想到的是去构造这两个量的齐次等式，可是从$\begin{cases}\lambda+2=2m,\\ \lambda^2-\cos^2\alpha=m+2\sin\alpha\end{cases}$中看不出得到齐次等式的途径。

自问：对于本题，为什么想得到关于λ，m的齐次等式？

自答：因为根据关于λ，m的齐次等式，通过代数变形容易得到关于$\frac{\lambda}{m}$的解析式。

自问：如果从代数角度入手思维受阻，那么可以尝试从几何角度入手吗？

追问：$\frac{\lambda}{m}$有何几何意义？

自答：可以把$\frac{\lambda}{m}$看成是过(m,λ)与$(0,0)$两点直线的斜率。

自问：那么把$\begin{cases}\lambda+2=2m,\\ \lambda^2-\cos^2\alpha=m+2\sin\alpha,\end{cases}$即$\begin{cases}\lambda+2=2m,\\ \lambda^2-m=\cos^2\alpha+2\sin\alpha\end{cases}$看成关于$\lambda$，$m$的二元方程组，在解此方程组过程中会遇到什么困难？

自答：遇到的困难有二。一是方程组中还含关于α的解析式$\cos^2\alpha+2\sin\alpha$，书写起来比较繁琐，会让人心生畏难情绪，当然$\cos^2\alpha+2\sin\alpha$整体可以看成是一个变量，故可通过换元，即令$t=\cos^2\alpha+2\sin\alpha$，

将$\begin{cases}\lambda+2=2m,\\ \lambda^2-m=\cos^2\alpha+2\sin\alpha\end{cases}$变形为$\begin{cases}\lambda+2=2m,\\ \lambda^2-m=t\end{cases}(-2\leqslant t\leqslant 2)$。

二是求解关于λ，m的二元方程组$\begin{cases}\lambda+2=2m,\\ \lambda^2-m=t\end{cases}(-2\leqslant t\leqslant 2)$还是比较繁琐。

由$\begin{cases}\lambda+2=2m,\\ \lambda^2-m=t\end{cases}$$(-2\leqslant t\leqslant 2)$，可得$(2m-2)^2-m-t=0$，即$4m^2-9m+4-t=0$，则有$m=\dfrac{9\pm\sqrt{17+16t}}{8}$。

因为$-2\leqslant t\leqslant 2$，所以可得$\dfrac{1}{4}\leqslant m\leqslant 2$，即得$-8\leqslant -\dfrac{2}{m}\leqslant -1$，

故可得$\dfrac{\lambda}{m}=\dfrac{2m-2}{m}=2-\dfrac{2}{m}\in[-6,1]$。

自问：上述解答过程中最关键的环节是什么？

自答：上述解答过程最关键的地方是构造m关于t的函数关系，并求该函数的值域，即m的取值范围。

自问：是否还有其他的途径得到m的取值范围？

自答：若能构造关于m的不等式，则也可得到m的取值范围。观察分析上述解答过程，可以发现由$4m^2-9m+4-t=0$得$4m^2-9m+4=t\in[-2,2]$，即可建立关于m的不等式组$-2\leqslant 4m^2-9m+4\leqslant 2$，解该不等式组也可得到$m$的取值范围，从而避免解关于$m$的一元二次方程$4m^2-9m+4-t=0$。

通过解题人自问自答的方式，可以比较有效地暴露解题思维，让问题更加明晰，解题思路更加自然流畅，这在数学解题教学或探究式学习中不失为一种值得尝试的方法。

第四节　如何避免教学中的浅尝辄止

函数问题的教学难点，往往体现在“一题一味，百题百变”。函数解析式中一个运算符号、一个数字的改变，很可能就会让解答过程大为不同。如何让一堂课的价值尽可能大一些，是需要老师时常装在心里的问题。但是由于处理函数解析式较繁琐，我们的注意力通常集中于就题论题，同时又有课程进度的要求，导致我们的教学不时会给人“浅尝辄止”的感觉。

在校外听了一堂课，老师给出的问题是：

若$\frac{\pi}{4}<x<\frac{\pi}{2}$，则函数 $y=\tan 2x\cdot\tan^3 x$ 的最大值为__________。

由 $y=\tan 2x\cdot\tan^3 x=\frac{2\tan^4 x}{1-\tan^2 x}$的式子结构寻找处理途径，老师根据 $\tan x>1$，将 $y=\frac{2\tan^4 x}{1-\tan^2 x}$变形为 $y=\frac{2}{\frac{1}{\tan^4 x}-\frac{1}{\tan^2 x}}$，其分母为关于$\frac{1}{\tan^2 x}$的二次函数，令 $t=\frac{1}{\tan^2 x}$，则 $y=\frac{2}{t^2-t}$，因为 $t\in(0,1)$，即可得到 $y=\tan 2x\cdot\tan^3 x$ 的最大值。

老师与学生一起分析到这里就结束了本题的分析。

其实，对于每一道题目，从选择它作为教与学的内容开始，教师就应思考清楚有哪些解决途径，应思考清楚这些途径是否顺应了自己和学生的思路，也应思考清楚希望一道题目发挥怎样的训练价值。当然这些念头不可能也不必要同时涌现在我们的头脑中，比较具有可操作性的一种策略是在我们用一种解法解决了问题之后再回味解决问题的方法。

根据上面的解法，在分式中，分子的次数相对分母的次数可“看成”

二次，于是需要用到换元法。由 $y=\frac{2\tan^4 x}{1-\tan^2 x}$ 变形为 $y=\frac{2}{\frac{1}{\tan^4 x}-\frac{1}{\tan^2 x}}$ 是关键的一步，这样变形的合理性在于，将分子分母的变量集中在分母，然后处理分母部分即可，这也相当于将分式问题转化为整式问题。

但除了这种途径，还可以如何自然地得到其他途径呢？

我在教学中常常引导学生树立“繁点即化简点”“难点即弱点”“堵点即突破点”的意识，即思维受阻的地方往往蕴藏着“破题开局”的机会，这需要我们能够尽可能具体地表述出“繁点”“难点”“堵点”在哪儿。

例如，我们进行如下的问与答：

问：对于 $y=\frac{2\tan^4 x}{1-\tan^2 x}$，我们“繁”的地方在哪儿？

答：所给函数是一个分式。

问：分子分母之间有什么关系？

答：若把分母看成一次式，那么分子就可以看成二次式。

问：如果我们无法回避分式，那么我们希望分母遇到分式吗？

答：我们希望分母最好是单项式。

于是本题解题思路从令 $t=1-\tan^2 x$ 起步，另一种解法的思路就很清晰了。

当然，如果是已经学习了整个高中的数学内容，我们也应让学生知晓，利用导数的知识来求分式函数 $y=\frac{2t^4}{1-t^2}$ 的最值始终是“保底”的解法。

这样的场景不止一次出现。

几年前，听一位老师上高三第一轮复习课，其中有这样一个问题：

已知函数 $f(x)=\begin{cases}3x-1, x<0,\\ f(x-1), x\geqslant 0,\end{cases}$ 求 $f\left(\frac{13}{2}\right)$。

由于本题很常规，学生大都可以比较迅速地给出结果，且已经判断出学生对于分段函数的对应法则掌握得比较好，于是老师就进入到下一个教学环节，与学生一起探究其他函数的问题。

这本身没有什么问题。只不过心有不甘，总希望一道题目还可以挖掘出其他教学价值。突然，我发现了一个平时视而不见的风景：这不正是流程图最常见问题的另一种表述方式吗？因此，老师还可以让学生将一道题的解法用程序框图表示出来（见图 2－8）。

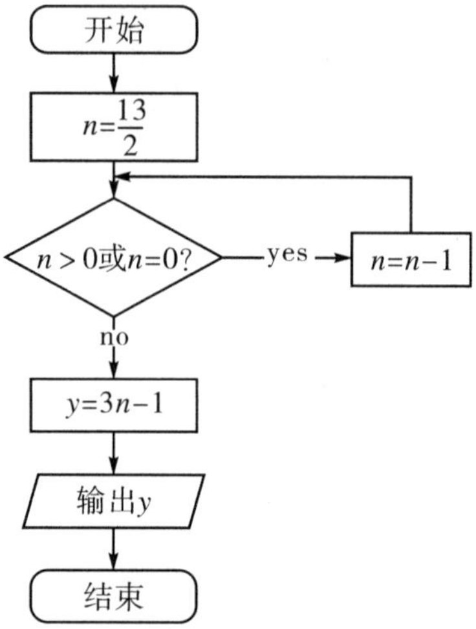

图 2－8

由此可见，教师对一道题目的选择与剖析一定要深思熟虑，方能做到自然生成。同样，教师对学生课堂学习的状况应做充分的预设，否则学生可能会出现似是而非的状况。从下题的处理可以看出，老师备课时“临门一脚”没有到位，学生很可能仍然会出现“会而不对”的情况。

已知函数 $f(x)=|\lg x|$，若 $0<a<b$，且 $f(a)=f(b)$，则 $a+2b$ 的取值范围是（　　）。

A. $(2\sqrt{2},+\infty)$　　B. $[2\sqrt{2},+\infty)$

C. $(3,+\infty)$　　D. $[3,+\infty)$

由 $f(a)=f(b)$ 得 $|\lg a|=|\lg b|$，则有 $\lg a=\lg b$（不合题意，舍去），或 $\lg a=-\lg b$，故可得 $0<a<b$ 且 $ab=1$。则问题转化为在“$0<a<b$ 且 $ab=1$”条件下，求 $a+2b$ 的取值范围。课堂上出现了一个情况，有不少同学认为可以利用均值不等式求出 $a+2b$ 的取值范围。

由 $a+2b\geqslant 2\sqrt{2ab}=2\sqrt{2}$，又因 $a=2b$ 时，可以取到等号，故就认为 $a+2b$ 的取值范围是 $[2\sqrt{2},+\infty)$。这暴露了学生仅仅是从形式上知晓

均值不等式 $m+n\geqslant 2\sqrt{mn}\,(m\geqslant 0,n\geqslant 0)$ 取等号的条件是 $m=n$，但在具体问题中，对于 m，n 是否真正相等却没有深究。事实上，若 $a=2b$，那么应意味着 $a=2b=\sqrt{2}$，即 $a=\sqrt{2}$，$b=\dfrac{\sqrt{2}}{2}$，这与题设 $0<a<b$ 矛盾。

当然，老师在教学中应允许学生发散思维，尊重学生面对问题时脑子里冒出来的念头，这样的尊重应体现在帮助他们完善已有的想法，以下面对话为例。

生：根据 $4x^2+y^2+xy=1$ 的结构，我想利用三角代换求 $2x+y$ 的最大值，但又不知如何处理 xy，可以往下走吗？

师：如果面对的是 $4x^2+y^2=1$，你会如何进行三角代换？

生：将 $4x^2$ 对应着 $\cos^2\theta$，将 y^2 对应着 $\sin^2\theta$ 即可。

师：既然我们无法避免 xy，那么可以尝试通过配方来进行处理。

由 $4x^2+y^2+xy=1$，可得到 $\dfrac{15}{4}x^2+\left(y+\dfrac{x}{2}\right)^2=1$。

则可令 $x=\dfrac{2}{\sqrt{15}}\cos\theta$，$y+\dfrac{x}{2}=\sin\theta$，则有 $y=\sin\theta-\dfrac{1}{\sqrt{15}}\cos\theta$，

于是可得 $2x+y=\dfrac{3}{\sqrt{15}}\cos\theta+\sin\theta=\sqrt{\dfrac{8}{5}}\sin(\theta+\varphi)\leqslant\sqrt{\dfrac{8}{5}}$。

通常，我们面对问题的第一感觉往往都是有价值的，不要轻易放过。

如：在三角形 ABC 中，角 A，B，C 所对的边分别为 a，b，c，若 $a^2=b(b+c)$，试探究角 A 与 $2B$ 之间的等量关系。

在本题中，相信不少人都会觉得 $a^2=b(b+c)$ 从结构上与余弦定理有联系，那么求解本题可以从消除二者之间的差异入手。

由 $a^2=b(b+c)=b^2+c^2-2bc\cos A$，得

$\cos A=\dfrac{c-b}{2b}=\dfrac{\sin C-\sin B}{2\sin B}$，

$2\cos A\sin B=\sin C-\sin B=\sin(A+B)-\sin B$，

$\sin(A-B)=\sin B>0$，

则 $0<A-B<\pi$，故 $A-B=B$ 或 $A-B+B=\pi$（舍去）。

需提醒自己的是，当我们求解出一道题之后，停留一会儿再去探究

整个过程是否可逆也是一件有趣的事情。

由 $A-B=B$ 得 $\sin(A-B)=\sin B$，

即得 $\sin A\ \cos B-\cos A\ \sin B=\sin B$。

由正、余弦定理得

$$a\,\frac{a^2+c^2-b^2}{2ac}+b\,\frac{b^2+c^2-a^2}{2bc}=b,$$

化简后得到 $a^2=b(b+c)$。

浅尝辄止的情况在我们处理选择题时也经常出现，如：

若三角形 ABC 中，角 A，B，C 所对的边分别为 a，b，c，若过点 C 作 CD 垂直 AB 于 D，且 $CD=h$，则下列给出的关于 a，b，c，h 的不等式中正确的是（　　）。

A. $a+b\geqslant\sqrt{2h^2+2c^2}$　　B. $a+b\geqslant\sqrt{4h^2+c^2}$

C. $a+b\geqslant\sqrt{4h^2+2c^2}$　　D. $a+b\geqslant\sqrt{h^2+2c^2}$

对于此题，我们用特殊化思想去排除干扰项是容易得到正确答案 B 的。在尝试的过程中，我们会发现，若以 B 为直角顶点的等腰直角三角形去进行筛选，思维会受阻，而以 C 为直角顶点的等腰直角三角形则可以顺利排除干扰选项，通常我们到此就收手了，却较少去考虑剩下的那个选项为什么是正确的，这仍然是浅尝辄止的表现。在教学中，这里值得和学生一起，在前面解题路径的基础上，从代数角度进行进一步探究。

$a+b\geqslant\sqrt{4h^2+c^2}$

$\Leftrightarrow a^2+b^2+2ab\geqslant 4h^2+c^2$

$\Leftrightarrow a^2+b^2-c^2+2ab\geqslant 4h^2$

$$\Leftrightarrow 2ab\ \cos C+2ab\geqslant 4h^2=4\,\frac{a^2b^2\sin^2C}{c^2}=4\,\frac{a^2b^2}{c^2}(1-\cos^2C)$$

$$\Leftrightarrow 2\,\frac{ab}{c^2}(1-\cos C)\leqslant 1$$

$\Leftrightarrow c^2\geqslant 2ab(1-\cos C)=2ab-(a^2+b^2-c^2)$

$\Leftrightarrow a^2+b^2\geqslant 2ab$

第五节　从算法到算理：在维系好奇中追寻自然

算法是指解题的方法，其简化思维过程，突出操作步骤。算理就是解题过程中的道理，是指解题过程中的思维方式，强调解题步骤与方法的合理性。一天，一名小学生问我一道数学题，在答疑的过程中，我发现学生对于解题的步骤很感兴趣，但是对于为什么要这么做却听得心不在焉。此情此景让我意识到：其实并不仅仅是低年级学生更关心算法而对于算理不以为然，高年级的学生同样也存在着想知其然而不愿知其所以然的情况。同样，我们教师不也是对教法比较关注，而对于教法的合理性不够重视吗？

我们为何而教？教什么？如何教？为何这样教？教得如何？

我越来越强烈地感受到维持与重燃学生的好奇心是一项非常重要的工作。

好奇心是驱动人类发现和发明的原始动力，我们的教学比较关注知识本身，而对学生的好奇心却不够关注。学生在数学学习过程中，追问“为什么？”的频率越来越低，这是否与我们的教学功利性有关？与我们教师自身的好奇心缺失有关？举一个例子，教师在面对学生的过程中，是否能够真正从学生面部的细微表情捕捉到学生反馈的信息，并在教学中及时地调控？另外，好奇心、想象力与质疑精神相互依存、相互促进，我们不可能孤立地去强调某一方面。

为什么我们的好奇心会随着年龄的增长而衰减？是否因为我们逐渐地形成“存在即为合理”的思维定式，而缺少对追求合理化的行为给予充分肯定？

怎样的行为属于追求合理化的范畴？我们可以定义为因提出和解决“为何？”而产生的一切思考与探究的行为。

基于这样的认识，对于好奇心的维系，我们的教学应遵循如下原则：

合理性原则，即每个人追求合理化的言行都值得肯定；支持性原则，即每个人追求合理化的过程都应当获得支持；个性化原则，即为不同群体追求合理化的行为提供一定支持；巩固性原则，即追求合理化的思维习惯是在持续训练中得以加强。

由于不同学段的学生心理特点存在区别，教师所做的工作也相应要有所侧重。

小学生学科好奇心的指向及维系：好奇是这个时段孩子们的天性，教师需重视孩子的每一个问题，郑重其事地与他们共同讨论这些问题，不要敷衍了事。教师本人需要有强烈的同理心与参与意识，有一位老师曾说过，在和自己的孩子做游戏的过程中，经常会用一些“夸张”的口头语言和形体语言来描述需表达的内容，如尽可能用夸张的语言来强调要给对方一个大大的拥抱中的“大”。

初中生学科好奇心的指向及维系：相对小学生，初中生的理性意识的增强，造成其不愿意参与看起来有些“幼稚”的交流，但这个时期的孩子普遍存在较强的从众心理与好胜心，故在集体里营造好奇、想象和批判性的氛围就显得很重要。

高中生学科好奇心的指向及维系：高中生更加趋于理性，也更习惯用惯性思维思考问题，他们不会被教师简单的鼓励所左右，若教师能对其每一次质疑的独到性、合理性进行中肯的分析，会对学生好奇心的维系有帮助。

在我们强调好奇心、想象力与质疑精神时，并非忽视思维定式的价值。定式思维是我们在认识一个新事物时，心理会存有一个准备的状态，它会影响后面的思维发展或者决定。在问题解决过程中，非常重要的化归策略便是思维定式在发挥作用。思维定式会根据面临的问题联想起已经解决的类似的问题，将新问题的特征与旧问题的特征进行比较，抓住新旧问题的共同特征，将已有的知识和经验与当前问题情境建立联系，利用处理过类似的旧问题的知识和经验处理新问题，或把新问题转化成一个已解决的熟悉的问题，从而为新问题的解决做好积极的心理准备。

当思维定式在解决问题中受阻时，我们应分析思维受阻的原因，基于批判性思维展开联想，寻求转换并实现问题解决。

一、繁与简的转换

例1 若关于 x 的二次方程 $x^2-(k+2)x+3k+1=0$ 有不大于 -1 的根，求 k 的取值范围。

突破思维受阻分析：题中“有不大于 -1 的根”是什么含义，其包含有几种情形？按此思路走下去，会遇到什么问题？根据“正难则反”解题策略，先研究“二次方程 $x^2-(k+2)x+3k+1=0$ 不存在不大于 -1 的根”可否达到减小运算量的目的？

解：关于 x 的二次方程 $x^2-(k+2)x+3k+1=0$ 不存在不大于 -1 的根，包含有以下两种情形：

关于 x 的二次方程 $x^2-(k+2)x+3k+1=0$ 无实数根时，由 $\Delta=(k+2)^2-4(3k+1)<0$，得 $0<k<8$。

关于 x 的二次方程 $x^2-(k+2)x+3k+1=0$ 的根都大于 -1，则由

$$\begin{cases}\Delta=(k+2)^2-4(3k+1)\geqslant 0,\\ \dfrac{k+2}{2}>-1,\\ (-1)^2-(k+2)\cdot(-1)+3k+1>0,\end{cases}$$

可得 $-1<k\leqslant 0$ 或 $k\geqslant 8$。

那么，当关于 x 的二次方程 $x^2-(k+2)x+3k+1=0$ 不存在不大于 -1 的根时，$k>-1$。则关于 x 的二次方程 $x^2-(k+2)x+3k+1=0$ 有不大于 -1 的根时，$k\leqslant -1$。

二、等与不等的转换

例2 若 x，y，$a\in\mathbf{R}$，且 $x+y=2a-1$，$x^2+y^2=a^2+2a-3$，则 xy 取最小值时，$a=$__________。

突破思维受阻分析：解决本题遇到的困难是变量多，除 x，y，a 之外，还出现了第四个变量 xy，即要研究 xy 的最值。若出现了多个变量，要求其中一个指定变量的最值，其途径是什么？一般来说，我们有两条路径：一是构造指定变量的不等式，通过求解不等式使问题得以解决；

二是建立指定变量与另一变量的函数关系，通过求函数的值域使问题得以解决。

经尝试，由 $x+y=2a-1$，得 $(x+y)^2=x^2+2xy+y^2=4a^2-4a+1$。

又因 $x^2+y^2=a^2+2a-3$，

所以有 $2xy=3a^2-6a+4=3(a^2-2a+1)+1=3(a-1)^2+1\geqslant 1$。

又由 $x^2+y^2=a^2+2a-3\geqslant 0$ 可知，$a\leqslant -3$ 或 $a\geqslant 1$，

故当 $a=1$ 时，xy 的最小值为 $\frac{1}{2}$。

似乎到此已经比较完美地得到结果了，但是如果我们再追问一个问题：当 $a=1$ 时，对应的 x，y 的值分别是什么？我们就会发现此时 $x^2+y^2=0$，那么 xy 的值是不可能等于 $\frac{1}{2}$ 的。这说明在上述解题过程中，我们并没有精确地得到 a 的取值范围！

继续追问：等与不等的转换工具是什么？

当解决上面问题思维受阻之后，我们有必要去研究这样一个问题：若 x，y，$a\in\mathbf{R}$，且 $x+y=2a-1$，$x^2+y^2=a^2+2a-3$，求 a 的取值范围。

突破思维受阻分析：题目中给的除了明显的限制条件 $x^2+y^2>0$，是否还存在着隐含的限制条件？这是让人有些拿不准的地方，由于当 $x>0$，$y>0$ 时，从 $x+y$ 与 x^2+y^2 式子的结构看，结合均值不等式，我们会发现它们之间存在着不等关系，即 $\sqrt{\frac{x^2+y^2}{2}}\geqslant\frac{x+y}{2}$，

因为当 x，$y\in\mathbf{R}$ 时，不等式 $\sqrt{\frac{x^2+y^2}{2}}\geqslant\frac{|x|+|y|}{2}\geqslant\frac{|x+y|}{2}$ 成立，于是得到了隐含着的限制条件 $\sqrt{\frac{a^2+2a-3}{2}}\geqslant\frac{|2a-1|}{2}$。

当解决完这个问题之后，我们心中的疑问可能并不会完全消除，$x+y$ 与 x^2+y^2 这两个式子太特殊了！假如我们把问题进行如下变式：

若 x，y，$a\in\mathbf{R}$，且 $2x+y=2a-1$，$x^2+\frac{1}{9}y^2=a^2+2a-3$，求 a

的取值范围。

我们会发现，均值不等式已经不能帮助我们挖掘出隐含的不等关系，我们需要寻找更加通用的工具。那么，$2x+y$ 与 $x^2+\frac{1}{9}y^2$ 之间存在着怎样的不等关系呢？

事实上，由柯西不等式可以建立如下的不等关系：

$$(2x+y)^2=\left(2\cdot x+3\cdot\frac{1}{3}y\right)^2\leqslant(2^2+3^2)\cdot\left(x^2+\frac{1}{9}y^2\right)。$$

这会让我们体会到均值不等式$\sqrt{\frac{x^2+y^2}{2}}\geqslant\frac{x+y}{2}$其实是柯西不等式的特殊情形。

到此，我们再追问这样一个问题，柯西不等式是否就是唯一的工具呢？

我们再重新审视前面的解题策略：总的来说，是从代数式子的结构寻找突破口，既然数学是数量关系和空间形式的一门科学，那么我们遇到的代数式是否具有明显的几何意义呢？根据其几何意义是否可以挖掘出隐含的限制条件呢？

当我们把注意力集中于此时，不难发现要使 $2x+y=2a-1$ 与 $x^2+\frac{1}{9}y^2=a^2+2a-3$ 同时成立，其实就是要使直线 $2x+y=2a-1$ 与圆锥曲线 $x^2+\frac{1}{9}y^2=a^2+2a-3$ 有公共点，那么隐含着的限制条件自然应被挖掘出来。

至此，我们才算实现“答一个疑，解一类题”的目标。

我期待我们的教学呈现出自然简约的状态，并为了实现这个愿望，尝试着以探究合理性为突破口，在追寻自然而简约的数学教学中突显教学个性。

第六节　让反思成为一种习惯

一、阅读后的反思

（一）他山之玉

独学而无友，则孤陋而寡闻。教师的专业成长离不开与同行的专业对话，阅读他人的文章恰恰是一个有效的途径。不同的数学教师往往在解题教学中有其深刻而独到的见解，值得借鉴和吸收，这同时也是反思自己认知不足的好机会。

2020 年 4 月 15 日，我阅读了《怎样的四面体能够补成长方体？——谈补形法求解四面体外接球问题》①（后面简称“文【1】”），再联系 1995 年 9 月 20 日阅读的《等面四面体必为等腰四面体——兼论一错解题》②（后面简称“文【2】”），颇有感触，那就是我们的判断不能基于感觉而应进行严格的证明。

四面体是基本的几何体，基本并不等同于简单，四面体的顶点与底面可以变换，四面体与其他多面体可以通过割补进行转换，何时变换、何时割补对空间想象能力提出了较高的要求。

我们都知道，正四面体可以看成是一正方体的六条面对角线构成的几何体，通常我们也会将“三对对棱相等的四面体”与长方体联系起来进行割补，但为何“三对对棱相等的四面体”就可以补成以四面体的棱为面对角线的长方体呢？自己居然从来没有证明过，现在有必要“补补课”。

先从特殊情形出发，说明为什么正四面体可以补成以四面体的棱为

① 高用．怎样的四面体能够补成长方体?：谈补形法求解四面体外接球问题［J］．中学数学研究，2020（2）：48—50．

② 马林，从德兴．等面四面体必为等腰四面体：兼论一错解题［J］．中学数学教学，1995（2）：29．

面对角线的正方体。不妨设正四面体的棱长为 a，则可以找到一个棱长为 $\frac{\sqrt{2}}{2}a$ 的正方体 $ABCD\text{-}A_1B_1C_1D_1$，在该正方体中，连接 AC，AB_1，AD_1，B_1C，B_1D_1，CD_1，如图 2－9，则四面体 AB_1CD_1 是棱长为 a 的正四面体。

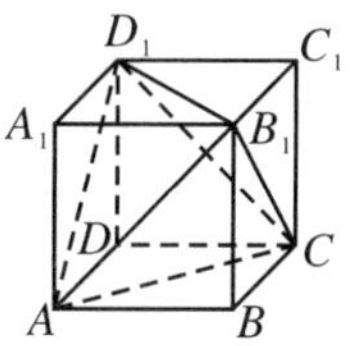

图 2－9

接下来用同样的策略来探究一般情形，设四面体 $ABCD$ 中 $AB=CD=b$，$AC=BD=c$，$AD=BC=d$，如图 2－10。若要证四面体能够补成以这些棱为面对角线的长方体，则只需证明存在一长方体，其共顶点的棱

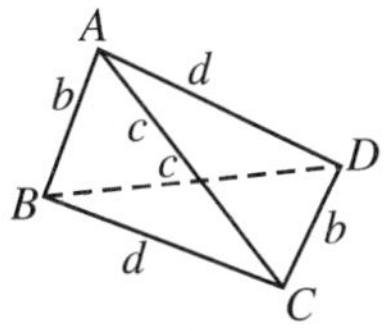

图 2－10

长分别为 x，y，z，使得 $\begin{cases} x^2+y^2=b^2, \\ y^2+z^2=c^2, \\ z^2+x^2=d^2, \end{cases}$ 即 $\begin{cases} x^2=\frac{1}{2}(b^2+d^2-c^2), \\ y^2=\frac{1}{2}(b^2+c^2-d^2), \\ z^2=\frac{1}{2}(c^2+d^2-b^2) \end{cases}$ 成立，

则只需证 $\begin{cases} b^2+d^2-c^2>0, \\ b^2+c^2-d^2>0, \\ c^2+d^2-b^2>0 \end{cases}$ 成立。

这意味着需要证明边长为 b，c，d 的三角形为锐角三角形，下证 $\triangle BCD$ 为锐角三角形。文【1】所给的方法比较简洁：在四面体 $ABCD$ 中，四个面为全等三角形，且有 $\begin{cases} \angle ACD=\angle CAB \\ \angle BCD=\angle CBA \end{cases}$，则有共顶点 C 的三个角之和等于 $180°$，又因 $\angle ACB+\angle ACD>\angle BCD$，则有 $\angle BCD<90°$，同理可证 $\angle CDB<90°$，$\angle CBD<90°$，故 $\triangle BCD$ 为锐角三角形。

之所以自己没有能够想到，是因为对三面角的性质不够熟悉，也就谈不上灵活运用，因而有必要完整经历三面角性质的推证过程。

在上面的推证过程中，我们发现“三对对棱相等的四面体四个面为全等三角形”进而有“三对对棱相等的四面体四个面为面积相等的三角形”的结论。

文【2】还用两种方法给出了它们逆命题的证明，即“四个面面积相等的四面体三对对棱相等”也成立。两种证法比较巧妙，证法一用到了等面积法、同一法，证法二用到了等体积法和等面积法。细细分析之后，证法二还存在着值得商榷的地方：该证法是基于每一顶点在所对面上的射影都在三角形内部，这个前提条件为什么成立在文章中却没有予以说明。因而，第一种证法更严谨。

（二）如何使用参考答案？

随着搜题软件或平台的普及，获取参考答案的途径变得越来越便捷，缺少探索过程而获得的答案不利于我们进行深度思考，也不利于提升分析问题与解决问题的能力。面对搜题软件的泛滥，如何正确利用参考答案是我们应探究的课题。

记得刚走上讲台时，我对自己立下了“三不”要求，即在对一节课没有感觉时，在写教案的过程中，一不看教师参考用书，二不看现成的教案，三不看参考答案。“三不”中的不看参考答案是针对在解每一道数学题时提出的要求，主要是不想被参考答案左右自己的想法，这样做让我对题目所涉及的内容有比较深刻的印象，也让我在课堂教学时有话可说。我也如此要求学生。直到有一次在外地做讲座时，有一位老师向我提了一个问题：如何指导学生使用参考答案？这引起了我对参考答案原有态度的反思：现实中学生不可能像老师那样能够花那么多的时间在同一学科上，因而对于复杂的数学题，当解题思路受阻时，学生不可能不去使用参考答案。

可是，我们的学生真的会使用参考答案吗？

不少学生往往是逐字逐句地去看参考答案，这样看参考答案效果往往不理想：一则思路另起炉灶，所花时间较多；二则牵而未导，启发的功能未能达到；三则如此勉强记住的内容，遗忘率较高，解决问题的效率较低。

那么，参考答案应该怎样看？

当自己有思路时，应以自己思路为主，可采取顺应法，对比着自己的思路看，找到自己思路受阻的原因，见图 2-11。

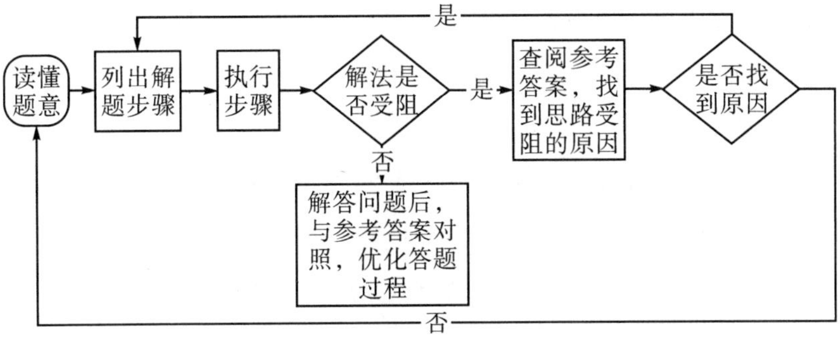

图 2 - 11

也不排除，有时我们对问题毫无思路，那么此时在查阅参考答案时可采取倒序法，即运用分析法执果索因，关键是寻找到过河的跳石，见图 2 - 12。

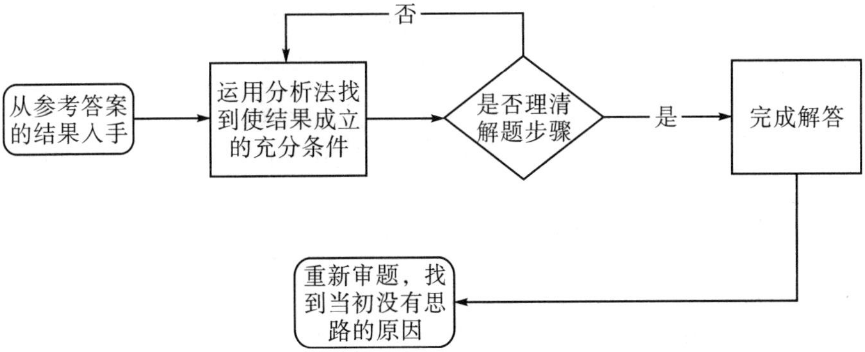

图 2 - 12

例 1 200！可以被 2^k 整除，则正整数 k 的最大值为多少？

有学生拿来的参考答案如下：

$$\left[\frac{200}{2}\right]+\left[\frac{200}{2^2}\right]+\left[\frac{200}{2^3}\right]+\cdots+\left[\frac{200}{2^7}\right]=100+50+25+\cdots+1=197。$$

学生不理解其算理是什么，之所以看不明白，是因为所给答案过于抽象，即学生不太明白 100＋50＋25＋…＋1 中的各个数字分别是什么含义，那么解决的方案应是尽可能使解答具体化。

我们采用倒序法执果索因，先理解 100 是什么含义，若它表示“拿出”了 100 个 2 的乘积 2^{100} 作为因数，很明显从 1 至 200 中的任意一个数都不可能将 2^{100} 作为因数，那么这里的 100 只能表示从 2，4，6，8，…，

200 这 100 个 2 的倍数中各“拿出”一个 2 相乘作为因数。以此类推：

50 则表示 4，8，12，…，200 这 50 个 4 的倍数各“拿出”一个 2 相乘作为因数；

25 则表示 8，16，24，…，200 这 25 个 8 的倍数各“拿出”一个 2 相乘作为因数；

12 则表示 16，32，48，…，192 这 12 个 16 的倍数各“拿出”一个 2 相乘作为因数；

6 则表示 32，64，96，…，192 这 6 个 32 的倍数各“拿出”一个 2 相乘作为因数；

3 则表示 64，128，192 这 3 个 64 的倍数各“拿出”一个 2 相乘作为因数；

1 则表示 128 这 1 个 128 的倍数“拿出”一个 2 作为因数。

即为：

有 $\left[\frac{200}{2}\right]=100$ 个数能被 2 整除，这说明有 100 个数可以除第一遍 2；

有 $\left[\frac{200}{2^2}\right]=50$ 个数能被 2^2 整除，这说明有 50 个数可以除第二遍 2；

有 $\left[\frac{200}{2^3}\right]=25$ 个数能被 2^3 整除，这说明有 25 个数可以除第三遍 2；

有 $\left[\frac{200}{2^4}\right]=12$ 个数能被 2^4 整除，这说明有 12 个数可以除第四遍 2；

有 $\left[\frac{200}{2^5}\right]=6$ 个数能被 2^5 整除，这说明有 6 个数可以除第五遍 2；

有 $\left[\frac{200}{2^6}\right]=3$ 个数能被 2^6 整除，这说明有 3 个数可以除第六遍 2；

有 $\left[\frac{200}{2^7}\right]=1$ 个数能被 2^7 整除，这说明有 1 个数可以除第七遍 2。

则在 200！中共可分解出 $1+3+6+12+25+50+100=197$ 个 2，故正整数 k 的最大值为 197。

需要指出的是，即使自己能够独立地解决一个问题，我们也有必要结合自己的理解用书面语言对问题重新解答一遍！解答完后最好写上自己的解题感受，这样留下的资料会更有价值。

例 2 已知函数 $f(x)=\ln x-ax^2-bx$（a，$b\in\mathbf{R}$），$g(x)=\dfrac{2x-2}{x+1}-\ln x$。

（1）当 $a=-1$ 时，$f(x)$与 $g(x)$在定义域上的单调性相反，求 b 的取值；

（2）当 a，b 都为 0 时，斜率为 k 的直线与曲线 $f(x)$交于 $A(x_1,y_1)$，$B(x_2,y_2)(x_1<x_2)$两点，求证：$x_1<\dfrac{1}{k}<x_2$。

审题：要求 b 的取值范围，一般需要找到 b 满足的不等式，或者将 b 表示为某个自变量的函数，通过解不等式或求函数的值域来得到 b 的取值范围。当 $a=-1$ 时，$f(x)=\ln x+x^2-bx$，$g(x)=\dfrac{2x-2}{x+1}-\ln x$，$f(x)$解析式还含有参数，$g(x)$无参数，且 $f(x)$与 $g(x)$在定义域上的单调性相反，故我们可以通过 $g(x)$单调性对应的 $g'(x)$的符号来确定 $f'(x)$的符号，由此构建关于 b 的不等量关系，则本小题解题流程如图 2-13。

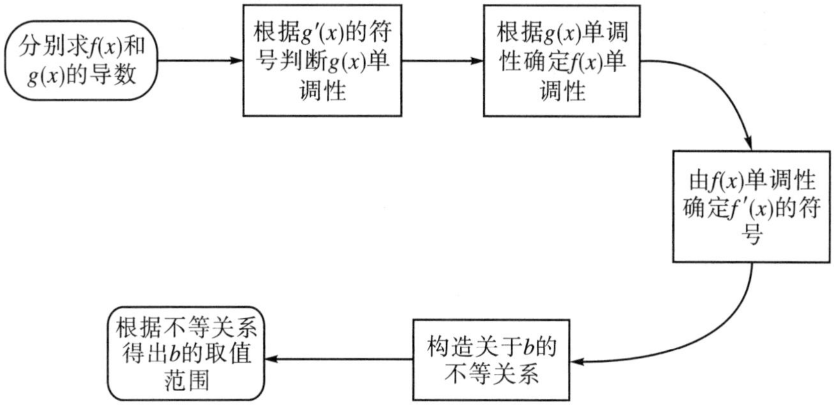

图 2-13

当 a，b 都为 0 时，斜率为 k 的直线与曲线 $f(x)$交于 $A(x_1,y_1)$，$B(x_2,y_2)(x_1<x_2)$两点，则意味着函数 $h(x)=f(x)-kx-c=\ln x-kx-c$ 有两个零点 x_1，x_2，且 $x_1<x_2$，则由这两个零点的分布情况来确

定$\frac{1}{k}$与x_1，x_2的大小关系。解题流程如图 2-14。

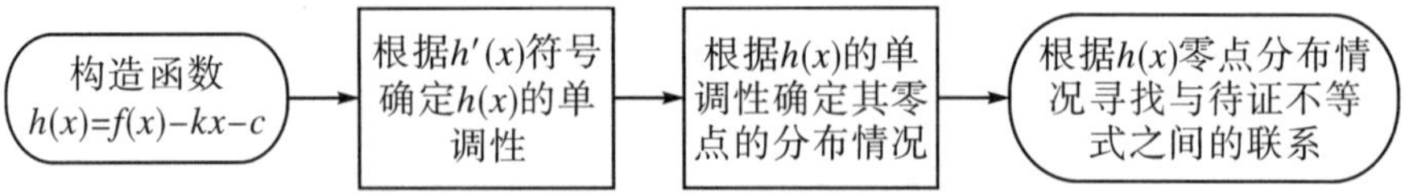

图 2-14

实施上述解题流程，得到如下解题过程。

解：(1) 当$a=-1$时，$f(x)=\ln x+x^2-bx$，$f'(x)=\frac{1}{x}+2x-b$，

$$g(x)=\frac{2x-2}{x+1}-\ln x=2-\frac{4}{x+1}-\ln x,$$

$$g'(x)=\frac{4}{(x+1)^2}-\frac{1}{x}=\frac{4x-(x+1)^2}{x(x+1)^2}=\frac{-(x-1)^2}{x(x+1)^2}\leqslant 0,$$

则有$f'(x)=\frac{1}{x}+2x-b\geqslant 0$对一切$x>0$都成立，即有$b\leqslant \left(2x+\frac{1}{x}\right)_{\min}=2\sqrt{2}$。

(2) 当a，b都为 0 时，$f(x)=\ln x$，

令$h(x)=\ln x-kx-c$，

$h'(x)=\frac{1}{x}-k=\frac{1-kx}{x}$。

当$k>0$时，$h(x)$在$\left(0,\frac{1}{k}\right)$单调递增，在$\left(\frac{1}{k},+\infty\right)$单调递减。

当$k<0$时，$h(x)$在$\left(\frac{1}{k},+\infty\right)$单调递增，在$\left(0,\frac{1}{k}\right)$单调递减。

若$h(x)=0$存在两个解x_1，x_2，

则必在$\left(0,\frac{1}{k}\right)$和$\left(\frac{1}{k},+\infty\right)$各存在一个解。

故$x_1<\frac{1}{k}<x_2$成立。

当解答完毕之后，再与参考答案做比较。发现参考答案在处理第(2)小题时，与自己采取的思路大相径庭，其中最主要的一点是注意挖

掘斜率 k 这一概念的内涵，这一思路让自己眼前一亮。至于其他的解答过程就无需再花精力去效仿，只需将其化归到自己的最近发展区即可。

即 $k=\frac{f(x_1)-f(x_2)}{x_1-x_2}=\frac{\ln x_1-\ln x_2}{x_1-x_2}$，则由分析法可寻求使 $x_1<\frac{1}{k}<x_2$ 成立的充分条件是 $x_1<\frac{x_1-x_2}{\ln x_1-\ln x_2}<x_2$，则只需证 $\frac{x_1}{x_2}<\frac{\frac{x_1}{x_2}-1}{\ln\frac{x_1}{x_2}}<1$，又因 $0<\frac{x_1}{x_2}<1$，令 $t=\frac{x_1}{x_2}$，那么只需证 $t<\frac{t-1}{\ln t}<1$，即只需证 $\frac{t-1}{t}<\ln t<t-1$ 成立，而这恰恰是我们非常熟悉的关于 $\ln x$ 的基本不等式，于是问题得证。

解完此题后，这次与参考答案对话给自己最大的启示是，在审题过程中，尽可能发现与运用条件蕴含的几何意义，对我们理清解题思路、优化解题过程是非常有帮助的。

二、作业批阅中的反思

我曾经在《中国教师》期刊上发表过一篇题为《布置和批改数学作业有没有最佳方法》① 的文章，发表的初衷并非想表明自己在布置与批改作业方面有什么独到之处，而是想用亲身经历来说明在布置与批改作业的过程中蕴藏丰富的反思机会。最早有这种感悟是在第一次进行不等式教学时，批改含绝对值不等式的解法的作业过程中惊讶地发现学生错得有理。

学生对于含绝对值不等式求解并不陌生，去绝对值符号就成为解含绝对值不等式的关键步骤，学生基本上都知道去绝对值符号的策略，即在明确绝对值含义的基础上掌握去绝对值符号的方法，一般有定义法、平方法、公式法。

$$|x|<a\Leftrightarrow -a<x<a\,(a>0)\text{与}|f(x)|<g(x)\Leftrightarrow\begin{cases}f(x)<g(x)\\ f(x)>-g(x)\end{cases}$$

① 徐华. 布置和批改数学作业有没有最佳方法 [J]. 中国教师，2009 (9)：35—36.

$|x|>a \Leftrightarrow x>a$ 或 $x<-a(a>0)$ 与 $|f(x)|>g(x) \Leftrightarrow f(x)>g(x)$ 或 $f(x)<-g(x)$

例如在学习含绝对值不等式的解法时，解不等式 $|x^2-5x|>6$，是利用 $|x|>a \Leftrightarrow x>a$ 或 $x<-a(a>0)$ 作为依据来去掉绝对值符号，而学生往往容易忽视条件 $a>0$。若讲授完此例，再把题目改为解不等式 $|x^2-5x|>6x$，受思维“负迁移”作用，会有学生给出如下解法。

解法一：由原不等式得

$x^2-5x>6x$…①，或 $x^2-5x<-6x$…②。

由①得 $x>11$ 或 $x<0$，由②得 $-1<x<0$。

故原不等式的解集为 $\{x|x<0$ 或 $x>11\}$。

不妨让其给出该解法，然后让学生自己来分析其解题过程，他们会发现此题并不完全符合其解题的依据 $|x|>a \Leftrightarrow x>a$ 或 $x<-a(a>0)$。因为不能保证 $6x$ 始终为正数，于是必有学生认为上述解法是错误的（甚至许多老师也认为是错的），并做了如下修改：

解法二：由原不等式得

（Ⅰ）$\begin{cases} 6x>0, \\ x^2-5x>6x \text{ 或 } x^2-5x<-6x, \end{cases}$ 或（Ⅱ）$\begin{cases} 6x=0, \\ x^2-5x\neq 0, \end{cases}$ 或（Ⅲ）$6x<0$。

由（Ⅰ）得 $x>11$，由（Ⅱ）得 $x\in\varnothing$，由（Ⅲ）得 $x<0$。

故原不等式解集为 $\{x|x<0$ 或 $x>11\}$。

至此，问题似乎已经圆满地解决了。且慢，此时先不要让学生轻易地去否定自己，而是让他们注意观察两种不同解法所得的结果，并思考：为何结果一样？纯属巧合吗？如是巧合，能否举出结果不同的例子？学生在寻找反例的过程中，发现所举出的 $|f(x)|>g(x)$ 型不等式，用上述两种解法得出的结果仍然相同！这样一来，学生对于“解法一是错误的”的判断又会产生新的质疑，那么老师可以因势利导帮助学生针对一般情形提出如下猜测：$|f(x)|>g(x) \Leftrightarrow f(x)>g(x)$ 或 $f(x)<-g(x)$ 是成立的。

事实上，我们通过严格的证明，得出上面的猜测的确是正确的，其证明如下：

证明：当 $g(x)>0$ 时，$|f(x)|>g(x)\Leftrightarrow f(x)>g(x)$ 或 $f(x)<-g(x)$。

当 $g(x)=0$ 时，$|f(x)|>g(x)\Leftrightarrow f(x)\neq 0\Leftrightarrow f(x)>0=g(x)$ 或 $f(x)<0=-g(x)$。

当 $g(x)<0$ 时，那么满足 $|f(x)|>g(x)$ 的 $f(x)$ 有 $f(x)\geqslant 0$ 或 $f(x)<0$ 两种可能，即 $f(x)>g(x)$ 或 $f(x)<-g(x)$ 成立。

反之，不论 $f(x)>g(x)$ 或 $f(x)<-g(x)$，在 $g(x)<0$ 时，均有 $|f(x)|>g(x)$。

则 $g(x)<0$ 时，$|f(x)|>g(x)\Leftrightarrow f(x)>g(x)$ 或 $f(x)<-g(x)$ 成立。

综上所述 $|f(x)|>g(x)\Leftrightarrow f(x)>g(x)$ 或 $f(x)<-g(x)$ 成立。

评价别人也就是在评价自己，在批阅作业的过程中，自己的批判性思维得到了强化。除了评价他人，进行自我纠错也是一种很有效的训练。

例 3 已知点 $Q\left(-\frac{1}{2},2\right)$，点 F 为抛物线 C：$y^2=2px(p>0)$ 的焦点，线段 FQ 恰好被抛物线 C 平分。

(1) 求抛物线 C 的方程；

(2) 设点 $E(m,n)$ 为抛物线 C 内一定点，过点 E 作斜率为 k_1，k_2 的两条直线 l_1，l_2，分别交抛物线 C 于点 A，B 和点 D，E，且点 M，N 分别是线段 AB，DE 的中点，若 $k_1+k_2=\lambda$（$\lambda\neq 0$，λ 为常数），证明直线 MN 过定点，并求出该定点。

备课过程中的解题经历：

(1) 点 F 为 $\left(\frac{p}{2},\ 0\right)$，$FQ$ 中点为 $\left(\frac{p-1}{4},\ 1\right)$，则有 $1^2=2p\cdot\frac{p-1}{4}$，解得 $p=2$ 或 $p=-1$（舍去），故 $y^2=4x$ 为所求。

(2) 令直线 AB 的方程为 $y-n=k_1(x-m)$，与 $y^2=4x$ 联立，得 $y-n=k_1\left(\frac{y^2}{4}-m\right)$，即 $k_1y^2-4y+4n-4mk_1=0$。

则可设 AB 中点为 $M\left(\frac{1}{k_1^2}, \frac{2}{k_1}\right)$，相应地 DE 中点为 $N\left(\frac{1}{k_2^2},\frac{2}{k_2}\right)$。那么直线 MN 的方程为 $y-\frac{2}{k_1}=\frac{2k_1k_2}{\lambda}\left(x-\frac{1}{k_1^2}\right)$，因为 $k_1+k_2=\lambda$，故有 $y-\frac{2}{k_1}=\frac{2k_1k_2}{\lambda}x-\frac{2(\lambda-k_1)}{k_1\lambda}=\frac{2k_1k_2}{\lambda}x-\frac{2}{k_1}+\frac{2}{\lambda}$，即 $y=\frac{2k_1k_2}{\lambda}x+\frac{2}{\lambda}$，故直线 MN 过定点 $\left(0, \frac{2}{\lambda}\right)$。

得出此结论后，自己感到颇为疑惑：此定点仅与 λ 的取值有关，而竟然与 m，n 的取值没有关系！若真的与 m，n 的取值无关，因为点 $\left(0, \frac{2}{\lambda}\right)$ 在 x 轴上方，且抛物线 $y^2=4x$ 关于 x 轴对称，那么必存在一定点在 x 轴下方，于是可以断定在解题过程中出现了错误。但是，通过沿着原来的思路重新运算的方式进行检查，上述每一步的计算都没有查出问题。最后，我质疑是步骤出错，于是要求自己对每一个步骤说明理由。在这个过程中，终于发现出错的地方：在用 k_1 表示 AB 中点 M 过程中，借助了抛物线方程 $y^2=4x$，而由图形很明显地知道点 M 不在此抛物线上，同理点 N 也不在此抛物线上。在最初解题时，因为图快，没有画图，于是忙中出错，在运算时，想当然地认为点 M 在抛物线上，如此低级的失误自己没有发现，导致后面一错到底。学生是否也会出现类似的失误呢？如何避免这样的低级失误呢？

我们应吸取的教训是，在解决几何特征很明显的问题时，借助图形可以有效地规避这种错误。

更正：

(2) 令直线 AB 的方程为 $y-n=k_1(x-m)$，与 $y^2=4x$ 联立，得 $y-n=k_1\left(\frac{y^2}{4}-m\right)$，即 $k_1y^2-4y+4n-4mk_1=0$。

故可设 AB 中点 M 坐标为 $\left(\frac{2}{k_1^2}-\frac{n}{k_1}+m, \frac{2}{k_1}\right)$，相应地，$DE$ 中点 N 坐标为 $\left(\frac{2}{k_2^2}-\frac{n}{k_2}+m, \frac{2}{k_2}\right)$。

那么直线 MN 的方程为 $y-\frac{2}{k_1}=\frac{2}{\frac{2\lambda}{k_1k_2}-n}\left(x-\frac{2}{k_1^2}+\frac{n}{k_1}-m\right)$。

整理后得 $y\frac{2\lambda}{k_1k_2}-\frac{4}{k_1k_2}=2x+ny-2m$，

即 $2x+ny-2m-\frac{2\lambda}{k_1k_2}\left(y-\frac{2}{\lambda}\right)=0$，

则定点为直线 $2x+ny-2m=0$ 和 $y-\frac{2}{\lambda}=0$ 的交点$\left(m-\frac{n}{\lambda},\ \frac{2}{\lambda}\right)$。

三、反思的价值——温故而知新

作为教师，我们经常会提醒学生要回顾已经做过的题目，却较少提醒学生在回顾过程中要注意什么。久而久之，回顾对于学生来说，仅仅起到保持记忆的功能。或许，学生缺少举一反三的能力，也与教师平日对学生缺少针对性的要求有关。

那么，回顾的价值可以体现在哪几个方面呢？

首先，减小遗忘率，并让当初的解题思路更加自然而有条理。

其次，优化解题思路，由于当初解题时，往往着眼于能否解出，顾不上关心方法选择的合理性以及每个步骤的必要性。

最后，即便出色地完成了上述两点，也仍然没有解决隐藏在学生心底的疑惑：这些问题是怎么产生的？若教师不重视帮助学生解决这个疑惑，那么学生将会产生与应试有关的心理焦虑：今天我解的问题与今后面临的测试题之间有什么关系？从而陷入盲目低效的解题训练，自然谈不上去培养学生发现问题与提出问题、分析问题与解决问题的能力。

那么，我们希望学生在回顾过去做过的题目时，应该有怎样的心路历程呢？

例 4 已知 a，b，$c\in\mathbf{R}^+$，a，b，c 两两不相等，且 $abc=1$。

求证：$\sqrt{a}+\sqrt{b}+\sqrt{c}<\frac{1}{a}+\frac{1}{b}+\frac{1}{c}$。

环节一：回顾当初解题策略及具体步骤。

第一步：变分式为整式，$\frac{1}{a}+\frac{1}{b}+\frac{1}{c}=ab+bc+ca$；

第二步：变有理式为无理式，$ab+bc+ca=\frac{ab+bc+bc+ca+ca+ab}{2}\geqslant\frac{2(\sqrt{ab^2c}+\sqrt{abc^2}+\sqrt{a^2bc})}{2}=\sqrt{a}+\sqrt{b}+\sqrt{c}$。

环节二：解法中各步骤的依据。

第一步：直接利用条件 $abc=1$，用 abc 替换 1；

第二步：利用均值不等式。

环节三：优化原来的解法。

变分式为整式这一步，并不必要，直接利用均值不等式应该会更直接些。

$$\frac{1}{a}+\frac{1}{b}+\frac{1}{c}=\frac{\left(\frac{1}{a}+\frac{1}{b}\right)+\left(\frac{1}{b}+\frac{1}{c}\right)+\left(\frac{1}{c}+\frac{1}{a}\right)}{2}\geqslant\sqrt{\frac{1}{ab}}+\sqrt{\frac{1}{bc}}+\sqrt{\frac{1}{ca}}$$
$$=\sqrt{c}+\sqrt{a}+\sqrt{b}。$$

环节四：探究问题的产生过程。

学生在学习均值不等式时，一般都证明过不等式 $a^2+b^2+c^2\geqslant ab+bc+ca$ 或 $a^4+b^4+c^4\geqslant a^2bc+ab^2c+abc^2$，本题的编制应是受此启发。事实上，我们可以根据性质 $a^2+b^2+c^2\geqslant ab+bc+ca$ 或 $a^4+b^4+c^4\geqslant a^2bc+ab^2c+abc^2$，由条件“已知 a，b，$c\in\mathbf{R}^+$，a，b，c 两两不相等，且 $abc=1$”生成其他新的问题。

第三章　课堂教学中的反思

记得刚刚走上讲台时，听完校内的公开课、研究课后，我很喜欢静静地听和默默地记老教师们的评课，甚至不去听课只参加评课活动。直到有一次公开课后，发现我没有听课却参加评课，师父很生气，故意点名让我评课……从那时起，我才意识到在教研活动中，自己不能是一个被动接受他人观点的容器，而应是一个独立的思考者和学习交流共同体中不可或缺的一员。

刚开始评课时，只能按照自己对本节课的教学设计套路来讲，至于授课者讲课的优缺点却无暇顾及，这种自说自话的评价显然对别人帮助不大。渐渐地，自己明白在交流过程中，不仅要做到“己所不欲，勿施于人”，也应做到“己所欲，按需施人”，即应尽可能站在对方的角度思考问题，在此基础上的交流才会自然顺畅。

生活时时是学问，人生处处皆课堂。既然发生在我们身边的每一件事情都提供着教学反思的机会，那么我们在观课、读书、集体教研、答疑、备课等活动中，应学会用研究的态度思考同行对教学的理解、学生的疑和自己的惑，所记所思所悟皆是文章。

第一节　应该在课上总结些什么

一、解（讲）题后如何进行小结

教学中，我们注意到一个现象，学习效果最好的学生未必是做题最多的学生，但一定是善于总结和利用解题经验的人。

那么，解完一道数学题之后，如何进行总结更有价值呢？我们可以引导学生做如下的小结（图 3－1）：

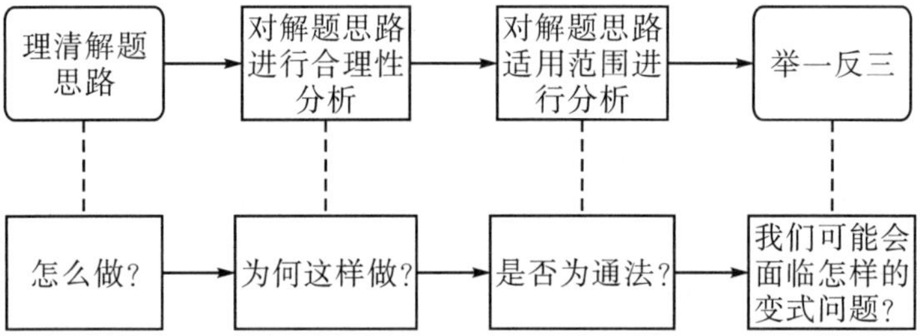

图 3－1

例 1　如果函数 $y=3\cos(2x+\varphi)$ 的图象关于点 $\left(\frac{4\pi}{3}, 0\right)$ 中心对称，$|\varphi|$ 的最小值为_________。

一般地，函数 $y=f(x)$ 在对称中心（a，b）处的代数特征是 $f(a+x)+f(a-x)=2b$，但是对于正（余）弦型函数 $y=f(x)$ 而言，由于其对称中心在函数图象上，故其在对称中心（a，b）处的必要条件是 $f(a)=b$，那么对于正（余）切型函数呢？也应让学生归纳概括其特征。

关于对称中心的问题解决了，那么关于函数图象的对称轴的问题可以如何呈现呢？最直接的变式问题是：如果函数 $y=3\cos(2x+\varphi)$ 的图象关于 $x=\frac{4\pi}{3}$ 对称，$|\varphi|$ 的最小值为_________。

我们应明白对于所有函数 $y=f(x)$ 而言，其图象关于 $x=a$ 对称的

代数特征是 $f(a+x)=f(a-x)$，或者对正（余）弦函数而言，其图象的对称轴经过其最高（或最低）点。但对于这样的变式，相信所有的学生都觉得是意料之中的事，可能不会引发他们的好奇心。

这题道还可以给我们什么启示呢？我们是否可以认为这是用代数方法去解释函数图象变换或性质及其几何特征的问题，即本题可改述为：将偶函数 $y=3\cos 2x$ 图象平移后函数解析式为 $y=3\cos(2x+\varphi)$，且其图象关于点 $\left(\frac{4\pi}{3}, 0\right)$ 成中心对称，那么 $|\varphi|$ 的最小值为________。

这些是根据函数奇偶性（对称性）、图象变换、解析式几个要素设计的题目。我们自然可以根据函数的单调性、周期性、奇偶性和图象变换等要素设计出更多的题目。因此，在这里布置给学生的作业可以不局限于做题，还可以包括设计问题。如此一来，本题在何时出场，如何使用此题，如何做到举一反三就会让人有头绪了。

当然，下面的题目也可以归结为同一类型的问题：

1. 记函数 $f(x)=\cos\omega x(\omega>0)$，将 $y=f(x)$ 图象向右平移 $\frac{\pi}{3}$ 个单位长度后，所得图象与原图象重合，则 ω 的最小值等于________。

$f(x)=\cos\omega x$ 的图象向右平移 $\frac{\pi}{3}$ 个单位长度后，函数解析式为 $f(x)=\cos\omega\left(x-\frac{\pi}{3}\right)$，如何将本题中 $f(x)=\cos\omega x$ 与 $f(x)=\cos\omega\left(x-\frac{\pi}{3}\right)$ 图象重合这个条件进行代数形式的“翻译”呢？学生可能做怎样的回答？因同一个自变量，其对应的函数值相同，则有 $\cos\omega\left(x-\frac{\pi}{3}\right)=\cos\omega x$，即得 $\omega\left(x-\frac{\pi}{3}\right)=2k\pi+\omega x$ 或 $\omega\left(x-\frac{\pi}{3}\right)=2k\pi-\omega x$，其中 $k\in\mathbf{Z}$。解得 $\omega=-6k(k\in\mathbf{Z})$，又因 $\omega>0$，故 $\omega=6$。

2. 函数 $f(x)$ 定义域为 $\mathbf{R}$，若 $f(x+1)$ 与 $f(x-1)$ 都是奇函数，则（　　）。

A. $f(x)$ 为偶函数　　B. $f(x)$ 为奇函数

C. $f(x)=f(x+2)$　　D. $f(x+3)$ 是奇函数

“若 $f(x+1)$ 与 $f(x-1)$ 都是奇函数”这个条件如何“翻译”？其几何特征是，函数 $f(x)$ 以点（1，0）与点（−1，0）为对称中心，从直观角度易观察出 4 为该函数的周期，再结合其代数特征，即 $f(-x+1)=-f(x+1)$ 和 $f(-x-1)=-f(x-1)$，能够比较严谨地推证出该结论，或者去推证 $f(x+3)=f(x-1)$。

如何给出充分的理由说明其他三个选项不正确？我们可以采用“正难则反”的策略。

二、如何在复习课上总结

每到高三复习备考时，一些同学学习成绩出现“崩盘”之后，往往只是在学习态度、细心程度上找原因，应对的办法很可能是增加训练量，但是效果不佳，这是归因出错所致。高三学生面临的最大挑战是遗忘，导致遗忘的重要原因是复习内容的繁杂，同一堂课所研究的内容之间的联系没有被有效地挖掘出来，只是把不“相关”的内容识记下来，这并不是数学教学。合理挖掘知识之间的内在联系，遵循认知规律，让复习内容从杂乱到合理而有条理，恰恰是自然生成的数学教学观下高考复习所追求的。

一次，教研组里的老师上的一节专题复习课“圆锥曲线离心率的求解策略之离心率取值范围的求解技巧”提供了非常好的素材。

这堂课是小专题复习课，老师所给的标题引起了我的注意，策略是为实现目标而确立的谋略，具有系统性、计划性和应变性；技巧是指巧妙的技能或方法，强调基本技能或基本方法的灵活运用。因此，将求解技巧置于求解策略的范畴值得商榷，但老师所选择的话题是非常有价值的。高考复习要求学生的解题速度与准确性有所提升，这让师生对于解题技巧有迫切的需求。这位经验丰富的老师为本堂课花了很多功夫，对问题进行梳理，对每一种题型均总结出相应的技巧，并做了如下的课堂小结：

1. 求圆锥曲线离心率的取值范围关键是构建关于 a，b，c 的不等式。

2. 构建关于 a，b，c 不等式的常用方法：

（1）直接利用题目所给的不等关系构建不等式。

（2）利用圆锥曲线焦点三角形中的不等关系构建不等式。

如图 3-2，若 F_1，F_2 分别为椭圆的左、右焦点，P 在椭圆上，椭圆焦点在 $\triangle PF_1F_2$ 中隐含的不等关系有：

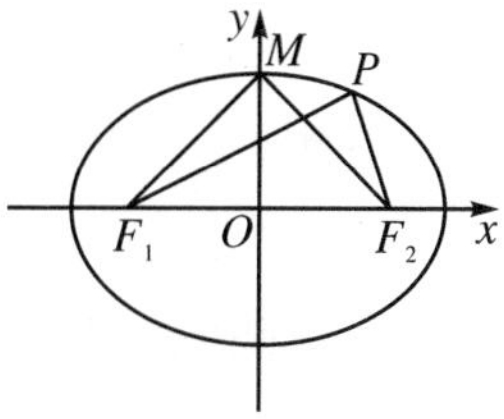

图 3-2

①$a-c\leqslant|PF_1|,|PF_2|\leqslant a+c$；

②$||PF_1|-|PF_2||\leqslant 2c$；

③若 M 为椭圆短轴的端点，则 $\angle F_1PF_2\leqslant\angle F_1MF_2$。

如图 3-3，若 F_1，F_2 分别为双曲线的左、右焦点，P 在双曲线右支上，则双曲线焦点在 $\triangle PF_1F_2$ 中隐含的不等关系有：

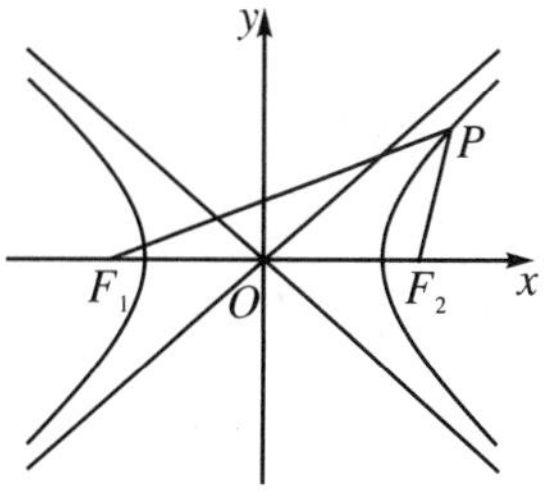

图 3-3

①$|PF_1|\geqslant a+c$；

②$|PF_2|\geqslant c-a$；

③$|PF_1|+|PF_2|\geqslant 2c$；

④$-\dfrac{b}{a}<k_{PF_1}<\dfrac{b}{a}$。

（3）对于几何量（如线段长度、角度大小等）的存在性问题，利用几何量的取值范围（最大值或最小值）构建不等式。

（4）利用圆锥曲线上点的坐标的取值范围构建不等式。

执教本堂课的老师为了让学生充分体会上述内容，组织了四道例题和三道课堂练习题，在课堂上一一呈现各种解题技巧，可谓用心良苦。听完课后我颇受启发，但又有些许疑虑：为了保证复习的进度，不得不设置较多的例题及课堂练习，但一堂课如此饱满，学生是否能够吃得消？一堂课的诸多注意事项或技巧又如何呈现出来呢？

心理学家关于在较短时间里的记忆容量的研究表明，人的短时记忆广度大约为 7±2 个组块，一般短时记忆要经过不断复述才能转化为长时记忆，更不用说在面对抽象的数学学习内容时。我们一方面期待学生保持长时记忆乃至永久性记忆，一方面又指望在一堂课上强调诸多的注意事项。如何寻找二者的平衡点是教师在教学中的难点，也是我一直在尝试解决的问题。在与教研组的老师们交流的时候，我曾希望老师们都去关注如下的问题：什么内容的数学教学，适合只用一句话甚至只用一个关键词来进行课堂小结？

策略一：做减法，让需要当堂识记的内容合理变少

为了避免时间有限与内容众多这一矛盾，在学生学业负担合理的前提下，可采取“先学后教”的方式。课前先让学生研究这些问题，在课堂上就没有必要逐题讲解，而是利用学生自主作业讲评法，以学生为主体，让学生“讲”与“评”，展示学习的结果，暴露存在的问题，以便教师有的放矢，减轻学生被动记忆负担，提升课堂教学的有效性。

策略二：巧编码，让需要识记的内容便于记忆

老师在强调注意事项时，应避免事无巨细，而应先突出策略，再在此基础上做到言之有物。为此，不少老师结合教学内容将需要强调的内容编成朗朗上口的文字，以期做到帮助学生过目（耳）不忘。记得有一次听一位同行所执教的“数列”一课，对于如何进行本堂课的课堂小结，我当时给出了一种方式：

数列求解路可通，
方程观点贯始终。
试问解法优与劣，
关注整体莫落空。
整体意识何所觅，
其实蕴在性质中。
行到山重水复处，
函数归纳来补充。

策略三：找共性，让需要识记的内容在通性通法中呈现

求取值范围问题，核心问题是建立不等关系，但如何才能迅速建立不等关系？以下通过具体问题进行分析。

（1）直接翻译法

例2　已知椭圆$\frac{x^2}{a^2}+\frac{y^2}{b^2}=1(a>b>0)$长轴的两个端点为$A$，$B$，右焦

点为 $F(c,0)$，P 是椭圆短轴的一个端点，若$\triangle PAB$ 的面积不大于$\sqrt{6}c^2$，则椭圆离心率的取值范围是__________。

思路觅踪：题目中已经给出了不等关系“$\triangle PAB$ 的面积不大于$\sqrt{6}c^2$”。

例 3 过椭圆$\frac{x^2}{a^2}+\frac{y^2}{b^2}=1(a>b>0)$的右焦点作 x 轴的垂线，交椭圆于 A，B 两点，直线 l 过椭圆的左焦点和上顶点。若以 AB 为直径的圆与 l 有公共点，则椭圆离心率的取值范围是__________。

思路觅踪：题目中所给的直线与圆的位置关系“以 AB 为直径的圆与 l 有公共点”等价于“线段 AB 中点到直线距离不大于$|AB|$的一半”这个不等关系。

（2）间接翻译法

在解题过程中，我们遇到更多的是不等关系并不明显的情况，如何把较为隐蔽的条件挖掘出来是较让人头疼的。在听前面这节复习研究课的过程中，我发现老师组织较多题目，以期达到一题对应一个技巧的效果，这本无可厚非，但心里还是期待有一个策略能够尽可能把这些题目串起来。细细品读这堂课所给出的题目，发现有一个信息可以好好加以利用，那就是量词。

我们知道，量词分全称量词和存在量词。全称量词是指在语句中含有短语“全部”“每一个”“任意”“一切”等都是在指定范围内，表示该指定范围内的全体对象或该指定范围整体的含义的词；存在量词是指在短语中含有“有些”“至少有一个”“有一个”“存在”等表示个别或一部分含义的词。平时，我们借助量词对命题的真假进行判断的比较多，真正用来寻找解题思路的比较少。

例 4 已知椭圆$\frac{x^2}{a^2}+\frac{y^2}{b^2}=1(a>b>0)$的左、右焦点分别为 F_1，F_2，若椭圆上存在点 P，使$|PF_1|=3|PF_2|$，则椭圆离心率的取值范围是__________。

思路觅踪一：因为$|PF_1|+|PF_2|=2a$，故“椭圆上存在点 P，使$|PF_1|=3|PF_2|$”等价于“椭圆上存在点 P，使$|PF_2|=\frac{a}{2}$”，这意味着

$\frac{a}{2}$是椭圆焦半径所组成的集合中的一个元素，进而等价于“$|PF_2|_{min} \leqslant \frac{a}{2}$ 且$|PF_2|_{max} \geqslant \frac{a}{2}$”这组不等关系。

思路觅踪二：因为$|PF_1|+|PF_2|=2a$，故“椭圆上存在点 P，使$|PF_1|=3|PF_2|$”等价于“椭圆上存在点 P，使$|PF_2|=\frac{a}{2}$”，又因为$|PF_2|=a-ex$（其中 x 是点P 的横坐标），进而等价于“椭圆上存在点 P，其横坐标 $x=\frac{a}{2} \cdot \frac{1}{e}$”，这意味着 $x=\frac{a}{2} \cdot \frac{1}{e}$是区间 $[-a, a]$ 中的一个元素，则得到“$x=\frac{a}{2} \cdot \frac{1}{e} \leqslant a$”这个不等关系。

例 5　已知椭圆$\frac{x^2}{a^2}+\frac{y^2}{b^2}=1(a>b>0)$的左、右焦点分别为 $F_1(-c, 0)$，$F_2(c, 0)$，若椭圆上存在一点 P，使$\frac{a}{\sin\angle PF_1F_2}=\frac{c}{\sin\angle PF_2F_1}$，则椭圆离心率的取值范围是__________。

思路觅踪：$\frac{a}{\sin\angle PF_1F_2}=\frac{c}{\sin\angle PF_2F_1}$很容易让人联想到正弦定理，事实上在$\triangle PF_1F_2$ 中，由于$\frac{PF_2}{\sin\angle PF_1F_2}=\frac{PF_1}{\sin\angle PF_2F_1}$，故有$\frac{a}{|PF_2|}=\frac{c}{|PF_1|}$，而 $|PF_1|=a+ex$，$|PF_2|=a-ex$，则有$\frac{a}{a-ex}=\frac{c}{a+ex}$，即 $x=\frac{ac-a^2}{ae+ce}$，因为 P 是椭圆上的一点，故可建立不等关系：$-a<x<a$。

当然，也可由$\frac{a}{|PF_2|}=\frac{c}{|PF_1|}$和$|PF_1|+|PF_2|=2a$，得$|PF_1|=\frac{2ac}{a+c}$，因为 P 是椭圆上的一点，故可建立不等关系：$a-c<|PF_1|<a+c$。

例 6　已知椭圆$\frac{x^2}{a^2}+\frac{y^2}{b^2}=1(a>b>0)$长轴的两个端点为 A，B，右焦

点为 $F(c,0)$，椭圆上不存在点 P，使$\triangle PAB$ 的面积大于$\sqrt{6}c^2$，则椭圆离心率的取值范围是__________。

思路觅踪："椭圆上不存在点 P，使$\triangle PAB$ 的面积大于$\sqrt{6}c^2$"等价于"椭圆上任意一点 P，都有$\triangle PAB$ 的面积不大于$\sqrt{6}c^2$"，即为"$\triangle PAB$ 面积的最大值不大于$\sqrt{6}c^2$"，而$\triangle PAB$ 面积的最大值为 ab，则可建立不等式：$ab\leqslant\sqrt{6}c^2$。

例 7 已知椭圆 C_1：$\frac{x^2}{a^2}+\frac{y^2}{b^2}=1(a>b>0)$与圆 C_2：$x^2+y^2=b^2$。若在椭圆 C_1 上存在点 P，过 P 作圆的切线 PA，PB，切点为 A，B，使得$\angle BPA=\frac{\pi}{3}$，则椭圆 C_1 的离心率的取值范围是__________。

思路觅踪："若在椭圆C_1 上存在点 P，过 P 作圆的切线 PA，PB，切点为 A，B，使得$\angle BPA=\frac{\pi}{3}$"等价于不等关系"过椭圆 C_1 上任意一点作圆的切线所构成的角的最小值不大于$\frac{\pi}{3}$"。

例 8 已知椭圆$\frac{x^2}{a^2}+\frac{y^2}{b^2}=1(a>b>0)$的右顶点为 A，若在椭圆上存在一点 P，使$\angle OPA=90^\circ$（O 为坐标原点），则椭圆离心率的取值范围是__________。

思路觅踪：通过分析，我们会发现直接翻译"若在椭圆上存在一点 P，使$\angle OPA=90^\circ$（O 为坐标原点）"这个条件，其等价于"以 OA 为直径的圆与椭圆存在不只一个公共点"。由于我们已知点 A 为其中一个公共点，则根据以 OA 为直径的圆与椭圆构成的方程组消元后所得的关于 x 的一元二次方程的根就容易求出 A 点横坐标之外的另一个根，此根为点 P 的横坐标，而点 P 为椭圆上的某一点，故可建立不等关系。

用上面方法可以比较顺利地求解该题，但题目的价值就仅局限于练习用代数方法解决几何问题，似乎让人感到意犹未尽。

要发挥题目的作用，可从其他解题途径上找生长点，也可在对题目进行变式处理的过程中体会通性通法。

首先我们换一种解题途径，“若在椭圆上存在一点 P，使$\angle OPA=90^\circ$（O 为坐标原点）”的否定即为“在椭圆上不存在一点 P，使$\angle OPA=90^\circ$（O 为坐标原点）”。若设线段 OA 中点为 M，“在椭圆上不存在一点 P，使$\angle OPA=90^\circ$（O 为坐标原点）”就意味着“点 A 是椭圆上至点 M 距离最近的点”，那么设 $P(x,y)$为椭圆$\frac{x^2}{a^2}+\frac{y^2}{b^2}=1(a>b>0)$上任意一点，则把问题转化为$|PM|^2=\left(x-\frac{a}{2}\right)^2+y^2=\frac{c^2}{a^2}x^2-ax+\frac{a^2}{4}+b^2$ 只能在 $x=a$ 处取到最小值，而$|PM|^2=\frac{c^2}{a^2}x^2-ax+\frac{a^2}{4}+b^2$ 的对称轴为 $x=\frac{a^3}{2c^2}$，则可建立$\frac{a^3}{2c^2}$与 a 之间的不等关系。

由此解法可生成一道比较有趣的题目：

一只酒杯内壁的轴截面可看成是$\frac{y^2}{a^2}+\frac{x^2}{b^2}=1(a>b>0)$在 $y\leqslant 0$ 时的图形，往杯子里放一个小球，则当小球半径满足什么条件时，小球只会与杯子最低点接触？

第二节　该帮助学生总结些什么

2021 年 2 月 3 日下午，覃同学问了老师一个问题：

老师们常常强调解题之后的总结的重要性。但我解完题之后，只会把解题思路重新过一遍，以此来加深印象，还不会有效挖掘其中有价值的成分，达到做一题会一类的效果，那么，我在回头看的过程中，到底需要总结什么呢？

这位同学的问题提醒我们，学生如何对已经做过的练习进行总结，是需要老师进行指导的。

那么，我们为什么要对做过的练习进行总结呢？目的无非有四：

在重复中加深印象，理清思路；

在温故中肯定自我，完善思路；

在感悟中反思突破，优化思路；

在归类中形成体系，升华思路。

以上列举的目的往往是在师生之间、生生之间或自我对话中完成的。

例 1　如图 3－4，直角三角形$\triangle ABC$中，点M在斜边BC上，且AM是$\angle A$的平分线，$AM=3$，且$CM=2MB$，求$\triangle ABC$的面积。

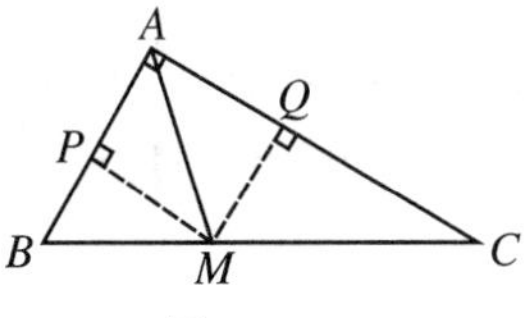

图 3－4

生：参考答案所给的解题思路如下。

如图 3－4，过点M分别作$MP\perp AB$于P，$MQ\perp AC$于Q，因为$AM=3$，故$MP=MQ=\frac{3\sqrt{2}}{2}$，又因$\triangle BMP\backsim\triangle MCQ$，且相似比为 1∶2，则可迅速得到$CQ=3\sqrt{2}$，$BP=\frac{3\sqrt{2}}{4}$，则有$AB=AP+BP=\frac{9\sqrt{2}}{4}$，$AC=AQ+CQ=\frac{9\sqrt{2}}{2}$（或者根据$AC=2AB=\frac{9\sqrt{2}}{2}$）。

尽管解法比较巧妙，但是自己并不能及时想到。

师：你自己当初的思路是什么？

生：因为此三角形为直角三角形，故只需知道两条直角边的边长就可以求出三角形面积，当初的思路是想利用正、余弦定理，但没有能够顺利走到底，磕磕绊绊才得出最后的结果。

师：能够回忆起当初是怎么做的吗？

生：首先想通过$\frac{AB}{\sin\angle AMB}=\frac{BM}{\sin\frac{\pi}{4}}\cdots$①和$\frac{AC}{\sin\angle AMC}=\frac{CM}{\sin\frac{\pi}{4}}\cdots$②入手，但是由于$CM=2BM$，$AC=2AB$，$\sin\angle AMB=\sin\angle AMC$，故①②实为同一个等式，当时有些不知所措。

师：当时是如何继续往下进行的？

生：这时我意识到还有$AM=3$这个条件没有用上，故继续通过正弦定理寻找等量关系$\frac{BM}{\sin\frac{\pi}{4}}=\frac{3}{\sin B}$和$\frac{CM}{\sin\frac{\pi}{4}}=\frac{3}{\sin C}$，因为$CM=2BM$，$\sin C=\cos B$，故可得$\tan B=2$，则在$\triangle ABM$中，三个内角和一条边的长都已知，那么$AB$的长就可以求出来，类似地可以得到$AC$的长。解出此题后，我该总结些什么呢？

师：解三角形过程中，无论未知量是边还是角，构建含有相关未知量的等量关系，求解方程是常常用到的思路，正、余弦定理恰恰是构建方程常用的工具，当然不会是唯一的工具。

生：是的，在三角形中，向量也是构建等量关系的工具。老师在讲评时用到了$\overrightarrow{AM}=\frac{2}{3}\overrightarrow{AB}+\frac{1}{3}\overrightarrow{AC}$，从而有$\overrightarrow{AM}^2=\frac{4}{9}\overrightarrow{AB}^2+\frac{1}{9}\overrightarrow{AC}^2=\frac{8}{9}\overrightarrow{AB}^2$，又因为$AM=3$，故可得$AB$的长，这种方法也很简洁。

师：上述的解法的确很巧妙，我们为什么没有想到呢？

生：这恰恰是我感兴趣的地方，但没有找到原因。

师：$\overrightarrow{AM}=\frac{2}{3}\overrightarrow{AB}+\frac{1}{3}\overrightarrow{AC}$这个结论出自何处？平时用得多吗？

生：这是一个三点共线的等价条件，即“点 B，M，C 三点共线$\Leftrightarrow$ $\overrightarrow{BM}=\lambda\overrightarrow{BC}\Leftrightarrow\overrightarrow{AM}-\overrightarrow{AB}=\lambda(\overrightarrow{AC}-\overrightarrow{AB})\Leftrightarrow\overrightarrow{AM}=(1-\lambda)\overrightarrow{AB}+\lambda\overrightarrow{AC}$”，平时我常常用来判断三点共线，用来计算线段的长度还是第一次。

师：这说明对于$\overrightarrow{AM}=(1-\lambda)\overrightarrow{AB}+\lambda\overrightarrow{AC}$这个关系式，我们之前只是定性地关注 B，M，C 三点共线，而忽略了这个式子也可以定量地把 B，M，C 三点的位置用等量关系呈现出来。

生：原有公式或结论在其内涵的丰富及应用的拓展等新认知方面应该是小结的重要内容。有了上面的经历，我们在解决下面类似的问题时思路就会自然流畅得多了。

例 2 如图 3－5，在$\triangle ABC$ 中，$AB=2AC$，AD 是$\angle BAC$ 的平分线，且 $AD=kAC$。

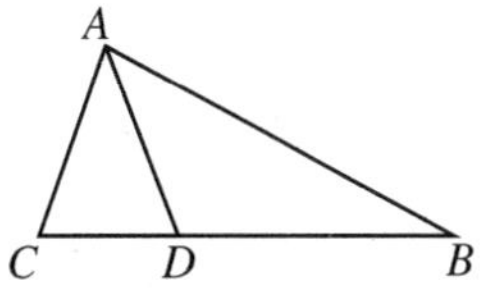

图 3－5

（1）求 k 的取值范围；

（2）若$\triangle ABC$ 的面积为 1，求 k 为何值时，BC 最短。

思路觅踪：由题意能够引起 k 变化的是$\angle BAC$ 在变化，故可考虑建立 k 与$\angle BAC$ 之间的等量关系。

途径一：借助$\overrightarrow{AD}=(1-\lambda)\overrightarrow{AB}+\lambda\overrightarrow{AC}$可以构建 k 与$\angle BAC$ 之间的等量关系吗？

（1）因$\overrightarrow{AD}=\frac{1}{3}\overrightarrow{AB}+\frac{2}{3}\overrightarrow{AC}$，

则有$\overrightarrow{AD}^2=\frac{1}{9}\overrightarrow{AB}^2+\frac{4}{9}\overrightarrow{AC}^2+\frac{4}{9}\overrightarrow{AB}\cdot\overrightarrow{AC}$，即得

$k^2\,\overrightarrow{AC}^2=\frac{8}{9}\overrightarrow{AC}^2+\frac{8}{9}\overrightarrow{AC}^2\cos\angle BAC$，

$k^2=\frac{8}{9}+\frac{8}{9}\cos\angle BAC\in\left(0,\frac{16}{9}\right)$，则 $k\in\left(0,\frac{4}{3}\right)$。

（2）因为 $S_{\triangle ABC}=\frac{1}{2}AB\cdot AC\sin\angle BAC=AC^2\sin\angle BAC=1$，

$$\begin{aligned}BC^2&=AB^2+AC^2-2AB\cdot AC\cos\angle BAC\\&=5AC^2-4AC^2\cos\angle BAC\end{aligned}$$

$$=\frac{5-4\cos\angle BAC}{\sin\angle BAC},$$

其中$\angle BAC\in(0,\pi)$。到此环节，尽管求 BC 的最小值途径不少，但对于学生来说，还是有一定的困难，所以有必要花一点时间通过“问”与“答”的方式把问题分析透彻。

师：现在问题已经转化为：已知 $y=\frac{5-4\cos\angle BAC}{\sin\angle BAC}$，$\angle BAC\in(0,\pi)$，怎么求 y 的最小值？

生：当时觉得很繁琐，没有自己做下去，而是看了参考答案，现在还记得可以从方程的视角入手。

由 $y=\frac{5-4\cos\angle BAC}{\sin\angle BAC}$，得 $y\sin\angle BAC+4\cos\angle BAC=5$，

即$\sqrt{y^2+16}\sin(\angle BAC+\theta)=5$，

即 $\sqrt{y^2+16}=\frac{5}{\sin(\angle BAC+\theta)}$，其中 $\sin\theta=\frac{4}{\sqrt{y^2+16}}$，$\cos\theta=\frac{y}{\sqrt{y^2+16}}$。

则要 y 最小，只需 $\sin(\angle BAC+\theta)=1$，此时 $\sin\theta=\frac{4}{5}$，$\cos\theta=\frac{3}{5}$。

故当 $\cos\angle BAC=\frac{4}{5}$时，$y=\frac{5-4\cos\angle BAC}{\sin\angle BAC}$的最小值为 3。

师：你自己当初的思路是什么？

生：一开始思路比较乱，在 $y=\frac{5-4\cos\angle BAC}{\sin\angle BAC}$中，既有 $\sin\angle BAC$，又有 $\cos\angle BAC$。我想先减少未知量的个数，但又不知从何入手。

师：我们可以尝试利用 $\sin2\theta=\frac{2\tan\theta}{1+\tan^2\theta}$和 $\cos2\theta=\frac{1-\tan^2\theta}{1+\tan^2\theta}$来减少未知量的个数。即令 $t=\tan\frac{\angle BAC}{2}$，则有 $y=\frac{5-4\cos\angle BAC}{\sin\angle BAC}=\frac{5-4\times\frac{1-t^2}{1+t^2}}{\frac{2t}{1+t^2}}=\frac{9t^2+1}{2t}=\frac{9}{2}t+\frac{1}{2t}\geqslant3$，当 $t=\frac{1}{3}$，即 $\cos\angle BAC=\frac{4}{5}$时，可

取等号。

生：当初在头脑中的想法也不是唯一的。我还感觉到 $y=\frac{5-4\cos\angle BAC}{\sin\angle BAC}$ 这个式子的结构与斜率比较相像，有过这样的疑惑：利用斜率是否可以走下去？

师：我们在面对一个新问题时，第一感觉常常是有价值的，需要珍惜。因此，在总结反思自己的思路时，一项重要的任务是尽可能沿着自己的想法走到底。

由 $y=\frac{5-4\cos\angle BAC}{\sin\angle BAC}=-4\times\frac{\cos\angle BAC-\frac{5}{4}}{\sin\angle BAC-0}=-4\times\frac{1}{\frac{\sin\angle BAC-0}{\cos\angle BAC-\frac{5}{4}}}$，$\angle BAC\in(0,\pi)$，

其中 $\frac{\sin\angle BAC-0}{\cos\angle BAC-\frac{5}{4}}$ 可以看成 $(\cos\angle BAC,\sin\angle BAC)$ 与 $\left(\frac{5}{4},0\right)$ 连线的斜率，

则有 $\frac{\sin\angle BAC-0}{\cos\angle BAC-\frac{5}{4}}\in\left[-\frac{4}{3},0\right)$，$y\geqslant 3$，当 $\cos\angle BAC=\frac{4}{5}$ 时，可取等号。

生：我明白了，这里要能够顺利地走到底，需要对圆的参数方程 $\begin{cases}x=r\cos\theta,\\ y=r\sin\theta\end{cases}$ 中参数 θ 的几何意义比较清楚才行。

师：现在我们已经学习了高中数学教材所有的内容，对求最值问题，还可以尝试从什么角度入手？

生：借助导数？

师：尝试一下，是否可以走到底？

由 $y=\frac{5-4\cos\angle BAC}{\sin\angle BAC}$，可得 $y'=\frac{4-5\cos\angle BAC}{\sin^2\angle BAC}$，其中 $4-5\cos\angle BAC$ 在 $(0,\pi)$ 内单调递增，且存在 $\angle BAC=\theta\in(0,\pi)$，$\cos\theta=$

$\frac{4}{5}$使 $y'=\frac{4-5\cos\angle BAC}{\sin^2\angle BAC}=0$。则 $y=\frac{5-4\cos\angle BAC}{\sin\angle BAC}$在 $(0,\ \theta]$ 单调递减，在 $[\theta,\ \pi)$ 单调递增，故当 $\cos\theta=\frac{4}{5}$时，$y=\frac{5-4\cos\angle BAC}{\sin\angle BAC}$的最小值为 3。

又由（1）可知 $k^2=\frac{8}{9}+\frac{8}{9}\cos\angle BAC\in\left(0,\frac{16}{9}\right)$，则可得到此时 k 的值为$\frac{2\sqrt{10}}{5}$。

下面，我们只探究第（1）问。

途径二：借助正弦定理可以构建 k 与$\angle BAC$ 之间的等量关系吗？

由$\frac{AD}{\sin\angle B}=\frac{BD}{\sin\angle BAD}=\frac{kAC}{\sin\angle B}$和$\frac{AC}{\sin\angle B}=\frac{BC}{\sin\angle BAC}$，

可得$\frac{BD}{k\sin\angle BAD}=\frac{BC}{\sin\angle BAC}=\frac{\frac{3}{2}BD}{2\sin\angle BAD\cos\angle BAD}$，

则 $k=\frac{4}{3}\cos\angle BAD\in\left(0,\frac{4}{3}\right)$。

途径三：借助余弦定理可以构建 k 与$\angle BAC$ 之间的等量关系吗？

因为 $BD^2=AD^2+AB^2-2AD\cdot AB\cos\angle BAD=k^2AC^2+4AC^2-4kAC^2\cos\angle BAD$，

$CD^2=AD^2+AC^2-2AD\cdot AC\cos\angle CAD=k^2AC^2+AC^2-2kAC^2\cos\angle CAD$，

$BD=2CD$ 和 $\cos\angle BAD=\cos\angle CAD$，

所以有 $k^2+4-4k\cos\angle BAD=4(k^2+1-2k\cos\angle BAD)$，

即得 $k=\frac{4}{3}\cos\angle BAD\in\left(0,\frac{4}{3}\right)$。

总结到这里，三角形的角平分线给出的是线段上定比分点的位置，对于线段上其他的定比分点，我们也可以采取类似的方法。

例 3　在$\triangle ABC$ 中，$\angle B=60°$，若 AC 边上的中线 $BM=\sqrt{3}$，求$\triangle ABC$ 面积的最大值。

思路觅踪：由$\overrightarrow{BM}=\frac{1}{2}(\overrightarrow{BA}+\overrightarrow{BC})$，得$\overrightarrow{BM}^2=\frac{1}{4}(\overrightarrow{BA}^2+\overrightarrow{BC}^2+2\overrightarrow{BA}\cdot\overrightarrow{BC})$。

故有 $3=\frac{1}{4}(|\overrightarrow{BA}|^2+|\overrightarrow{BC}|^2+|\overrightarrow{BA}|\cdot|\overrightarrow{BC}|)\geqslant\frac{3}{4}|\overrightarrow{BA}|\cdot|\overrightarrow{BC}|$，

$S_{\triangle ABC}=\frac{1}{2}|BA||BC|\sin B=\frac{\sqrt{3}}{4}|BA||BC|\leqslant\sqrt{3}$，且当 $|BA|=|BC|$ 时，取等号。

生：有了上面的体验，发现未知量和已知量的关系是解决问题的关键。但有些时候未知与已知看上去毫无关联，怎么办呢？

例 4 如图 3-6，在平面内，四边形 $ABCD$ 的对角线交于四边形的内部，$AB=1$，$BC=\sqrt{2}$，$AC=CD$，$AC\perp CD$ 于 C，记$\angle ABC=\theta$，求对角线 BD 长度的最大值。

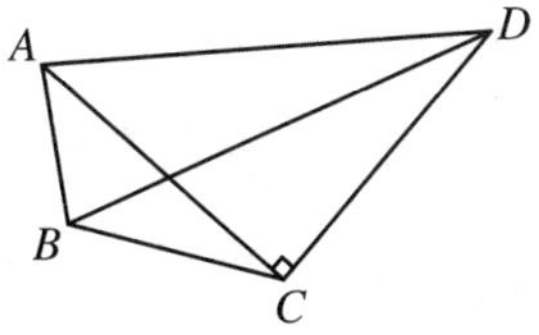

图 3-6

师：感觉到已知与未知联系不是太紧密时，可以尝试用分析法去寻求解题思路。

要求 BD 长度的最大值，需要建立 BD 长度与θ之间的函数关系，而 BD 长度与$\angle BCD$ 有关，因为$\angle ACD=\frac{\pi}{2}$，故 BD 长度与$\angle ACB$ 有关。则我们首先需要找到θ与$\angle ACB$ 之间的等量关系，于是我们有必要先聚焦于$\triangle ABC$。

在$\triangle ABC$ 中，

$AC^2=AB^2+BC^2-2AB\cdot BC\cos\theta=3-2\sqrt{2}\cos\theta$，

则 $AC=\sqrt{3-2\sqrt{2}\cos\theta}=CD$。

由$\frac{AC}{\sin\theta}=\frac{AB}{\sin\angle ACB}$，得$\frac{\sqrt{3-2\sqrt{2}\cos\theta}}{\sin\theta}=\frac{1}{\sin\angle ACB}$，

则有 $\sin\angle ACB=\frac{\sin\theta}{\sqrt{3-2\sqrt{2}\cos\theta}}$，那么

$$\begin{aligned}BD^2&=BC^2+CD^2-2BC\cdot CD\cos\angle BCD\\&=5-2\sqrt{2}\cos\theta+2\sqrt{2}\cdot\sqrt{3-2\cos\theta}\sin\angle ACB\end{aligned}$$

$$=5-2\sqrt{2}\cos\theta+2\sqrt{2}\cdot\sqrt{3-2\cos\theta}\cdot\frac{\sin\theta}{\sqrt{3-2\cos\theta}}$$

$$=5-2\sqrt{2}\cos\theta+2\sqrt{2}\sin\theta$$

$$=5+4\sin\left(\theta-\frac{\pi}{4}\right)。$$

则当 $\theta=\frac{3\pi}{4}$时，BD 长度的最大值为 3。

生：此次与老师交流的话题，归根结底是在面对陌生问题情境时，我们该如何入手？陌生与否是相对的，以现有的知识储备处理数学问题时，应相信我们的第一印象是有价值的。如果有时间的话，最好能够走到底。

师：这是最有价值的总结，当然顺着自己的思路走到底并不仅仅是将解决问题的想法走到底，也包括去探索在思考问题的过程中生成的新的疑问。

例 5　双曲线$\frac{x^2}{a^2}-\frac{y^2}{b^2}=1(a>0,b>0)$的左顶点为 A，右焦点为 F，动点 B 在双曲线上，且点 B 在第一象限，当 $BF\perp AF$ 时，$|AF|=|BF|$。证明：$\angle BFA=2\angle BAF$。

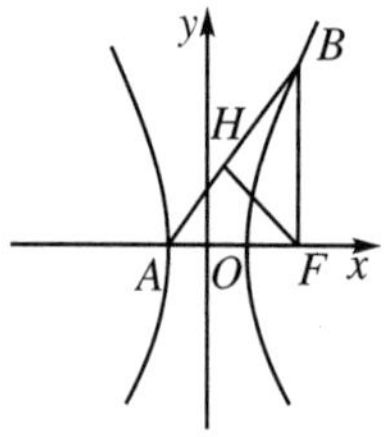

图 3－7

师：你读完题目之后首先冒出来的想法是什么？能够顺着自己的思路走到底吗？

生：我们目前拥有证明一个角是另一个角两倍的工具并不多，能够用分析法寻找到两条途径。

途径一：设 FH 为$\angle BFA$ 的平分线，

要证$\angle BFA=2\angle BAF$，

只需证$\angle HFA=\angle HAF$，

只需证点 H 的横坐标为 A，F 两点横坐标的算术平均值。

但点 H 的横坐标容易表示出来吗？我们试着往下走。

由题意，离心率 $e=2$，则有 $c=2a$，$b=\sqrt{3}a$，双曲线方程可设为$\frac{x^2}{a^2}-$

$\frac{y^2}{3a^2}=1(a>0)$。设点 B 坐标为（x_0，y_0），点 H 坐标为（m，n），因为 $\frac{x_0^2}{a^2}-\frac{y_0^2}{3a^2}=1$，则 $|BF|=\sqrt{(x_0-2a)^2+y_0^2}=\sqrt{(2x_0-a)^2}=2x_0-a$。

又因 FH 为 $\triangle ABF$ 的内角平分线，故有 $\frac{|AH|}{|HB|}=\frac{|AF|}{|BF|}=\frac{3a}{2x_0-a}$，

则有 $\overrightarrow{AH}=\frac{3a}{2x_0-a}\overrightarrow{HB}$。

又因 $\overrightarrow{AH}=(m+a,n)$，$\overrightarrow{HB}=(x_0-m,y_0-n)$，

则有 $m+a=\frac{3a}{2x_0-a}(x_0-m)$，解得 $m=\frac{a}{2}$，而 AF 中点的横坐标也为 $\frac{a}{2}$，故命题得证。

上述运算过程相对来说比较简洁，原因有二，一是有效挖掘或应用了平面图形的几何特征，二是 $|BF|$（即双曲线焦半径）的解析式比较简单，因而运算起来没有那么繁琐。那么一个有趣的问题是，在本题中双曲线上的点到焦点距离的解析式结构比较简单，这是否是一个巧合？当我们不知道椭圆或双曲线的第二定义时，椭圆或双曲线的焦半径公式是否能够比较便捷地推导出来？

事实上，对于椭圆 $\frac{x^2}{a^2}+\frac{y^2}{b^2}=1(a>b>0)$ 上一点 $P(x_0,y_0)$ 和右焦点 $F(c,0)$，因为 $\frac{x_0^2}{a^2}+\frac{y_0^2}{b^2}=1$，所以有

$$
\begin{aligned}
|PF|&=\sqrt{(x_0-c)^2+y_0^2}\\
&=\sqrt{(x_0-c)^2+b^2-\frac{b^2}{a^2}x_0^2}\\
&=\sqrt{\frac{c^2}{a^2}x_0^2-2cx_0+a^2}\\
&=\sqrt{\left(\frac{c}{a}x_0-a\right)^2}\\
&=a-\frac{c}{a}x_0。
\end{aligned}
$$

对于双曲线$\frac{x^2}{a^2}-\frac{y^2}{b^2}=1(a>0,b>0)$上一点$P(x_0,y_0)$和右焦点$F(c,0)$，因为$\frac{x_0^2}{a^2}-\frac{y_0^2}{b^2}=1$，所以有

$$|PF|=\sqrt{(x_0-c)^2+y_0^2}$$
$$=\sqrt{(x_0-c)^2-b^2+\frac{b^2}{a^2}x_0^2}$$
$$=\sqrt{\frac{c^2}{a^2}x_0^2-2cx_0+a^2}$$
$$=\sqrt{\left(\frac{c}{a}x_0-a\right)^2}$$
$$=\frac{c}{a}x_0-a。$$

这显然应是在椭圆与双曲线教学过程中，值得学生花时间体验的内容。

途径二：

要证$\angle BFA=2\angle BAF$，则只需证明$\tan\angle BFA=\frac{2\tan\angle BAF}{1-\tan^2\angle BAF}$成立。

设直线BF、直线BA的斜率分别为k，k_0，则只需证明$-k=\frac{2k_0}{1-k_0^2}$成立。

设点B坐标为（x_0，y_0），又因为$A(-a,0)$，$F(2a,0)$，则有$k=\frac{y_0}{x_0-2a}$，$k_0=\frac{y_0}{x_0+a}$。

则要证$-k=\frac{2k_0}{1-k_0^2}$，

只需证$-\frac{y_0}{x_0-2a}=\frac{2\frac{y_0}{x_0+a}}{1-\left(\frac{y_0}{x_0+a}\right)^2}$，

只需证$-\frac{1}{x_0-2a}=\frac{2(x_0+a)}{(x_0+a)^2-y_0^2}$。

因为$\frac{x_0^2}{a^2}-\frac{y_0^2}{3a^2}=1$，

故只需证$-\frac{1}{x_0-2a}=\frac{2(x_0+a)}{(x_0+a)^2-(3x_0^2-3a^2)}=\frac{(x_0+a)}{(x_0+a)(2a-x_0)}$，

只需证$-\frac{1}{x_0-2a}=\frac{1}{2a-x_0}$，

则命题成立。

讨论到这里，让人意犹未尽的是：是否只有离心率为 2 的双曲线才能使$\angle BFA=2\angle BAF$？

事实上，要证$\angle BFA=2\angle BAF$，则只需证明$\tan\angle BFA=\frac{2\tan\angle BAF}{1-\tan^2\angle BAF}$成立。

设直线 BF、直线 BA 斜率分别为 k，k_0，则只需证明$-k=\frac{2k_0}{1-k_0^2}$成立。

设点 B 坐标为（x_0，y_0），又因为 $A(-a,0)$，$F(c,0)$，则有 $k=\frac{y_0}{x_0-c}$，$k_0=\frac{y_0}{x_0+a}$。

则要证$-k=\frac{2k_0}{1-k_0^2}$，

只需证$-\frac{y_0}{x_0-c}=\frac{2\frac{y_0}{x_0+a}}{1-\left(\frac{y_0}{x_0+a}\right)^2}$，

只需证$-\frac{1}{x_0-c}=\frac{2(x_0+a)}{(x_0+a)^2-y_0^2}$。

因为$\frac{x_0^2}{a^2}-\frac{y_0^2}{b^2}=1$，

故只需证$-\frac{1}{x_0-2a}=\frac{2(x_0+a)}{(x_0+a)^2+b^2-\frac{b^2}{a^2}x_0^2}=\frac{2}{(x_0+a)+\frac{b^2}{a^2}(a-x_0)}$，

对一切变量 x_0 都成立。

则需要$\frac{b^2}{a^2}-3=0$且$3a-\frac{b^2}{a}=0$同时成立，即只需$\frac{b}{a}=\sqrt{3}$，也就是$e=\frac{c}{a}=2$。

第三节　试（习）题讲评课如何有效讲评

一、一道中考压轴题的教学启示

曾经，一道中考数学题引起了我对试（习）题讲评课的思考。

对试题的讲评在教学中应该是常规教学任务，但目前却存在重测试（布置）轻研究现象。当然，对试（习）题的研究是一个大课题，就教师而言，能主动去思考如何有效讲评的人并不多，于是呈现在课堂上的往往是揭晓参考答案式讲评，而学生“我怎么没想到”的疑惑并没有真正消除。

那么，我们该如何呈现一节试（习）题讲评课呢？

首先，试（习）题讲评课是一堂课，那么就应有一堂课基本的要素：教学目标的确立——对于在知识、方法、能力等方面的自我认知和完善；教学内容的组织——围绕着试（习）题构建的试（习）题分析、应答情况反馈、应答策略分析、优化应答分析；教学过程的呈现——反馈、暴露思维过程，完善思维过程，明确解题方法、试（习）题的变式及方法的巩固；教学效果的评估——针对不同层次的学生分别达到能做出、能应变、会编题的效果。

其次，试（习）题讲评课应突出“讲”，即教师应明确由谁讲，讲什么，如何讲。其中，恰当地暴露师生对解决试（习）题的思维过程，是我们在讲评过程容易忽略的事情。

最后，试（习）题讲评课应重在“评”，即教师应明确由谁评，评什么，如何评。其中，注意视角的转换，试（习）题价值的判断，营造师生需明确讲出自己的观点的氛围等应贯穿整个评价过程，避免就题论题。

2020 年南宁市中考数学试题压轴题如下：

例 1　如图 3－8，在平面直角坐标系中，直线 l_1：$y=x+1$ 与直线

l_2：$x=-2$ 相交于点 D，点 A 是直线 l_2 上的动点，过点 A 作 $AB\perp l_1$ 于点 B，点 C 的坐标为（0，3），连接 AC，BC。设点 A 的纵坐标为 t，三角形 ABC 的面积为 s。

（1）当 $t=2$ 时，请直接写出点 B 的坐标；

（2）s 关于 t 的函数解析式为 $s=\begin{cases}\frac{1}{4}t^2+bt-\frac{5}{4}, & t<-1 \text{ 或 } t>5,\\ a(t+1)(t-5), & -1<t<5,\end{cases}$ 其图象如图 3－9 所示，结合图 3－8、3－9，求出 a 与 b 的值；

（3）在 l_2 上是否存在点 A，使得三角形 ABC 是直角三角形？若存在，请求出此时点 A 的坐标和三角形 ABC 的面积，若不存在，请说明理由。

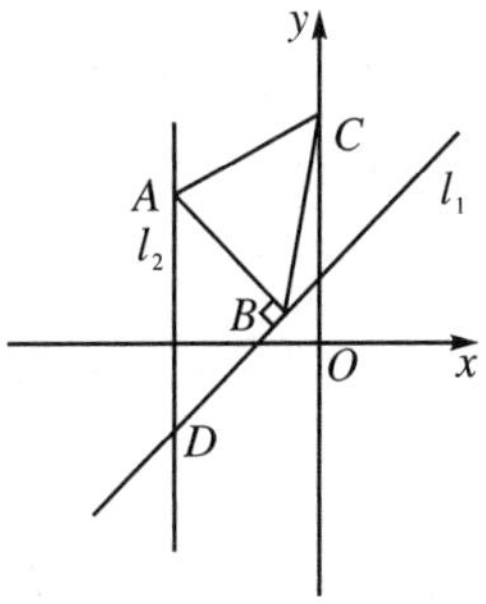

图 3－8

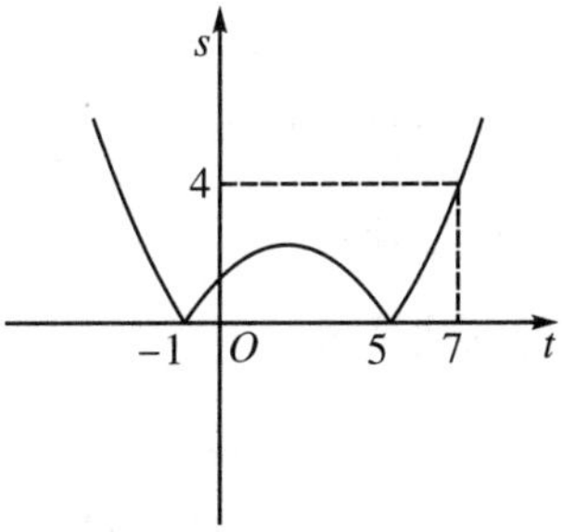

图 3－9

1. 数不离形，认识到规范作图的重要性

如果学生平时有规范作图的习惯，那么就容易直接从图形中读出结果。事实上，当 $t=2$ 时，观察图形可知三角形 ABD 是斜边长为 3 的等腰直角三角形（如图 3－10），则点 B 到直线 l_2 的距离为 $\frac{3}{2}$，那么点 B 的横坐标为 $-\frac{1}{2}$，纵坐标为 $\frac{1}{2}$。如果学生平时作图习惯不好，所作的图形不规范，就很难养成观察图形并挖掘图形几何特征的习惯，也就无法有效形成“看图说话”的能力，只能通过运算得到结果。

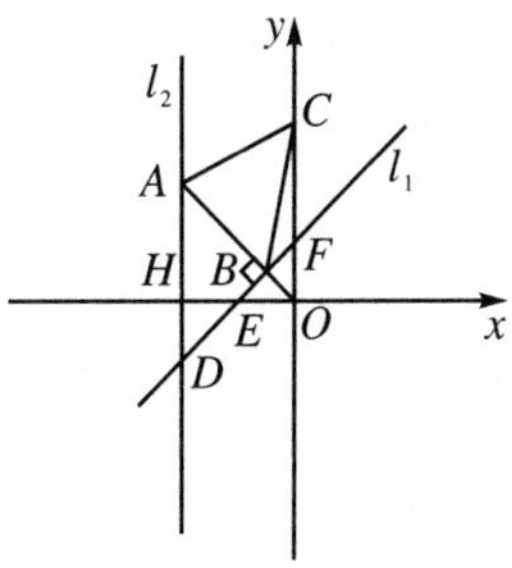

图 3－10

有人可能会有疑惑，为什么有些人并没有老老实实地作图，只是想了想，就得到了解题的方法？其实，这只是表明他们已经具备较强的直观想象的能力。虽然他们没有在纸上作出图形，但并不意味着他们脑中无图，相反添加必要的辅助线、捕捉有价值的位置关系都已经在他们的头脑中完成。

直观想象素养的培养是一个循序渐进的过程，也是需要抓手的，学会作图、学会用图是基本的途径。学生不仅在学习平面几何时需要规范作图，在今后学习立体几何以及解析几何时，也需要学会规范作图，才有可能达到事半功倍的效果。

2. 多走一步，克服就题论题的现象

如果只是为了求出 a 与 b 的值，根据题意，只需在 $t=2$ 与 $t=7$ 两种情形下即可列出关于 s 和 t 的方程组，通过求解此方程组即可。

然而，数学是简洁而自然的，如果仔细分析第（2）小题给出的问题，我们就会发现题目中图 3-9 这个条件是多余的，之所以给出此条件，只是为了降低运算量。其实去掉图 3-9 这个条件，对于学生的思维训练帮助更大。

当我们完成了对一道题目的解答后，还可以尝试再多走一步，即实现一题多问，克服就题论题的现象。

面对一道题目，我们可以从以下两个角度进行提问。

一是从做题人角度反思：如何做？为何这样做？还可以怎样做？所使用的方法是否为通性通法？

二是从命题人角度反思：想考查什么内容？为何要考查这些内容？是否可以变式为其他问题？

3. 不重不漏，注重思维的严谨性

学生解决第（3）小题时，遇到的困难是无法迅速地找出所有符合题意的 A 点的位置，如图 3-11 与图 3-12，学生有了前面的解题经历，是可以快速地找到相应 A 点的位置，但如图 3-13，学生却不易观察到，即使老师讲评时，也不太容易讲清楚，不少老师是通过代数运算得到了两个结果才会发现图 3-13 的情形，但并非就能认同这种情形存在的合理性。如果教师讲评到这里时，避实就虚简单地滑过去，便不知不觉地给学生埋下了新的疑惑。

其实，如果教师认识到帮助学生比较直观地感受图 3－13 情形合理性的重要性，解决的办法总是有的，试想一下，如果我们给出下面的问题：

当点 A 的纵坐标在 $(2,+\infty)$ 内取值时，则 $\angle ACB$ 的取值范围是什么？

学生在探究此问题过程中，当点 A 的纵坐标在 $(2,+\infty)$ 内取值时，随着垂足 B 在直线 l_1 移动，会发现 $\angle ACB$ 的值在 $\left(\frac{\pi}{4},\pi\right)$ 内变化，自然会出现 $\angle ACB$ 为直角的情形。

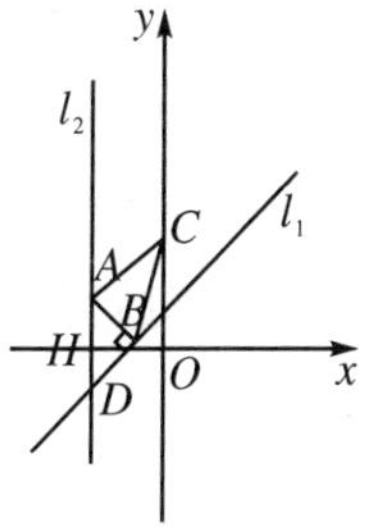

图 3－11

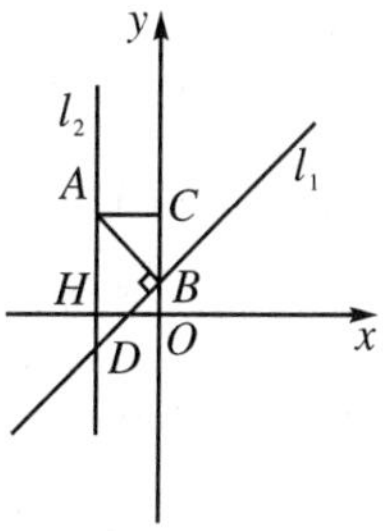

图 3－12

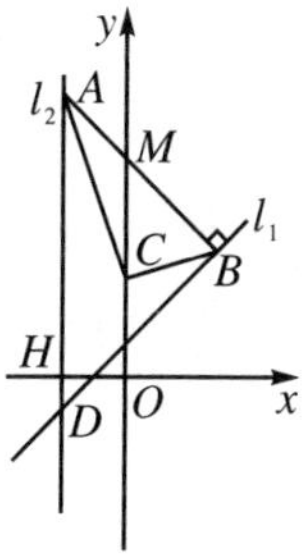

图 3－13

随笔：

例 2 若关于 x 的方程 $a^x+2x-4=0$（$a>0$ 且 $a\neq1$）的所有根记作 x_1，x_2，…，$x_m(m\in\mathbf{N}^*)$，关于 x 的方程 $\log_a(2x)+x-2=0$ 的所有根记作 x_1'，x_2'，…，$x_n'(n\in\mathbf{N}^*)$，则 $\dfrac{x_1+x_2+\cdots+x_m+x_1'+x_2'+\cdots+x_n'}{m+n}$ ＝__________。

课后反思：学生对于 x 的方程 $a^x+x-2=0$ 与 $\log_a x+x-2=0$ 不陌生，并对 $a^x+x-2=0$ 的根与 $\log_a x+x-2=0$ 的根之间的关系已经比较熟悉。这两个方程的根的个数相等，且对应两根之和为 2。

本题解决的方向就是化归为这种比较熟悉的“形”。

事实上，方程 $a^x+2x-4=0$ 变形为 $\frac{1}{2}a^x+x-2=0$ 之后，与方程

$\log_a(2x)+x-2=0$ 对照，可以验证出，$y=\frac{1}{2}a^x$ 与 $y=\log_a(2x)$互为反函数，于是问题化归为我们已经解决过的问题。

由此联想到，关于 x 的方程 $2^x+2x-5=0$ 与 $2\log_a(x-1)+2x-5=0$ 的根之间的关系式也可用类似方法进行化归。

例 3 $\{(x,y)|(x-2\cos\alpha)^2+(y-2\sin\alpha)^2=16,\alpha\in\mathbf{R}\}$表示的平面区域面积为__________。

课后反思：该集合表示的是以（$2\cos\alpha$，$2\sin\alpha$）为圆心，4 为半径的动圆上的点组成的图形，随着 α 的变化，圆的位置不断发生变化，我们不太容易想象出其在平面上“扫”过的图形是怎样的形状。

途径一：课堂上一学生（罗同学）说，“我发现，圆心轨迹是以原点为圆心，2 为半径的圆，无论动圆圆心位置在哪儿，动圆与圆心的轨迹始终内切，则动圆运动的过程就如同一个人在轻微晃动呼啦圈的过程，所以我可以想象出动圆‘扫’过的形状就应是一个内、外半径分别为 2 和 6 的圆环，于是原集合表示的平面区域的面积就很容易求出来了”。这可以说是本节课最精彩的时刻，罗同学的发言博得满堂彩。罗同学的发言可谓是用身边的现象去理解抽象的数学表达式，而$(x-2\cos\alpha)^2+(y-2\sin\alpha)^2=16$，$\alpha\in\mathbf{R}$ 也真可谓是用数学的语言来描述身边的现象。

这节课上，同学们还有些意犹未尽，希望从纯数学的角度理解本题，那么如何将$(x-2\cos\alpha)^2+(y-2\sin\alpha)^2=16$，$\alpha\in\mathbf{R}$ 进行化归呢？经过大家一起讨论后最后得到了另外的途径。

途径二：令 $x_0=x-2\cos\alpha$，$y_0=y-2\sin\alpha$，则有 $x_0^2+y_0^2=16$ 和 $(x-x_0)^2+(y-y_0)^2=4$。作了上面变换之后，可以较直观地发现点（x，y）在以（x_0，y_0）为圆心，2 为半径的圆上，而（x_0，y_0）在以坐标原点为圆心，4 为半径的圆上，此时不难看出集合表示的平面区域是一个圆环。

途径三：令 $x-2\cos\alpha=4\cos\theta$，$y-2\sin\alpha=4\sin\theta$，

则有 $x^2+y^2=(2\cos\alpha+4\cos\theta)^2+(2\sin\alpha+4\sin\theta)^2=20+16\cos(\alpha-\theta)$。

由于$20+16\cos(\alpha-\theta)\in[4,36]$，故也能发现集合表示的平面区域是一个圆环。

作为教师，试想一下，如果这节课就在师生一起共同探究出来的多种解法中结束，总觉得差了点什么。我想差的就是对这三种解法的评价。我们既应留意因题而异的奇思妙想巧法，更应重视对解法的适用范围进行分析，进而去总结通性通法。当然师生在课堂上的评价也可以以问题的形式出现，如师生可以尝试用上述三种方法去解决下面的问题：

将本题中的条件改动一个数字，即$\{(x,y)\mid(x-2\cos\alpha)^2+(y-2\sin\alpha)^2=36,\alpha\in\mathbf{R}\}$表示的平面区域面积为__________。

二、在学生已有正确的思路时，我们如何进行评价

例 4 如图 3-14，在$\triangle OAB$中，$\overrightarrow{OA}=\boldsymbol{a}$，$\overrightarrow{OB}=\boldsymbol{b}$，$\overrightarrow{OD}$是$AB$边上的高，若$\overrightarrow{AD}=\lambda\overrightarrow{AB}$，则$\lambda=$__________。

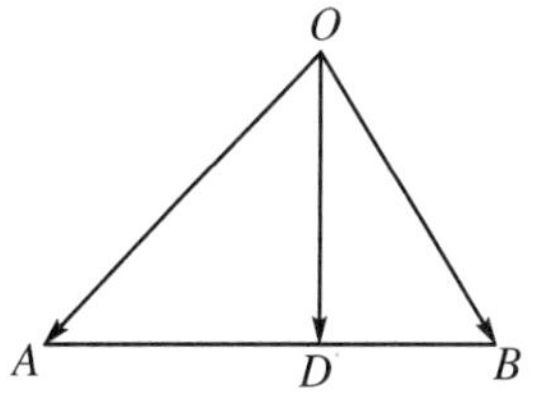

图 3-14

分析：学生的感悟是，在解决此问题的过程中，刚开始无从下手，渐渐地，理清了思路，在求未知量的过程中，构造关于该未知量的方程是其中一个重要的途径。

由$\overrightarrow{OD}=\overrightarrow{OA}+\overrightarrow{AD}=\overrightarrow{OA}+\lambda\overrightarrow{AB}=\overrightarrow{OA}+\lambda(\overrightarrow{OB}-\overrightarrow{OA})$，

可得$\overrightarrow{OD}\cdot\overrightarrow{AB}=[(1-\lambda)\boldsymbol{a}+\lambda\boldsymbol{b}]\cdot(\boldsymbol{b}-\boldsymbol{a})=0$，

可求解得$\lambda=\dfrac{\boldsymbol{a}\cdot(\boldsymbol{a}-\boldsymbol{b})}{(\boldsymbol{b}-\boldsymbol{a})^2}$。

应该说，学生关于未知量的求解策略是正确的，并且做出了正确的解答，此时我并没有对其进行单纯的鼓励性的评价，而是还注意到本题还蕴藏着对向量数量积几何意义的考查。我们知道，数量积$\boldsymbol{a}\cdot\boldsymbol{b}$等于$\boldsymbol{a}$的长度$|\boldsymbol{a}|$与$\boldsymbol{b}$在$\boldsymbol{a}$的方向上的投影$|\boldsymbol{b}|\cos\langle\boldsymbol{a},\boldsymbol{b}\rangle$的乘积。那么$\boldsymbol{b}$在$\boldsymbol{a}$的方向上的投影$|\boldsymbol{b}|\cos\langle\boldsymbol{a},\boldsymbol{b}\rangle=\dfrac{\boldsymbol{a}\cdot\boldsymbol{b}}{|\boldsymbol{a}|}$。一般在教学过程中，师生往往会忽略对向量数量积的几何意义的应用。

在本题中，我们知道，$|AD|$可看成$\overrightarrow{AO}$在$\overrightarrow{AB}$方向上的投影。

故$|AD|=\frac{\overrightarrow{AO}\cdot\overrightarrow{AB}}{|\overrightarrow{AB}|}=\frac{-\boldsymbol{a}\cdot(\boldsymbol{b}-\boldsymbol{a})}{|\boldsymbol{b}-\boldsymbol{a}|}$，

则$\lambda=\frac{|\overrightarrow{AD}|}{|\overrightarrow{AB}|}=\frac{-\boldsymbol{a}\cdot(\boldsymbol{b}-\boldsymbol{a})}{|\boldsymbol{b}-\boldsymbol{a}|^2}=\frac{\boldsymbol{a}\cdot(\boldsymbol{a}-\boldsymbol{b})}{(\boldsymbol{a}-\boldsymbol{b})^2}$。

因此，在一节自然简约的数学课堂上，我们评价不仅要有增强学生自信的鼓励性评价，也应该有具有启示功能的诊断性评价，并且是在数学的范畴内完成的。

第四节　老师在课堂上思维受阻怎么办

我们都知道充分备好一节课的重要性，但总有百密一疏的时候。曾经在一次课堂上就遇到了思维受阻的情况。此时我发现，恰当的示弱并不失为一种理智的做法，此时学生“救急”的愿望很迫切，争相把自己的想法呈现出来，而老师只需在课堂上让学生说出怎么做，为什么会想到这样做。

例 1　已知函数 $f(x)=x^2+2x+a\ln x$，当 $t>1$ 时，不等式 $f(2t-1)\geqslant 2f(t)-3$ 恒成立，求实数 a 的取值范围。

生 1：由 $f(2t-1)\geqslant 2f(t)-3$，得 $2t^2-4t+2\geqslant a[\ln t^2-\ln(2t-1)]$，此时令 $g(t)=2t^2-4t+2-a[\ln t^2-\ln(2t-1)]$。[我是留意到 $g(1)=0$，若 $g(t)$ 在 $(1,+\infty)$ 单调递增，则原不等式恒成立，而此时 $a\leqslant 2$，我希望 $a>2$ 时不合题意，于是只需考虑 $a>2$ 时的情形是怎样的。]

由 $g'(t)=4t-4-a\left(\dfrac{2}{t}-\dfrac{2}{2t-1}\right)\geqslant 0$，得 $a\leqslant 2(2t^2-t)$，即得 $a\leqslant 2$ 时，$g(t)$ 单调递增，而 $g(1)=0$，则不等式 $f(2t-1)\geqslant 2f(t)-3$ 恒成立。

当 $a>2$ 时，因 $y=2(2t^2-t)$ 在 $(1,+\infty)$ 上单调递增，且值域为 $(1,+\infty)$，故存在 $t_0\in(1,+\infty)$，使 $2(2t_0^2-t_0)=a$，则当 $t\in(1,t_0)$ 时，$g'(t)<0$，此时 $g(t)<g(1)=0$，不合题意。

生 2：为什么一开始要用作差的方法入手？

生 1：因为通过作差构造新函数后，共导函数中各“元素”的运算级别降低了，比原来容易处理。

生 2：我在考虑换一种方式处理其过程是否也比较便捷呢？

对于 $2t^2-4t+2\geqslant a[\ln t^2-\ln(2t-1)]$，我们可以判断出 $\ln t^2-\ln(2t-$

1)>0，则有 $a\leqslant\dfrac{2t^2-4t+2}{\ln t^2-\ln(2t-1)}$。

生 1：$\dfrac{2t^2-4t+2}{\ln t^2-\ln(2t-1)}$这个式子不是更复杂了吗？

生 2：是的，但我注意到若构造 $g(t)=2t^2-4t+2-[\ln t^2-\ln(2t-1)]$之后，有 $g'(t)=4t-4-\dfrac{2}{t}+\dfrac{2}{2t-1}=2(t-1)\left[2-\dfrac{1}{t(2t-1)}\right]>0$，即 $g(t)$在 $t>1$ 时单调递增，那么分子分母的差距随着 t 的增大而增大，且 $\lim\limits_{t\to 1}g(t)=2$，则$\dfrac{2t^2-4t+2}{\ln t^2-\ln(2t-1)}$的值随着 t 的增大而增大，故有 $a\leqslant 2$。

师：利用这种方法存在什么问题吗？

生 2：需要用到洛必达法则，这不是在高中阶段必学的内容。

生 3：我觉得 $\dfrac{2t^2-4t+2}{\ln t^2-\ln(2t-1)}$ 这个式子比较特殊，因为在 $\dfrac{2t^2-4t+2}{\ln t^2-\ln(2t-1)}=2\,\dfrac{t^2-(2t-1)}{\ln t^2-\ln(2t-1)}$中，可看成是函数 $y=\ln x(x>1)$图象上$(t^2,\ln t^2)$与$[2t-1,\ln(2t-1)]$两点连线斜率的倒数，那么这个几何特征对解题有什么帮助吗？

生 2：因为对于一个连续函数而言，其图象上任意两点连线的斜率等于图象上某一点处切线的斜率，这一个性质对解决此题是有帮助的。事实上，对于函数 $y=\ln x(x>1)$，$y'=\dfrac{1}{x}\in(0,1)$，那么$\dfrac{t^2-(2t-1)}{\ln t^2-\ln(2t-1)}>1$，且$\lim\limits_{t\to 1}\dfrac{t^2-(2t-1)}{\ln t^2-\ln(2t-1)}=1$，故 $a\leqslant 2$。不过这里用到了拉格朗日中值定理。

生 4：在我们得到 $a\leqslant\dfrac{2t^2-4t+2}{\ln t^2-\ln(2t-1)}$后，我想到了如下处理办法。

$$\frac{2t^2-4t+2}{\ln t^2-\ln(2t-1)}=\frac{2t^2-4t+2}{\ln\dfrac{t^2}{2t-1}}=\frac{2t^2-4t+2}{\ln\left[1+\dfrac{(t-1)^2}{2t-1}\right]},$$

因为 $\ln\left[1+\dfrac{(t-1)^2}{2t-1}\right]\leqslant\dfrac{(t-1)^2}{2t-1}$，则有 $\dfrac{2t^2-4t+2}{\ln\left[1+\dfrac{(t-1)^2}{2t-1}\right]}\geqslant\dfrac{2t^2-4t+2}{\dfrac{(t-1)^2}{2t-1}}=$

$2(2t-1)>2$，故 $a\leqslant 2$。

课后反思：其实我自己在课前对本题的思考是没有如此开阔的，因而本节课基本是由学生在“主导”，可以感受到学生巨大的学习潜力。本节课几位同学都有非常精彩的发言，对于同一个解析式，有同学进行严密的推理，有同学发现了它的几何特征，有同学着眼于代数结构，都出色地使问题得以解决。这说明观察的重要性，并且几位同学也为我们提供了观察的视角，这对解题是有启迪作用的。当然，老师课堂上思维受阻情况越少越好，最好是老师有意识地预设出这样的情景。

第五节　教学反思一定要系统进行吗

由于教师每天都有新的教学任务，平日里不可能进行太系统的教学反思，比较可行的方法是针对某一教学环节暴露出来的问题进行反思。以下为备课组在交流课堂上学生在处理一些例题时的思路。

例 1　在△ABC 中，$\angle A=\dfrac{\pi}{3}$，$a=2$，求△ABC 面积的最大值。

思路一：由$\dfrac{a}{\sin A}=\dfrac{b}{\sin B}=\dfrac{c}{\sin C}=\dfrac{2}{\sin\dfrac{\pi}{3}}=\dfrac{4\sqrt{3}}{3}$，得 $b=\dfrac{4\sqrt{3}}{3}\sin B$，$c=\dfrac{4\sqrt{3}}{3}\sin C$，则

$$\begin{aligned}S_{\triangle ABC}&=\frac{1}{2}bc\sin A=\frac{4\sqrt{3}}{3}\sin B\sin C=\frac{4\sqrt{3}}{3}\sin B\sin\left(\frac{2}{3}\pi-B\right)\\&=\frac{4\sqrt{3}}{3}\sin B\left(\frac{\sqrt{3}}{2}\cos B+\frac{1}{2}\sin B\right)=2\sin B\cos B+\frac{2\sqrt{3}}{3}\sin^2 B\\&=\sin 2B+\frac{\sqrt{3}}{3}(1-\cos 2B)=\frac{2\sqrt{3}}{3}\sin\left(2B-\frac{\pi}{6}\right)+\frac{\sqrt{3}}{3}\leqslant\sqrt{3}。\end{aligned}$$

当 $B=\dfrac{\pi}{3}$时，取等号。故△ABC 面积的最大值为$\sqrt{3}$。

思路二：由 $a^2=b^2+c^2-2bc\cos A=b^2+c^2-bc\geqslant 2bc-bc=bc$，

则 $S_{\triangle ABC}=\dfrac{1}{2}bc\sin A\leqslant\dfrac{1}{2}\times4\times\dfrac{\sqrt{3}}{2}=\sqrt{3}$，且当 $b=c$，即△ABC 为正三角形时取等号，故△ABC 面积的最大值为$\sqrt{3}$。

有老师感叹为什么学生没有想到相对简洁的思路二，而想到的是对运算要求较高的思路一。其实，在数学中，思维量与运算量一直都是呈负相关的关系。我们需要在学生做完题后“复盘”时，厘清每一个步骤

的合理性，帮助学生优化思维过程。

在理清思路的过程中，我们会发现，两种思路归根结底就是要求出 bc 的最大值，而在我们已有的认知经验中，余弦定理与 bc 联系得更加密切，需要有由等量 $4=b^2+c^2-bc$ 得到关于 bc 的不等量关系的意识。相比较而言，能按思路一求出结果的学生对于公式恒等变换的能力比较强，说明其对公式比较熟悉，唯一欠缺的是审题能力与对公式的感悟能力。

在由 $4=b^2+c^2-bc$ 得到关于 bc 的不等量关系过程中，用到了均值不等式 $b^2+c^2\geqslant 2bc$，而均值不等式在由等量关系转换为不等量关系或建立变量与常量的不等关系时经常会派上用场。

例 2 对于 $c>0$，当非零实数 a，b 满足 $4a^2-2ab+4b^2-c=0$，且使 $|2a+b|$ 最大时，$\frac{3}{a}-\frac{4}{b}+\frac{5}{c}$ 的最小值为________。

分析：由 $4a^2-2ab+4b^2-c=(2a+b)^2+3b^2-6ab-c=0$，可得 $(2a+b)^2=-3b^2+6ab+c=3b(2a-b)+c=\frac{3}{2}\cdot 2b(2a-b)+c$。

由均值不等式得

$(2a+b)^2=\frac{3}{2}\cdot 2b(2a-b)+c\leqslant\frac{3}{2}\cdot\left[\frac{2b+(2a-b)}{2}\right]^2+c=\frac{3}{8}(2a+b)^2+c$，

整理之后得 $\frac{5}{8}(2a+b)^2\leqslant c$，当且仅当 $2b=2a-b$ 时，取得等号，此时 $|2a+b|$ 最大，且 $a=\frac{3}{2}b$，$c=10b^2$，故 $\frac{3}{a}-\frac{4}{b}+\frac{5}{c}$ 可用一个变量表示出来，问题化归为我们最熟悉的一元函数最值问题。

在上面利用均值不等式的过程中，可用类似方法分析以下例题。

例 3 设 $a>b>c>0$，则 $2a^2+\frac{1}{ab}+\frac{1}{a(a-b)}-10ac+25c^2$ 的最小值是（　　）。

A. 2　　B. 4　　C. $2\sqrt{5}$　　D. 5

分析：$2a^2+\frac{1}{ab}+\frac{1}{a(a-b)}-10ac+25c^2=a^2+\frac{1}{ab}+\frac{1}{a(a-b)}+(a-$

第三章 课堂教学中的反思

$5c)^2$，

$$a^2+\frac{1}{ab}+\frac{1}{a(a-b)}+(a-5c)^2\geqslant a^2+\frac{1}{ab}+\frac{1}{a(a-b)}=a^2+\frac{1}{b(a-b)},$$

$$a^2+\frac{1}{b(a-b)}\geqslant a^2+\frac{1}{\left[\frac{b+(a-b)}{2}\right]^2}=a^2+\frac{4}{a^2}\geqslant 4。$$

在利用均值不等式过程中学生遇到的问题：

生：如何把一个表达式恰到好处地拆成可以利用均值不等式的形式？

应对办法：针对一些复杂的问题拆成一些小问题，需进行适当铺垫，如对上述问题让学生体验如下过程。

(1) 设 $a\geqslant b>0$，$a^2+\frac{1}{b(2a-b)}$的最小值可通过

$$a^2+\frac{1}{b(2a-b)}\geqslant a^2+\frac{1}{\left[\frac{b+(2a-b)}{2}\right]^2}=a^2+\frac{1}{a^2}\geqslant 2$$ 得到。

(2) 设 $a\geqslant b>0$，$a+\frac{1}{b(2a-b)}$的最小值可通过

$$a+\frac{1}{b(2a-b)}=\frac{2a-b}{2}+\frac{b}{2}+\frac{1}{b(2a-b)}\geqslant 3\sqrt[3]{\frac{2a-b}{2}\cdot\frac{b}{2}\cdot\frac{1}{b(2a-b)}}$$

$=3\sqrt[3]{\frac{1}{4}}$得到。

(3) 设 $a>2b>0$，$(a-b)^2+\frac{1}{b(a-2b)}$的最小值可通过

$$b(a-2b)\leqslant\left[\frac{b+(a-2b)}{2}\right]^2=\frac{(a-b)^2}{4}$$ 得到。

(4) 若 $0<x<1$，a，b 为常数，则$\frac{a^2}{x}+\frac{b^2}{1-x}$的最小值可通过

$$\frac{a^2}{x}+\frac{b^2}{1-x}=\left(\frac{a^2}{x}+\frac{b^2}{1-x}\right)(x+1-x)=a^2+b^2+a^2\ \frac{1-x}{x}+b^2\ \frac{x}{1-x}$$ 得到。

(5) 函数 $y=\log_a(x+3)-1(a>0$ 且 $a\neq1)$ 的图象恒过定点 A，若点 A 在直线 $mx+ny+1=0$ 上，其中 $mn>0$，则$\frac{1}{m}+\frac{2}{n}$的最小值为__________。

分析：点 A 为 $(-2,\ -1)$，则有 $2m+n=1$，又因 $mn>0$，故 m，n 均为正数。则 $\frac{1}{m}+\frac{2}{n}=\left(\frac{1}{m}+\frac{2}{n}\right)(2m+n)=4+\frac{n}{m}+4\frac{m}{n}$。

(6) x，y 为实数，若 $4x^2+y^2+xy=1$，则 $2x+y$ 的最大值为__________。

分析：由 $4x^2+y^2+xy=1$ 可知，$(2x+y)^2=1+3xy=1+\frac{3}{2}\cdot 2xy\leqslant 1+\frac{3}{2}\left(\frac{2x+y}{2}\right)^2$，即有 $\frac{5}{8}(2x+y)^2\leqslant 1$。

(7) 若 a 是 $1+2b$ 与 $1-2b$ 的等比中项，则 $\frac{2ab}{|a|+2|b|}$ 的最大值为__________。

分析：因为 $a^2=(1+2b)(1-2b)$，则有 $a^2+4b^2=1$。

生：我在解决这个问题时，心里会产生焦虑感，即 $\frac{2ab}{|a|+2|b|}$ 中分子不含绝对值符号，而分母含有绝对值符号，如何应对？

对策：学生在审题过程中对最大值不敏感，其实可以在正数范围内考虑问题。

生：我不确定 $\sqrt{\frac{a^2+4b^2}{2}}\geqslant\frac{|a|+2|b|}{2}\geqslant\sqrt{2|a||b|}$ 这个关系式能否派上用场？

对策：学生解决问题时，进行一些尝试后容易出现半途而废的情况。学生在解决本题时，并未理清思路，其实由 $\left|\frac{2ab}{|a|+2|b|}\right|\leqslant\left|\frac{2ab}{2\sqrt{2|a||b|}}\right|=\frac{\sqrt{2|a||b|}}{2}$ 和 $a^2+4b^2=1\geqslant 2|a||b|$，以及不等式的传递性是可以求解出来的。

相信每位老师在日常教学中，都会不断遇到让自己欣喜、疑惑的时刻，这种心动的感觉是转瞬即逝的，值得我们及时进行微反思，然后在适当的时候再自圆其说地将这一粒粒“珍珠”串起来，从而不断地培养我们自身的关联能力。

第四章　函数教学中的反思

我们都知道，函数是数学中的重要内容。函数是两个非空数集之间的映射，这样的特殊对应关系的表示，以图象法、列表法、解析法三种形式呈现，常常同时蕴含着代数特征与几何特征。由于函数表达形式的多样性、代数运算的复杂性、大多函数图象难以精确呈现、对学生思辨性要求高等原因，使得函数综合问题在教与学中较难把握规律，通常给人每题都是新的感觉。

因而，我们不仅要帮助学生了解函数的基本性质，帮助学生在审题过程中实现从复杂到简单，从抽象到具体，也是函数教学需完成的重要任务，在此基础上，师生还可以一起去思考生成性的问题，即根据我们所掌握的基本性质可以生成怎样复杂的问题？

第一节　分析法的威力有多大

在教学过程中，当感到没有头绪或者获得的解法不够自然时，我往往会考虑用分析法去重新寻找思路。运用分析法寻找解题路径为什么是一种比较自然的思路？分析法从需要推证的结论出发，执果索因，逐步寻求使结论成立的充分条件，直至将问题归结为判定一个明显成立的充分条件，如已知条件、公理、定理、性质等。事物都有自己的原因和结果。从结果来找原因，或从原因推导结果，就是找出问题产生、发展的来龙去脉和规律，即更透彻地解决学生心中的困惑。

分析法的路径就是不断地寻求充分条件的过程，这样的思路在我们求解非证明问题时常用到。

一、思路不自然时考虑分析法

例 1　设一元二次函数 $f(x)=ax^2+bx+c$ $(a>0)$，方程 $f(x)-x=0$ 的两根 x_1，x_2 满足 $0<x_1<x_2<\frac{1}{a}$。

(1) 当 $x\in(0,x_1)$ 时，证明：$x<f(x)<x_1$；

(2) 设 $f(x)$ 的图象关于直线 $x=x_0$ 对称，证明：$x_0<\frac{x_1}{2}$。

分析：本题对学生来说，不易找到入手的角度，而通常他们能够搜索到的参考解法，思路未必自然，此时，我更习惯和他们一起用分析法去寻找解法。

(1) 在利用分析法的过程中，通过式子的结构去寻求方法，让思维顺畅起来。由方程 $f(x)-x=0$ 的两根 x_1，x_2 满足 $x_1<x_2$，可得 $g(x)=f(x)-x$ 在 $(-\infty, x_1]$ 单调递减。

当 $x\in(0, x_1)$ 时，就有 $g(x)>g(x_1)=0$，故有 $f(x)>x$。

$f(x)<x_1 \Leftrightarrow f(x)<f(x_1) \Leftrightarrow a(x+x_1)(x-x_1)+b(x-x_1)<0 \Leftrightarrow (x-x_1)[a(x+x_1)+b]<0$。

因为 $x-x_1<0$，所以 $a(x+x_1)+b>0$。

$a(x+x_1)+b>0 \Leftrightarrow a(x+x_1)>-b \Leftrightarrow \frac{1}{a}+x+x_1>\frac{1-b}{a}=x_1+x_2 \Leftrightarrow \frac{1}{a}+x>x_2$。

因为 $x\in(0, x_1)$，故 $\frac{1}{a}+x>x_2$ 成立。

(2) $x_0<\frac{x_1}{2} \Leftrightarrow -\frac{b}{2a}<\frac{x_1}{2} \Leftrightarrow -\frac{b}{2a}<\frac{ax_1^2+bx_1+c}{2}$。

因为方程 $f(x)-x=0$ 的两根为 x_1，x_2，故 $\frac{x_1+x_2}{2}=-\frac{b-1}{2a}=-\frac{b}{2a}+\frac{1}{2a}$。

则有 $x_0<\frac{x_1}{2} \Leftrightarrow \frac{x_1+x_2}{2}-\frac{1}{2a}<\frac{ax_1^2+bx_1+c}{2} \Leftrightarrow x_1+x_2-\frac{1}{a}<ax_1^2+bx_1+c$。

因为 $x_1=ax_1^2+bx_1+c$，所以 $x_0<\frac{x_1}{2} \Leftrightarrow x_2-\frac{1}{a}<0$。而由 $0<x_1<x_2<\frac{1}{a}$ 可知，$x_2-\frac{1}{a}<0$ 成立。

[**反思**] 解题时的心路历程与处理办法：在寻求本题的解题思路时，会让人产生焦虑感，似乎本题的几何特征比较明显，但这种感觉是合理且正确的吗？若从此处切入，如何严谨地求解？若是从代数角度入手，又如何翻译题目的条件？一连串的问题涌上心头，焦虑感油然而生。

证明：(1) **法一**：令 $g(x)=f(x)-x$，因方程 $f(x)-x=0$ 的两根分别为 x_1，x_2，所以 $g(x)=f(x)-x$ 在 $\left(-\infty, \frac{x_1+x_2}{2}\right]$ 上为减函数，则由 $0<x<x_1<\frac{x_1+x_2}{2}$，可得 $g(x)>g(x_1)=0$，即得 $f(x)>x$。

法二：令 $f(x)-x=a(x-x_1)(x-x_2)$，

当 $0<x<x_1$ 时，由 $x-x_1<0$，$x-x_2<0$，$f(x)-x=a(x-x_1)(x-x_2)>0$，即得 $f(x)>x$。

$f(x)<x_1$

$\Leftrightarrow f(x)<f(x_1)$

$\Leftrightarrow ax^2+bx+c<ax_1^2+bx_1+c$

$\Leftrightarrow a(x^2-x_1^2)+b(x-x_1)<0$

$\Leftrightarrow (x-x_1)[a(x+x_1)+b]<0$

$\Leftrightarrow a(x+x_1)+b>0$。

因为$\frac{x_1+x_2}{2}=\frac{1-b}{2a}\Rightarrow b=1-a(x_1+x_2)$，

$a(x+x_1)+b>0$

$\Leftrightarrow a(x+x_1)+1-a(x_1+x_2)>0$

$\Leftrightarrow a(x-x_2)+1>0$

$\Leftrightarrow 1-ax_2>0$

$\Leftrightarrow 1>ax_2$

$\Leftrightarrow x_2<\frac{1}{a}$。

(2) **法一**：由 $x_0<\frac{x_1}{2}\Leftrightarrow -\frac{b}{2a}<\frac{x_1}{2}\Leftrightarrow -\frac{b}{a}<x_1$ 和$\frac{x_1+x_2}{2}=-\frac{b-1}{2a}$，得$b=1-a(x_1+x_2)$，故只需证$\frac{a(x_1+x_2)-1}{a}<x_1$，也就只需证 $ax_2<1$，下略。

法二：（反证法）若 $x_0\geqslant\frac{x_1}{2}$，那么在$\left(0,\ \frac{x_0}{2}\right)$必能找到一个 x 使 $f(x)>f(x_1)$，即有 $f(x)>x_1$，与 (1) 矛盾。

法三：由图象可知，$g(x)=f(x)-x=ax^2+(b-1)x+c$ 的对称轴与 $x=\frac{1}{a}$ 的距离大于 $x=x_1$ 与对称轴的距离，故有$\frac{1}{a}-\left(-\frac{b-1}{2a}\right)>-\frac{b-1}{2a}-x_1$，即得 $x_0<\frac{x_1}{2}$。

二、条件“不够”时考虑分析法

例 2 已知 a，b，c 是实数，$f(x)=ax^2+bx+c$，$g(x)=ax+b$。当 $-1\leqslant x\leqslant 1$ 时，$|f(x)|\leqslant 1$。

（1）证明：$|c|\leqslant 1$；

（2）证明：当 $-1\leqslant x\leqslant 1$ 时，$|g(x)|\leqslant 2$；

（3）设 $a>0$，当 $-1\leqslant x\leqslant 1$ 时，$g(x)$ 最大值为 2，求 $f(x)$。

分析：由 $c=f(0)$，可得要证 $|c|\leqslant 1$ 只需证 $|f(0)|\leqslant 1$，而由题意这显然成立。

由于 $g(x)=ax+b$ 是单调函数或常数函数，故要证明 $|g(x)|\leqslant 2$，只需证明 $|g(-1)|\leqslant 2$ 和 $|g(1)|\leqslant 2$ 同时成立即可，即只需证 $-2\leqslant -a+b\leqslant 2$ 和 $-2\leqslant a+b\leqslant 2$ 同时成立。

因为 $|f(1)|\leqslant 1$，$|f(-1)|\leqslant 1$，$|f(0)|\leqslant 1$，即有 $|g(1)|=|f(1)-f(0)|\leqslant|f(1)|+|f(0)|\leqslant 2$，和 $|g(-1)|=|f(-1)-f(0)|\leqslant|f(-1)|+|f(0)|\leqslant 2$ 成立。

由题意可得 $g(1)=a+b=2$，由第（2）问的解决过程可知，要 $g(1)=a+b=2$，即需要 $f(1)=a+b+c=1$ 和 $-c=1$ 同时成立。

因为当 $-1\leqslant x\leqslant 1$ 时，$|f(x)|\leqslant 1$，所以 $f(0)=c=-1$ 等价于一元二次函数 $f(x)$ 在 $x=0$ 处取得最小值，于是我们发现函数 $f(x)$ 的对称轴为 $x=0$，故 $b=0$。

三、加强型分析法：寻找等价条件

例 3 已知 $a>0$，函数 $f(x)=ax-bx^2$。

（1）当 $b>0$ 时，若对任意 $x\in\mathbf{R}$，都有 $f(x)\leqslant 1$，求证：$a\leqslant 2\sqrt{b}$；

（2）当 $b>1$ 时，证明对任意 $x\in[0,1]$，$|f(x)|\leqslant 1$ 的充要条件是 $b-1\leqslant a\leqslant 2\sqrt{b}$；

（3）当 $0<b\leqslant 1$ 时，讨论对任意 $x\in[0,1]$，$|f(x)|\leqslant 1$ 的充要条件。

分析：分析法中一个重要的环节是寻找使结论成立的充分条件，但在很多时候，我们寻找到的充分条件也恰好是使结论成立的必要条件。

（1）当 $b>0$ 时，若对任意 $x\in\mathbf{R}$，都有 $f(x)\leqslant 1$，则有 $[f(x)]_{\max}=f\left(\frac{a}{2b}\right)=\frac{a^2}{4b}\leqslant 1$，故 $a\leqslant 2\sqrt{b}$ 成立。

（2）对任意 $x\in[0,1]$，$|f(x)|\leqslant 1\Leftrightarrow\begin{cases}0<\frac{a}{2b}<1,\\-1\leqslant\frac{a^2}{4b}\leqslant 1,\\-1\leqslant a-b\leqslant 1\end{cases}$ 或 $\begin{cases}\frac{a}{2b}\geqslant 1,\\-1\leqslant a-b\leqslant 1\end{cases}$

$\Leftrightarrow\begin{cases}0<a<2b,\\0<a\leqslant 2\sqrt{b},\\b-1\leqslant a\leqslant b+1\end{cases}$ 或 $\begin{cases}a\geqslant 2b,\\b-1\leqslant a\leqslant b+1\end{cases}$

$\Leftrightarrow b-1\leqslant a\leqslant 2\sqrt{b}$ 或 $a\in\varnothing$（舍去，因 $a>0$）。

（3）类似地，当 $0<b\leqslant 1$ 时，对任意 $x\in[0,1]$，

$|f(x)|\leqslant 1\Leftrightarrow\begin{cases}0<a<2b,\\0<a\leqslant 2\sqrt{b},\\b-1\leqslant a\leqslant b+1\end{cases}$ 或 $\begin{cases}a\geqslant 2b,\\b-1\leqslant a\leqslant b+1\end{cases}$

$\Leftrightarrow 0<a<2b$ 或 $2b\leqslant a\leqslant b+1$

$\Leftrightarrow 0<a\leqslant b+1$。

第二节 如何将抽象问题具体化

2012 年 4 月 16 日晚上，高同学拿来一道题目与我讨论。

例 1 若定义在 **R** 上的函数 $f(x)$ 满足：对任意 x_1，$x_2\in\mathbf{R}$，都有 $f(x_1+x_2)=f(x_1)+f(x_2)+1$，则下列说法一定正确的是（　　）。

A. $f(x)$ 为奇函数　　B. $f(x)$ 为偶函数

C. $f(x)+1$ 为奇函数　　D. $f(x)+1$ 为偶函数

高同学：我觉得参考答案中所给的方法技巧性太强，显得不够自然，可能不会有很多人能够想到用这种方法处理。

由 $f(x_1+x_2)=f(x_1)+f(x_2)+1$ 可得 $f(0)=-1$，

又因为 $f(0)=f(x-x)=f(x)+f(-x)+1=-1$，

那么有 $f(-x)+1=-[f(x)+1]$，

故可得 $f(x)+1$ 为奇函数。

师：这种方法不是技巧性太强，而是逻辑性不强，让人看不清楚为什么会想到用这种方法。此解法的核心是赋值，在两次赋值过程中发现了所研究函数的奇偶特性。

高同学：我觉得这种方法太凑巧了，能将其改良为更自然的方法吗？

师：你认为这道题中哪个信息不太好处理？

高同学：是 $f(x_1+x_2)=f(x_1)+f(x_2)+1$ 这个条件，等号右边的式子中有个“1”。

师：你的想法是有道理的，若函数 $f(x)$ 满足对任意 x_1，$x_2\in\mathbf{R}$，都有 $f(x_1+x_2)=f(x_1)+f(x_2)$，则 $f(x)$ 为奇函数。而 $f(x_1+x_2)=f(x_1)+f(x_2)+1$ 与前者相比却多了一个“1”，这说明 $f(x)$ 本身不太可能是奇函数，但它与奇函数存在什么联系吗？

我们注意到：由 $f(x_1+x_2)=f(x_1)+f(x_2)+1$ 可得对任意 x_1，

$x_2 \in \mathbf{R}$，都有 $f(x_1+x_2)+1=f(x_1)+1+f(x_2)+1$，则由 $f(x)$ 构造的新函数 $F(x)=f(x)+1$ 满足 $F(x_1+x_2)=F(x_1)+F(x_2)$，故 $F(x)=f(x)+1$ 为奇函数。

师：若它是选择题，你有什么便捷的方法吗？

高同学：我会首先想到排除法，即寻找到一个符合条件的函数来排除不符合要求的选项。

师：你利用什么函数来进行排除？

高同学：我会首先考虑一次函数。

令 $f(x)=kx+m$，由 $f(x_1+x_2)=f(x_1)+f(x_2)+1$ 可得，$m=-1$，则有 $f(x)=kx-1$，此时即可排除 A，B，D。

高同学离开后，我回忆起多年前与一学生交流的情景。

生：面对综合问题时产生焦虑感的原因是无从下手，对问题中的信息没有头绪。如下例题。

例 2 已知曲线 $f(x)=ax+b\ln(x-1)-a-1$ 在点 $(2, f(2))$ 处的切线为 $y=0$。

（1）求 a，b；

（2）设函数 $g(x)=mf(x+1)+\dfrac{x^2}{2}-mx$，其中 $1<m<3$，求证：当 $x\in[1, \mathrm{e}]$ 时，$-\dfrac{3}{2}(1+\ln 3)<g(x)<\dfrac{\mathrm{e}^2}{2}-2$。

生：我看过此题的参考答案。

（1）$a=1$，$b=-1$；

（2）$f(x)=x-\ln(x-1)-2$，$g(x)=\dfrac{x^2}{2}-m\ln x-m$。

由 $g'(x)=\dfrac{x^2-m}{x}=0$，得 $x_1=-\sqrt{m}$，$x_2=\sqrt{m}$。

又因 $1<m<3$，即 $1<\sqrt{m}<\sqrt{3}<\mathrm{e}$。

则 $1\leqslant x\leqslant\sqrt{m}$ 时，$g'(x)\leqslant 0$；$\sqrt{m}\leqslant x\leqslant \mathrm{e}$ 时，$g'(x)\geqslant 0$。

故 $g(x)$ 在 $[1, \sqrt{m}]$ 单调递减，在 $[\sqrt{m}, \mathrm{e}]$ 单调递增。

由 $g(1)=-m+\frac{1}{2}<0<\frac{e^2}{2}-2$ 和 $g(e)=-2m+\frac{e^2}{2}<\frac{e^2}{2}-2$，得 $g(x)<\frac{e^2}{2}-2$。

又因 $[g(x)]_{\min}=g(\sqrt{m})=-\frac{m}{2}-m\ln\sqrt{m}=-\frac{m}{2}(1+\ln m)>-\frac{3}{2}(1+\ln 3)$。

师：此处难点在哪儿?

生：函数 $g(x)$ 中既有 x，又有 m。

师：若把 $y=\frac{x^2}{2}-m\ln x-m$ 看成关于 x 的函数，那么此函数的类型比较复杂，不易处理，但若将 $y=\frac{x^2}{2}-m\ln x-m$ 看成关于 m 的函数，即看成关于 m 的一次函数 $h(m)$，似乎就容易处理了。

事实上，可把问题转化为证明 $\begin{cases}-\frac{3}{2}(1+\ln 3)\leqslant h(1)\leqslant\frac{e^2}{2}-2,\\ -\frac{3}{2}(1+\ln 3)\leqslant h(3)\leqslant\frac{e^2}{2}-2。\end{cases}$

又因为 $h(3)<h(1)$，

所以只需证明 $\begin{cases}\frac{x^2}{2}-\ln x-1\leqslant\frac{e^2}{2}-2,\\ -\frac{3}{2}(1+\ln 3)\leqslant\frac{x^2}{2}-3\ln x-3。\end{cases}$

于是让问题的解决更加明晰。

至此，我们会发现数学问题让学生感到困难的一个主要原因是题目提供的信息太抽象，导致自己无法有效地分析问题，要将抽象转为具体，一个有效途径是让学生尽可能清晰地表述出自己所遇到的困惑，当困惑清晰地呈现出来时，解决它的方法往往也就随之而来了。

第三节　如何处理复合函数

我们知道，一个复杂的函数通常可以看成是由基本初等函数复合而成。若 $y=f(u)$ 和 $u=g(x)$，则 y 关于 x 的函数 $y=f(g(x))$ 即为 $f(u)$ 与 $g(x)$ 的复合函数。复合函数的定义本身就是等量代换的换元过程。通过换元来处理复合函数问题，一般会达到分解难度的效果。

例 1　已知函数 $f(x)=x+\frac{1}{x}-2$。

(1) 若不等式 $f(\ln x)-k\ln x\geqslant 0$ 在 $x\in[\mathrm{e}, \mathrm{e}^2]$ 上恒成立，求实数 k 的取值范围；

(2) 若关于 x 的方程 $f(|2^x-1|)+k\frac{2}{|2^x-1|}-3k=0$ 有三个不同的实数解，求实数 k 的取值范围。

解：(1) 要使 $f(\ln x)-k\ln x\geqslant 0$，即 $\ln x+\frac{1}{\ln x}-2-k\ln x\geqslant 0$ 在 $x\in[\mathrm{e}, \mathrm{e}^2]$ 上恒成立。

令 $t=\ln x$，则需 $t+\frac{1}{t}-2-kt\geqslant 0$ 在 $t\in[1, 2]$ 上恒成立。

由 $t+\frac{1}{t}-2-kt\geqslant 0\Leftrightarrow k\leqslant\frac{1}{t^2}-2\frac{1}{t}+1=\left(\frac{1}{t}-1\right)^2$，得 $k\leqslant\left(\frac{1}{t}-1\right)^2_{\min}=0$。

(2) 由

$$f(|2^x-1|)+k\frac{2}{|2^x-1|}-3k=0$$

$$\Leftrightarrow|2^x-1|+\frac{1}{|2^x-1|}-2+k\frac{2}{|2^x-1|}-3k=0$$

$$\Leftrightarrow|2^x-1|^2-(3k+2)|2^x-1|+2k+1=0,$$

又因 $f(|2^x-1|)+k\dfrac{2}{|2^x-1|}-3k=0$ 有三个不同的实数解，

得 $|2^x-1|^2-(3k+2)|2^x-1|+2k+1=0$ 有三个不同的实数解。

令 $t=|2^x-1|$，则关于 t 的方程 $h(t)=t^2-(3k+2)t+2k+1=0$ 在 $(0,+\infty)$ 必有两个不等实数解 t_1，t_2，且其中关于 x 的方程 $t_1=|2^x-1|$ 有两个不同解，关于 x 的方程 $t_2=|2^x-1|$ 有一个解，则 $t_1\in(0,1)$，$t_2\in[1,+\infty)$，故有 $\begin{cases}h(0)>0,\\h(1)<0\end{cases}$ 或 $\begin{cases}h(0)>0,\\h(1)=0,\\0<\dfrac{3k+2}{2}<1。\end{cases}$

又因为 $\begin{cases}h(0)>0,\\h(1)<0\end{cases}\Leftrightarrow\begin{cases}2k+1>0,\\1-(3k+2)+2k+1<0\end{cases}\Leftrightarrow k>0$，

以及 $\begin{cases}h(0)>0,\\h(1)=0,\\0<\dfrac{3k+2}{2}<1\end{cases}\Leftrightarrow\begin{cases}k>-\dfrac{1}{2},\\k=0,\\-\dfrac{2}{3}<k<0\end{cases}\Leftrightarrow k\in\varnothing$。

故 $k>0$。

［**反思**］①关于解法的反思：

由 $f(|2^x-1|)+k\dfrac{2}{|2^x-1|}-3k=0\Leftrightarrow 3k=\dfrac{|2^x-1|^2-2|2^x-1|+1}{|2^x-1|-\dfrac{2}{3}}$，

得 $y=3k$ 与 $y=\dfrac{|2^x-1|^2-2|2^x-1|+1}{|2^x-1|-\dfrac{2}{3}}$ 有三个交点。

你能作出 $y=\dfrac{|2^x-1|^2-2|2^x-1|+1}{|2^x-1|-\dfrac{2}{3}}$ 的简图吗?

此思路的关键是探究该函数的单调性，而此函数的单调性容易讨论清楚吗?

有学生会想到换元法。

令 $t=|2^x-1|-\frac{2}{3}$，则 $y=\frac{\left(t+\frac{2}{3}\right)^2-2\left(t+\frac{2}{3}\right)+1}{t}=t+\frac{\frac{1}{9}}{t}-\frac{2}{3}$。

要 $y=3k$ 与 $y=\frac{|2^x-1|^2-2|2^x-1|+1}{|2^x-1|-\frac{2}{3}}$ 有三个交点，即需要 $y=3k$ 与 $y=t+\frac{\frac{1}{9}}{t}-\frac{2}{3}$ 有两个交点 $(t_1, 3k)$，$(t_2, 3k)$，且其中 $t_1=|2^x-1|-\frac{2}{3}$ 有两个解，$t_2=|2^x-1|-\frac{2}{3}$ 有一个解，则有 $0<t_1+\frac{2}{3}<1$，$t_2+\frac{2}{3}\geqslant 1$，即有 $-\frac{2}{3}<t_1<\frac{1}{3}$，$t_2\geqslant\frac{1}{3}$。而 $y=t+\frac{\frac{1}{9}}{t}-\frac{2}{3}$ 在 $\left(-\infty, -\frac{1}{3}\right]$，$\left[\frac{1}{3}, +\infty\right)$ 单调递增，在 $\left[-\frac{1}{3}, 0\right)$，$\left(0, \frac{1}{3}\right]$ 单调递减，则 $3k>0$，即 $k>0$。

②关于题设的反思：若关于 x 的方程 $f(|2^x-1|)+k\frac{2}{|2^x-1|}-3k=0$ 有四个不同的实数解，则实数 k 的取值范围是什么？

第四节　由函数单调性可以生成什么问题

函数的单调性是刻画函数代数与几何特征非常重要的性质，而由函数单调性生成的问题又有哪些类型呢？这样的问题是值得学生进行探究与梳理的。

一、判断函数的单调性

这类问题呈现的方式是给出函数解析式，判定其单调性，判定的工具是函数的单调性定义或者求导。哪些判断函数单调性的问题会让学生感到困难呢？当面对复杂的函数解析式时，一般来说有以下几类情况：①函数为若干类基本初等函数构成的复合函数；②若干类基本初等函数通过四则运算构成的新函数；③函数含有参数等。

二、函数的单调性的应用

（1）比较大小。

由函数单调性的定义可知，函数的单调性最直接的应用是比较大小。

（2）综合函数单调性与函数其他性质的问题。

函数的性质除单调性之外，还有奇偶性、周期性等性质，无论是单调性，还是奇偶性和周期性，它们既有严格的代数定义，也都具有非常直观的几何特征，因而这类问题通常是运用数形结合方法来寻找解题思路。

（3）根据函数单调性探究函数解析式中参数的取值情况。

（4）处理与最值和极值有关的问题。

三、函数单调性所生成问题及求解分析

1. 在题设中直截了当地给出函数单调性

例 1 已知函数 $f(x)=ax^2-(a+2)x+\ln x$。若对任意 x_1，$x_2\in(0, +\infty)$，$x_1<x_2$，且 $f(x_1)+2x_1<f(x_2)+2x_2$ 恒成立，求实数 a 的取值范围。

分析：题设中“若对任意 x_1，$x_2\in(0, +\infty)$，$x_1<x_2$，且 $f(x_1)+2x_1<f(x_2)+2x_2$ 恒成立”的单调性特征非常明显，可以直接得到 $g(x)=f(x)+2x$ 在 $(0, +\infty)$ 上单调递增。

则 $g'(x)=2ax-(a+2)+\dfrac{1}{x}+2=2ax+\dfrac{1}{x}-a\geqslant 0$ 在 $x\in(0, +\infty)$ 上恒成立。

即 $\dfrac{2ax^2-ax+1}{x}\geqslant 0$ 在 $x\in(0, +\infty)$ 上恒成立，

$2ax^2-ax+1\geqslant 0$ 在 $x\in(0, +\infty)$ 上恒成立，

则有 $a=0$ 或 $\begin{cases}a>0,\\ a^2-8a\leqslant 0,\end{cases}$ 解得 $0\leqslant a\leqslant 8$。

例 2 已知 $f(x)=(x^2-a+1)e^x$，$g(x)=(x^2-2)e^{x+2}$。

(1) 曲线 $y=f(x)$ 在 $(1, f(1))$ 处切线为 l：$y=2ex+b$，求 a，b 的值；

(2) 函数 $f(x)$ 在 $[-3, 1]$ 上是单调函数，求实数 a 的取值范围。

分析：(1) 因为 $f'(x)=(x^2+2x-a+1)e^x$，$k=f'(1)=(4-a)e=2e$，解得 $a=2$，则 $f(x)=(x^2-1)e^x$，由 $f(1)=0$，解得 $b=-2e$。

(2) 由题意得，$x\in[-3, 1]$ 时，$f'(x)\geqslant 0$，或 $x\in[-3, 1]$ 时，$f'(x)\leqslant 0$。

即 $x\in[-3, 1]$ 时，$x^2+2x-a+1\geqslant 0$，或 $x\in[-3, 1]$ 时，$x^2+2x-a+1\leqslant 0$。

故有 $a\leqslant(x^2+2x+1)_{\min}=0$ 或 $a\geqslant(x^2+2x+1)_{\max}=4$。

2. 在题设中隐藏函数单调性

如在前面例 2 中，增加如下的问题：

(3) 若 $f(x)$ 有两个不同极值点 m，$n(m<n)$，且 $|m+n|\geqslant|mn|-1$，$F(x)=e^2f(x)+g(x)$，求 $F(m)$ 的最大值。

分析：在处理复杂函数时，由于我们对其图象很陌生，要借助函数单调性的几何特征来处理极值与最值问题，则往往需要先利用导数来判断函数的单调性。

由 $f'(x)=(x^2+2x-a+1)e^x=0$，即 $x^2+2x-a+1=0$ 的两根为 m，n，故 $m+n=-2$，$n=-m-2$，则 $mn=-m^2-2m=1-a$，即 $a=(m+1)^2$。

则由 $|m+n|\geqslant|mn|-1$，得 $2\geqslant|1-a|-1$，解得 $-2\leqslant a\leqslant 4$。

因为 $F(x)=e^2f(x)+g(x)=(2x^2-a-1)e^{x+2}$，

所以 $F(m)=(m^2-2m-2)e^{m+2}$，$F'(m)=(m^2-4)e^{m+2}$。

由 $a=(m+1)^2$ 和 $-2\leqslant a\leqslant 4$，得 $-3\leqslant m\leqslant 1$。

则当 $-3\leqslant m\leqslant -2$ 时，$F(m)$ 单调递增，当 $-2\leqslant m\leqslant 1$ 时，$F(m)$ 单调递减。

那么有 $F(m)_{\max}=F(-2)=6$。

需要留意的是，有时连最值与极值这样的信息也是隐藏在题目中的，以恒成立的形式呈现出来。

例 3 已知函数 $f(x)=e^x+b$，且 $f(0)f'(1)=-2e$。

(1) 若存在 $x\in(0,+\infty)$，使得不等式 $f(x)<\sqrt{2x}+\dfrac{m}{\sqrt{x}}-3$ 成立，求实数 m 的取值范围。

(2) 设 $g(x)=f(x)+3$，如果满足 $g(x)\geqslant t(x)$ 恒成立，则 $t(x)$ 称为 $g(x)$ 的下界函数。试证明：对任意的 $m\leqslant 2$，函数 $h(x)=m+\ln x$ 都是 $g(x)$ 的下界函数。

分析：(1) 由 $f'(x)=e^x$，$f(0)f'(1)=(1+b)e=-2e$，解得 $b=-3$，故 $f(x)=e^x-3$。

由 $f(x)=e^x-3<\sqrt{2x}+\dfrac{m}{\sqrt{x}}-3$，得 $m>e^x\sqrt{x}-\sqrt{2}x$。

令 $u(x)=\mathrm{e}^x\sqrt{x}-\sqrt{2}x$，

则 $u'(x)=\dfrac{\mathrm{e}^x}{2\sqrt{x}}+\mathrm{e}^x\sqrt{x}-\sqrt{2}=\mathrm{e}^x\left(\dfrac{1}{2\sqrt{x}}+\sqrt{x}\right)-\sqrt{2}$。

当 $x\in(0,+\infty)$ 时，$\mathrm{e}^x>1$，$\dfrac{1}{2\sqrt{x}}+\sqrt{x}\geqslant\sqrt{2}$，

所以 $u'(x)>0$，即 $u(x)$ 在 $x\in(0,+\infty)$ 时单调递增，$u(x)>u(0)=0$，则 $m>0$。

(2) 要证函数 $h(x)$ 都是 $g(x)$ 的下界函数，即需证明 $\mathrm{e}^x\geqslant\ln x+m$ 恒成立，当我们尝试直接处理由 e^x 与 $\ln x$ 构成的函数时，发现运算受阻，由于函数 $G(x)=\mathrm{e}x$ 是 $g(x)=\mathrm{e}^x$ 的下界函数，于是利用不等式的传递性，转而去尝试证明 $h(x)$ 是 $G(x)$ 的下界函数。

令 $F(x)=\mathrm{e}x-\ln x-m$，$F'(x)=\mathrm{e}-\dfrac{1}{x}=\dfrac{\mathrm{e}x-1}{x}$。

因为当 $x>\dfrac{1}{\mathrm{e}}$时，$F'(x)>0$，当 $x<\dfrac{1}{\mathrm{e}}$时，$F'(x)<0$，故 $F(x)$ 在 $(0,\mathrm{e}]$ 上单调递减，在 $[\mathrm{e},+\infty)$ 上单调递增。

因此 $F(x)_{\min}=F\left(\dfrac{1}{\mathrm{e}}\right)=\mathrm{e}\cdot\dfrac{1}{\mathrm{e}}-\ln\dfrac{1}{\mathrm{e}}-m=2-m$。

又因为 $m\leqslant2$，所以 $F(x)_{\min}\geqslant0$，即 $\mathrm{e}x\geqslant m+\ln x$ 恒成立，故有 $\mathrm{e}^x\geqslant m+\ln x$ 恒成立。

[**反思**] 在解答完此题后，心中产生了这样的疑问：将证明 $\mathrm{e}^x\geqslant m+\ln x$ 恒成立问题转化为证明 $\mathrm{e}x\geqslant m+\ln x$ 成立，即利用到了 $\mathrm{e}^x\geqslant\mathrm{e}x$ 这个不等关系。而我们对不等关系 $\mathrm{e}^x\geqslant1+x$ 更加熟悉，是否可以将证明 $\mathrm{e}^x\geqslant m+\ln x$ 恒成立问题转化为证明 $1+x\geqslant m+\ln x$ 成立呢?

事实上，因 $\ln x\leqslant x-1$ 成立，故要证明 $1+x\geqslant m+\ln x$ 成立，又只需证明 $1+x\geqslant m+x-1$，即 $m\leqslant2$ 成立。

对于 $\mathrm{e}^x\geqslant1+x$ 与 $\ln x\leqslant x-1$ 这两个不等式的证明需要借助函数单调性来完成，由此我们不仅较为自然完满地解决了本题，同时还探究出$m\leqslant2$ 这个条件设立的原因，进而明白我们所求解的这个问题是基于不等式 $\mathrm{e}^x\geqslant1+x$ 或 $\ln x\leqslant x-1$ 命制出来的。

例 4 设 a 为正实数，函数 $f(x)=ae^x$ 的图象与 y 轴交点为 A，函数 $g(x)=\ln\frac{x}{a}$ 的图象与 x 轴交点为 B，若函数 $f(x)=ae^x$ 图象上的任意一点与 $g(x)=\ln\frac{x}{a}$ 的图象上任意一点的连线段长的最小值为 $|AB|$。

（1）求正实数 a 的值；

（2）对任意 $x>0$ 且 $x\neq1$，若不等式 $\frac{x-m}{g(x)}>\sqrt{x}$ 恒成立，求实数 m 的取值范围。

分析：（1）$f'(x)=ae^x$，$g'(x)=\frac{1}{\frac{x}{a}}\cdot\frac{1}{a}=\frac{1}{x}$。

由题意可知 $A(0,a)$，$B(a,0)$，又因 $f(x)=ae^x$ 与 $g(x)=\ln\frac{x}{a}$ 互为反函数，若函数 $f(x)=ae^x$ 图象上的任意一点与 $g(x)=\ln\frac{x}{a}$ 的图象上任意一点的连线段长的最小值为 $|AB|$，则 AB 为曲线 $f(x)=ae^x$ 在点 A 处切线与 $g(x)=\ln\frac{x}{a}$ 在点 B 处的切线的公垂线，则有 $f'(0)=g'(a)$，即 $a=\frac{1}{a}$，因为 $a>0$，所以 $a=1$。

（2）由（1）可得 $\frac{x-m}{\ln x}>\sqrt{x}$，则有 $m<x-\sqrt{x}\ln x(x>1)$ 且（是“且”还是“或”，在教学中可设问）$m>x-\sqrt{x}\ln x(0<x<1)$。

令 $h(x)=x-\sqrt{x}\ln x$，则 $h'(x)=1-\frac{\ln x+2}{2\sqrt{x}}$。

令 $h_1(x)=\ln x+2-2\sqrt{x}$，则 $h_1'(x)=\frac{1}{x}-\frac{1}{\sqrt{x}}=\frac{1-\sqrt{x}}{x}$。

当 $x>1$ 时，$h_1'(x)<0$，$h_1(x)$ 在 $x>1$ 时为减函数，$h_1(x)<h_1(1)=0$，则 $\frac{\ln x+2}{2\sqrt{x}}<1$，故 $h'(x)=1-\frac{\ln x+2}{2\sqrt{x}}>0$，则 $h(x)=x-\sqrt{x}\ln x$ 在 $x>1$ 时单调递增，$m\leqslant1$。

当 $0<x<1$ 时，$h_1'(x)>0$，$h_1(x)$ 在 $0<x<1$ 时为增函数，$h_1(x)<h_1(1)=0$，则 $\frac{\ln x+2}{2\sqrt{x}}<1$，故 $h'(x)=1-\frac{\ln x+2}{2\sqrt{x}}>0$，则 $h(x)=x-\sqrt{x}\ln x$ 在 $0<x<1$ 时单调递增，$m\geqslant 1$。

综上所述 $m=1$。

第五节　二次函数教学中的反思

一元二次函数作为一类重要的初等函数，应用十分广泛，其代数特征与几何特征都是教学中需要探究的内容，也常常作为探究其他数学问题的工具。

一、根的分布

很多数学问题常常是将一元二次函数问题、一元二次方程问题、一元二次不等式问题交织在一起并相互转换，而且常常是以根的分布问题为载体。

例 1　已知二次函数 $f(x)=ax^2+bx+c$，若 $a>b>c$，且 $f(1)=0$。

（1）试证明 $f(x)$ 的图象与 x 轴有两个交点。

（2）是否存在实数 m，使当 $f(m)=-a$ 时，$f(m+3)$ 为正数?

（3）如果对于实数 x_1，x_2，$x_1<x_2$，$f(x_1)\neq f(x_2)$，方程 $f(x)=\frac{1}{2}[f(x_1)+f(x_2)]$ 有两个不等实数根，证明这两根中必有一根在 (x_1, x_2) 内。

分析：（1）要证明 $f(x)$ 的图象与 x 轴有两个交点，即要证关于 x 的一元二次方程 $ax^2+bx+c=0$ 有两个实数根，即 $\Delta=b^2-4ac>0$，因为 $f(1)=a+b+c=0$ 和 $a>b>c$，故有 $a>0$，$c<0$，则有 $\Delta=b^2-4ac>0$。

或者由 $\Delta=b^2-4ac=(a+c)^2-4ac=(a-c)^2$ 和 $a>c$ 也可以得到 $\Delta=b^2-4ac>0$。

（2）不妨设关于 x 的一元二次方程 $ax^2+bx+c=0$ 的两个实数根分别为 x_1 和 x_2，若存在实数 m，使当 $f(m)=-a$ 时，$f(m+3)$ 为正数，则意味着 $|x_1-x_2|\leqslant 3$，那么即有 $(x_1-x_2)^2=(x_1+x_2)^2-4x_1x_2=$

$\left(\frac{b}{a}\right)^2-4\frac{c}{a}\leqslant 9$。因为 $f(1)=a+b+c=0$，则只需证 $\left(\frac{a+c}{a}\right)^2-4\frac{c}{a}\leqslant 9$，即 $\left(\frac{c}{a}\right)^2-2\cdot\frac{c}{a}-8\leqslant 0$，也就只需证 $-2\leqslant\frac{c}{a}\leqslant 4$。事实上由 $a>b>c$ 和 $a+b+c=0$ 可得 $2a+c>0$，即得 $\frac{c}{a}>-2$ 成立。

（3）在解决本小题的过程中，有一个问题值得搞清楚，那就是通过数形结合分析结论显然成立的，如何从代数方面做到"言必有据"？其中"依据"来自何处？针对上面的疑问，应该明确的是，我们不能脱离教材来寻找依据，否则学生会更加无所适从。

就本题而言，观察一元二次函数 $f(x)$ 的图象，我们会发现这个结论显然正确，但如何严格地进行证明呢？在人教版高中数学必修 1 教材中有这样一段文字：

如果函数 $y=f(x)$ 在区间 $[a, b]$ 上的图象是连续不断的一条曲线，并且有 $f(a)\cdot f(b)<0$，那么，函数 $y=f(x)$ 在区间 (a, b) 内有零点，即存在 $c\in(a, b)$，使得 $f(c)=0$，这个 c 也就是方程 $f(x)=0$ 的根。

以此为依据，我们不难通过如下方式进行证明：

令 $h(x)=f(x)-\frac{1}{2}[f(x_1)+f(x_2)]$，

由 $h(x_1)h(x_2)=\frac{1}{4}[f(x_1)-f(x_2)]\cdot[f(x_2)-f(x_1)]=-\frac{1}{4}[f(x_1)-f(x_2)]^2<0$，即得方程 $h(x)=0$ 在 (x_1, x_2) 内必存在一根。

二、二次函数 $y=ax^2+bx+c$ 的图象与性质

既然是函数，那么一元二次函数的三要素——定义域、值域、对应法则都有探究的价值，其中对定义域与值域的探究，常常是一元二次函数在某个指定集合（非整个实数集）取值情况的分析，对于对应法则的探究主要体现在求一元二次函数的解析式上。

从初中开始，学生就学习了利用配方法或公式法找顶点和对称轴。在备课的时候，我们是否考虑过：配方法与公式法在初中的教学价值分

别是什么？

配方法突出的是程序性，程序性强则操作性强。同时，心算能力训练到一定程度，可以让学生不配方而能读出顶点的横坐标。公式法突出的是记忆，对学生的思维训练帮助有限。故公式法可以缓一缓，配方法则可以花多一些时间来体验和感悟。

我在备课时，会让学生思考这样一个问题：对一元二次函数 $y=ax^2+bx+c$ 进行配方，你最希望 a，b，c 这三个系数是什么样的系数？

在教学一元二次函数图象的过程中，我会问学生：你最希望处理位于什么位置上的图象？

例 2 已知 $A\left(\frac{1}{2},\ \frac{3}{4}\right)$，$B(-1,\ 3)$，$C(2,\ 3)$ 三点坐标，求经过这三点的二次函数的解析式。

分析：除用一般式 $y=ax^2+bx+c$ 求解外，学生还可以利用一元二次函数的什么形式求解？若能根据 $B(-1,\ 3)$，$C(2,\ 3)$ 这两点的坐标得知二次函数的对称轴为 $x=\frac{1}{2}$，而 $A\left(\frac{1}{2},\ \frac{3}{4}\right)$恰好为图象的顶点，则可以将其设为 $y=a\left(x-\frac{1}{2}\right)^2+\frac{3}{4}$。当然若有学生能够想到将二次函数设为 $y=a(x-2)(x+1)+3$，则表明其对函数图象的变换有了一定的认识。

三、思维量与运算量之间的辩证关系

在解析几何的教学中，我们知道思维量与运算量是一对永恒的矛盾，能否有效把控这一对矛盾是我们能否降低运算量的关键。而一元二次函数的图象本身就是圆锥曲线，故在处理一元二次函数问题时，对于数的特征与形的特征的思考与剖析也是降低运算量的关键。

例 3 已知 $a>0$，$x\in[0,\ \pi]$，$f(x)=\cos^2 x-a\sin x+b$ 的最大值为 0，最小值为 -4，求 a，b。

分析：通过换元 $t=\sin x$，问题可以转换为：$t\in[0,\ 1]$，$g(t)=-t^2-at+b+1$ 的最大值为 0，最小值为 -4，求 a，b。

因 $g(t)$ 的对称轴为 $t=-\frac{a}{2}<0$，故 $g(t)$ 在 $t\in[0,\ 1]$ 时单调递

减，则有$\begin{cases}g(0)=b+1=0,\\ g(1)=-a+b=-4,\end{cases}$解得$\begin{cases}b=-1,\\ a=3。\end{cases}$

含参数的问题往往需要针对参数进行分类讨论，因此学生比较担心自己无法做到不重不漏。其实，面对含参数问题时，我们首先应明白的是，含有参数的问题并非讨论的充分条件，而是判断是否可以避免分类讨论或根本就无须讨论。

例 4 已知关于 x 的一元二次函数 $y=(2-a)x^2+ax+2$ 的定义域为 $[m, n]$，当 $-2\leqslant a\leqslant 1$ 时，y 的值能够取遍 $[3, 5]$ 中的所有值，求自变量 x 的取值范围。

分析：本题若针对参数 a 来进行分类讨论，那么就会陷入繁琐的运算中，若变换一个视角，将 $y=(2-a)x^2+ax+2$ 看成是关于 a 的函数 $y=g(a)=(x-x^2)a+2x^2+2$，则该函数就是关于 a 的一次函数或常数函数，那么要使 $-2\leqslant a\leqslant 1$ 时，y 的值能够取遍 $[3, 5]$ 中的所有值，只需满足如下条件即可：

$$\begin{cases}g(-2)\leqslant 3,\\ g(1)\geqslant 5,\\ x-x^2\geqslant 0,\end{cases}\text{或}\begin{cases}g(-2)\geqslant 5,\\ g(1)\leqslant 3,\\ x-x^2<0。\end{cases}$$

四、判别式的应用

柯西不等式是一个常用的不等式，利用其来证明的方法比较特别，那就是根据柯西不等式 $(a_1^2+a_2^2+\cdots+a_n^2)(b_1^2+b_2^2+\cdots+b_n^2)\geqslant(a_1b_1+a_2b_2+\cdots+a_nb_n)^2$ 的结构特征，可以构造一元二次函数 $y=(a_1^2+a_2^2+\cdots+a_n^2)x^2+2(a_1b_1+a_2b_2+\cdots+a_nb_n)x+(b_1^2+b_2^2+\cdots+b_n^2)$。因为该函数恒等变形后可以得到：

$y=(a_1x+b_1)^2+(a_2x+b_2)^2+\cdots+(a_nx+b_n)^2\geqslant 0$ 对一切实数 x 都成立，故由 $\Delta\leqslant 0$ 可得 $(a_1^2+a_2^2+\cdots+a_n^2)(b_1^2+b_2^2+\cdots+b_n^2)\geqslant(a_1b_1+a_2b_2+\cdots+a_nb_n)^2$ 成立。

这样的情境并不罕见。

例 5 若 $a_1, a_2, \cdots, a_n, b_1, b_2, \cdots, b_n\in\mathbf{R}$，求证：$(\sum\limits_{i=1}^{n}a_ib_i)^2\leqslant$

$\sum\limits_{i=1}^{n}a_i^2\sum\limits_{i=1}^{n}b_i^2$。

解析：从结构特征寻求解决问题的思路是处理代数问题的一种常用方法，从 $(\sum\limits_{i=1}^{n}a_ib_i)^2\leqslant\sum\limits_{i=1}^{n}a_i^2\sum\limits_{i=1}^{n}b_i^2$ 去寻找最近"发展区"，与 $A^2-B^2C^2\leqslant0$ 比较接近的是某判别式恒不大于0。故可考虑构造一元二次函数 $y=(\sum\limits_{i=1}^{n}a_i^2)x^2+2(\sum\limits_{i=1}^{n}a_ib_i)x+\sum\limits_{i=1}^{n}b_i^2$，因为 $y=(\sum\limits_{i=1}^{n}a_i^2)x^2+2(\sum\limits_{i=1}^{n}a_ib_i)x+\sum\limits_{i=1}^{n}b_i^2=\sum\limits_{i=1}^{n}(a_ix+b_i)^2\geqslant0$ 恒成立。

故 $\Delta=(2\sum\limits_{i=1}^{n}a_ib_i)^2-4\sum\limits_{i=1}^{n}a_i^2\sum\limits_{i=1}^{n}b_i^2\leqslant0$，即 $(\sum\limits_{i=1}^{n}a_ib_i)^2\leqslant\sum\limits_{i=1}^{n}a_i^2\sum\limits_{i=1}^{n}b_i^2$ 成立。

五、一元二次函数在解析几何中的应用

例6 如图4-1，设椭圆 $\dfrac{x^2}{a^2}+y^2=1\ (a>1)$。

(1) 求直线 $y=kx+1$ 被椭圆截得的线段长（用 a，k 表示）；

(2) 若任意以 $A(0,1)$ 为圆心的圆与椭圆至多有三个公共点，求椭圆离心率的取值范围。

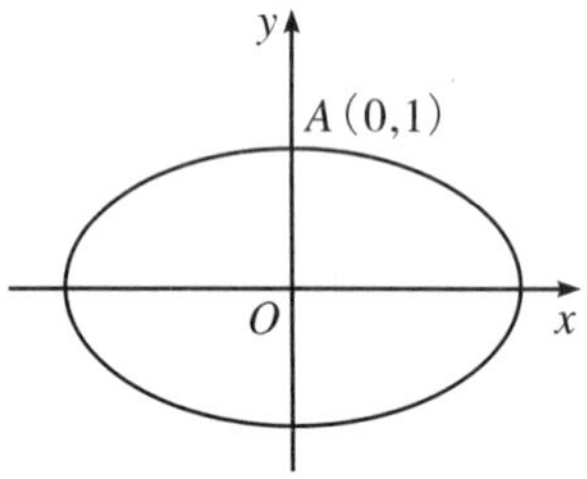

图4-1

解：(1) 联立方程组 $\begin{cases}x^2+a^2y^2=a^2,\\y=kx+1,\end{cases}$

得 $(1+a^2k^2)x^2+2ka^2x=0$，

解得 $x=0$ 或 $x=-\dfrac{2ka^2}{1+a^2k^2}$，

则所截得的弦长为 $\sqrt{1+k^2}\left|\dfrac{2ka^2}{1+a^2k^2}\right|$。

(2) 设圆方程为 $x^2+(y-1)^2=r^2$，

与椭圆方程联立 $\begin{cases}x^2+(y-1)^2=r^2,\\x^2+a^2y^2=a^2,\end{cases}$

得 $(a^2-1)y^2+2y+r^2-a^2-1=0$ (*)。

由题设知关于 y 的方程在 $(-1,1]$ 上最多有一解。

记 $f(y)=(a^2-1)y^2+2y+r^2-a^2-1$，$f(1)=r^2>0$，$f(-1)=r^2-4$。

当 $r^2<4$ 时，方程（*）在 $(-1,1]$ 上只有一解，此时对一切 $a>1$ 均符合要求。

当 $r^2\geqslant 4$ 时，当 $-\dfrac{1}{a^2-1}\leqslant -1$，即 $a\leqslant\sqrt{2}$ 时，由 $f(1)=r^2>0$，$f(-1)=r^2-4\geqslant 0$，得关于 y 的方程（*）在 $(-1,1]$ 上最多有一个解，符合题意。

当 $-\dfrac{1}{a^2-1}>-1$，即 $a>\sqrt{2}$ 时，当 $\Delta=4-4(a^2-1)(r^2-a^2-1)\leqslant 0$ 即 $a^4-r^2a^2+r^2\leqslant 0$ 对一切 $r^2\geqslant 4$ 恒成立时，关于 y 的方程（*）在 $(-1,1]$ 上最多只有一个解。

但是，要 $a^4-r^2a^2+r^2\leqslant 0$ 即 $(1-a^2)r^2+a^4\leqslant 0$ 对一切 $r^2\geqslant 4$ 恒成立，则需 $(1-a^2)\cdot 4+a^4=(a^2-2)^2\leqslant 0$，则有 $a=\sqrt{2}$，与 $a>\sqrt{2}$ 矛盾，故 $a>\sqrt{2}$ 不符合题意。

综上所述，当 $1<a\leqslant\sqrt{2}$ 时，则 $0<e\leqslant\dfrac{\sqrt{2}}{2}$。

［**反思**］从思路上来说，先找到使关于 y 的方程 $(a^2-1)y^2+2y+r^2-a^2-1=0$（*）在 $[-1,1]$ 上有两个不同解的 a 的取值范围，是否更简洁一些呢？

另解一：关于 y 的方程 $(a^2-1)y^2+2y+r^2-a^2-1=0$（*）在 $[-1,1]$ 上有两个不同解的充要条件是 $\begin{cases}-1<\dfrac{1}{1-a^2}<1,\\ f(-1)\geqslant 0,\\ f(1)\geqslant 0,\\ \Delta=4-4(a^2-1)(r^2-a^2-1)>0,\end{cases}$

即 $\begin{cases}a^2>2,\\ r^2\geqslant 4,\\ a^4-r^2a^2+r^2>0\end{cases}\Leftrightarrow\begin{cases}a^2>2,\\ r^2\geqslant 4,\\ r^2<\dfrac{a^4}{a^2-1}=a^2-1+\dfrac{1}{a^2-1}+2.\end{cases}$

因为 $a^2-1+\dfrac{1}{a^2-1}+2>4$，故当 $a>\sqrt{2}$ 时，必存在 $r>2$，使关于 y

的方程 $(a^2-1)y^2+2y+r^2-a^2-1=0$ (*) 在 $[-1, 1]$ 上有两个不同解，则此时不符合题意。

那么，当 $1<a\leqslant\sqrt{2}$，即 $0<e\leqslant\frac{\sqrt{2}}{2}$ 时，满足题意。

另解二：（一元二次函数的单调性的应用）

设椭圆与 x 轴负半轴的交点为 B 点，点 $P(x, y)$ 为椭圆左半部分上任意一点（不包括 A，B 两点）。

由 $x^2+a^2y^2=a^2$ 可得

$$|PA|^2=x^2+(y-1)^2=(1-a^2)y^2-2y+a^2+1$$

$$=(1-a^2)\left(y-\frac{1}{1-a^2}\right)^2+a^2+1-\frac{1}{1-a^2},$$

其中 $-1\leqslant y\leqslant 1$。由题意知若要任意以 $A(0, 1)$ 为圆心的圆与椭圆至多有三个公共点，则需 $|PA|$ 关于 y 的函数为单调函数。

则只需 $\frac{1}{1-a^2}\leqslant -1$，得 $a^2\leqslant 2$。

同理知 $0<e\leqslant\frac{\sqrt{2}}{2}$。

另解三：（可化归为一元二次函数的问题）

根据另解二的推断，其实弦长在 y 轴的单侧具有单调性。

由（1）知，$|PA|=\sqrt{(1+k^2)\frac{4a^4k^2}{(1+a^2k^2)^2}}\quad(k>0)$。

令 $t=1+a^2k^2$，则有 $|PA|=\sqrt{4\cdot\frac{t^2+(a^2-2)t+1-a^2}{t^2}}=\sqrt{4\left[\left(1-a^2\right)\frac{1}{t^2}+\left(a^2-2\right)\frac{1}{t}+1\right]}\quad(t\geqslant 1)$。

令 $t'=\frac{1}{t}$，则有 $|PA|=\sqrt{4\left[\left(1-a^2\right)t'^2+\left(a^2-2\right)t'+1\right]}$ $(0<t'\leqslant 1)$，将其看成关于 t' 的函数，要使该函数是单调函数，则需 $-\frac{a^2-2}{2(1-a^2)}\leqslant 0$ 或 $-\frac{a^2-2}{2(1-a^2)}\geqslant 1$，又因为 $a>1$，故可解得 $1<a^2\leqslant 2$，故有 $0<e\leqslant\frac{\sqrt{2}}{2}$。

［**反思**］可将问题变式为：

有一酒杯，其轴截面图形可看成是椭圆$\frac{x^2}{a^2}+\frac{y^2}{100}=1$（$a>10$）的下半部分，将一个半径为 2 的小球放入杯中，小球能够与杯底接触，求该椭圆离心率的取值范围。

第六节　函数与导数

我在念初中的时候已经对导数的工具价值有所认识，记得当时数学老师向我们介绍了如何用导数来求二次函数、三次函数在某一指定区间上的最值，这让一群初中生感到非常神奇。年少的我们，没有去追究为什么可以用导数来求函数的最值，而是直接就将导数作为求函数最值的“秘密武器”。随着时间的推移，我越来越深刻地认识到导数是研究函数的重要工具，也更能体会到华罗庚先生所言“数缺形时少直观，形缺数时难入微”的要义。

一、初学导数过程中的四个常见疑难易错问题

1. 不注意曲线在某点处的切线与过某点的切线的区别

例 1　已知曲线 $f(x)=\frac{1}{2}x^3+\frac{4}{3}$，求曲线过点 $P(2,4)$ 的切线方程。

2. 对于函数在某区间的单调性的等价条件理解有误

例 2　在 (a,b) 内 $f'(x)>0$ 是 $f(x)$ 在 (a,b) 内为增函数的（　　）。

A. 充分必要条件　　　　B. 充分不必要条件

C. 必要不充分条件　　　　D. 既不充分也不必要条件

分析：可以借助 $f(x)=x^3$，$f(x)=-x+\sin x$ 这两个函数来帮助学生理解。

例 3　已知 $f(x)=ax^3+3x^2-x+1$ 在 $\mathbf{R}$ 上是减函数，求 a 的取值范围。

例 4　已知 $f(x)=\frac{ax+1}{x+3}$ 在 $(-3,+\infty)$ 内单调递减，求 a 的取值范围。

3. 对于函数单调区间理解不准确

函数的单调区间是开区间还是闭区间？同一个函数的多个单调区间能否合并？

例 5　求函数 $f(x)=\frac{1}{4}x^4-\frac{1}{2}x^2$ 的单调区间。

4. 对函数的极值理解不准确

一个函数在某处存在极值，则该函数在该处一定可导且导数一定为 0 吗？$f'(x_0)=0$ 是 $f(x)$ 在 $x=x_0$ 处有极值的什么条件？

例 6　函数 $f(x)=|x-2|+3$ 在 $x=2$ 处可导吗？在 $x=2$ 处存在极值吗？

例 7　已知 $f(x)=x^3+ax^2+bx+a^2$ 在 $x=1$ 处有极值 10，求 a，b 的值。

例 8　求 $f(x)=(x-1)^2x^{\frac{2}{3}}$ 的极小值及取得极小值时相应的 x 值。

二、一道根植于教材的好题

下面例题是 2009 年湖北高考数学试题。

例 9　设球的半径为时间 t 的函数 $R(t)$，若球的体积以均匀速度 c 增长，则球的表面积的增长速度与球半径（　　）。

A. 成正比，比例系数为 c　　　B. 成正比，比例系数为 $2c$

C. 成反比，比例系数为 c　　　D. 成反比，比例系数为 $2c$

分析：此题考查的是对函数导数概念的理解，是一道好题。

首先，真正体现了高考试题“源于教材又高于教材”的理念，在人教版高中数学选修 2－2 教材中，“变化率与导数”一节第一个引例就是气球膨胀率问题：

很多人都吹过气球。回忆一下吹气球的过程，可以发现，随着气球内空气容量的增加，气球的半径增加得越来越慢。从数学的角度，如何描述这种现象呢？

我们知道，气球的体积 V（单位：L）与半径 r（单位：dm）之间的函数关系是

$$V(t)=\frac{4}{3}\pi r^3,$$

如果将半径 r 表示为体积 V 的函数，那么

$$r(V)=\sqrt[3]{\frac{3V}{4\pi}}。$$

教材中是由气球半径变化率来定义气球的膨胀率，而本题是直接研究气球体积（或表面积）关于半径（或时间）的函数，这样的变化对教师钻研教材，发掘教材教学价值是有导向作用的。

其次，真正体现了数学的工具作用，引导学生用数学眼光去观察生活中的现象，对速度、导数、反比（正比）等概念的理解考查得很透彻且灵活，对学生观察能力的考查也很到位。

设球的体积为 $V(t)=\frac{4}{3}\pi R^3(t)$，球的表面积为 $S(t)=4\pi R^2(t)$。则由 $V'(t)=4\pi R^2(t)R'(t)=c$，$S'(t)=8\pi R(t)R'(t)$，得 $S'(t)R(t)=8\pi R^2(t)R'(t)=2c$。

三、如何真正做到细致入微

由于在导数应用过程中，数与形常常是有机结合在一起的，形的作用是从直观角度理清思路和理解解法的合理性，数的作用在于严密地推证与演绎，但在实际运用中往往也存在着“大概、差不多”的情况，即用直观图形来替代严格推证。

例 10 已知函数 $f(x)=x\ln x-\frac{a}{2}x^2-x+a$（$a\in\mathbf{R}$）在其定义域内有两个不同的极值点。

（1）求 a 的取值范围；

（2）记两极值点 $0<x_1<x_2$，已知 $\lambda>0$，若不等式 $e^{1+\lambda}<x_1x_2{}^{\lambda}$ 恒成立，求 λ 的范围。

分析：在处理第（1）问时，由函数 $f(x)$ 在其定义域内有两个不同的极值点，可得 $f'(x)=\ln x-ax$ 必存在两个零点。

当 $a\leqslant 0$ 时，$f'(x)=\ln x-ax$ 单调递增，不可能存在两个零点。

当 $a>0$ 时，由 $f''(x)=\frac{1-ax}{x}$ 可得，$f'(x)=\ln x-ax$ 在 $\left(0,\frac{1}{a}\right]$ 上

单调递增，在$\left[\frac{1}{a}，+\infty\right)$上单调递减。因为$f'(x)=\ln x-ax$有两个零点，故有$f'\left(\frac{1}{a}\right)>0$，解得$0<a<\frac{1}{e}$。但在教学中，我们却常常忽略了这样一个还需要确认的事实：在$\left(0，\frac{1}{a}\right]$和$\left[\frac{1}{a}，+\infty\right)$分别存在一个自变量$m$，$n$，使得$f'(m)<0$和$f'(n)<0$成立。不少学生会想当然地认为这是不证自明的事实，殊不知，若要严格说明理由，不一定说得清楚。

事实上，当$m<1$时，易得$f'(m)=\ln m-am<0$。

但如何说明在$\left[\frac{1}{a}，+\infty\right)$内存在自变量$n$，使得$f'(n)=\ln n-an<0$成立？如果想尝试用赋值的方法去处理是有困难的，若对不等式$\ln n\leqslant n-1$有印象，则根据$f'(n)=\ln n-an\leqslant n-1-an=(1-a)n-1<0$和$0<a<\frac{1}{e}$，可得只需$n<\frac{1}{1-a}$即可。

在第（2）问中，我们会遇到如何处理多个变量的问题，在教学过程中发现，构造齐次式是减少变量个数的有效方法。

由$\ln x_1=ax_1$，$\ln x_2=ax_2$，即有$\ln\frac{x_2}{x_1}=a(x_2-x_1)$，$a=\frac{\ln\frac{x_2}{x_1}}{x_2-x_1}$。

又由$e^{1+\lambda}<x_1x_2{}^{\lambda}$得$\ln e^{1+\lambda}<\ln x_1+\ln x_2{}^{\lambda}$，

$1+\lambda<\ln x_1+\lambda\ln x_2$，

$1+\lambda<ax_1+\lambda ax_2=a(x_1+\lambda x_2)=\frac{\ln\frac{x_2}{x_1}}{x_2-x_1}(x_1+\lambda x_2)=\ln\frac{x_2}{x_1}\cdot\frac{1+\lambda\frac{x_2}{x_1}}{\frac{x_2}{x_1}-1}$。

令$t=\frac{x_2}{x_1}$，则$1+\lambda<\ln t\cdot\frac{1+\lambda t}{t-1}$，

则有$\lambda(t-1-t\ln t)<-(t-1-\ln t)$，

故令$h(t)=\lambda(t-1-t\ln t)+(t-1-\ln t)<0$（$t>1$），

而$h(1)=0$，可分析出需要$h'(1)<0$。

以为可得到λ的取值范围，可没有想到，由 $h'(t)=-\lambda\ln t+1-\frac{1}{t}$ 有 $h'(1)=0$。

再尝试做下去：对 $h'(t)$ 求导可得 $h''(t)=\frac{1-\lambda t}{t^2}$。

则当 $\frac{1}{\lambda}>1$，即 $0<\lambda<1$ 时，$h'(t)$ 在 $t\in\left(1,\frac{1}{\lambda}\right)$ 时递增，则必有在 $t\in\left(1,\ \frac{1}{\lambda}\right)$ 时，$h'(t)>0$，则 $h(t)$ 在 $t\in\left(1,\ \frac{1}{\lambda}\right)$ 时单调递增，由 $h(1)=0$ 得此时不合题意。

若 $\frac{1}{\lambda}\leqslant 1$，即 $\lambda\geqslant 1$ 时，类似地可以得到，$h'(t)$ 在 $t\in(1,\ +\infty)$ 时递减，因 $h'(1)=0$，所以 $t\in(1,\ +\infty)$ 时 $h'(t)<0$，则 $h(t)$ 在 $t\in(1,\ +\infty)$ 时递减，再由 $h(1)=0$ 得，$t\in(1,\ +\infty)$ 时 $h(t)<0$，满足题意，故 $\lambda\geqslant 1$ 为所求。

有学生觉得可以做如下处理：

由 $1+\lambda<\ln t\cdot\frac{1+\lambda t}{t-1}$，

可得 $\ln t-\frac{(1+\lambda)(t-1)}{1+\lambda t}>0$。

令 $h(t)=\ln t-\frac{(1+\lambda)(t-1)}{1+\lambda t}$，

则有 $h'(t)=\frac{\lambda^2t^2-(1+\lambda^2)t+1}{t(1+\lambda t)^2}=\frac{(\lambda^2t-1)(t-1)}{t(1+\lambda t)^2}$。

因为 $t>1$，

故当 $\lambda\geqslant 1$ 时，$h'(t)=\frac{(\lambda^2t-1)(t-1)}{t(1+\lambda t)^2}>0$，又因 $h(1)=0$，则有 $h(t)>0$。

当 $0<\lambda<1$，$1<t<\frac{1}{\lambda^2}$ 时，$h'(t)=\frac{(\lambda^2t-1)(t-1)}{t(1+\lambda t)^2}<0$，而 $h(1)=0$，则此时 $h(t)<0$，不合题意。

故 $\lambda\geqslant 1$ 为所求。

第五章　三角函数教学中的反思

三角函数为一类特殊函数，在教学中为了便捷地研究和有效地应用三角函数的性质，会面临如何将复杂问题简单化，抽象问题具体化的任务。由于三角函数自身运算特点，因此无论是寻找与借助三角形中角与边的关系，还是寻找并消除角与角之间的差异，或者寻找并消除三角函数名称之间的差异，都是我们能够顺利解决三角函数相关问题的前提。

在这部分的教学中，与三角函数有关的不变特征往往是通过众多等量关系呈现出来的，但是有一部分同学脑中关于角与角、角与边之间的等量关系是通过机械记忆完成的，很难长时间记住，也就更难谈得上及时与灵活地运用了。因此帮助学生自然合理地推证每一个结论，以及体现自然合理地提取恰当的等量关系就成为三角函数教学的重点。

第一节 正、余弦定理的应用

观察正弦定理 $\frac{a}{\sin A}=\frac{b}{\sin B}=\frac{c}{\sin C}=2R$ 和余弦定理 $a^2=b^2+c^2-2bc\cos A$，我们会发现，正、余弦定理完美地揭示了三角形角与边之间的等量关系，是实现边角转化的桥梁。而在具体应用的过程中，我们经常会遇到选择的困难。

一、求角化为角，求边化为边

例 1 三角形 ABC 的内角 A，B，C 的对边分别为 a，b，c，$a\sin A+c\sin C-\sqrt{2}a\sin C=b\sin B$，求 B。

做此题大都会认为 $a\sin A+c\sin C-\sqrt{2}a\sin C=b\sin B$ 这个条件是非常关键的，若未能从 $a\sin A+c\sin C-\sqrt{2}a\sin C=b\sin B$ 中看出余弦定理的结构，那么很有可能会根据求角这个任务，让该条件中的边化为角。此思路是顺畅和合理的，但相应的运算是否简洁呢？

由 $a\sin A+c\sin C-\sqrt{2}a\sin C=b\sin B$ 和正弦定理，可得

$\sin^2 A+\sin^2 C-\sqrt{2}\sin A\sin C=\sin^2 B$。

此时面临着出现了多个角求其中一个角的情况，如何减少角的个数呢？记得在备课时，自己想象了如下可能在教学中出现的场景。

以退为进策略：

由 $\sin^2 A+\sin^2 C-\sqrt{2}\sin A\sin C=\sin^2 B$，

$\sin^2 B=\sin^2(A+C)=\sin^2 A\cos^2 C+2\sin A\cos A\sin C\cos C+\cos^2 A\sin^2 C$，

即得 $2\sin^2 A\sin^2 C=\sqrt{2}\sin A\sin C+2\sin A\cos A\sin C\cos C$，

化简后得 $2\sin A\sin C=\sqrt{2}+2\cos A\cos C$，

即 $\cos(A+C)=-\dfrac{\sqrt{2}}{2}$，

故有 $\cos B=\dfrac{\sqrt{2}}{2}$，又因 $0<B<\pi$，所以 $B=\dfrac{\pi}{4}$。

［**反思**］上面以退为进的策略，对求解发挥了作用，也给了我们如下的启示：在解本题入手阶段就应反其道而行之。

二、从式子的结构入手

在例 1 中，若能从 $a\sin A+c\sin C-\sqrt{2}a\sin C=b\sin B$ 看到余弦定理的结构，则该题就势如破竹了。

由 $a\sin A+c\sin C-\sqrt{2}a\sin C=b\sin B$ 和正弦定理，可得 $a^2+c^2-\sqrt{2}ac=b^2$。

则有 $\cos B=\dfrac{a^2+c^2-b^2}{2ac}=\dfrac{\sqrt{2}}{2}$，又因 $0<B<\pi$，所以 $B=\dfrac{\pi}{4}$。

所谓从式子的结构特征入手，实质是整体意识，这需要我们对公式比较熟悉。

例 2　在三角形 ABC 中，已知 $(a+b+c)(a+b-c)=3ab$，且 $2\cos A\sin B=\sin C$，试确定三角形 ABC 的形状。

分析：从 $(a+b+c)(a+b-c)=3ab$ 可以看出余弦定理的结构，将其化简后得到，$a^2+b^2-c^2=ab$，则有 $\cos C=\dfrac{a^2+b^2-c^2}{2ab}=\dfrac{1}{2}$，又因为 $0<C<\pi$，所以 $C=\dfrac{\pi}{3}$。

由 $2\cos A\sin B=\sin C=\sin(A+B)=\sin A\cos B+\cos A\sin B$，得 $\sin(A-B)=0$，

又因为 $-\pi<A-B<\pi$，故 $A-B=0$。

所以三角形 ABC 为正三角形。

［**反思**］在学习正、余弦定理时，可以通过哪些途径增强学生从整体上把握正、余弦定理呢？我们在教学过程中，此处可从式子的结构多做些思考。

三、合并同类项

例3 在△ABC中，a，b，c分别表示三个内角A，B，C的对边，如果$(a^2+b^2)\sin(A-B)=(a^2-b^2)\sin(A+B)$，试判断△$ABC$的形状。

分析一：$\sin(A-B)$与$\sin(A+B)$展开式中都只含有$\sin A\cos B$和$\cos A\sin B$，故等式$(a^2+b^2)\sin(A-B)=(a^2-b^2)\sin(A+B)$两端展开后，都只出现$a^2$，$b^2$分别与$\sin A\cos B$和$\cos A\sin B$的乘积，于是接下来合并同类项即可化简。

由$(a^2+b^2)\sin(A-B)=(a^2-b^2)\sin(A+B)$，得

$(a^2+b^2)(\sin A\cos B-\cos A\sin B)=(a^2-b^2)(\sin A\cos B+\cos A\sin B)$，

即$2b^2\sin A\cos B=2a^2\cos A\sin B$。

再结合正弦定理，可得

$\sin A\sin^2 B\cos B=\sin^2 A\cos A\sin B$，

$\sin B\cos B=\sin A\cos A$，

$2\cos(A+B)\sin(A-B)=0$，

$\cos(A+B)=0$或$\sin(A-B)=0$。

因为$0<A+B<\pi$和$-\pi<A-B<\pi$，

则有$A+B=\frac{\pi}{2}$或$A=B$。

故此三角形为直角三角形或等腰三角形。

［**反思**］合并同类项，首先应确定谁是主元，上述解答过程是把$\sin A\cos B$和$\cos A\sin B$作为主元进行合并同类项的，如果把a^2，b^2看成主元进行合并同类项，可以进行下去吗？

事实上，由$(a^2+b^2)\sin(A-B)=(a^2-b^2)\sin(A+B)$，

得$a^2[\sin(A-B)-\sin(A+B)]=-b^2[\sin(A+B)+\sin(A-B)]$，

再化简即得$2b^2\sin A\cos B=2a^2\cos A\sin B$，下略。

分析二：若全化为角会怎么样？

由$(\sin^2 A+\sin^2 B)\sin(A-B)=(\sin^2 A-\sin^2 B)\sin(A+B)$，

$(\sin^2A+\sin^2B)\sin(A-B)=\left(\dfrac{\cos2B-\cos2A}{2}\right)\sin(A+B)=\sin(B+A)\sin(B-A)\sin(A+B)=-\sin^2C\sin(A-B)$，

则有 $\sin^2A+\sin^2B=-\sin^2C$ 或 $\sin(A-B)=0$，下略。

分析三：若全化为边会怎么样？

由 $(a^2+b^2)\sin(A-B)=(a^2-b^2)\sin(A+B)$，得

$(a^2+b^2)(\sin A\cos B-\cos A\sin B)=(a^2-b^2)(\sin A\cos B+\cos A\sin B)$，

$2b^2\sin A\cos B=2a^2\cos A\sin B$。

又由正、余弦定理，得

$2b^2a\dfrac{a^2+c^2-b^2}{2ac}=2a^2b\dfrac{b^2+c^2-a^2}{2bc}$，

$b^2(a^2+c^2-b^2)=a^2(b^2+c^2-a^2)$，

$b^2c^2-b^4=a^2c^2-a^4$，

$(a^2+b^2)(a^2-b^2)=c^2(a^2-b^2)$，

故有 $a^2+b^2=c^2$ 或 $a^2=b^2$，下略。

第二节　角与角之间的关联

三角函数公式众多，如何恰当地选择公式进行解题是教学中的难点，三角函数式的化简与求值是帮助学生熟悉公式的有益训练，在三角函数式的化简与求值过程中，消除角的差异是重要的步骤，而有效消除角差异常常需先找出角与角之间的关联。

一、如何顺着学生的思路走下去

例 1　化简：$\frac{2\cos 10^\circ-\sin 20^\circ}{\cos 20^\circ}$。

师：对于式子中出现的 10° 与 20°，你首先看到的是什么关系？

生：二倍关系。

师：那么我们尝试一下，是否可以从二倍角公式入手，即

$$\frac{2\cos 10^\circ-\sin 20^\circ}{\cos 20^\circ}$$

$$=\frac{2\cos 10^\circ-2\sin 10^\circ\cos 10^\circ}{\cos 20^\circ}$$

$$=\frac{2\cos 10^\circ(1-\sin 10^\circ)}{\cos 20^\circ}$$

$$=\frac{2\cos 10^\circ(1-\cos 80^\circ)}{\cos 20^\circ}$$

$$=\frac{2\cos 10^\circ\cdot 2\sin^2 40^\circ}{\cos 20^\circ}$$

$$=8\cos 10^\circ\sin 20^\circ\sin 40^\circ$$

$$=8\sin 20^\circ\sin 40^\circ\sin 80^\circ$$

［**反思**］解答到此处似乎走投无路了，老师此时会知道可以通过“积化和差”公式走下去，但对学生而言，不宜在此处补充该公式。

二、尽可能拓展已有公式的应用

从局部看，上述例 1 中 $\sin20^\circ\sin40^\circ$ 同时是 $\cos(20^\circ+40^\circ)$ 和 $\cos(20^\circ-40^\circ)$ 展开式的一部分，于是由 $\cos20^\circ\cos40^\circ-\sin20^\circ\sin40^\circ=\cos(20^\circ+40^\circ)$ 和 $\cos20^\circ\cos40^\circ+\sin20^\circ\sin40^\circ=\cos(20^\circ-40^\circ)$，得 $2\sin20^\circ\sin40^\circ=\cos20^\circ-\cos60^\circ$。

则 $8\sin20^\circ\sin40^\circ\sin80^\circ=4\sin80^\circ\cos20^\circ-2\sin80^\circ$。

类似地，由 $\sin80^\circ\cos20^\circ$ 同时是 $\sin(80^\circ+20^\circ)$ 和 $\sin(80^\circ-20^\circ)$ 展开式的一部分，可得 $2\sin80^\circ\cos20^\circ=\sin100^\circ+\sin60^\circ$。

则有 $8\sin20^\circ\sin40^\circ\sin80^\circ=4\sin80^\circ\cos20^\circ-2\sin80^\circ=2\sin100^\circ+2\sin60^\circ-2\sin80^\circ=\sqrt{3}$。

生：前面的解法是否是唯一的途径？

师：对于 10° 与 20°，我们还可以看出它们之和为特殊角 30°，这是否是值得入手的角度呢？

$$\frac{2\cos10^\circ-\sin20^\circ}{\cos20^\circ}$$

$$=\frac{2\cos(30^\circ-20^\circ)-\sin20^\circ}{\cos20^\circ}$$

$$=\frac{2\cos30^\circ\cos20^\circ+2\sin30^\circ\sin20^\circ-\sin20^\circ}{\cos20^\circ}$$

$$=2\cos30^\circ$$

$$=\sqrt{3}。$$

三、尽可能从不同角度找角与角之间的关系

例 2 化简：$4\cos50^\circ-\tan40^\circ$。

分析：化简三角函数式的过程，实际上就是消除函数名称的差异、消除角的差异的过程。消除函数名称常用的方法是“切割化弦”，消除角的差异常用的工具是角的和、差、倍、半公式，至于是先消除函数名称的差异，还是先消除角的差异，并没有规定。

$$4\cos50°-\tan40°$$
$$=4\cos50°-\frac{\sin40°}{\cos40°}$$
$$=\frac{4\cos50°\cos40°-\sin40°}{\cos40°}$$
$$=\frac{4\sin40°\cos40°-\sin40°}{\cos40°}$$
$$=\frac{2\sin80°-\sin40°}{\cos40°},$$

或者有

$$4\cos50°-\tan40°$$
$$=4\sin40°-\frac{\sin40°}{\cos40°}$$
$$=\frac{4\sin40°\cos40°-\sin40°}{\cos40°}$$
$$=\frac{2\sin80°-\sin40°}{\cos40°}。$$

思考：当你看到 80°与 40°，首先想到它们之间有什么特殊之处？

生 1：它们之和为 120°。于是有

$$\frac{2\sin80°-\sin40°}{\cos40°}$$
$$=\frac{2\sin(120°-40°)-\sin40°}{\cos40°}$$
$$=\frac{2\sin120°\cos40°-2\cos120°\sin40°-\sin40°}{\cos40°}$$
$$=\frac{2\sin120°\cos40°}{\cos40°}$$
$$=2\sin120°$$
$$=\sqrt{3}。$$

生 2：它们与 60°可构成等差数列，则有

$$\frac{2\sin 80°-\sin 40°}{\cos 40°}$$

$$=\frac{2\sin(60°+20°)-\sin(60°-20°)}{\cos 40°}$$

$$=\frac{2\sin 60°\cos 20°+2\cos 60°\sin 20°-\sin 60°\cos 20°+\cos 60°\sin 20°}{\cos 40°}$$

$$=\frac{\sin 60°\cos 20°+3\cos 60°\sin 20°}{\cos 40°}$$

$$=\frac{\frac{\sqrt{3}}{2}\cos 20°+\frac{3}{2}\sin 20°}{\cos 40°}$$

$$=\frac{\sqrt{3}\cos(60°-20°)}{\cos 40°}$$

$=\sqrt{3}$。

第三节 数与形——学生自主讲评作业时留下的方法

三角函数作为一类特殊的函数，其鲜明的代数特征与几何特征都是解题时需要考虑的因素。拿到一道题之后，是从代数角度还是从几何角度入手仍会不时困扰着我们，我们不宜一味地强调哪一种途径更好，在本章第二节提到的顺着学生的思路自然生成是我们应该树立的学生观。

例 1 已知 $f(x)=\dfrac{a-2\cos x}{3\sin x}$ 在区间 $\left(0,\ \dfrac{\pi}{2}\right)$ 内单调递增，求 a 的取值范围。

生 1：设 $0<x_1<x_2<\dfrac{\pi}{2}$，

$$f(x_1)-f(x_2)=\frac{1}{3}\,\frac{a(\sin x_2-\sin x_1)+2\sin(x_1-x_2)}{\sin x_1\sin x_2}<0。$$

因为 $\sin x_1\sin x_2>0$，

故 $a(\sin x_2-\sin x_1)+2\sin(x_1-x_2)<0$。

又因 $\sin x_2-\sin x_1>0$，

$$则有\ a<\frac{2\sin(x_2-x_1)}{\sin x_2-\sin x_1}=\frac{4\sin\dfrac{x_2-x_1}{2}\cos\dfrac{x_2-x_1}{2}}{2\cos\dfrac{x_2+x_1}{2}\sin\dfrac{x_2-x_1}{2}}=\frac{2\cos\dfrac{x_2-x_1}{2}}{\cos\dfrac{x_2+x_1}{2}}$$

$$=2\,\frac{\cos\dfrac{x_2}{2}\cos\dfrac{x_1}{2}+\sin\dfrac{x_2}{2}\sin\dfrac{x_1}{2}}{\cos\dfrac{x_2}{2}\cos\dfrac{x_1}{2}-\sin\dfrac{x_2}{2}\sin\dfrac{x_1}{2}}=2\,\frac{1+\tan\dfrac{x_2}{2}\tan\dfrac{x_1}{2}}{1-\tan\dfrac{x_2}{2}\tan\dfrac{x_1}{2}}。$$

又由 $0<x_1<x_2<\dfrac{\pi}{2}$，得 $0<\dfrac{x_1}{2}<\dfrac{x_2}{2}<\dfrac{\pi}{4}$，即得 $0<\tan\dfrac{x_2}{2}\tan\dfrac{x_1}{2}<1$。

则有 $2\,\dfrac{1+\tan\dfrac{x_2}{2}\tan\dfrac{x_1}{2}}{1-\tan\dfrac{x_2}{2}\tan\dfrac{x_1}{2}}>2$，故 $a\leqslant 2$。

师：大家能对这种解法进行评价吗？

生：这种方法的优点是门槛低，人人都可以根据函数单调性的定义入手，方法比较自然，但是恒等变形公式的运用要求比较高，不一定能够做到底。

生2：若用导数这个工具是否能够让问题得以解决？

$f'(x)=\frac{2}{3}-\frac{(a-2\cos x)\cos x}{3\sin^2 x}$，

当$0<x<\frac{\pi}{2}$时，$f'(x)=\frac{2}{3}-\frac{(a-2\cos x)\cos x}{3\sin^2 x}\geqslant 0$等价于$a\leqslant\frac{2}{\cos x}$对一切$0<x<\frac{\pi}{2}$都成立。

又因$0<\cos x<1$，故$a\leqslant 2$。

师：相对第一种解法，这种解法的优点在哪儿？

生：最突出的优点是运算过程比较简洁，充分体现了导数的工具性。

生3：因为$f(x)=-\frac{2}{3}\cdot\frac{\cos x-\frac{a}{2}}{\sin x}$，其中$\frac{\cos x-\frac{a}{2}}{\sin x}$可看成点$A(\sin x, \cos x)$与点$P\left(0, \frac{a}{2}\right)$连线的斜率。

当$0<x<\frac{\pi}{2}$时，要使$f(x)=-\frac{2}{3}\cdot\frac{\cos x-\frac{a}{2}}{\sin x}$单调递增，则需要点$P\left(0, \frac{a}{2}\right)$在点$(0, 1)$上及其下方，故有$a\leqslant 2$。

师：这种思路的优点在哪儿？

生：能够有机地将数与形结合起来，用到了斜率公式和圆的参数方程中参数的几何意义，显得很直观，并且能够很快地口答出正确答案！

师：往往一种方法如果优点突出，它的不足之处也会比较突出，你知道它的不足之处是什么吗？

生：适用场合受限制，从上面的解题过程我们可以看到，其中有一步是通过观察图形直接读出结果的，这显然不能作为推证的理由写出来，而要加上严格的理由的话，这种方法的优势就不复存在，因此将其作为解客观题的工具才是物尽其用。

师：几何直观与解答的精确性弱是用数形结合考虑问题时一直存在的一对矛盾，我们不能寄希望用某一种方法解决所有问题，这不符合数学训练人思维的学科价值。

例 2 已知 $y=\sin(a\pi x-\frac{\pi}{4})$（$a>0$）在区间（$-1$，0）内仅有一条对称轴，求 a 的取值范围。

分析：在解题过程中，不少学生会以为函数 $y=\sin(a\pi x-\frac{\pi}{4})$（$a>0$）在区间（$-1$，0）内仅有一条对称轴这个条件等价于该函数半个周期的长度大于区间（-1，0）的长度，其原因值得探究。

师："一个正弦型函数在一区间内仅有一条对称轴"用自己的话翻译过来是什么意思？

生：因为两条相邻的对称轴距离是半个最小正周期，在区间内仅有一条对称轴是否意味着这个区间的长度小于半个最小正周期？

师：这样的推测有道理，一般地，区间长度小于半个最小正周期之后，在该区间内会存在两条对称轴吗？

生：不可能。

师：此时不可能存在两条对称轴，那么在该区间中就一定存在一条对称轴吗？

生：不一定，我们平移一下函数图象，就会发现有可能对称轴不落在区间内。

师：如果区间长度大于半个最小正周期，那么在该区间就一定存在两条对称轴吗？

生：也不一定。

师：仅凭直观来精确地翻译题目中的条件是困难的，那么从代数角度如何对条件进行翻译呢？

生：是否可以先得到其对称轴的表达式 $x=\frac{k}{a}+\frac{3}{4a}$（$k\in\mathbf{Z}$），再分析其只有一个值在（$-1$，0）内，那么这条对称轴就只可能是与 $x=\frac{k}{a}+$

$\frac{3}{4a}$ ($k\in\mathbf{Z}$) 中绝对值最小的负值对应。则由 $-1<\frac{-1}{a}+\frac{3}{4a}<0$ 和 $\frac{-2}{a}+\frac{3}{4a}\leqslant-1$，可得 $a\in\left(\frac{1}{4},\ \frac{5}{4}\right]$。

第四节　角的范围如何限制

在三角函数的条件求值问题里，常常需要对角的取值范围进行精确限制。

例 1　已知 α，β 为锐角，$\sin\alpha=\frac{8}{17}$，$\cos(\alpha-\beta)=\frac{21}{29}$，求 $\cos\beta$。

分析：β 可以看成是 α 与 $\alpha-\beta$ 之差，要求 $\cos\beta$，就要先计算 $\cos\alpha$ 和 $\sin(\alpha-\beta)$ 的值，尽管解决本题的思路较简单，但由于 α，β 为锐角，则 $\alpha-\beta\in\left(-\frac{\pi}{2},\ \frac{\pi}{2}\right)$，那么在判断 $\sin(\alpha-\beta)$ 符号的正负时会出现思维受阻。

着眼点不同，解决的办法就会有区别，但总的策略是一致的，之所以会在确定 $\sin(\alpha-\beta)$ 的符号时遇到障碍，是因为对角 α 和 $\alpha-\beta$ 的范围限制不够精确，这就是突破思维障碍的关键。

因为条件中的两个角 α 和 $\alpha-\beta$ 都不是特殊角，所以先考虑分别找一个特殊角来作为参照。

途径一：

由 $\sin\alpha=\frac{8}{17}<\frac{1}{2}$，得 $\alpha<\frac{\pi}{6}$。

若 $0<\alpha-\beta<\alpha$，则有 $\frac{21}{29}=\cos(\alpha-\beta)>\cos\alpha>\cos\frac{\pi}{6}=\frac{\sqrt{3}}{2}$，这显然不成立，故 $\alpha-\beta<0$，则有 $\sin(\alpha-\beta)=-\frac{20}{29}$。

途径二：

因为条件中的 $\sin\alpha=\frac{8}{17}$ 和 $\cos(\alpha-\beta)=\frac{21}{29}$ 不是同名三角函数值，两角的大小不易看出，故先由 $\sin\alpha=\frac{8}{17}$ 得到 $\cos\alpha=\frac{15}{17}$，再由 $\cos\alpha=\frac{15}{17}>$

$\cos(\alpha-\beta)=\frac{21}{29}$可得$\alpha<|\alpha-\beta|$，则有$\alpha-\beta<0$，可得$\sin(\alpha-\beta)=-\frac{20}{29}$。

需要明白的是，解三角形实际上就是在完成了三角函数的条件求值之后，再多一个根据三角函数值求角的环节，那么在解三角形时是否也会面临如何对角的取值范围进行精确限制的问题呢？

我们先来探究哪些情形下，无需再对三角形中的角进行精准限制。

情形一：已知三角形三边长求三角形的三个内角。

在已知三角形三条边长的前提下，由余弦定理可得三角形三内角的余弦值，由于余弦函数在$(0,\pi)$内单调递减，故不存在多解情形。

情形二：已知三角形的两个内角和一边长。

若已知三角形的两个内角，那么第三个内角自然就确定下来，在已知三角形三个内角和一边长的前提下，由正弦定理可以直接得到另两条边的长，也不存在多解的情形。

情形三：已知三角形的两边长和一内角。

若已知的是两边夹一角，则由余弦定理可得到第三条边长，于是化归为情形一，则此时不存在多解的情形。

若已知的是两边和其中一边所对的角，如下面例题：

例2 已知a，b，c分别是三角形ABC三个内角A，B，C所对的边，且$A=\frac{\pi}{6}$，$c=4$，$a=5$，求$\cos C$。

分析：由正弦定理$\frac{a}{\sin A}=\frac{c}{\sin C}$可得$\sin C=\frac{2}{5}$，那么此时该如何去确定$\cos C$的值是正数还是负数呢？

我们不妨假设$\cos C$的值为负数，则有$\cos C=-\frac{\sqrt{21}}{5}<-\frac{\sqrt{3}}{2}=\cos\frac{5\pi}{6}$，又因为余弦函数在$(0,\pi)$内单调递减，故有$C>\frac{5\pi}{6}$，那么$A+C>\pi$，与$A$，$C$为三角形$ABC$的两个内角矛盾，故$\cos C$的值不可能为负数，则$\cos C=\frac{\sqrt{21}}{5}$。

在教学中分析到这里，可能有学生会好奇，上面的分析方法具有普适性吗？这样的思考是有价值的，值得进一步探究。

我们尝试去证明下面的结论：

已知 a，b，c 分别是三角形 ABC 三个内角 A，B，C 所对的边，且 A 为锐角，$c<a$，则 C 是锐角。

证明：由正弦定理 $\frac{a}{\sin A}=\frac{c}{\sin C}$ 可得 $\sin C=\frac{c}{a}\sin A$，

假设 C 为钝角，则有 $\cos C=-\sqrt{1-\frac{c^2}{a^2}\sin^2 A}$，

$\cos(\pi-A)=-\cos A=-\sqrt{1-\sin^2 A}$，

因为 $c<a$，所以 $\frac{c^2}{a^2}\sin^2 A<\sin^2 A$，

即得 $1-\frac{c^2}{a^2}\sin^2 A>1-\sin^2 A$，

故有 $\cos C=-\sqrt{1-\frac{c^2}{a^2}\sin^2 A}<-\sqrt{1-\sin^2 A}=\cos(\pi-A)$。

又因余弦函数在 $(0,\pi)$ 内单调递减，

所以 $C>\pi-A$，

即得 $C+A>\pi$，

与 A，C 为三角形 ABC 的两个内角矛盾，故 C 是锐角。

第五节　如何寻找并消除差异

拿到一道题，从何处入手，常常是困扰我们的事情。记得在刚刚走上讲台的时候，业务师父黄杰华老师的一堂课让我明白了三角恒等式证明的过程就是消除差异的过程。三角恒等式的证明实际上可以看成是有目标的三角函数式化简问题，要达到化简的目的，首先要找到等式两端在次数、函数名称以及式子结构三方面的差异，然后再逐一消除这三方面的差异即可。

这样的感悟不仅在三角恒等式的证明中有用，在三角函数的条件求值或化简中同样是重要的策略：寻找并消除条件与结论之间的差异。不仅如此，从广义上说，其他内容的数学题的解题过程何尝不是在寻找差异和消除差异呢？

一、从消除代数式的次数差异入手

例 1　已知 a，b，c，$d\in\mathbf{R}^{+}$，$ab+bc+cd+da=1$，求 $a+b+c+d$ 的最小值。

突破思维受阻点分析：由于 $ab+bc+cd+da$ 与 $a+b+c+d$ 次数不一致，因此消除次数的差异便是解题的切入点。

途径一：把低的次数升上去

$(a+b+c+d)^2$

$=a^2+b^2+c^2+d^2+2ab+2bc+2cd+2da+2ac+2bd$

$=(a+c)^2+(b+d)^2+2$

$\geqslant 2(a+c)(b+d)+2$

$=2(ab+bc+cd+da)+2$

$=4$，

当 $a+c=b+d=1$ 时，可取等号。

途径二：把高的次数降下来

在上述过程中另一个信息也比较有价值，那就是 $ab+bc+cd+da=(a+c)(b+d)$。

则有 $a+b+c+d=(a+c)+(b+d)\geqslant 2\sqrt{(a+c)(b+d)}=2$，且当 $a+c=b+d=1$ 时，可取等号。

二、从消除与熟悉公式的差异入手

例 2 若 a，b，$c\in\mathbf{R}$，$a^2-2ab+c^2=0$，$bc>a^2$，则 a，b，c 的大小关系为__________。

突破思维受阻点分析：条件中 $a^2-2ab+c^2=0$ 与 $bc>a^2$ 之间不存在次数的差异，直觉告诉我们，$a^2-2ab+c^2=0$ 中 a^2，$2ab$，c^2 放在一起显得不够协调，a^2，$2ab$ 更应出现在 a，b 的完全平方和（或差）公式中，于是从熟悉的地方开始寻找入手的角度。

由 $a^2-2ab+c^2=0\Leftrightarrow a^2-2ab+b^2=b^2-c^2\geqslant 0$，得 $|b|\geqslant|c|$。

则由 $b^2\geqslant bc>a^2$，可得 $|b|>|a|$。

下面对 $|a|$ 与 $|c|$ 之间的大小关系进行分析，

由 $a^2+c^2=2ab=2|a||b|>2a^2$，则有 $|c|>|a|$。

又若 $b=c$，由 $a^2-2ab+c^2=a^2-2ab+b^2=0$，得 $a=b$，不合题意。

故 $|b|>|c|>|a|$。

从 $a^2+c^2=2ab$ 和 $bc>a^2$，可得 a，b，c 同号，

所以 $b>c>a$ 或 $b<c<a$。

三、从消除与性质（定理）的差异入手

例 3 已知函数 $f(x)=\dfrac{1}{2}x^2-ax+(a-1)\ln x$，$a>1$。

证明：若 $a<5$，则对于任意 x_1，$x_2\in(0,+\infty)$，$x_1\neq x_2$，有 $\dfrac{f(x_1)-f(x_2)}{x_1-x_2}>-1$。

突破思维受阻点分析：一些参考资料上比较热衷于将本题型与拉格朗日中值定理联系起来：如果函数 $f(x)$ 在 (m, n) 内可导，在 $[m, n]$ 上连续，则存在 $x_0 \in (m, n)$，使得 $f'(x_0)=\dfrac{f(m)-f(n)}{m-n}$。那么本题可以转化为证明 $f'(x)>-1$ 对一切 $x \in (0, +\infty)$ 均成立。

这应该不是命题者的初衷，仅仅满足于用高等数学中的知识直接作为解题的工具，对于解题者的数学思维训练帮助不大。既然根据式子 $\dfrac{f(x_1)-f(x_2)}{x_1-x_2}>-1$ 的结构可以联想到拉格朗日中值定理，我们是否可以和学生一起联系他们熟悉的工具来求解呢?

事实上，我们面对任意 $x_1, x_2 \in (0, +\infty)$，$x_1 \neq x_2$，有 $\dfrac{f(x_1)-f(x_2)}{x_1-x_2}>0$ 时，会得到函数 $f(x)$ 在 $(0, +\infty)$ 上的单调性。那么，由 $\dfrac{f(x_1)-f(x_2)}{x_1-x_2}>0$ 变为 $\dfrac{f(x_1)-f(x_2)}{x_1-x_2}>-1$ 之后，能否将 $\dfrac{f(x_1)-f(x_2)}{x_1-x_2}>-1$ 与某个函数的单调性联系起来呢?

由 $\dfrac{f(x_1)-f(x_2)}{x_1-x_2}>-1 \Leftrightarrow \dfrac{f(x_1)+x_1-f(x_2)-x_2}{x_1-x_2}>0$ 可得，本题可转化为：已知函数 $f(x)=\dfrac{1}{2}x^2-ax+(a-1)\ln x$，$1<a<5$，求证函数 $g(x)=f(x)+x$ 是单调递增函数。

下面的问题可以作为思考题供学生训练。

已知函数 $f(x)=(a+1)\ln x+ax^2+1$。

(1) 讨论函数 $f(x)$ 的单调性；

(2) 设 $a<-1$，则对于任意 $x_1, x_2 \in (0, +\infty)$，$x_1 \neq x_2$，有 $|f(x_1)-f(x_2)| \geqslant 4|x_1-x_2|$，求 a 的取值范围。

四、从变与不变的差异入手

例 4 (2017·南京二模) 在平面直角坐标系 xOy 中，直线 l_1：$kx-y+2=0$ 与直线 l_2：$x+ky-2=0$ 相交于 P 点，则当实数 k 变

化时，点 P 到直线 $x-y-4=0$ 的距离的最大值为__________。

生 1：这个问题的解决思路比较简单，可以直接联立两个直线方程，用 k 表示出点 P 的坐标，然后利用点到直线的距离公式，将点 P 到直线 $x-y-4=0$ 的距离表示为关于 k 的函数，于是把问题转化为求函数的最值问题。可是总觉得这个过程比较繁琐，运算量也大了一些。

师：这是否是唯一的途径呢？

生 2：可以利用消参法把两条动直线的交点的轨迹确定出来，最后发现该交点的轨迹是一个圆，于是把问题转化为求一个圆上动点到直线距离的最值问题。这样处理的运算量比刚才小。

生 1：这个方法比我的方法简洁，不过我有一个困惑，那就是你算出来的轨迹是一个圆，如果这个轨迹不是圆而是一条复杂的曲线，那么这个方法的优点就会打折扣了。

师：那么我们是否在求轨迹之前就能断定本题中点 P 的轨迹就是一条特殊的曲线呢？直线 l_1：$kx-y+2=0$ 与直线 l_2：$x+ky-2=0$，这两条直线随着 k 的变化而变化的过程中，有什么不变的几何特征吗？

生 1：这两条直线相互垂直，且直线 l_1：$kx-y+2=0$ 过定点（0，2），直线 l_2：$x+ky-2=0$ 过定点（2，0），这些特征不会改变。

师：这些特征能够帮助我们比较直观地确定出点 P 的轨迹是圆吗？由此可见，一道问题在下笔之前的定性分析是有价值的。

五、从消除与熟悉曲线方程的差异入手

例 5 已知 $a^2+b^2\leqslant 4$，求证：$|3a^2-8ab-3b^2|\leqslant 20$。

突破思维受阻点分析：这道题让人感到困惑的是条件与结论都是以不等式的形式呈现，我在教学中曾问学生，看到 $a^2+b^2\leqslant 4$ 首先能够联想到什么？不少学生回答是圆。与圆有关的问题若从几何角度入手，题中 $3a^2-8ab-3b^2$ 的几何意义不明显，那么可优先从与圆有关的代数角度入手。

基于学生的认知经验，对于 $a^2+b^2=4$，他们会考虑三角代换，即可令 $a=2\cos\theta$，$b=2\sin\theta$。但是面对 $a^2+b^2\leqslant 4$ 时，却会有些迟疑，教师可以追问：如果 $a^2+b^2=4$ 可以看成是圆，那么 $a^2+b^2\leqslant 4$ 的几何意义是什么？会有学生给出类似圆面的答案。故只需让学生明白 $a^2+b^2\leqslant 4$ 也可以用 $a^2+b^2=r^2$（$0\leqslant r\leqslant 2$）等价表示，则将其进行三角代换就更自然了，即 $a=r\cos\theta$，$b=r\sin\theta$（$0\leqslant r\leqslant 2$）。

则有

$$\begin{aligned}|3a^2-8ab-3b^2|&=|3r^2\cos^2\theta-8r^2\cos\theta\sin\theta-3r^2\sin^2\theta|\\&=|3\cos 2\theta-4\sin 2\theta|r^2\\&=|5\cos(2\theta+\alpha)|r^2\\&\leqslant 5r^2\leqslant 20.\end{aligned}$$

六、从消除数形差异入手

2017 年高考之后有两名学生与我讨论过如下例题。

例 6　（2017·江苏）在平面直角坐标系 xOy 中，$A(-12,0)$，$B(0,6)$，点 P 在圆 O：$x^2+y^2=50$ 上，若 $\overrightarrow{PA}\cdot\overrightarrow{PB}\leqslant 20$，则点 P 的横坐标的取值范围是__________。

生 1：令点 P 坐标为（x，y），则由 $\overrightarrow{PA}\cdot\overrightarrow{PB}\leqslant 20$ 可得 $2x-y\leqslant -5$，如何根据 $2x-y\leqslant -5$ 这个不等式求点 P 的横坐标的取值范围，我有些疑惑，不知如何得到只含有 x 的不等式。

师：如果想把 $2x-y\leqslant -5$ 变成只含有 x 的不等式遇到了障碍，那么 $2x-y\leqslant -5$ 这个不等式还能派上什么用场呢？这样的不等式在什么地方见过？

生 1：这个不等式表示点 P 在直线 $2x-y+5=0$ 的左侧。我知道了，只需求出直线 $2x-y+5=0$ 与圆 $x^2+y^2=50$ 的交点的横坐标即可。

师：那么点 P 的横坐标的取值范围是否就是以这两个交点的横坐标为端点的区间呢？

生 1：这个还不一定，还需要结合图形来进一步确定。

生 2：我是从三角代换入手，即令 $P(5\sqrt{2}\cos\theta,5\sqrt{2}\sin\theta)$，则将 $\overrightarrow{PA}\cdot\overrightarrow{PB}\leqslant 20$ 进行坐标运算，可得 $2\cos\theta-\sin\theta\leqslant -\frac{\sqrt{2}}{2}$。到这里，我就不知道

如何做下去了。

师：本题要我们求的是什么？

生 2：是点 P 的横坐标的范围。

师：那么对于 $P(5\sqrt{2}\cos\theta，5\sqrt{2}\sin\theta)$ 来说，只需得到 $\cos\theta$ 的取值范围就可以。根据 $2\cos\theta-\sin\theta\leqslant-\frac{\sqrt{2}}{2}$，我们有什么办法得到 $\cos\theta$ 的取值范围呢？

生 2：我考虑过配角，但将其变形为 $\cos(\theta+\alpha)\leqslant-\frac{1}{\sqrt{10}}$（其中 α 为所配的角）之后，就没有办法了。

师：由于配角之后我们看到的是非特殊角的三角函数，故反而增大了运算量，所以本题考虑三角代换并不是便捷的方法。

生 2：那么当我做到这一步之后，如何接着往下计算呢？

师：解铃还需系铃人，既然三角代换在解本题过程中走了弯路，那么我们可把 $2\cos\theta-\sin\theta\leqslant-\frac{\sqrt{2}}{2}$ 和 $\cos^2\theta+\sin^2\theta=1$ 结合起来，再进行一次换元，即把求 $\cos\theta$ 的取值范围的问题转换为在 $2x-y\leqslant-\frac{\sqrt{2}}{2}$，$x^2+y^2=1$ 条件下，求 x 的取值范围即可。

从上述解题过程可以看出，由于受思维定式的影响，在解题过程中，无法及时进行数形转换会导致思维受阻。

七、从消除抽象与具体之间的差异入手

在解题的过程中，由于题目的抽象常常让人踌躇不前，因此尽可能地将抽象问题具体化是一条重要的策略。

例 7 已知函数 $f(x)=x^2-x+1+a\ln x$。

(1) 当 $a=1$ 时，求曲线 $y=f(x)$ 在点 $(1，f(1))$ 处的切线方程；

(2) 若函数 $f(x)$ 有两极值点 x_1，x_2，且 $x_1<x_2$，求证：$f(x_2)<\frac{3}{4}$。

突破思维受阻点分析：在求解第（1）问时，由于 $a=1$ 时，$f(x)=x^2-x+1+\ln x$，$f(1)=1$。$f'(x)=2x-1+\frac{1}{x}$，$f'(1)=2$，故曲线 $y=f(x)$在点（1，$f(1)$）处的切线方程为 $y=2x-1$。整个解题过程之所以简单，主要原因是题目不含参数。

而在处理第（2）问时，由于多个未知量或参数的存在，使得本题抽象且不易得出待证的结论 $f(x_2)<\frac{3}{4}$的含义，故解决本小题的关键环节是如何将条件与结论具体化。由 $f'(x)=2x-1+\frac{a}{x}=\frac{2x^2-x+a}{x}=0$，可得方程 $2x^2-x+a=0$ 有两根 x_1，x_2，且 $0<x_1<x_2$，又由 $x_1+x_2=\frac{1}{2}$，可得$\frac{1}{4}<x_2<\frac{1}{2}$，且 $a=-2x_2^2+x_2>0$。

又 $f(x_2)=x_2^2-x_2+1+a\ln x_2=x_2^2-x_2+1+(x_2-2x_2^2)\ln x_2$，至此我们就把问题转化为证明关于 x_2 的函数 $f(x_2)=x_2^2-x_2+1+(x_2-2x_2^2)\ln x_2\left(\frac{1}{4}<x_2<\frac{1}{2}\right)$的函数值都小于$\frac{3}{4}$，于是问题迎刃而解。

因为 $f'(x_2)=(1-4x_2)\ln x_2>0$，

故 $f(x_2)$ 在$\left(\frac{1}{4}，\frac{1}{2}\right)$上递增，

所以 $f(x_2)<f\left(\frac{1}{2}\right)=\frac{3}{4}$。

八、从消除繁与简的差异入手

记得听过黄杰华老师的一节课——三角恒等式的证明，颇受启发，三角恒等式的证明，其实质是有目标地化简问题：

若等式两端的式子有一端繁琐另一端简洁，则就由繁化简；

若等式两端的式子都很繁琐，则两端的式子分别化成同一个简洁的式子。

教学反思：条件求值问题，突破点应寻找并消除条件与结果之间的差异。

例 8 已知 $\tan(\alpha+\beta)=-1$，$\tan(\alpha-\beta)=\frac{1}{2}$，求$\frac{\sin 2\alpha}{\sin 2\beta}$。

分析：三角函数的条件求值问题，条件与结果之间存在着角的差异和函数名称的差异。对于角的差异，可以通过如下等式联系起来：$2\alpha=(\alpha+\beta)+(\alpha-\beta)$，$2\beta=(\alpha+\beta)-(\alpha-\beta)$。对于函数名称的差异，可以通过构造齐次式来进行消除：

$$\frac{\sin 2\alpha}{\sin 2\beta}=\frac{\sin[(\alpha+\beta)+(\alpha-\beta)]}{\sin[(\alpha+\beta)-(\alpha-\beta)]}=\frac{\sin(\alpha+\beta)\cos(\alpha-\beta)+\cos(\alpha+\beta)\sin(\alpha-\beta)}{\sin(\alpha+\beta)\cos(\alpha-\beta)-\cos(\alpha+\beta)\sin(\alpha-\beta)}$$

（下略）。

需要清楚的是，解决同一个问题的过程，就是不断消除差异的过程。

2018 年 11 月 1 日，一名高三学生找到我，给我看了一道他们刚测试的题目：

已知函数 $f(x)$ 是定义在 $\mathbf{R}$ 上的奇函数，若 $g(x)=f(x+1)+2$，$g'(x)$为 $g(x)$ 的导函数，对 $\forall x\in\mathbf{R}$，总有 $g'(x)>2x$，则 $g(x)<x^2+1$ 的解集为（　　）。

A. $(-\infty,0)$　　B. $(-\infty,-1)$

C. $(-1,+\infty)$　　D. $(0,+\infty)$

生：我知道用特殊化的方法是可以求解的，比如通过尝试，会发现 $f(x)=x^3$ 符合题意，因而不难选出正确答案。只不过我觉得这样的解题经历，似乎数学的味道少了一些，但我在尝试寻找其他路径时，却没有思路。

师：代特殊值进行排除，这也是一种有效的逻辑推理方法。老师认为你希望寻找的是当这题没有可供参考的选项时，还能解出结果的通法。在寻找通法的过程中，你最“怕”哪个条件？

生：应该是“对 $\forall x\in\mathbf{R}$，总有 $g'(x)>2x$”这个条件不知怎么用。

第一次消除差异：陌生与熟悉

师：若将其转化为“对 $\forall x\in\mathbf{R}$，总有 $g'(x)-2x>0$”，你觉得它有什么含义？

生：可以认为 $y=g(x)-x^2$ 在 $\mathbf{R}$ 上是增函数，当然也可以认为是 $y=g(x)-x^2+k$ 在 $\mathbf{R}$ 上是增函数，其中 k 是常数。

第二次消除差异：不确定与确定

师：那么 $y=g(x)-x^2+k$ 这个函数与 $g(x)<x^2+1$ 有什么关系呢？

生：是否应该去研究 $y=g(x)-x^2-1$ 这个函数呢？

师：有道理！

生：现在我可以得出函数 $y=g(x)-x^2-1$ 在 $\mathbf{R}$ 上是增函数这个结论，它对解不等式 $g(x)<x^2+1$ 有什么帮助呢？

第三次消除差异：条件与结论

师：要使 $g(x)<x^2+1$，即 $g(x)-x^2-1<0$，那么就是去找让函数 $y=g(x)-x^2-1$ 在 x 轴下方部分对应的自变量的取值范围。而 $y=g(x)-x^2-1$ 在 $\mathbf{R}$ 上是增函数，所以关键是确定该函数的零点！你能看得出来这个零点在哪儿吗？

生：还看不出来。

师：看不出来的原因是什么？

生：原因是 $y=g(x)-x^2-1$ 这个函数有些复杂。

第四次消除差异：具体与抽象

师：我们能否把函数 $y=g(x)-x^2-1$ 解析式尽可能具体化？

生：可以得到 $y=g(x)-x^2-1=f(x+1)+1-x^2$。哦，我知道了，可以把 $f(x+1)+1-x^2$ 折成两部分，一部分为 $f(x+1)$，另一部分为 $1-x^2$，$x=-1$ 是这两部分的零点，也就是 $y=g(x)-x^2-1$ 的零点。

第六章　解析几何教学中的反思

解析几何是用代数方法去研究几何问题。如果能够把握解析几何这一特征，我们在教学中就既不应孤立地看待坐标与点，也不应孤立地看待方程与曲线，而是既能从形中得到数，又能从数中想象出形。正是由于无法迅速地进行数形转换，导致解题时陷入繁琐的代数运算，因此，能否有效地降低运算量，应是衡量解析几何教学成效的重要指标。

第一节　如何降低解析几何中的运算量

在学习解析几何的过程中，有一个问题会始终困扰很多学生，那就是运算太繁琐，导致有思路却无法算出结果，因此有效降低解析几何问题中的运算量，是教与学中的重要任务。

当然，在忙着构造方程组，通过代数途径处理解析几何问题时，我们在课堂中还需意识到，有没有学生忘记对几何图形特征的挖掘与利用。有学生可能会问，是否可以直接利用图形和运动变化的观点直接得到 λ 的取值范围？

例如，如图 6－1，过定点 A（0，2）的直线交椭圆 $\frac{x^2}{2}+y^2=1$ 于不同的两点 G，H（点 G 在 A，H 之间），且满足 $\overrightarrow{AG}=\lambda\overrightarrow{AH}$，求 λ 的取值范围。

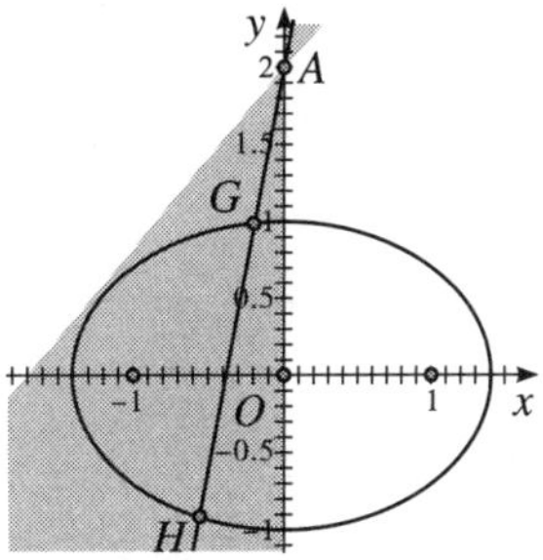

图 6－1

在处理这样的问题时，是否可以下这样的结论：直线与椭圆相切时 λ 最大，直线与 y 轴重合时 λ 最小？而 λ 的取值范围就是最大值与最小值之间的区间？

这是在解析几何教学中我们经常会遇到的场景，学生容易在这样“大概是”的感觉中下结论，少了理性地追问“为什么?”，从而在解析几何的学习过程中留下似是而非的判断，这对其思维的严谨性培养是不利的。

一、如何理解“化斜为直”的策略

在解析几何中，学生最希望处理的直线是平行坐标轴，因为这样就无需同时处理横坐标与纵坐标，而只需单独处理其中的横坐标或纵坐标。但通常我们遇到的直线并不平行任何一条坐标轴，那么将问题“化斜为直”就是解决解析几何直线与曲线位置关系常用的策略。回忆一下我们在推导两点距离公式时，是不是用到“化斜为直”的策略？

例 1 过抛物线：$x^2=2py$ 焦点 F，倾斜角为 30°的一直线交抛物线于 A、B 两点（A 点在 B 点右侧），求 $\frac{|AF|}{|BF|}$ 的值。

分析：学生拿到此题时，一般是先将直线与圆锥曲线方程联立起来并消元，然后根据题目中的条件与要求进行运算。

在直角坐标系中，F 点的坐标为 $\left(0,\ \frac{p}{2}\right)$，直线 AB 方程为 $y=\frac{\sqrt{3}}{3}x+\frac{p}{2}$，与 $x^2=2py$ 联立，可得 $x^2=2p\left(\frac{\sqrt{3}}{3}x+\frac{p}{2}\right)=\frac{2\sqrt{3}}{3}px+p^2$，即得 $x^2-\frac{2\sqrt{3}}{3}px-p^2=0$，解得 $x_1=\sqrt{3}p$，$x_2=-\frac{\sqrt{3}}{3}p$，该方程如何与 $\frac{|AF|}{|BF|}$ 联系起来呢？至此学生往往会思维受阻。因此应该帮助学生顺着思路走下去，需要老师事先做好准备。

事实上，如果学生从代数角度不知如何便捷处理 $\frac{|AF|}{|BF|}$，是因为没有能够及时将 $\frac{|AF|}{|BF|}$ 的几何意义挖掘出来，如果我们结合图形能够想到这个比值可以转化为 A，B 两点到 y 轴距离的比值，则就有 $\frac{|AF|}{|BF|}=-\frac{x_A}{x_B}$，到此只需将前面求出来的 A，B 两点的横坐标代入即可。

此时，思考一个平时可能被大家忽略的问题：为什么拿到一道解析几何题目，直接将直线与曲线方程联立起来消元后，再分析题意？这样的操作是否有其合理性？

最初，我也仅是功利地认为上述操作是出于考试拿步骤分的需要，而没有深究，为什么这样的操作就可以拿到步骤分？其实，联立方程消元的过程，何尝不是在“化斜为直”？即将处理横、纵坐标的问题，转化为单独处理横坐标或纵坐标的问题。

二、整体意识何所觅

在求解上述例 1 之后，还有一个问题需要有应对办法，那就是假如两交点的横坐标并非如此容易得到时怎么办?

由 $x^2-\frac{2\sqrt{3}}{3}px-p^2=0$，得 $x_A+x_B=\frac{2\sqrt{3}}{3}p$，$x_Ax_B=-p^2$。

当我第一次面对 $\frac{x_A}{x_B}$ 与 $x_A+x_B=\frac{2\sqrt{3}}{3}p$，$x_Ax_B=-p^2$ 时，如何由 $x_A+x_B=\frac{2\sqrt{3}}{3}p$，$x_Ax_B=-p^2$ 去构造 $\frac{x_A}{x_B}$，还是遇到了麻烦，之后联想到在三角函数中类似“已知 $\frac{3\sin^2x+3\sin x\cos x}{\cos^2x+\sin x\cos x}=1$，求 $\tan x$”这样的问题。在 $\frac{3\sin^2x+3\sin x\cos x}{\cos^2x+\sin x\cos x}=1$ 中，正是因为等式左端分子分母都是关于 $\sin x$ 和 $\cos x$ 的齐次式，所以就容易将其用 $\tan x$ 表示出来。

观察 $x_A+x_B=\frac{2\sqrt{3}}{3}p$，$x_Ax_B=-p^2$，我们会发现 x_A+x_B 与 x_Ax_B 次数有差异，则消除二者次数的差异就是解决问题的突破口：

$\frac{(x_A+x_B)^2}{x_Ax_B}=\frac{x_A}{x_B}+\frac{x_B}{x_A}+2=-\frac{4}{3}$，从而使问题得以解决。

之后一直很钟爱这种思路，利用整体意识能比较直接构造出关于 $\frac{x_A}{x_B}$ 的方程，本质上是方程的求解问题，如果能够这样理解，那么其他途径就不难找到了。

令 $\frac{x_A}{x_B}=t$，则 $x_A=x_Bt$，分别代入 $x_A+x_B=\frac{2\sqrt{3}}{3}p$，$x_Ax_B=-p^2$ 得到 $x_B(1+t)=\frac{2\sqrt{3}}{3}p$，$x_B^2t=-p^2$，通过消元法亦可得到关于 $\frac{x_A}{x_B}$ 的方程。

例 2 已知椭圆 C_1：$\frac{x^2}{a^2}+\frac{y^2}{b^2}=1$（$a>0$，$b>0$）的左右焦点为 F_1、F_2，离心率为 $\frac{1}{2}$，又抛物线 C_2：$y^2=4mx$（$m>0$）与该椭圆有公共焦点 $F_2(1,0)$。

(1) 求椭圆 C_1 与抛物线 C_2 的方程；

(2) 设直线 l 经过椭圆 C_1 的左焦点 F_1，与抛物线 C_2 交于 P、Q 两

点，且满足$\overrightarrow{F_1P}=\lambda\overrightarrow{F_1Q}$，求实数$\lambda$的取值范围。

分析：$\overrightarrow{F_1P}=\lambda\overrightarrow{F_1Q}$为本题关键信息，此信息如何翻译（或转化）即为本题思维障碍点，也决定了本题是利用极坐标还是利用直角坐标进行解题。

（1）椭圆C_1的方程为$\frac{x^2}{4}+\frac{y^2}{3}=1$，抛物线$C_2$的方程为$y^2=4x$。

（2）学生能够想到哪些途径来解题，是老师在准备这一道题时应重点考虑的问题。

思路一：学生最可能想到的方法是设出直线l方程，并与椭圆方程联立，不妨令$P(x_1,\ y_1)$，$Q(x_2,\ y_2)$，那么条件$\overrightarrow{F_1P}=\lambda\overrightarrow{F_1Q}$可以转换为$(x_1+1,y_1)=\lambda(x_2+1,y_2)$，则有$\frac{y_1}{y_2}=\lambda$，则直线$l$方程应设为$x=my-1$。

由$\begin{cases}\frac{x^2}{4}+\frac{y^2}{3}=1,\\ x=my-1,\end{cases}$得$(3m^2+4)y^2-6my-9=0$，

则有$y_1+y_2=\frac{6m}{3m^2+4}$，$y_1y_2=-\frac{9}{3m^2+4}$。

由$\frac{(y_1+y_2)^2}{y_1y_2}=\frac{y_1}{y_2}+\frac{y_2}{y_1}+2=-\frac{4m^2}{3m^2+4}$，

因为$m^2\geqslant0$，则$\frac{y_1}{y_2}+\frac{y_2}{y_1}+2=\lambda+\frac{1}{\lambda}+2=-\frac{4m^2}{3m^2+4}\in\left(-\frac{4}{3},\ 0\right]$，

故$\begin{cases}\lambda+\frac{1}{\lambda}+2>-\frac{4}{3},\\ \lambda+\frac{1}{\lambda}+2\leqslant0,\end{cases}$解得$-3<\lambda<-\frac{1}{3}$。

又因当m不存在时，$\lambda=-\frac{1}{3}$或$\lambda=-3$。

故实数λ的取值范围是$\left[-3,\ -\frac{1}{3}\right]$。

三、尽可能挖掘图形的几何特征和利用已有的公式

几何特征是指提示平面图形中点、线之间位置关系，并且特指对解决问题有帮助的位置关系，其中我们已经推证出来的公式也是在有效挖

掘图形几何特征之后得到的。

1. 随着对上述例 1 不断深入挖掘，关于它的解法也越来越多。

解法一：利用圆锥曲线的极坐标方程 $\rho=\frac{p}{1-\cos\theta}$ 求解

$\rho=\frac{p}{1-\cos\theta}$ 表示的是以极点为焦点，开口向右的抛物线，抛物线 $\rho=\frac{p}{1-\cos\theta}$ 绕着极点逆时针方向旋转 90°之后开口向上。原问题可以看成是“过抛物线 $\rho=\frac{p}{1-\cos\theta}$ 的焦点，倾斜角为 120°的一直线交抛物线于 A、B 两点（A 点在 B 点上方），求 $\frac{|AF|}{|BF|}$ 的值”，则有 $\rho_A=\frac{p}{1-\cos\frac{2\pi}{3}}=\frac{2}{3}p$，$\rho_B=\frac{p}{1-\cos\frac{\pi}{3}}=2p$，$\frac{|AF|}{|BF|}=\frac{\rho_A}{\rho_B}=\frac{1}{3}$。

解法二：利用相似比求解

如图 6－2，设 A_1，B_1 分别为 A，B 在准线上的射影，设 $|BF|=|BB_1|=m$，$|AF|=|AA_1|=n$，则 $|BQ|=2m$，$|AQ|=2n$。而 $|QF|=m$，$|AF|=m-2n=n$，则 $m=3n$，故 $\frac{|AF|}{|BF|}=\frac{1}{3}$。

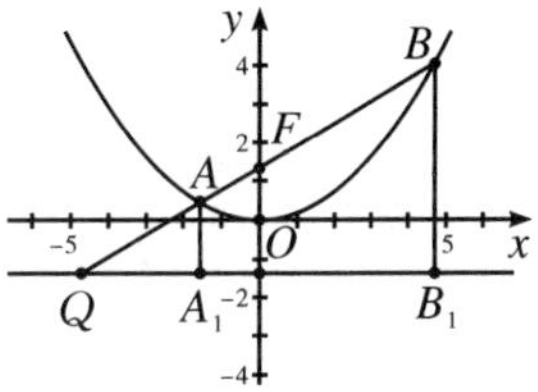

图 6－2

解法三：利用定义求解

如图 6－3，设 A_1，B_1 分别为 A，B 在准线上的射影，H 为 A 在 BB_1 上的射影，设 $|BF|=m$，$|AF|=n$，则 $|BH|=m-n=\frac{m+n}{2}$，则 $\frac{|AF|}{|BF|}=\frac{1}{3}$。

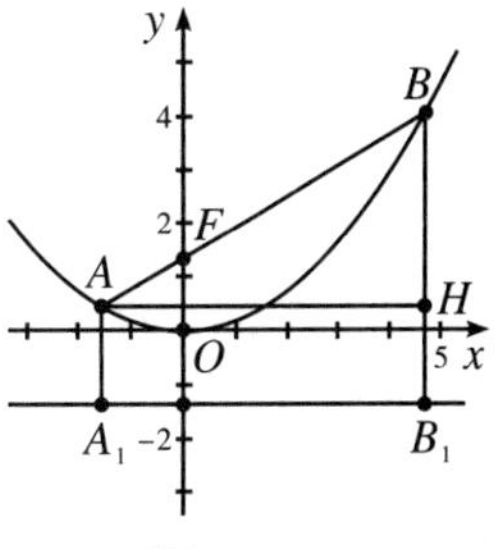

图 6－3

2. 类似地，我们也可以多角度地探究上述例 2 的解法。

思路二：学生可能会从 $\overrightarrow{F_1P}=\lambda\overrightarrow{F_1Q}$ 联想到椭圆的焦半径公式，即

$$-\lambda=\frac{|F_1P|}{|F_1Q|}=\frac{a+ex_1}{a+ex_2}=\frac{2+\frac{1}{2}x_1}{2+\frac{1}{2}x_2}=\frac{4+x_1}{4+x_2}$$，即要得到 λ 的取值范围，则需得到$\frac{4+x_1}{4+x_2}$的取值范围，这又化归为思路一的方法，且比思路一中求$\frac{y_1}{y_2}$的取值范围运算更加繁琐。

思路三：学生可能会考虑到利用直线的参数方程中参数的几何意义，即令直线 l 的参数方程为$\begin{cases}x=-1+t\cos\alpha,\\ y=t\sin\alpha,\end{cases}$将其代入椭圆方程中即得 $(\sin^2\alpha+3)t^2-t\cdot 6\cos\alpha-9=0$。设 P，Q 两点对应的参数分别为 t_1，t_2，则有 $t_1+t_2=\frac{6\cos\alpha}{\sin^2\alpha+3}$，$t_1t_2=-\frac{9}{\sin^2\alpha+3}$，而 $\lambda=\frac{t_1}{t_2}$，则也化归为与思路一同样的类型。

思路四：求$-\lambda=\frac{|F_1P|}{|F_1Q|}$的取值范围，比较直接的方法是利用椭圆的极坐标方程。即以椭圆左焦点为极点，F_1x 为极轴建立极坐标系，则椭圆方程为$\rho=\frac{ep}{1-e\cos\theta}$，其中 e 为椭圆离心率，p 为左焦点到左准线的距离。

令 P（ρ_P，θ），则 Q（ρ_Q，$\pi+\theta$），

故 $\rho_P=\frac{3}{2-\cos\theta}$，$\rho_Q=\frac{3}{2+\cos\theta}$，

于是有$-\lambda=\frac{|F_1P|}{|F_1Q|}=\frac{\rho_P}{\rho_Q}=\frac{2+\cos\theta}{2-\cos\theta}$，

因为$\frac{2+\cos\theta}{2-\cos\theta}\in\left[\frac{1}{3},\ 3\right]$，

故实数 λ 的取值范围是$\left[-3,\ -\frac{1}{3}\right]$。

四、迅捷地找到有价值的不等关系

2017 年 11 月，一位老师与一名学生讨论了 2017 年南京市一道模拟试题，值得留下其讨论过程。

例 3　在平面直角坐标系 xOy 中，圆 O：$x^2+y^2=1$，圆 M：$(x+a+3)^2+(y-2a)^2=1$（a 为实数）。若圆 O 与圆 M 上分别存在点 P，Q，使得 $\angle OQP=30^\circ$，则 a 的取值范围为__________。

生：在审题时，思路有些乱。

师：让你感觉到困难的是什么？

生：P，Q 这两个点都是动点，并且点 Q 还是一个动圆上的动点。

师：那么我们是否可以从不变的特征入手呢？有哪些量是不变的呢？

生：圆 O：$x^2+y^2=1$ 的半径，$\angle OQP=30^\circ$，这些量是不变的。

师：我们是否可以这样概括一下：这些特征可以集中在一个 $\triangle OQP$ 中，$\angle OQP=30^\circ$，$OP=1$，这一特征能得到什么结论呢？

生：由正弦定理可以知道，这意味着 $\triangle OQP$ 外接圆的直径为定值 2。

师：求取值范围的问题常常是通过构造不等关系来求解，那么由这一结论能够得出一个不等量关系吗？

生：这说明 OQ 的距离最远是 2，即 $|OQ|\leqslant 2$，这个不等式对于求 a 的取值范围有帮助吗？

师：我们再把上面的结论表述清楚些，即圆 M：$(x+a+3)^2+(y-2a)^2=1$（a 为实数）上存在一点 Q，使得圆 M 上的点到 O 距离的最小值不超过 2。那么就有 $|OQ|\leqslant 2$。

生：根据上面的思路，是否可以把题目的条件"若圆 O 与圆 M 上分别存在点 P，Q，使得 $\angle OQP=30^\circ$"直接表述为：点 P，Q 分别在圆 O 与圆 M 上，$\angle OQP$ 的最大值不小于 30°。

师：这种想法很有价值，要使 $\angle OQP$ 最大，PQ 必是圆 O 的切线，且以 P 为切点。那么在以 P 为直角顶点的直角三角形 OPQ 中，只有 $|OQ|\leqslant 2$ 时才能保证 $\angle OQP$ 的最大值不小于 30°。

恩格斯曾指出："数学是辩证的辅助手段和表现方式。"如此说来，辩证关系在数学中无处不在，等与不等关系是中学数学中基本的关系，也是一对辩证关系，它们是对立统一的，又是相互联系、相互影响的，等与不等的冲突既可能是我们解决问题的障碍，也可能蕴含着解决问题的契机。

例 4 已知 a，$b\in\mathbf{R}^+$，$\frac{1}{a}+\frac{1}{b}\leqslant 2\sqrt{2}$，$(a-b)^2=4(ab)^3$，则 $\log_a b=$________。

解析：题目中要求的 $\log_a b$ 中存在两个未知量 a，b，条件中出现的是关于 a，b 的一个方程与一个不等式，与我们"期待"出现两个方程冲突，如何消除不等与等之间的矛盾就成为解决本题的关键。

因为 $\frac{1}{a}+\frac{1}{b}\leqslant 2\sqrt{2}\Leftrightarrow a+b\leqslant 2\sqrt{2}ab$，

$4(ab)^3=(a-b)^2=(a+b)^2-4ab\leqslant 8(ab)^2-4ab$，

则有 $(ab)^2-2ab+1=(ab-1)^2\leqslant 0$，

故 $ab=1$，

则有 $\log_a b=-1$。

五、思考有价值的问题

当我们拥有多种方法解决一道题之后，我们可以进行哪些有价值的思考？

关于通性通法的思考。此方法对其他圆锥曲线适用吗？哪种方法是通法？以帮助学生重视对通性通法的掌握。

关于算理的思考。为什么在众多方法中有一些方法很简洁？其中一个主要原因是挖掘出了图形的几何特征，从而降低了运算量，培养科学理性的思维。

关于思维的流畅性的思考。当我们与学生一起探究出多种解法之后，还可以进行如下思考：仅仅有这些思路吗？如果这些解法都有一定的技巧性导致学生没有想到该怎么办？学生是否能够比较自然地想到用代数方法解决此题，是否有较容易处理的思路呢？当学生解决问题的思路与老师的思维不一致时，如何顺应学生的思路完成问题的解决，是实现学生自然地学的重要途径。

在平面解析几何中，要研究两条共线线段的比值问题，可以考虑以下几种转换途径：研究横（或纵）坐标的比值问题，可通过"化斜为直"来降低运算量；借助直线参数的几何意义，避免利用两点间距离公式导致运算繁琐；借助极坐标的几何意义；若研究的线段与圆锥曲线的焦半径有关，也可以考虑利用焦半径进行研究。

上述方法并不仅仅能用来处理两线段比值问题，对于其他直线与圆锥曲线位置关系同样适用。

例5 已知 AB 为过抛物线 $y^2=2px$ 的焦点的弦，l 为准线，$BB_1\perp l$ 于 B_1。求证：A，B_1，O 三点共线。

学生可能出现的疑惑：若从代数途径处理此题，要证明 A，B_1，O 三点共线，要么验证两两连线的斜率相等，要么验证其中一点坐标是另外两点确定的方程的解，这都需要得到 A、B、B_1 的坐标。由于 AB 为过抛物线 $y^2=2px$ 的焦点的动弦，一般会导致学生在审题时对求动点 A、B、B_1 的坐标心存畏惧。究其原因，是因为学生对于过焦点的弦两端点纵（横）坐标之积为常数这一特性不够熟悉，从而高估了在运算中的难度。

若从几何途径处理此题，由于对抛物线的几何特征不熟悉，以及在初中阶段对于平面几何中点线、线线位置关系以及图形几何特征学习得不够深入，尚不能敏锐地捕捉有用的几何信息，造成通过挖掘图形几何特征来降低运算量的思路受阻。所以在解析几何的教学过程中，有必要让学生对平面几何中的一些基本知识有一个再认识的过程。

思路一：画图如图 6-4，设 $A(x_1,\ y_1)$，$B(x_2,\ y_2)$，令直线 AB 的方程为 $x=my+\dfrac{p}{2}$。

由 $\begin{cases}y^2=2px,\\ x=my+\dfrac{p}{2},\end{cases}$ 得 $y^2-2pmy-p^2=0$，

则有 $y_1y_2=-p^2$，$x_1x_2=\dfrac{p^2}{4}$。

由 $BB_1\perp l$ 于 B_1，得 $B_1\left(-\dfrac{p}{2},\ y_2\right)$，即 $B_1\left(-\dfrac{p}{2},\ -\dfrac{p^2}{y_1}\right)$。

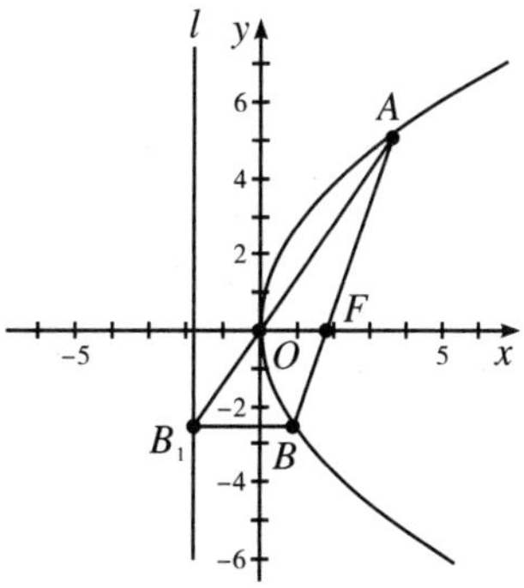

图 6-4

而点 A 的坐标可表示为$\left(\frac{y_1^2}{2p},\ y_1\right)$，

则 $k_{AO}=\frac{2p}{y_1}=k_{B_1O}$，

故 A，B_1，O 三点共线。

注：在课堂上让学生思考直线 AB 方程以何种形式出现是有价值的事情。

思路二：连接 AB_1 交 x 轴于 O_1，准线 l 交 x 轴于 E，过 A 作 $AA_1\perp l$ 于 A_1，连接 A_1B 交 AB_1 于 O_2，如图 6-5。

因为 $AA_1 /\!/ FE /\!/ BB_1$，且 $AF=AA_1$，$BF=BB_1$，所以 $\frac{AF}{BF}=\frac{AO_1}{B_1O_1}=\frac{A_1E}{B_1E}=\frac{AA_1}{BB_1}$。

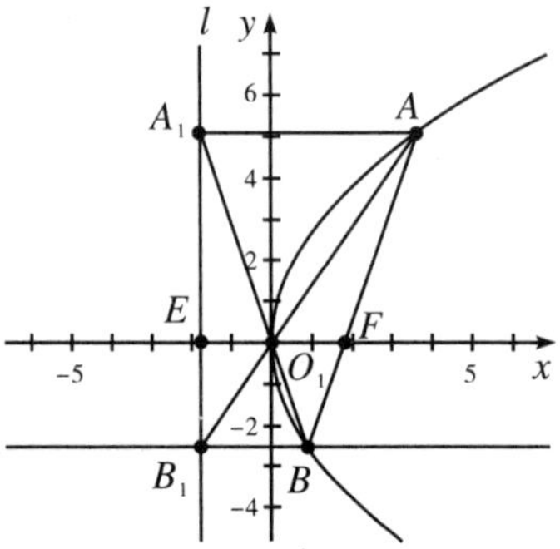

图 6-5

又因为 $\triangle AA_1O_2$ 与 $\triangle B_1BO_2$ 相似，则 $\frac{AA_1}{BB_1}=\frac{AO_2}{B_1O_2}$，故 $\frac{AO_1}{B_1O_1}=\frac{AO_2}{B_1O_2}$，即 $\frac{AO_1}{B_1O_1}+1=\frac{AO_2}{B_1O_2}+1\Leftrightarrow\frac{AB_1}{B_1O_1}=\frac{AB_1}{B_1O_2}$，所以 O_1，O_2 重合。

故 $\frac{FO_1}{BB_1}=\frac{AF}{AB}=\frac{A_1O_1}{A_1B}=\frac{EO_1}{BB_1}$，则 $FO_1=EO_1$，即 O_1，O 重合，于是 A，B_1，O 三点共线。

例 6 已知左焦点为 $F(-1,\ 0)$ 的椭圆 C：$\frac{x^2}{a^2}+\frac{y^2}{b^2}=1$（$a>b>0$）经过点 $A(2,\ 0)$。

（1）求椭圆 C 的方程。

（2）已知直线 l 与椭圆 C 分别交于 M，N（M，N 在 x 轴异侧），M 关于长轴对称的点为 B（不与 N 重合），直线 $x=-4$ 分别与 x 轴，AB，AN 交于 T，P，Q，如图 6-6 所示。若 $\angle TQF=\angle TFP$，求证：直线 l 经过定点。

解析：（1）椭圆 C 的方程为 $\frac{x^2}{4}+\frac{y^2}{3}=1$。

(2) 根据题目条件，结合对称性可进行合情推理：定点若存在，只会落在 x 轴上。故可令直线 l 的方程为 $x=my+n$，只需能够说明直线方程中的 n 为常数即可。将 $x=my+n$ 与 $\frac{x^2}{4}+\frac{y^2}{3}=1$ 联立，可得 $(3m^2+4)y^2+6mny+3n^2-12=0$。

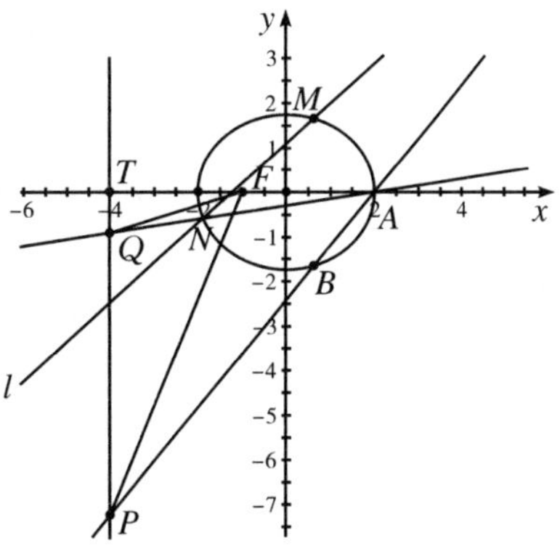

图 6－6

设 $M(x_1, y_1)$，$N(x_2, y_2)$，则有

$$y_1+y_2=-\frac{6mn}{3m^2+4},\ y_1y_2=\frac{3n^2-12}{3m^2+4},$$

$$x_1+x_2=\frac{8n}{3m^2+4},\ x_1x_2=\frac{4n^2-12m^2}{3m^2+4}。$$

由相似比可得 $|y_P|=\frac{6y_1}{2-x_1}$，$|y_Q|=-\frac{6y_2}{2-x_2}$。

因为 $\triangle FTQ$ 与 $\triangle PTF$ 均为直角三角形，且 $\angle TQF=\angle TFP$，则 $\triangle FTQ\backsim\triangle PTF$，则有 $\frac{3}{\frac{6y_1}{2-x_1}}=\frac{-\frac{6y_2}{2-x_2}}{3}$，

整理得 $x_1x_2=m^2y_1y_2+mn(y_1+y_2)+n^2$，

代入化简后即得 $n^2-n-2=0$，解得 $n=-1$。

这道题是某市的一道高考模拟试题，概括地说就是判断动直线是否过某一定点的问题，解决之后可能有人会产生这样的疑问：类似过定点的问题是怎么生成的？在教材中是否有类似的问题？

[**反思**] 思维量与运算量是一对永恒的矛盾

解析几何问题求解过程中，思维量与运算量往往是呈负相关的关系，解题时，无需挖掘图形几何特征的解析法经常是首先被想到的方法，但若一味地按部就班地运算，既费时，也无趣。因此，每当有了解题思路之后，再反思自己的方法选择的合理性、便捷性，可能就会有新的收获。

例 7 已知 AC，BD 为圆 O：$x^2+y^2=4$ 的两条相互垂直的弦，垂足

为 $M(1,\sqrt{2})$，如图 6-7，则四边形 $ABCD$ 的面积的最大值为__________。

首先想到的思路：设直线 AC 的方程为 $y-\sqrt{2}=k(x-1)$，则圆心 O 到该直线的距离为 $d=\dfrac{|\sqrt{2}-k|}{\sqrt{1+k^2}}$，那么 $|AC|^2=(4-d^2)\times 4=\dfrac{3k^2+2\sqrt{2}k+2}{1+k^2}\times 4$，相应地有 $|BD|^2=\dfrac{3\dfrac{1}{k^2}-2\sqrt{2}\dfrac{1}{k}+2}{1+\dfrac{1}{k^2}}\times 4=\dfrac{2k^2-2\sqrt{2}k+3}{1+k^2}\times 4$。则四边形 $ABCD$ 的面积为 $S=\dfrac{1}{2}|AC|\cdot|BD|=\dfrac{1}{2}\cdot\sqrt{\dfrac{3k^2+2\sqrt{2}k+2}{1+k^2}\times\dfrac{2k^2-2\sqrt{2}k+3}{1+k^2}}\times 4$。由于表达式太复杂，会有不少人望而却步，如何往下走，是让学生心里非常纠结的一件事。

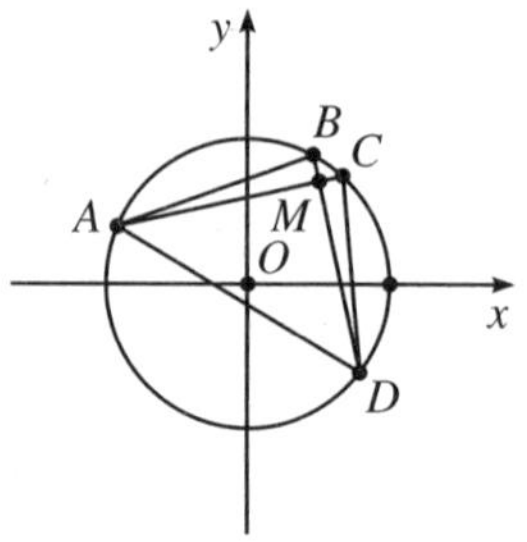

图 6-7

途径一：利用换元法化繁为简。

由 $S=2\cdot\sqrt{3+\dfrac{2\sqrt{2}k-1}{1+k^2}}\times\sqrt{2-\dfrac{2\sqrt{2}k-1}{1+k^2}}$，可令 $t=\dfrac{2\sqrt{2}k-1}{1+k^2}$，则 $S=2\cdot\sqrt{3+t}\times\sqrt{2-t}=2\sqrt{(3+t)(2-t)}$。到这里本可通过研究二次函数 $y=(3+t)(2-t)$ 的值域来得到四边形 $ABCD$ 的面积，但 $(3+t)(2-t)$ 这样的结构用均值不等式处理可以更便捷些，于是有 $S=2\sqrt{(3+t)(2-t)}\leqslant 2\times\dfrac{3+t+2-t}{2}=5$，当 $t=-\dfrac{1}{2}$，即 $k=-2\sqrt{2}\pm 3$ 时，可取到等号。故四边形 $ABCD$ 面积的最大值为 $S_{\max}=5$。

途径二：直接观察 $|AC|^2$ 与 $|BD|^2$ 解析式之间的关系。

因为 $|AC|^2+|BD|^2=20$，所以 $|AC|\cdot|BD|\leqslant\dfrac{|AC|^2+|BD|^2}{2}=10$，且当 $|AC|=|BD|$，即 $k=-2\sqrt{2}\pm 3$ 时，四边形 $ABCD$ 面积的最大值为 $S_{\max}=5$。

途径三：对前面的方法进一步优化，观察图形，我们会发现，得出 $|AC|^2$ 与 $|BD|^2$ 解析式这一步是可以简化的。

设 O 到直线 AC，BD 的距离分别为 d_1，d_2，则有 $|OM|^2=d_1^2+d_2^2=3$，又因为 $|AC|^2=(4-d_1^2)\times 4$，$|BD|^2=(4-d_2^2)\times 4$，那么 $|AC|^2+|BD|^2=20$，下略。

途径四：得到 $|OM|^2=d_1^2+d_2^2=3$ 这一步的途径并不唯一。

设 $\angle OMC=\theta$，则 $d_1=\sqrt{3}\sin\theta$，$d_2=\sqrt{3}\cos\theta$，故 $d_1^2+d_2^2=3$，下略。

［**反思**］一题多解的目的何在？是为了给学生展示的机会，同时也是为了开阔学生的思维，当然也是让学生在比较中优化解题方法。想到这，自己再追问了一个问题，什么才算是好的解法？好的解法就是精巧简便的解法吗？我看未必，思路自然流畅的解法何尝不是好的解法？要获得思路自然流畅的解法，就有必要让学生既要讲清楚解题过程，又需要道出这个思路的缘由。不仅如此，通法又何尝不是好的解法？学生在解题过程中，往往会心存疑虑：今天的解法能否应对明天的问题？正因为如此，为了帮助学生去掉这个心理包袱，一题多变就很有必要。下一次课上，有必要让学生思考上述四种途径是否可以求出四边形$ABCD$面积的最小值。

第二节 解题中的“进”与“退”

前面提到，思维量与运算量在解析几何问题求解过程中是一对矛盾，在朝着降低运算量的方向努力的过程中，不可能一帆风顺，有时也需采取以退为进的策略。

2010 年 2 月 24 日，学生拿来的一道题目让我一下无法理清思路。

例 1 设直线 M：$x\cos\theta+(y-2)\sin\theta=1$ $(0\leqslant\theta\leqslant2\pi)$，对于下列四个命题：

A. M 中所有直线均经过一个定点。

B. 存在定点 P 不在 M 中任何一条直线上。

C. 对于任意整数 $n(n\geqslant3)$，存在正多边形，其所有边均在 M 中的直线上。

D. M 中的直线所能围成的正三角形面积都相等。

其中真命题的代号是__________。

过后我对此题进行了分析，发现思维受阻的原因是审题策略出现了问题，拿到题目，太迫切地想知道 $x\cos\theta+(y-2)\sin\theta=1$ $(0\leqslant\theta\leqslant2\pi)$ 的特殊几何意义是什么，可是由于该直线方程太复杂，导致欲速则不达而自乱阵脚。

华罗庚先生曾说过，我们要善于退，足够的退，退到最原始而又不失去重要性的地方。这既是解决复杂问题的诀窍，也是学好数学的诀窍。

在解题过程中，所谓“退”即将问题特殊化，更加显化条件中数与形的特征，由此找到解决问题的切入点；“进”则是将特殊问题一般化，由此更深刻地认识我们面对的数学问题，并从中揭示出一般规律。

既然方程 $x\cos\theta+(y-2)\sin\theta=1$ $(0\leqslant\theta\leqslant2\pi)$ 太复杂，那么我们可以用“先退后进”的策略来处理它。

先退一步，看得出方程 $x\cos\theta+y\sin\theta=1$ $(0\leqslant\theta\leqslant2\pi)$ 的几何意义吗?

如果看不出，则再退一步，看得出方程 $x\cos\theta+y\sin\theta=0$（$0\leqslant\theta\leqslant 2\pi$）的几何意义吗？

对于方程 $x\cos\theta+y\sin\theta=0$（$0\leqslant\theta\leqslant 2\pi$），尽管该直线方程中含有参数 θ，但由于常数项为 0，故该直线必过坐标原点（0，0）。

找到了几何意义之后，就由退转为进，直线 $x\cos\theta+y\sin\theta=0$（$0\leqslant\theta\leqslant 2\pi$）与直线 $x\cos\theta+y\sin\theta=1$（$0\leqslant\theta\leqslant 2\pi$）互相平行且它们之间的距离为 1，又因坐标原点（0，0）在直线 $x\cos\theta+y\sin\theta=0$ 上，故点（0，0）到直线 $x\cos\theta+y\sin\theta=1$（$0\leqslant\theta\leqslant 2\pi$）的距离恒为 1。

再进一步，直线 $x\cos\theta+(y-2)\sin\theta=1$（$0\leqslant\theta\leqslant 2\pi$）可以看成是由直线 $x\cos\theta+y\sin\theta=1$（$0\leqslant\theta\leqslant 2\pi$）向上平移两个单位得到的图形，那么同时把（0，0）向上平移两个单位之后得到点（0，2），则直线 $x\cos\theta+(y-2)\sin\theta=1$（$0\leqslant\theta\leqslant 2\pi$）与点（0，2）的相对位置关系与直线 $x\cos\theta+y\sin\theta=1$（$0\leqslant\theta\leqslant 2\pi$）与点（0，0）的相对位置关系是一样的。则点（0，2）到直线 $x\cos\theta+(y-2)\sin\theta=1$（$0\leqslant\theta\leqslant 2\pi$）的距离恒为 1，故直线 $x\cos\theta+(y-2)\sin\theta=1$（$0\leqslant\theta\leqslant 2\pi$）是圆 $x^2+(y-2)^2=1$ 的切线。则在此基础上去判断题中的四个命题的真假就有抓手了。

我们从上面“进”的过程中梳理出一般性的结论（如图 6－8），为表述方便，设直线 l：$x\cos\theta+y\sin\theta=0$（$0\leqslant\theta\leqslant 2\pi$），直线 m：$x\cos\theta+y\sin\theta=R$（$0\leqslant\theta\leqslant 2\pi$），直线 n：$(x-a)\cos\theta+(y-b)\sin\theta=R$（$0\leqslant\theta\leqslant 2\pi$）。

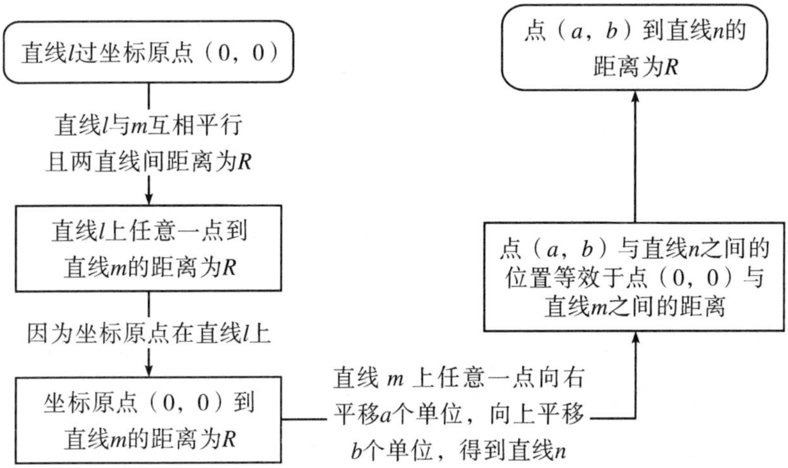

图 6－8

由此得出如下结论：点（a，b）到直线$(x-a)\cos\theta+(y-b)\sin\theta=R$（$0\leqslant\theta\leqslant2\pi$）的距离为$R$，换言之，直线（$(x-a)\cos\theta+(y-b)\sin\theta=R$（$0\leqslant\theta\leqslant2\pi$）与圆（$(x-a)^2+(y-b)^2=R^2$ 相切。

我们有必要再搞清楚一个问题，既然直线（$(x-a)\cos\theta+(y-b)\sin\theta=R$ 与圆（$(x-a)^2+(y-b)^2=R^2$ 相切，那么其切点在哪儿?

设切点坐标为（x_0，y_0），因为切点与圆心所构成的向量（x_0-a，y_0-b）和切线（$(x-a)\cos\theta+(y-b)\sin\theta=R$ 的法向量（$\cos\theta$，$\sin\theta$）平行，则有$\begin{cases}x_0-a=k\cos\theta,\\y_0-b=k\sin\theta\end{cases}$（不妨设 $k>0$），由（$(x_0-a)^2+(y_0-b)^2=R^2$ 得 $k=R$，故切点坐标为（$a+R\cos\theta$，$b+R\sin\theta$）。反之，若已知切点为（x_0，y_0），那么由$\begin{cases}x_0-a=R\cos\theta,\\y_0-b=R\sin\theta,\end{cases}$有$\begin{cases}\cos\theta=\dfrac{x_0-a}{R},\\\sin\theta=\dfrac{y_0-b}{R}。\end{cases}$

则切线方程亦可表示为（$(x-a)\dfrac{x_0-a}{R}+(y-b)\dfrac{y_0-a}{R}=R$，

即为（$(x_0-a)(x-a)+(y_0-a)(y-b)=R^2$。

从上面的反思过程我们发现，结合先“退”后“进”的策略和利用图象平移前后的变与不变的信息，对寻找解题思路是有帮助的。

2012 年 4 月 16 日，韦同学问了有同样特点的一道题目，如下例题。

例 2 设函数的集合 $P=\{f(x)=\log_2(x+a)+b\,|\,a=-\frac{1}{2},0,\frac{1}{2},1;b=-1,0,1\}$，平面上点的集合 $Q=\{(x,y)\,|\,x=-\frac{1}{2},0,\frac{1}{2},1;y=-1,0,1\}$，则在同一坐标系中，$P$ 中的图象恰好经过 Q 中两个点的函数个数为________。

韦同学的疑惑是，如果有足够的时间，采取枚举法肯定可以得到结果，但由于 a 与 b 的组合共有 12 种，太花时间了，是否可以优化自己的思路?

相信每个人第一次见到此题时都有同感，既然枚举无法避免，要优化思路，可以尝试通过“数”与“形”的转化，借助“形”的直观性，

从函数 $f(x)=\log_2(x+a)+b$ 最简单的形式，即 $a=0$，$b=0$ 时 $y=\log_2 x$ 开始分析，该函数过 $\left(\frac{1}{2}, -1\right)$，(1，0) 两点。那么当给 a 与 b 赋上其他值之后，所得到的函数 $y=\log_2(x+a)+b$ 的图象可以看成是由 $y=\log_2 x$ 的图象向左平移 a 个单位，再向上平移 b 个单位之后得到。

通过分类枚举，借助函数图象的平移变换，可得到如图 6－9 的图形：

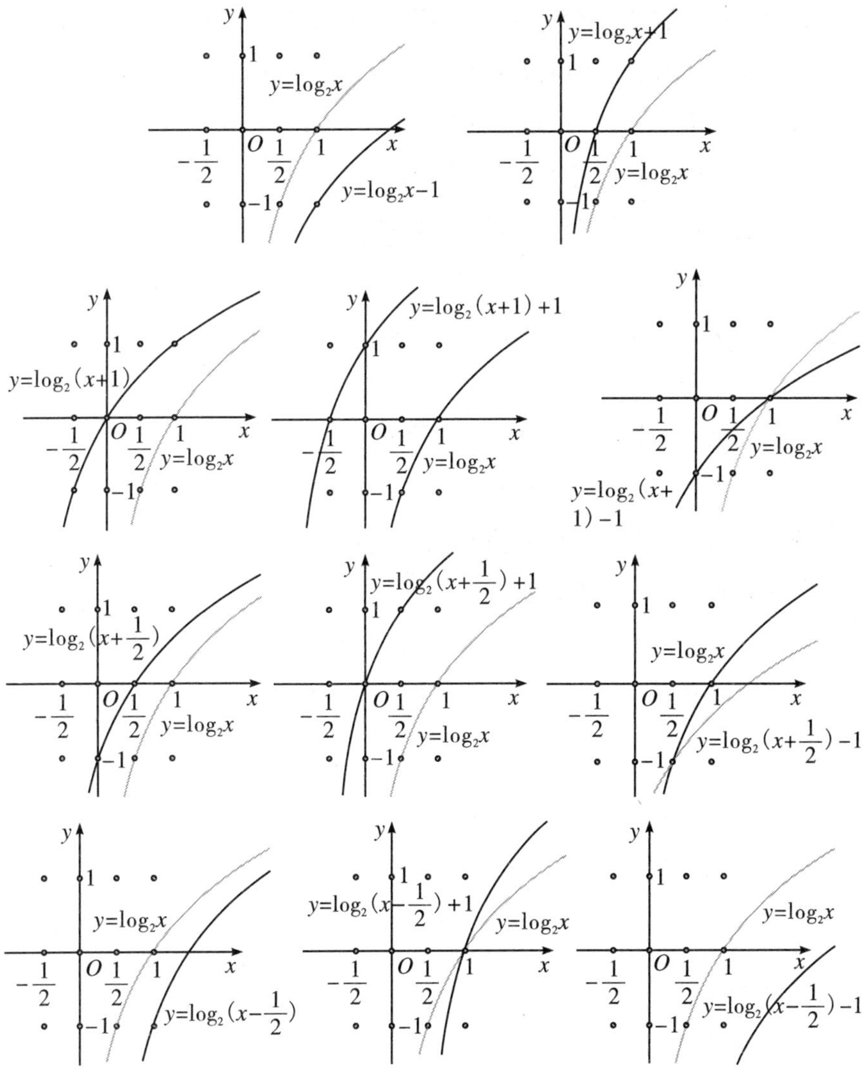

图 6－9

第三节　如何使用教材中的习题与定义

在教学中，教师习惯用陌生的题目来吸引学生的注意力，有时没有花足够的精力对教材中的问题进行分析研究和变式。可以说让学生陷入题海战术、增大学生的练习负担是教师自身的教材观出现了偏差所致。在本书第九章中，我们将专门对高考试题与教材例题、习题之间做关联性分析，这仅仅是从一个方面说明教材中的题目的备考价值。其实教材中的题目与定义在平时教学中的价值更应被重视，真正帮助学生达到举一反三的效果，从而减少学生孤立的、重复性的机械训练。

一、如何挖掘教材中习题的教学价值

我们以人教版高中数学选修 2－1 中的引例进行如下的教学设计。

例 1　如图 6－10，已知直线与抛物线 $y^2=2px$（$p>0$）交于 A，B 两点，且 $OA\perp OB$，$OD\perp AB$ 交 AB 于点 D，点 D 的坐标为（2，1），求 p 的值。

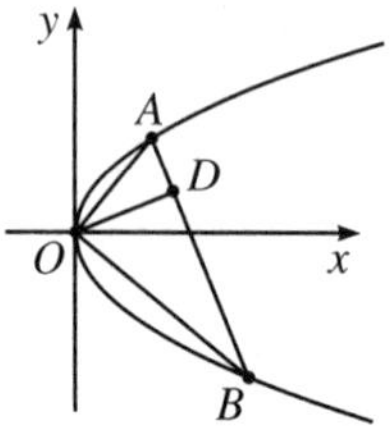

图 6－10

如果学生单纯求解本题，对他们来说不会有太大的难度。

一般地，本题要求 p 的值，则需构造关于 p 的方程，即需要找到关于 p 的等量关系。

令 $A(x_1,\ y_1)$，$B(x_2,\ y_2)$，则由 $OA\perp OB$，得 $x_1x_2+y_1y_2=0$，于是我们知道只需将等量关系 $x_1x_2+y_1y_2=0$ 用 p 表示出来。

由题意可知直线 AB 的方程为 $y-1=-2(x-2)$，即 $y=-2x+5$，与 $y^2=2px$ 联立之后得到 $y^2+py-5p=0$（在作业讲评时，可让学生交流一下此处为何要消去 x），则有 $y_1y_2=-5p$，$x_1x_2=\dfrac{(y_1y_2)^2}{4p^2}=\dfrac{25}{4}$，将

其代入 $x_1x_2+y_1y_2=0$，可得 $p=\frac{5}{4}$。

此题完成之后，围绕着它可以视学生的基础进行适当变式。

变式一：如图 6－11，已知直线与抛物线 $y^2=\frac{5}{2}x$ 交于 A，B 两点，且 $OA\perp OB$，$OD\perp AB$ 交 AB 于点 D，求动点 D 的轨迹方程。

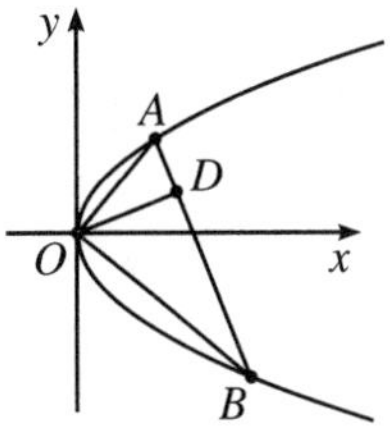

图 6－11

第一次面对此题时，自己颇费了一番功夫。

令直线 OA 的方程为 $y=kx$。

由 $\begin{cases} y^2=\frac{5}{2}x, \\ y=kx, \end{cases}$ 得点 A 坐标为 $\left(\frac{5}{2k^2}, \frac{5}{2k}\right)$。

因为 $OA\perp OB$，则可以类似地得到点 B 坐标为 $\left(\frac{5}{2}k^2, -\frac{5}{2}k\right)$，则直线 AB 的斜率为 $\frac{k}{1-k^2}$，直线 AB 的方程为 $y+\frac{5}{2}k=\frac{k}{1-k^2}\left(x-\frac{5}{2}k^2\right)$。因为 $OD\perp AB$，则直线 OD 的方程为 $y=\frac{k^2-1}{k}x$，由于直线 AB 与直线 OD 的方程比较复杂，在利用交轨法消去参数 k 的过程中，看不到清晰的消去参数的路径，后来在不断的尝试中得到动点 D 的轨迹方程。

第二次面对它的时候，有了前面教材中习题的解题经验，令 $A(x_1, y_1)$，$B(x_2, y_2)$，设直线 AB 的方程为 $x=my+n$。

由 $\begin{cases} y^2=\frac{5}{2}x, \\ x=my+n, \end{cases}$ 得 $y^2-\frac{5}{2}my-\frac{5}{2}n=0$。

则有 $y_1y_2=-\frac{5}{2}n$，$x_1x_2=\frac{4}{25}(y_1y_2)^2=n^2$。由 $OA\perp OB$ 得 $x_1x_2+y_1y_2=0$，则得 $n=\frac{5}{2}$，故直线 AB 的方程为 $x=my+\frac{5}{2}$。

因为 $OD\perp AB$，所以直线 OD 的方程为 $y=-mx$，则直线 AB 与直线 OD 交点的轨迹方程为 $x^2-\frac{5}{2}x+y^2=0$。

第二种路径有效地降低了运算量，究其原因，是所得到的两条直线的方程形式比较简洁，易于把握。

解完之后，再次回顾解题过程，对于没有用上动直线 AB 过定点 $E\left(\frac{5}{2},\ 0\right)$这个结论心有不甘，希望这个结论对求动点 D 的轨迹方程有帮助。

当我们把注意力转换到观察图形的几何特征时，可以发现，如图 6－12，三角形 OAB 在运动的过程中，三角形 ODE 始终是以 OE 为斜边的直角三角形。因此动点 D 的轨迹就是以 OE 中点为圆心，OE 长为直径的圆，那么动点 E 的轨迹方程就显而易见了。

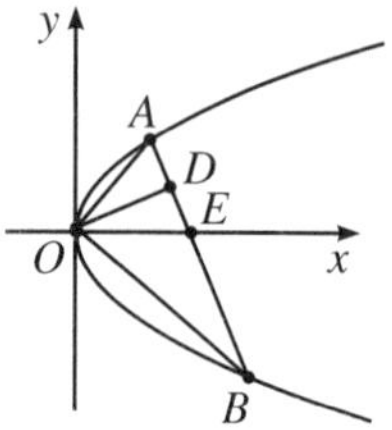

图 6－12

有了上述的解题经历，我们就可以将习题进行如下变式。

变式二：如图 6－13，已知直线与抛物线 $y^2=\frac{5}{2}x$ 交于 A，B 两点，且 $OA\perp OB$，请判断直线 AB 是否过某一定点。

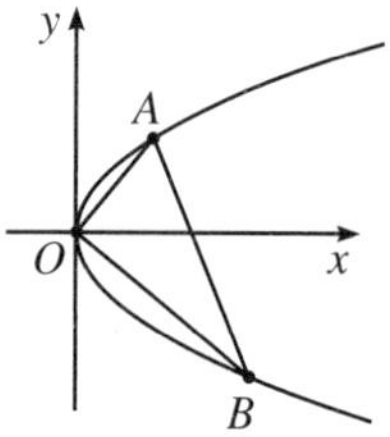

图 6－13

不仅如此，我们还可以将直角顶点移动到抛物线的其他位置，相应进行如下变式，可以让学有余力的学生进行练习。

变式三：如图 6－14，已知直线与抛物线 $y^2=\frac{5}{2}x$ 交于 Q，R 两点，抛物线上一点 P 的坐标为（2，$\sqrt{5}$），且 $PQ\perp PR$，试判断直线 QR 是否过某一定点。

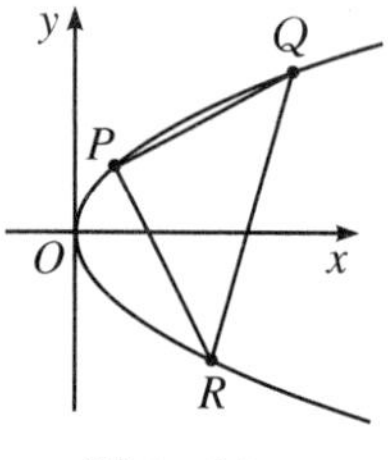

图 6－14

变式四：如图 6－15，已知直线与抛物线 $y^2=\frac{5}{2}x$ 交于 Q，R 两点，抛物线上一点 P 的坐标为（2，$\sqrt{5}$），且 $PQ\perp PR$，$PM\perp QR$ 交 QR 于点 M，求动点 M 的轨迹方程。

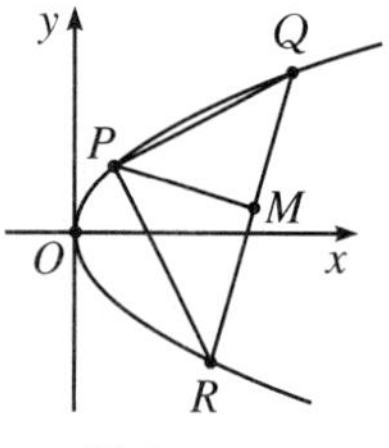

图 6－15

变式五：P 点是抛物线上某一定点，试探究变式 3 与变式 4 中的结论是否还相应存在。

在和学生一起体验了探究抛物线上的这些结论后，当把抛物线换成椭圆和双曲线时，也有相应的结论成立。①②

从我的教学经历来看，学生在课堂上要完成上述探究，无论是时间还是能力都还有所欠缺，更适合作为研究性学习任务布置给学生去完成。

当我们完成上面一系列拓展之后，有一个问题似乎没有解决：为什么我们会去探究抛物线、椭圆、双曲线都存在这样的一些结论？如果我们没能自圆其说，那么前面所做的一切工作都是“假探究”，学生仍然是在被动地完成老师布置的作业。

在“寻找”自圆其说的理由过程中，我发现有一种说法学生比较认同：圆是最特殊的圆锥曲线，与圆有关的不少结论是可以“推广”到其他圆锥曲线的。

我们都知道：从圆上任意一点 P 引出两条互相垂直的弦 PA，PB，动弦 AB 都过定点。这样的结论与变式二、变式三类比起来就显得自然多了。

因此类比圆的有关性质，去探究椭圆、双曲线、抛物线的性质，对学生来说是一项很有价值的工作。

二、如何挖掘教材中定义的教学价值

在我们学习曲线的方程时，关于曲线的方程（或方程的曲线）有如下的定义：

一般地，在直角坐标系中，如果某曲线 C（看作点的集合或适合某种条件的点的轨迹）上的点与一个二元方程的实数解建立了如下的关系：

(1) 曲线上点的坐标都是这个方程的解；

(2) 以这个方程的解为坐标的点都是曲线上的点。

那么，这个方程叫做曲线的方程，这条曲线叫做这个方程的曲线。

一般来说，学生对求曲线的方法并不陌生，往往会如数家珍：直译法、定义法、相关点法、参数法、交轨法等。可是在教学中发现学生通

① 钱铭. 运用抽象度分析法进行高三数学复习的尝试 [J]. 数学通报，2003 (2)：17—18.

② 郑志明，付国屏. 运用弱抽象方法进行解析几何教学的尝试 [J]. 数学通讯，2003 (11)：3—4.

常会中意其中的某些方法，却无法对各种方法进行灵活取舍。

例2 已知 P（1，2）为双曲线 C 上一点，y 轴为双曲线 C 的右准线，离心率为$\sqrt{2}$。

（1）求右焦点 F 的轨迹方程；

（2）求双曲线 C 右顶点 A 的轨迹方程；

（3）若点 Q 在双曲线 C 右支上，且 PQ 过 F，求 Q 点的轨迹。

解析：设右焦点 F 坐标为（x，y），则由题意可得$\frac{\sqrt{(x-1)^2-(y-2)^2}}{1}=\sqrt{2}$，化简后得到 $(x-1)^2-(y-2)^2=2$（$x>0$）。

设点 A 的坐标为（x，y），那么点 A 到右准线的距离为 $x=a-\frac{a^2}{c}$，又因为$\frac{c}{a}=2$，则有 $a=2x$，即得焦点 F 坐标为（$3x$，y），又因为焦点 F 的轨迹方程为 $(x-1)^2-(y-2)^2=2$（$x>0$），故有 $(3x-1)^2-(y-2)^2=2$（$x>0$）为双曲线 C 右顶点 A 的轨迹方程。

或设点 F 坐标为（$1+\sqrt{2}\cos\theta$，$2+\sqrt{2}\sin\theta$），那么点 F 到右准线的距离为 $c-\frac{a^2}{c}=1+\sqrt{2}\cos\theta$，又因为$\frac{c}{a}=2$，所以有$\frac{3}{2}a=1+\sqrt{2}\cos\theta$，故右顶点 A 的坐标为$\left[\frac{1}{3}(1+\sqrt{2}\cos\theta),\ 2+\sqrt{2}\sin\theta\right]$，则右顶点 A 的轨迹的参数方程为$\begin{cases}x=\frac{1}{3}(1+\sqrt{2}\cos\theta),\\ y=2+\sqrt{2}\sin\theta,\end{cases}$即 $(3x-1)^2-(y-2)^2=2$（$x>0$）。

记得我曾在《数学通报》中发表过《数学课可以走多远——教材的简约性与学生思维的批判性的培养》[①] 一文，文中给出了一个观点，教材在编写过程中遵循了简约性原则，许多内容对学生来说并不显得那么自然，从而造成学生在理解和掌握上存在困难，因此当我们在面对学习材料时，无论是否是教材上的内容，养成试着揣摩编者的用意，将有助于

① 徐华. 数学课可以走多远：教材的简约性与学生思维的批判性的培养 [J]. 数学通报，2009，48 (7)：41—43，45.

增强我们的领悟能力。

学生在做练习时，不应只是着眼于正确求解，也应适当去分析和评价每题的价值、揣摩出题者的用意，以达到举一反三的效果。用以下一组题目进行分析。

1. 已知四条直线 l_1，l_2，l_3，l_4 的倾斜角之比为 1∶2∶3∶4，且 l_2 的斜率为$\frac{3}{4}$。

(1) 求 l_1，l_3，l_4 的斜率；

题目的作用：训练二倍角正切公式、两角和的正切公式的应用。

(2) 若直线 l_5 的斜率 k 满足 $-k_1 \leqslant k \leqslant k_4$，求 l_5 的倾斜角的取值范围。

题目的作用：训练三角不等式的求解。

2. 已知点 $P(a, b)$ 和点 $Q(1, -m^2+m-1)$，若点 P 为直线 $y=-\frac{1}{2}x+\frac{1}{2}$上的一个点。

(1) 求 ab 的最大值；

题目的作用：训练化归意识，即将问题转化为一元函数的最值问题。

(2) 当 ab 取得最大值时，求过点 P 和点 Q 的直线的倾斜角 α 的取值范围。

题目的作用：训练数与形结合的意识。

假若学生是命题人，对于本题，可进行如下变式：解题人需考虑直线 PQ 的特殊位置，如斜率可能不存在等情形。

3. 已知 P 是直线 l 上一点，将 l 绕 P 点逆时针方向旋转 θ 所得直线为 l_1：$y=3x-22$，若继续绕 P 点逆时针方向旋转$\frac{\pi}{2}-\theta$ 角，得直线 l_2：$y=-\frac{2}{3}x+\frac{11}{3}$，求直线 l 的方程。

题目的价值：本是平淡无奇的一题，如果对条件的设置进行分析，则会发现本题意犹未尽，在求直线 l 的方程过程中，θ 是一个无需求出来的量，这是因为直线 l 与直线 l_2 相互垂直，直线 l_1 的方程给出来只不过

是为了与 l_2 方程联立求点 P 的坐标。若再追问求 θ 的某一三角函数值则使训练更完整一些。

4. 过点 A（0，4）作一直线 l，使它夹在直线 l_1：$x-3y+10=0$ 和 l_2：$2x+y-8=0$ 间的线段 MN 被点 A 平分，试求 l 的方程。

学生曾问：这一题我很快就可以做出来，但本题的价值在哪儿？

把直线 l 方程分别与 l_1：$x-3y+10=0$，l_2：$2x+y-8=0$ 联立起来得到两交点坐标，再利用中点坐标公式即得结果。

本题的解决过程思维量不大，主要还是对基本运算进行训练，一道有价值的问题并非一味追求难与繁，真正有价值的问题是对人有启迪的问题，而这些问题一般会被赋予恰当的思维量。

老师可与学生对问题做如下拓展。

变式一：将相交的两直线变为平行的两直线 l_1：$x-3y+10=0$，l_2：$2x+y-8=0$，试确定点 A 在线段 MN 上的位置。

变式二：试求直线 l 被 l_1：$x-3y+10=0$，l_2：$2x+y-8=0$ 所截得的线段 MN（点 A 在线段 MN 上）的最短长度。

变式三：直线 l 被 l_1：$x-3y+10=0$，l_2：$2x+y-8=0$ 所截得的线段为 MN，点 A 在线段 MN 上，则三角形 AMN 面积的最小值为多少？

变式四：直线 l 被 l_1：$x-3y+10=0$，l_2：$2x+y-8=0$ 所截得的线段为 MN，点 A 在线段 MN 上，则 $|MA\|NA|$ 的最小值为多少？

变式五：设点 M，N 分别在直线上，则三角形 AMN 周长的最小值为多少？

5. 已知长方形的四个顶点 $A(0,0)$，$B(2,0)$，$C(2,1)$，$D(0,1)$，一质点从 AB 中点 P_0 沿与 AB 夹角为 θ 的方向射到 BC 上的 P_1 后，依次射到 CD，DA 和 AB 上的点分别为 P_2，P_3，P_4。设 P_4 的坐标为 (x_4,y_4)，若 $1<x_4<2$，求 $\tan\theta$ 的取值范围。

对于本题的训练价值，若设置为选择题，可以根据选项训练学生的逻辑推理能力，即通过边界进行排除；若设置为填空或解答题，训练的目标则应该是处理反射问题时对数学中对称知识的应用或者物理中光学原理的应用。

第四节　圆是最特殊的圆锥曲线

记得二十年前，带着学生进行研究性学习，当时我还没有真正做到让学生尝试“用数学的眼光观察现实世界，用数学的思维思考现实世界，用数学的语言表达数学世界”，而是注重让学生基于学科学习的研究性学习。学生写出了不少有意思的数学小论文，其中有篇文章是《椭圆与圆》，学生从观察放在地板上的篮球在阳光下留下的阴影形状开始，去探究为什么像椭圆的阴影就是椭圆，并从中惊奇地发现原来关于椭圆的问题是对应着圆的问题。由于学生缺少射影几何的相关知识，能够有此认识实属不易。

在学习圆锥曲线时，由于圆锥曲线的几何特征不像圆的几何特征那么明显，造成隐藏在圆锥曲线中的几何性质并不直观，而性质的应用通常会降低运算量。无法及时借助圆锥曲线的几何特征来降低运算量，是不少学生感觉解析几何难学的一个重要原因。既然圆是特殊的圆锥曲线，那么类比圆的这一性质，在圆锥曲线中可以对应地得到一些有趣和有用的结论。

一、类比圆的垂径定理及其推论

圆的垂径定理：垂直于弦的直径平分这条弦，并且平分弦所对的弧。

垂径定理的推论：平分弦（不是直径）的直径垂直于弦，并且平分弦所对的两条弧。

根据圆的垂径定理及推论，我们可以得到如下结论：若 AB 为圆 O 的一条弦（AB 与 x 轴既不平行也不垂直），P 为 AB 的中点，则 $k_{OP}k_{AB}=-1$。

对应结论一：若点 P 是椭圆$\frac{x^2}{a^2}+\frac{y^2}{b^2}=1$（$a>0$，$b>0$）的不平行于

对称轴且不过椭圆中心 O 的弦 AB 的中点，则 $k_{OP}k_{AB}=-\frac{b^2}{a^2}$。

对应结论二：若点 P 是双曲线$\frac{x^2}{a^2}-\frac{y^2}{b^2}=1$（$a>0$，$b>0$）的不平行于对称轴且不过双曲线中心 O 的弦 AB 的中点，则 $k_{OP}k_{AB}=\frac{b^2}{a^2}$。

二、类比圆周角定理及其推理

圆周角定理：在同圆或等圆中，同弧或等弧所对的圆周角相等，都等于这条弧所对的圆心角的一半。

推论：半圆（或直径）所对的圆周角是直角，$90°$的圆周角所对的弦是直径。

若 AB 为圆 O 的一条直径，直线 OA 与 OB 的斜率均存在，则 $k_{OA}k_{OB}=-1$。

对应结论一：若 AB 是椭圆$\frac{x^2}{a^2}+\frac{y^2}{b^2}=1$（$a>0$，$b>0$）的任意一条过中心 O 的弦，点 P 为椭圆上异于 A，B 的任一点，直线 PA，PB 的斜率均存在，则 $k_{PA}k_{PB}=-\frac{b^2}{a^2}$。

对应结论二：若 AB 是双曲线$\frac{x^2}{a^2}-\frac{y^2}{b^2}=1$（$a>0$，$b>0$）的任意一条过中心 O 的弦，点 P 为双曲线上异于 A，B 的任一点，直线 PA，PB 的斜率均存在，则 $k_{PA}k_{PB}=\frac{b^2}{a^2}$。

对应结论三：PA，PB 是圆锥曲线（椭圆、双曲线、抛物线）上互相垂直的两条弦，若 P 为定点，则直线 AB 经过某一定点。

三、类比与圆的切线有关的结论

结论一：若 $P_0(x_0,y_0)$ 在圆 $x^2+y^2=r^2$ 上，则过 P_0 的圆的切线方程是 $x_0x+y_0y=r^2$。

对应结论一：若 $P_0(x_0,y_0)$ 在椭圆$\frac{x^2}{a^2}+\frac{y^2}{b^2}=1$（$a>b>0$）上，则

过 P_0 的椭圆的切线方程是$\frac{x_0x}{a^2}+\frac{y_0y}{b^2}=1$。

对应结论二：若 $P_0(x_0, y_0)$ 在双曲线$\frac{x^2}{a^2}-\frac{y^2}{b^2}=1$（$a>0$，$b>0$）上，则过 P_0 的双曲线的切线方程是$\frac{x_0x}{a^2}-\frac{y_0y}{b^2}=1$。

对应结论三：若 $P_0(x_0, y_0)$ 在抛物线 $y^2=2px$（$p>0$）上，则过 P_0 的抛物线的切线方程是 $y_0y=p(x+x_0)$。

结论二：AB 为圆 O 不是直径的任一弦，圆 O 在 A，B 两点处的切线交于 P，则 OP 过弦 AB 的中点。

对应结论一：若 AB 是椭圆$\frac{x^2}{a^2}+\frac{y^2}{b^2}=1$（$a>0$，$b>0$）的任意一条不过中心 O 的弦，椭圆在 A，B 两点处的切线相交于点 P，则 OP 过弦 AB 的中点 M。

对应结论二：若 AB 是双曲线$\frac{x^2}{a^2}-\frac{y^2}{b^2}=1$（$a>0$，$b>0$）的任意一条不过中心 O 的弦，双曲线在 A，B 两点处的切线相交于点 P，则 OP 过弦 AB 的中点 M。

对应结论三：如果过 P 作抛物线 $y^2=2px$ 的两条切线 PA，PB，过 P 作直线 PM 平行于 x 轴交弦 AB 于 M，则点 M 平分 AB。

结论三：若 $P_0(x_0, y_0)$ 在圆 $x^2+y^2=r^2$ 外，过 P_0 作圆的两条切线，切点分别为 P_1，P_2，则直线 P_1P_2 的方程是 $x_0x+y_0y=r^2$。

对应结论一：若 $P_0(x_0, y_0)$ 在椭圆$\frac{x^2}{a^2}+\frac{y^2}{b^2}=1$（$a>b>0$）外，过 P_0 的椭圆的两条切线切点分别为 P_1，P_2，则切点弦 P_1P_2 的直线方程是$\frac{x_0x}{a^2}+\frac{y_0y}{b^2}=1$。

对应结论二：若 $P_0(x_0, y_0)$ 在双曲线$\frac{x^2}{a^2}-\frac{y^2}{b^2}=1$（$a>0$，$b>0$）外，过 P_0 的双曲线的两条切线切点分别为 P_1，P_2，则切点弦 P_1P_2 的直线方程是$\frac{x_0x}{a^2}-\frac{y_0y}{b^2}=1$。

对应结论三：若 $P_0(x_0, y_0)$ 在抛物线 $y^2=2px$（$p>0$）外，过 P_0 的抛物线的两条切线切点分别为 P_1，P_2，则切点弦 P_1P_2 的直线方程是 $y_0y=p(x+x_0)$。

还有不少与圆有关的结论可以推广到圆锥曲线上，可以作为探究任务布置给学生作为长周期作业，如下列问题可让学生研究并可写成数学小论文。

1. 已知圆方程为 $x^2+y^2=R^2$，以（x_0，y_0）为切点的圆的切线方程是__________。

［**反思**］此题解法不少，但对于学有余力的学生，是可以引导其考虑利用复合函数的导数求解，再由此拓展为利用导数知识求其他圆锥曲线的切线。

2. 学生已经知晓，对于 $x^2+y^2=R^2$，若（x_0，y_0）在圆上，则 $x_0x+y_0y=R^2$ 与圆相切；若（x_0，y_0）在圆外，则 $x_0x+y_0y=R^2$ 与圆相交；若（x_0，y_0）在圆内，则 $x_0x+y_0y=R^2$ 与圆相离。此结论有无可能推广到其他圆锥曲线？

第五节　寻找通性通法：从一题多解到多题一解

通性通法是教师比较熟悉的一个词，普通高中数学课程标准中在教学与评价、命题、教材的编写中均强调了要聚焦通性通法。对教师来说，通性通法似乎是一个不言自明的词语，但似乎又是一个没有明确界定过的概念。

通性，指向的是问题的基本要素中共有的特征、相同的逻辑关系或数学规律，即通过对问题的条件和结论、逻辑关系、数学规律等基本要素来对问题进行分类。通法，指向的是解决问题方法的普适性。对通性通法的强调，既是对问题解决过程中化归能力的强调，也是实现回归数学本真，为教学减负的需要。

一直以来，我们在教学中比较关注一题多解，这的确对学生思维灵活性的培养有帮助，但对多题一解的关注并不多，从而造成似乎每道题都是陌生的感觉。

一、圆锥曲线共有特征的推证

例 1　点 F 是椭圆 $\frac{x^2}{a^2}+\frac{y^2}{b^2}=1$（$a>b>0$）的右焦点，$A$，$B$ 为长轴两个端点，P 是椭圆上异于 A，B 的任何一点，如果直线 PA，PB 分别交椭圆右准线于点 M，N，如图 6－16，则 $\angle MFN$ 等于__________。

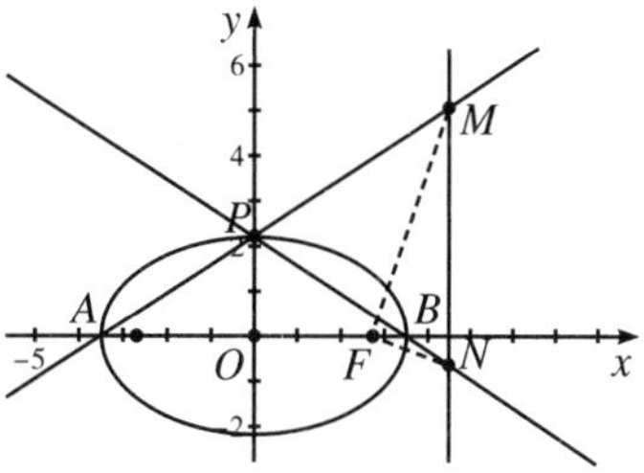

图 6－16

分析：若从题型上分析，我们首先能够想到的是本题暗示变中有不变的量，即 $\angle MFN$ 应为定值，故本题可以采取特殊化策略，即让椭圆为定椭圆，点 P 为一特殊的定点，是不难得到 $\angle MFN$ 等于 $90°$ 的。

如果“小题大做”，该如何入手呢？是否意味着上述的分析就没有用了呢？

其实，从特殊到一般，利用不完全归纳法，先猜后证，是我们探究一个陌生问题的有效途径，本题同样可以运用这样的策略。

在证明$\angle MFN$是直角的过程中，如何让推证过程更自然呢？首先应明确思维的受阻点。

师：你们在解决本题时，在哪儿感到比较纠结？

生1：如何比较便捷地找到M、N两点的坐标，是我花较多时间考虑的问题。

生2：如何便捷地把直线PA和直线PB的方程表示出来，也就是说点P的坐标如何表示出来，我有些犹豫不决。

生3：可以直接设点P为(x_0, y_0)，在后面化简过程中利用$\frac{x_0^2}{a^2}+\frac{y_0^2}{b^2}=1$再消掉$x_0$，$y_0$；或者利用椭圆参数方程将点$P$设为$(a\cos\theta, b\sin\theta)$。我不太确定该用哪种方法入手。

师：其实，这两种途径都很有道理，都需要我们去积累完整的运算经验。

设点P坐标为(x_0, y_0)，则直线PA的方程为$y-y_0=\frac{y_0}{x_0+a}(x-x_0)$，与$x=\frac{a^2}{c}$联立，可得点$M$坐标为$\left[\frac{a^2}{c}, \frac{y_0}{x_0+a}\left(\frac{a^2}{c}-x_0\right)+y_0\right]$，

类似地可得到点N的坐标为$\left[\frac{a^2}{c}, \frac{y_0}{x_0-a}\left(\frac{a^2}{c}-x_0\right)+y_0\right]$。

那么$\overrightarrow{FM}=\left[\frac{b^2}{c}, \frac{y_0}{x_0+a}\left(\frac{a^2}{c}-x_0\right)+y_0\right]$，$\overrightarrow{FN}=\left[\frac{b^2}{c}, \frac{y_0}{x_0-a}\left(\frac{a^2}{c}-x_0\right)+y_0\right]$。

$$\overrightarrow{FM}\cdot\overrightarrow{FN}=\frac{b^4}{c^2}+\frac{y_0^2}{x_0^2-a^2}\left(\frac{a^2}{c}-x_0\right)^2+y_0^2+\frac{2x_0y_0^2}{x_0^2-a^2}\left(\frac{a^2}{c}-x_0\right)。$$

由$\frac{y_0^2}{x_0^2-a^2}=-\frac{b^2}{a^2}$，得$\overrightarrow{FM}\cdot\overrightarrow{FN}=0$，则$\angle MFN=90°$。

师：关于点 P，你首先能想到用什么方法表示出来？

生 3：我首先想到利用椭圆参数方程设点，但不敢确认运算量有多大。

师：如果我们没有其他思路，则原有的思路就值得一试。

设点 P 的坐标为 $(a\cos\theta, b\sin\theta)$，

则直线 AP 方程为 $y=\dfrac{b\sin\theta}{a(\cos\theta+1)}(x+a)$。

又因为右准线方程为 $x=\dfrac{a^2}{c}$，

则点 M 的坐标为 $\left[\dfrac{a^2}{c}, \dfrac{b\sin\theta}{\cos\theta+1}\left(\dfrac{a}{c}+1\right)\right]$。

类似地，点 N 的坐标为 $\left[\dfrac{a^2}{c}, \dfrac{b\sin\theta}{\cos\theta-1}\left(\dfrac{a}{c}-1\right)\right]$。

那么 $\overrightarrow{FM}=\left[\dfrac{a^2}{c}-c, \dfrac{b\sin\theta}{\cos\theta+1}\left(\dfrac{a}{c}+1\right)\right]$，$\overrightarrow{FN}=\left[\dfrac{a^2}{c}-c, \dfrac{b\sin\theta}{\cos\theta-1}\left(\dfrac{a}{c}-1\right)\right]$。

由 $\overrightarrow{FM}\cdot\overrightarrow{FN}=\left(\dfrac{a^2}{c}-c\right)^2+\dfrac{b^2\sin^2\theta}{-\sin^2\theta}\left(\dfrac{a^2}{c^2}-1\right)=0$，可得 $\angle MFN=90^\circ$。

师：即使在列直线方程时列复杂了，我们也可以求解出来。

设点 P 坐标为 $(a\cos\theta, b\sin\theta)$，则直线 PA 方程为 $y-b\sin\theta=\dfrac{b\sin\theta}{a\cos\theta+a}(x-a\cos\theta)$，与 $x=\dfrac{a^2}{c}$ 联立，可得点 M 坐标为 $\left[\dfrac{a^2}{c}, \dfrac{b\sin\theta}{a\cos\theta+a}\cdot\left(\dfrac{a^2}{c}-a\cos\theta\right)+b\sin\theta\right]$。

类似地，点 N 坐标为 $\left[\dfrac{a^2}{c}, \dfrac{b\sin\theta}{a\cos\theta-a}\left(\dfrac{a^2}{c}-a\cos\theta\right)+b\sin\theta\right]$。

则 $\overrightarrow{FM}=\left[\dfrac{b^2}{c}, \dfrac{b\sin\theta}{a\cos\theta+a}\left(\dfrac{a^2}{c}-a\cos\theta\right)+b\sin\theta\right]$，

$\overrightarrow{FN}=\left[\dfrac{b^2}{c}, \dfrac{b\sin\theta}{a\cos\theta-a}\left(\dfrac{a^2}{c}-a\cos\theta\right)+b\sin\theta\right]$。

师：通过比较，可以发现，两种途径的运算量相差不大，对运算能力都有一定要求。

如果解惑至此，我们和学生还可用类比的方法去探究在双曲线中是否存在相应的结论，以达到多题一解的目的。

即点 F 是双曲线$\frac{x^2}{a^2}-\frac{y^2}{b^2}=1$（$a>0$，$b>0$）的右焦点，$A$，$B$ 为实轴两个端点，P 是双曲线上异于A，B 的任何一点，如果直线 PA，PB 分别交双曲线右准线于M，N，则$\angle MFN$ 等于 $90°$。

学生可以模仿上述的过程推证出来：

设点 P 的坐标为（$a\sec\theta$，$b\tan\theta$），

则直线 AP 方程为 $y=\frac{b\tan\theta}{a(\sec\theta+1)}$（$x+a$）。

又因为右准线方程为 $x=\frac{a^2}{c}$，

则点 M 的坐标为$\left[\frac{a^2}{c},\ \frac{b\tan\theta}{\sec\theta+1}\left(\frac{a}{c}+1\right)\right]$。

类似地，点 N 的坐标为$\left[\frac{a^2}{c},\ \frac{b\tan\theta}{\sec\theta-1}\left(\frac{a}{c}-1\right)\right]$，

那么 $\overrightarrow{FM}=\left[\frac{a^2}{c}-c,\ \frac{b\tan\theta}{\sec\theta+1}\left(\frac{a}{c}+1\right)\right]$，$\overrightarrow{FN}=\left[\frac{a^2}{c}-c,\ \frac{b\tan\theta}{\sec\theta-1}\left(\frac{a}{c}-1\right)\right]$。

由 $\overrightarrow{FM}\cdot\overrightarrow{FN}=\left(\frac{a^2}{c}-c\right)^2+\frac{b^2\tan^2\theta}{\tan^2\theta}\left(\frac{a^2}{c^2}-1\right)=0$，可得$\angle MFN=90°$。

在与学生讨论此题时，我曾让学生思考：圆可看成是特殊的椭圆，那么在圆上是否存在类似的结论呢？

马上有学生会说，不能，因为若把圆看成特殊的椭圆，则此时 $c=0$，那么 $x=\frac{a^2}{c}$无意义，故不存在准线。

但也有学生能够进行如下的思考：

此时的 $x=\frac{a^2}{c}$ 可看成是无穷远处的直线，圆的“焦点”F 可看成是O 点，那么如图 6－17，圆上一点 P 分别与A、B 两点构成的直线与无穷远的“直线”的“交点”为M，N，此时的直线FM、FN 分别与直线 PA，PB 平行，则对应的$\angle MFN=90°$仍成立。

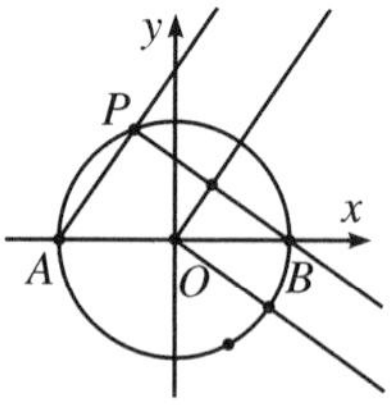

图 6－17

二、从一题到一类：如何挖掘一道问题的教学价值

例 2 已知抛物线方程为 $y^2=2px$ （$p>0$），F 点为焦点，A 点为其准线与 x 轴的交点，过点 A 的直线 l 交抛物线于 M，N 两点，直线 MF，NF 的斜率分别为 k_{MF}，k_{NF}，如图 6－18，试判定 $k_{MF}+k_{NF}$ 是否为定值。

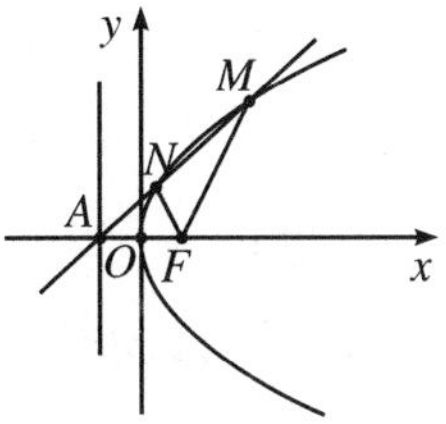

图 6－18

学生一般会想到怎样入手？

令直线 l 的方程为 $y=k\left(x+\frac{p}{2}\right)$，与 $y^2=2px$ 联立得

$\frac{k}{2p}y^2-y+\frac{pk}{2}=0$，则有 $y_1+y_2=\frac{2p}{k}$，$y_1y_2=p^2$。

因为 $k_{MF}+k_{NF}=\frac{y_1}{x_1-\frac{p}{2}}+\frac{y_2}{x_2-\frac{p}{2}}=\frac{y_1\left(x_2-\frac{p}{2}\right)+y_2\left(x_1-\frac{p}{2}\right)}{\left(x_1-\frac{p}{2}\right)\left(x_2-\frac{p}{2}\right)}$，

其中

$$y_1\left(x_2-\frac{p}{2}\right)+y_2\left(x_1-\frac{p}{2}\right)=y_1\left(\frac{y_2^2}{2p}-\frac{p}{2}\right)+y_2\left(\frac{y_1^2}{2p}-\frac{p}{2}\right)$$

$$=\frac{y_1y_2}{2p}(y_1+y_2)-\frac{p}{2}(y_1+y_2)=(y_1+y_2)\left(\frac{y_1y_2}{2p}-\frac{p}{2}\right)=0。$$

故有 $k_{MF}+k_{NF}=0$。

推论：如图 6－19，抛物线方程为 $y^2=2px$ （$p>0$），F 点为焦点，A 点为其准线与 x 轴的交点，过点 A 作抛物线 $y^2=2px$ （$p>0$）的切线，切点为 P，则有 $PF\perp x$ 轴。

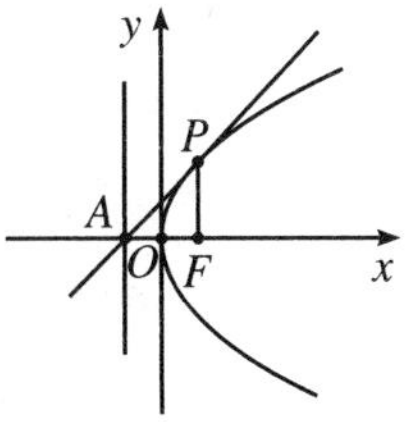

图 6－19

拓展结论一：如图 6－20，抛物线方程为 $y^2=2px$ （$p>0$），A，B 在 x 轴上，且关于 y 轴对称，过点 A 的直线 l 交抛物线于 M，N 两点，直线 MB，NB 的斜率分别为 k_{MB}，k_{NB}，则有 $k_{MB}+k_{NB}$ 为定值 0。

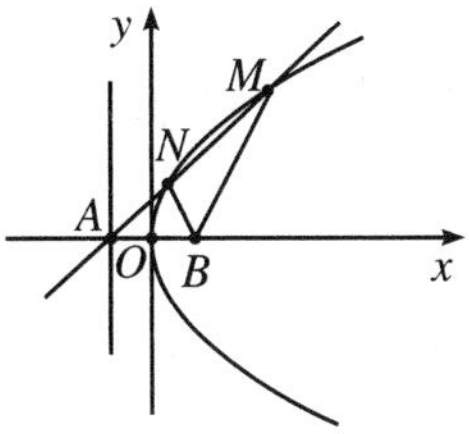

图 6－20

拓展结论一的相关推论：

抛物线方程为 $y^2=2px$（$p>0$），A，B 在 x 轴上，且关于 y 轴对称，A 点为其准线与 x 轴的交点，过点 A 作抛物线 $y^2=2px$（$p>0$）的切线，切点为 P，如图 6－21，则有 $PB\perp x$ 轴。

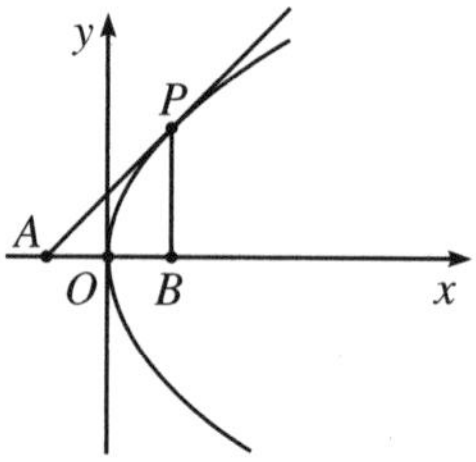

图 6－21

从上述的探究可知：如图 6－22，抛物线方程为 $y^2=2px$（$p>0$），A，B 在 x 轴上，且关于 y 轴对称，过点 A 的直线 l 交抛物线于 M，N 两点，直线 MB，NB 的斜率分别为 k_{MB}，k_{NB}，因为 $k_{MB}+k_{NB}$ 为定值 0，那么有 $\angle MBx=\angle NBO$，延长 MB 交抛物线于 N'，则有 $\angle NBO=\angle N'BO$，故有 $\triangle ABN\cong\triangle ABN'$，那么有 $\angle NAO=\angle N'AO$，则 $k_{MA}+k_{N'A}$ 为定值 0。

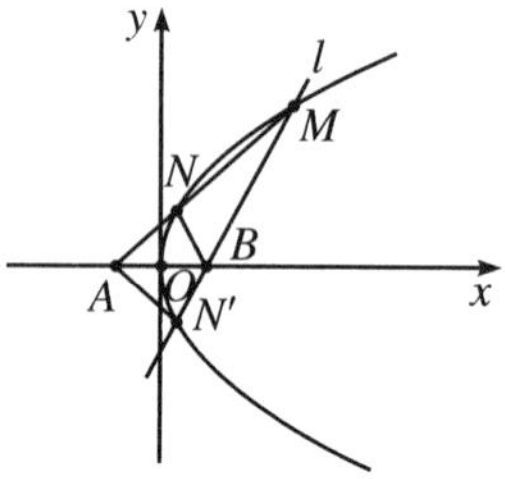

图 6－22

拓展结论二：抛物线方程为 $y^2=2px$（$p>0$），F 点为焦点，A 点为其准线与 x 轴的交点，过点 F 的直线 l 交抛物线于 M，N 两点，如图 6－23，直线 MA，NA 的斜率分别为 k_{MA}，k_{NA}，试判定 $k_{MA}+k_{NA}$ 为定值 0。

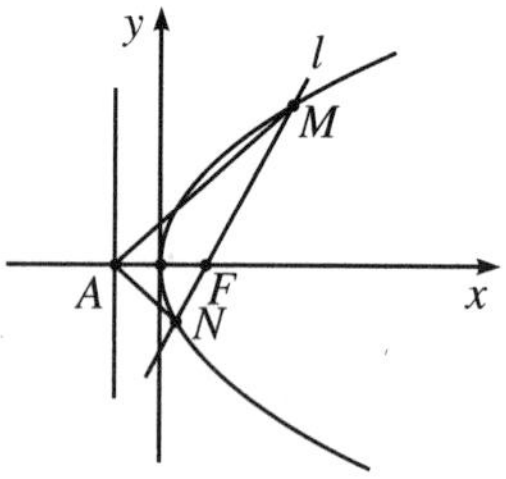

图 6－23

拓展结论三：抛物线方程为 $y^2=2px$（$p>0$），A，B 在 x 轴上，且关于 y 轴对称，过点 B 的直线 l 交抛物线于 M，N 两点，如图 6－24，直线 MA，NA 的斜率分别为 k_{MA}，k_{NA}，试判定 $k_{MA}+k_{NA}$ 为定值 0。

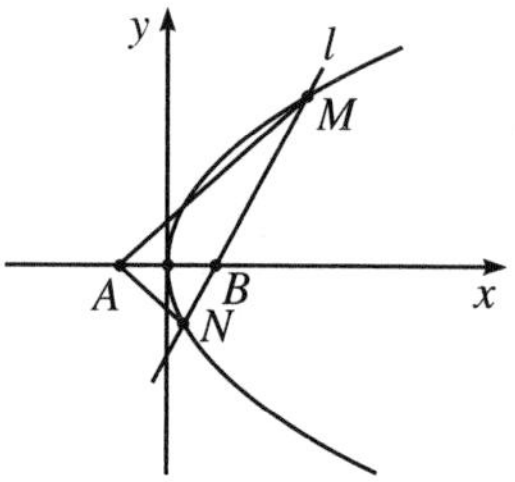

图 6－24

对于椭圆 $\dfrac{x^2}{a^2}+\dfrac{y^2}{b^2}=1$（$a>b>0$）或双曲线 $\dfrac{x^2}{a^2}-\dfrac{y^2}{b^2}=1$（$a>0$，$b>0$），也可得出相应的结论。

拓展结论四：椭圆方程为$\frac{x^2}{a^2}+\frac{y^2}{b^2}=1$（$a>b>0$），点$A$为（$m$，0），点$B$为$\left(\frac{a^2}{m},\ 0\right)$，过点$B$作直线交椭圆于$M$，$N$两点，如图6－25，则有$k_{MA}+k_{NA}$为定值0。

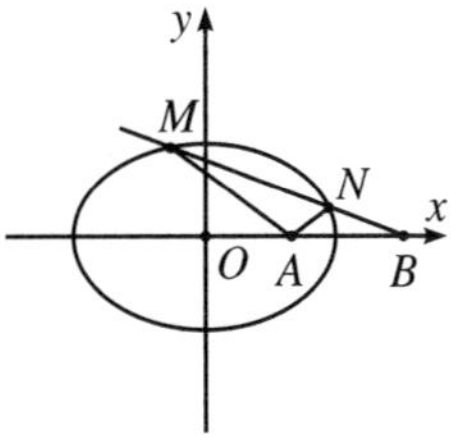

图6－25

拓展结论五：椭圆方程为$\frac{x^2}{a^2}+\frac{y^2}{b^2}=1$（$a>b>0$），点$A$为（$m$，0），点$B$为$\left(\frac{a^2}{m},\ 0\right)$，过点$A$作直线交椭圆于$M$，$N$两点，如图6－26，则有$k_{MB}+k_{NB}$为定值0。

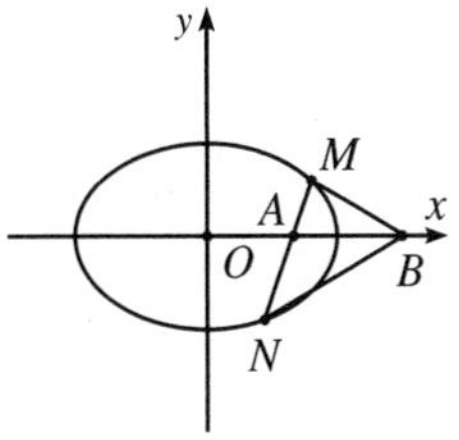

图6－26

拓展结论六：双曲线方程为$\frac{x^2}{a^2}-\frac{y^2}{b^2}=1$（$a>0$，$b>0$），点$A$为（$m$，0），点$B$为$\left(\frac{a^2}{m},\ 0\right)$，过点$B$作直线交双曲线于$M$，$N$两点，如图6－27，则有$k_{MA}+k_{NA}$为定值0。

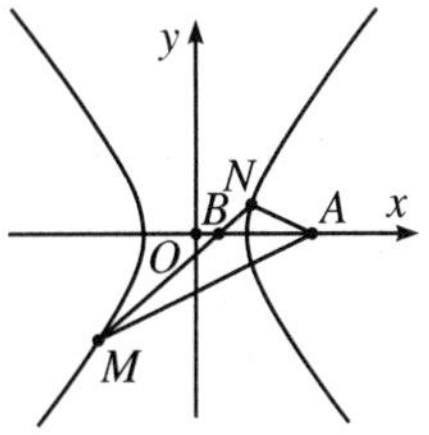

图6－27

拓展结论七：双曲线方程为$\frac{x^2}{a^2}-\frac{y^2}{b^2}=1$（$a>0$，$b>0$），点$A$为（$m$，0），点$B$为$\left(\frac{a^2}{m},\ 0\right)$，过点$A$作直线交双曲线于$M$，$N$两点，如图6－28，则有$k_{MB}+k_{NB}$为定值0。

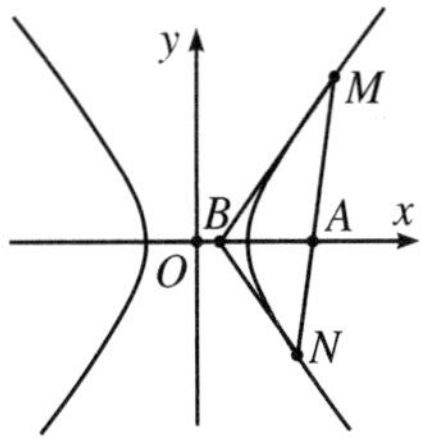

图6－28

第六节　圆锥曲线的几个性质

一、性质从哪儿来

性质指一类数学对象有别于其他数学对象共有的不变特征，是我们认识数学对象和解决问题的抓手。

如图 6－29，椭圆 C 的一条弦 AB 交左准线于 P，F_1 为左焦点，连接 F_1A，F_1P，连接 BF_1 并延长交左准线于 Q，则有 $\angle AF_1P=\angle QF_1P$。

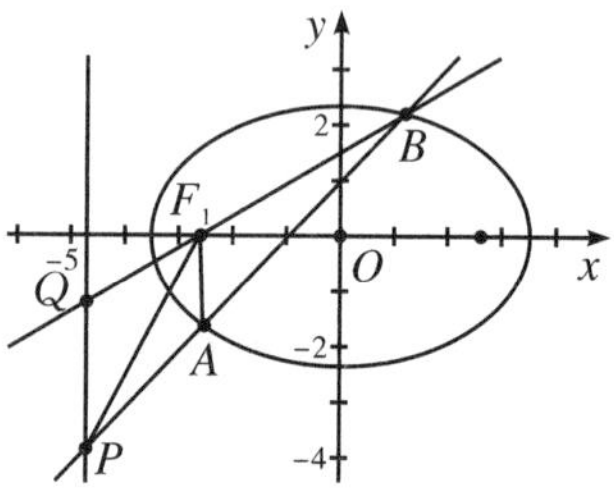

图 6－29

此问题可作为圆锥曲线第二定义应用的探究。解决此问题的关键是能够观察分析出只需证明 F_1P 为三角形 F_1AB 的外角平分线，则可借助外角平分线定理的逆定理求解。

解决此问题之后，有一个问题值得思考并进行探究：双曲线、抛物线是否均有相应的结论？若均有相应的结论，则对于圆锥曲线而言，这个不变的特征就可以看成是它的一个性质，由此可见，找共性是寻找性质的有效途径。

生：［在学习了圆锥曲线（椭圆、双曲线、抛物线）的离心率后的思考］既然在椭圆或双曲线中，离心率 e 为刻画椭圆或双曲线的扁曲程度，那么在抛物线中，所有抛物线的离心率 $e=1$，是否就说明所有抛物线相似？

师：首先要解决什么是抛物线相似？若对此无明确的定义，则此问题无解。

教师可以指导学生了解位似图形等概念，并以数学小论文的形式呈现研究学习的成果。由此，学生可以体会到性质从无到有的过程。

另外，我们需要清楚的是，性质与规律在本质上是一回事。对于性质的探究，我们可以在同一时间去探究出一组对象共有的特征，也可以在各个时间里探究某一现象呈现的周期性特征。

一天，有学生问我，高考题是否会重复出现。我回答当然会，并给出了下面的问题。

在2002年高考数学试题（江苏卷）中，第20题考查了四点共圆的问题。

设A，B是双曲线$x^2-\frac{y^2}{2}=1$上的两点，点$N(1,2)$是线段AB的中点。

（1）求直线AB的方程；

（2）如果线段AB的垂直平分线与双曲线相交于C，D两点，那么A，B，C，D四点是否共圆，为什么？

［**解题反思**］

（1）直线AB方程为$x-y+1=0$，过程略。

（2）四点共圆问题对高中生来说，尽管不常见，但只要细细一想，不难发现判断四点共圆的途径不是唯一的：

可以先尝试是否能够找到一点，使该点到四点等距离；

可以判断四点构成的四边形对角是否互补；

可以借助相交弦定理的逆定理来进行判断……

这些方法，都需要先得到四点的坐标或者相交的两条弦分别被交点分成的两条线段的长。其运算量都比较大，这恰恰会让不少学生出现畏难情绪，若希望降低运算量，可以从整体上来考虑本问题。

由于直线AB方程为$x-y+1=0$，直线CD方程为$x+y-3=0$，则这两条直线可以看成是方程$(x-y+1)(x+y-3)=0$表示的曲线M，那么A，B，C，D四点为曲线M与双曲线$2x^2-y^2-2=0$的公共点，故这四个点在方程$m(x^2-y^2-2x+4y-3)+n(2x^2-y^2-2)=0$的曲线上。该方程经整理后变为$(m+2n)x^2+(-m-n)y^2-2mx+4my-$

$3m-2n=0$，则若该方程是圆的方程，首先 x^2 和 y^2 的系数要相等，故可得到 $m=3$，$n=-2$。

又因当 $m=3$，$n=-2$ 时，方程 $(m+2n)x^2+(-m-n)y^2-2mx+4my-3m-2n=0$ 为 $x^2+y^2+6x-12y+5=0$，所以 A，B，C，D 四点在以 $(-3, 6)$ 为圆心，$2\sqrt{10}$ 为半径的圆上。我们不难发现，借助曲线方程，较易解决了本题中的四点共圆问题。

上述内容是 2002 年 7 月我所写的教学反思，在 2011 年高考数学试题（广西卷）中，又出现了类似的问题。

已知椭圆 C：$\frac{y^2}{2}+x^2=1$ 及上焦点 $F(0, 1)$，l 过点 F 且斜率为 $-\sqrt{2}$，交椭圆 C 于 A，B，若 $\overrightarrow{OA}+\overrightarrow{OB}+\overrightarrow{OP}=\mathbf{0}$。

(1) 求证点 P 在椭圆 C 上；

(2) P 关于 O 点对称点 Q，求证 P，Q，A，B 四点共圆。

对于第 (2) 问的处理，完全可以用同样的方法证明。

在平时的教学中，除了可以让学生研究上面两题外，还可以让学生想一想有多少种方法去判断椭圆 $\frac{x^2}{100}+y^2=1$ 与抛物线 $x^2=-y+5$ 四个交点是否共圆。

之所以会重复出现同类型问题，说明四点共圆问题的解决，其运算量或思维量对于学生来说还是具有一定挑战性，也就具有一定的区分度。

二、圆锥曲线中常用到的一些性质

1. 焦半径公式。

椭圆焦半径公式 $|PF_{左}|=\frac{ep}{1-e\cos\theta}$

双曲线焦半径公式 $|PF_{右}|=\frac{ep}{1-e\cos\theta}$

抛物线焦半径公式 $|PF|=\frac{ep}{1-e\cos\theta}$

由此产生的疑惑值得探究：有哪些方法可以求焦点弦长的最小值，

什么方法比较简洁？

2. 过圆锥曲线上一定点 M，作两条互相垂直的弦 MA，MB，动弦 AB 过定点。

由此产生的疑惑值得探究：在题设不变的前提下，设 P 为 M 在 AB 上的射影，试问 P 点的轨迹是什么？

3. 焦点到渐近线的距离不变（为虚半轴长），如图 6－30。

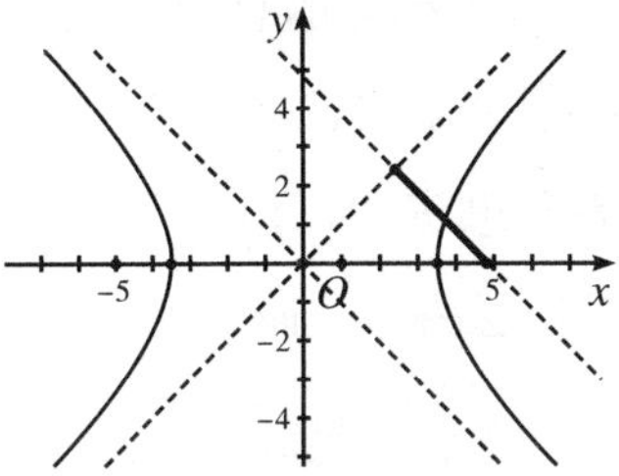

图 6－30

4. P 为双曲线上任意一点，过点 P 分别作两渐近线的平行线，则围成的平行四边形面积不变$\left(为\dfrac{1}{2}ab\right)$，如图 6－31。

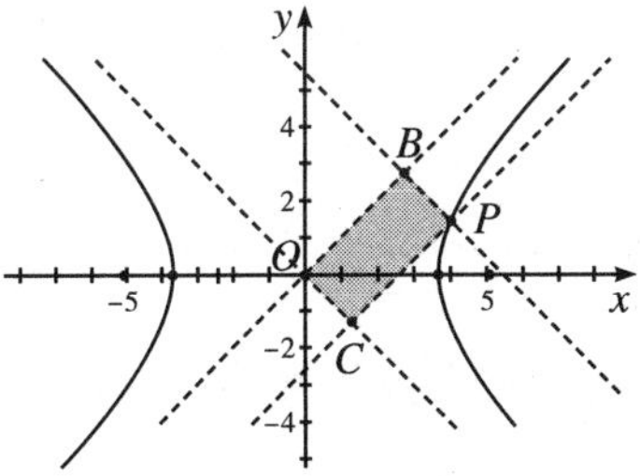

图 6－31

5. 右准线与渐近线交点为 P，右焦点为 F，则 PF 与渐近线垂直。

6. 一平行实轴的直线与双曲线及渐近线的交点，从左至右分别为 A，B，C，D，则恒有 $|AB|=|CD|$。

7. O 为椭圆的中心，A，B 为椭圆上两点，且 $OA\perp OB$，则有 $\dfrac{1}{|OA|^2}+\dfrac{1}{|OB|^2}$ 为定值$\left(\dfrac{1}{a^2}+\dfrac{1}{b^2}\right)$。

8. MN 为过椭圆右焦点的弦，M，N 在右准线上的射影分别为 M_1，N_1，则 $\dfrac{1}{|MM_1|}+\dfrac{1}{|NN_1|}$ 为定值$\left(\dfrac{2}{ep}\right)$。

第七节　运用批判性思维解题纪实

批判性思维是 critical thinking 的直译，包括思维过程中洞察、分析和评估的过程。它包括为了追求自己的认知合理化所进行的思维反应过程。数学的学习过程充满着思辨性，批判性思维可以帮助我们克服思维惯性，及时优化解决问题的思路，从而实现我们对自然生成的期待。

例 1　已知椭圆$\frac{x^2}{a^2}+\frac{y^2}{b^2}=1$（$a>b>0$），离心率为$e=\frac{1}{2}$，以右焦点 F 为圆心的圆过椭圆上的顶点 $B(0, b)$，且与直线 l：$x+\sqrt{3}y+3=0$ 相切。

（1）求椭圆的方程；

（2）过该椭圆的右焦点的直线交椭圆于 M，N 两点，该椭圆的左、右顶点分别为 A_1，A_2，求证：直线 MA_1 与直线 NA_2 的斜率的平方的比值为定值。

反思纪实：（1）椭圆方程为$\frac{x^2}{4}+\frac{y^2}{3}=1$（过程略）。

（2）在动笔之前，我对此题感到疑惑的是，若直线 MA_1 与直线 NA_2 的斜率的平方的比值为定值，那么这两直线的斜率的比值也就应为定值，为何题目不要求直接证明斜率的比值为定值呢？

事实上，设过右焦点的直线方程为 $y=k(x-1)$，$M(x_1, y_1)$，$N(x_2, y_2)$，与$\frac{x^2}{4}+\frac{y^2}{3}=1$联立即得 $(3+4k^2)x^2-8k^2x+4k^2-12=0$。

$k_{MA_1}=\frac{y_1}{x_1+2}$，$k_{NA_2}=\frac{y_2}{x_2-2}$，

$\frac{k_{MA_1}^2}{k_{NA_2}^2}=\frac{y_1^2(x_2-2)^2}{y_2^2(x_1+2)^2}=\frac{(4-x_1^2)(x_2-2)^2}{(4-x_2^2)(x_1+2)^2}=\frac{x_1x_2-2(x_1+x_2)+4}{x_1x_2+2(x_1+x_2)+4}=\frac{1}{9}$。

而$\frac{k_{MA_1}}{k_{NA_2}}=\frac{y_1(x_2-2)}{y_2(x_1+2)}$却给人无从下手的感觉。

如何顺着此思路往下走呢？思考良久，把目光停留在 $k_{MA_1}=\dfrac{y_1}{x_1+2}$，$k_{NA_2}=\dfrac{y_2}{x_2-2}$上面，它们都是椭圆上的点与顶点连线的斜率。椭圆与之有关的不变特征是什么？

若 MN 为椭圆$\dfrac{x^2}{a^2}+\dfrac{y^2}{b^2}=1$（$a>b>0$）任意一条过中心的弦，点 P 为椭圆上与 M，N 不重合的一点，则有 $k_{PM}k_{PN}=-\dfrac{b^2}{a^2}$。

事实上，令 $P(a\cos\alpha，b\sin\alpha)$，$M(a\cos\theta，b\sin\theta)$，$N(-a\cos\theta，-b\sin\theta)$，

则有 $k_{PM}k_{PN}=\dfrac{b\sin\alpha-b\sin\theta}{a\cos\alpha-a\cos\theta}\cdot\dfrac{b\sin\alpha+b\sin\theta}{a\cos\alpha+a\cos\theta}=-\dfrac{b^2}{a^2}$。

故利用此结论不难得到 $\dfrac{k_{MA_1}}{k_{NA_2}}=\dfrac{k_{MA_1}}{-\dfrac{b^2}{a^2}\dfrac{1}{k_{NA_1}}}=-\dfrac{a^2}{b^2}k_{MA_1}k_{NA_1}=-\dfrac{a^2}{b^2}\dfrac{y_1}{x_1+2}\cdot\dfrac{y_2}{x_2+2}=\dfrac{1}{3}$。

例 2 已知椭圆 C_1：$\dfrac{x^2}{a^2}+\dfrac{y^2}{b^2}=1$（$a>0$，$b>0$）的左、右两个焦点为 F_1，F_2，离心率为$\dfrac{1}{2}$，又抛物线 C_2：$y^2=4mx$（$m>0$）与椭圆 C_1 有公共焦点 $F_2(1，0)$。

（1）求椭圆 C_1 与抛物线 C_2 的方程；

（2）设直线 l 经过椭圆的左焦点 F_1 与抛物线 C_2 交于不同两点 P，Q，且满足$\overrightarrow{F_1P}=\lambda\overrightarrow{F_1Q}$，求实数 λ 的取值范围。

反思纪实：（1）由题意 $m=1=c$，则 $a=2$，$b=\sqrt{3}$，故椭圆 C_1：$\dfrac{x^2}{4}+\dfrac{y^2}{3}=1$，抛物线 C_2：$y^2=4x$。

（2）如何等价转化$\overrightarrow{F_1P}=\lambda\overrightarrow{F_1Q}$这个条件，是解决本题的关键。

事实上可以由$\overrightarrow{F_1P}=\lambda\overrightarrow{F_1Q}\Leftrightarrow y_P=\lambda y_Q$，于是令直线 l 方程为 $x=ny$

-1，由$\begin{cases}x=ny-1,\\ y^2=4x,\end{cases}$得 $y^2-4ny+4=0$，由 $\Delta=16n^2-16>0$ 得 $n^2>1$。

由 $y_P+y_Q=4n$ 和 $y_Py_Q=4$ 次数的差异，通过消除次数差异入手，即 $\dfrac{(y_P+y_Q)^2}{y_Py_Q}=\dfrac{y_P}{y_Q}+2+\dfrac{y_P}{y_Q}=\lambda+2+\dfrac{1}{\lambda}=4n^2>4$，即得 $\lambda>0$ 且 $\lambda\neq1$。

［**反思**］上述解答过程中，$\overrightarrow{F_1P}=\lambda\overrightarrow{F_1Q}\Leftrightarrow y_P=\lambda y_Q$ 最初是通过数形结合观察出来，其实这个结论是可以严格通过代数推导出来的，即 $\overrightarrow{F_1P}=\lambda\overrightarrow{F_1Q}\Leftrightarrow(x_P+1,y_P)=\lambda(x_Q+1,y_Q)\Leftrightarrow y_P=\lambda y_Q$。

例 3 已知 F_1，F_2 分别是椭圆$\dfrac{x^2}{4}+\dfrac{y^2}{3}=1$ 的左、右焦点，曲线 C 是以坐标原点为顶点，以 F_2 为焦点的抛物线，自点 F_1 引直线交曲线 C 于 P，Q 两个不同的交点，点 P 关于 x 轴对称的点记为 M，设$\overrightarrow{F_1P}=\lambda\overrightarrow{F_1Q}$。

（1）求曲线 C 的方程；

（2）证明：$\overrightarrow{F_2P}=-\lambda\overrightarrow{F_2Q}$。

反思纪实：在解决第（2）小题过程中，尝试改变问法，即试证明 M，F_2，Q 三点共线；或试证明$\angle PF_2F_1=\angle PF_2Q$。

解完此题之后，意犹未尽：直线自点 F_1 引出点似乎太特殊了，若直线从 A 点（A 点在 x 轴上）处引出，会有怎样的结果呢？

探究一：是否会有对应的结论？

在原先的问题中，F_1 与 F_2 相对应，那么改变条件后，点 A 与哪个点对应呢？是 A 点关于坐标轴的对称点吗？这样的类比是否正确呢？

探究二：若抛物线变为椭圆之后，是否有相应的结论？

探究三：椭圆变为双曲线之后，是否还有类似的结论？

探究四：圆可以看成特殊的椭圆，是否会有相应的结论？

例 4 椭圆 E：$\dfrac{x^2}{a^2}+\dfrac{y^2}{b^2}=1$（$a$，$b>0$），$M(2,\sqrt{2})$，$N(\sqrt{6},1)$ 为椭圆上两点，O 为坐标原点。

（1）求椭圆 E 的方程；

（2）是否存在圆心在原点的圆，使得该圆的任意一条切线与椭圆 E

恒有两个交点 A，B，且$\overrightarrow{OA}\perp\overrightarrow{OB}$，若存在，求圆的方程及 $|AB|$ 的范围。

反思纪实：椭圆 E 的方程为$\frac{x^2}{8}+\frac{y^2}{4}=1$（过程略），在引导学生思考第（2）小题的过程中，可以让其体验关于椭圆性质的探究过程：圆的方程可设为 $x^2+y^2=R^2$，则以 $N(x_0,\ y_0)$ 为切点的切线方程为 $x_0x+y_0y=R^2$，与椭圆方程$\frac{x^2}{a^2}+\frac{y^2}{b^2}=1$ 联立，可得$\frac{x^2}{a^2}+\frac{y^2}{b^2}=\left(\frac{x_0x+y_0y}{R^2}\right)^2$，即$\left(\frac{1}{b^2}-\frac{y_0^2}{R^4}\right)\left(\frac{y}{x}\right)^2-2\frac{x_0y_0}{R^4}\frac{y}{x}+\frac{1}{a^2}-\frac{x_0^2}{R^4}=0$。

如果我们能够留意到该关于$\frac{y}{x}$的一元二次方程的两根恰好为 A，B 分别与原点连线的斜率，则有 $k_1k_2=-1\Leftrightarrow\frac{1}{b^2}-\frac{y_0^2}{R^4}=\frac{x_0^2}{R^4}-\frac{1}{a^2}\Leftrightarrow\frac{x_0^2+y_0^2}{R^4}=\frac{1}{R^2}=\frac{1}{a^2}+\frac{1}{b^2}$。

反之，设 $A(x_1,\ y_1)$，$B(x_2,\ y_2)$，则有 $|OA|^2=x_1^2+y_1^2$，$|OB|^2=x_2^2+y_2^2$，因为$\overrightarrow{OA}\perp\overrightarrow{OB}$，所以有 $x_1x_2+y_1y_2=0$，则有

$$\frac{1}{|OA|^2}+\frac{1}{|OB|^2}=\frac{1}{x_1^2+y_1^2}+\frac{1}{x_2^2+y_2^2}=\frac{\frac{x_1^2}{a^2}+\frac{y_1^2}{b^2}}{x_1^2+y_1^2}+\frac{\frac{x_2^2}{a^2}+\frac{y_2^2}{b^2}}{x_2^2+y_2^2}$$

$$=\frac{\frac{x_1^2x_2^2}{a^2}+\frac{x_1^2y_2^2}{a^2}+\frac{y_1^2y_2^2}{b^2}+\frac{x_2^2y_1^2}{b^2}+\frac{x_1^2x_2^2}{a^2}+\frac{x_2^2y_1^2}{a^2}+\frac{y_1^2y_2^2}{b^2}+\frac{x_1^2y_2^2}{b^2}}{x_1^2x_2^2+x_1^2y_2^2+x_2^2y_1^2+y_1^2y_2^2}。$$

尽管我知道学生在此处用了一种运算繁琐的方法，而利用极坐标会比较容易得出结果，但是顺着学生的思路解出结果对帮助他们树立信心是一件非常重要的事情，因为这样可以让学生避免不断地否定自己原有的思路。我一直认为，学生第一眼看到的题目在脑子里冒出来的想法往往是有价值的，这对学生来说也往往是最自然的思路，我们在辅导学生的过程中，如果没有利用他们自己产生的思路，就是一件很可惜的事情。

算到这一步，不太容易让人想到如何利用 $x_1x_2+y_1y_2=0$ 这个条件，其实由此条件可以得到 $x_1^2x_2^2=y_1^2y_2^2$，则上式化简可得

$$\frac{1}{|OA|^2}+\frac{1}{|OB|^2}=\frac{1}{a^2}+\frac{1}{b^2},$$

$$d^2=\frac{|OA|^2|OB|^2}{|AB|^2}=\frac{(x_1^2+y_1^2)\cdot(x_2^2+y_2^2)}{x_1^2+x_2^2+y_1^2+y_2^2}=\frac{1}{\frac{1}{a^2}+\frac{1}{b^2}}=\frac{a^2b^2}{a^2+b^2},$$

则 $R^2=\frac{a^2b^2}{a^2+b^2}=\frac{8\times4}{8+4}=\frac{8}{3}$，

则圆的方程为 $x^2+y^2=\frac{8}{3}$。

设直线 OA 方程为 $y=kx$，与 $\frac{x^2}{8}+\frac{y^2}{4}=1$ 联立，得 $|OA|^2=\frac{1+k^2}{\frac{1}{8}+\frac{k^2}{4}}$，$|OB|^2=\frac{1+\frac{1}{k^2}}{\frac{1}{8}+\frac{1}{4k^2}}$。

则 $|AB|^2=|OA|^2+|OB|^2=24\frac{(k^2+1)^2}{(1+2k^2)(k^2+2)}$，令 $t=k^2+1$，则 $|AB|^2=\frac{1}{-\frac{1}{t^2}+\frac{1}{t}+2}$，因为 $\frac{1}{t}\in(0,1]$，故 $|AB|^2\in\left[\frac{32}{3},12\right]$。

第七章　立体几何教学中的反思

高中阶段立体几何的教学难点是如何帮助学生有效、理性、精细地培养直观想象能力，尽管小学阶段的数学学习已经涉及对立体图形的观察训练，但学生对立体图形的认知通常还停留在粗略、大概的层面。一旦面临需要精准地回答“是什么?”“为什么?”“有多少?”“怎么办?”等问题时，往往会出现思维障碍。

突破教学难点需要我们分类施策。首先，是策略问题，如我们在面对复杂的立体几何问题时，能够自然地运用“空间问题平面化”的策略，即降维策略，要能够达成此目的，有必要进行“升维”训练，即借助类比思想将一维问题生成二维问题，将二维问题生成三维问题。其次，在运用向量方法求立体几何问题之前，尽可能运用几何法解决复杂的几何问题。最后，有一个我们不能视而不见的事实：我们在解决一道复杂的立体几何问题时，花了大量的时间与精力去理解题意，最后却只解决了题目要求我们求解的那若干个问题。这对于师生来说既是时间精力的浪费，也不利于学生养成“横看成岭侧成峰”的思维习惯。

第一节　学生空间想象能力如何建立

例 1　正方体 $ABCD-A_1B_1C_1D_1$ 的棱上到异面直线 AA_1，CD 的距离相等的点的个数为__________。

学生一般会用如下思路解题：因为正方体共有 12 条棱（如图 7－1），数量不算多，只需逐一考虑除 AA_1，CD 之外的十条棱即可，此解题方法更偏向客观类型问题，通过逻辑推理运用枚举法求解。我们可以反思一下：解答完此题后，学生是否能够做到举一反三？如果不能，则说明我们的变式训练还做得不到位，并没有找到解决这一类问题的通法。因此，在教学中我曾尝试经历以下三次变式，去尽可能地发挥每道题的训练价值。

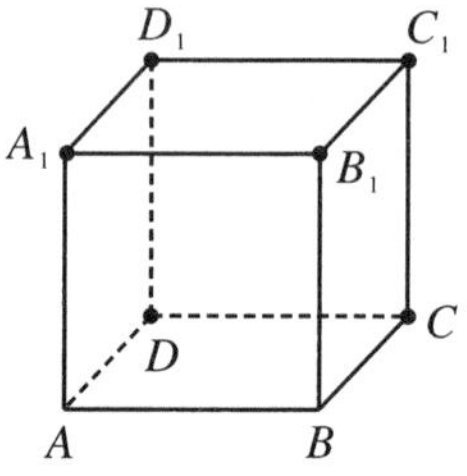

图 7－1

第一次拓展：线—面（一维到二维）

变式一：试判断正方体 $ABCD-A_1B_1C_1D_1$ 的某个面上到异面直线 AA_1，CD 的距离相等的点的个数。

若本题变为在正方体表面上找出所有到异面直线 AB，CC_1 的距离相等的点，那么原来的枚举法是否还有用呢？

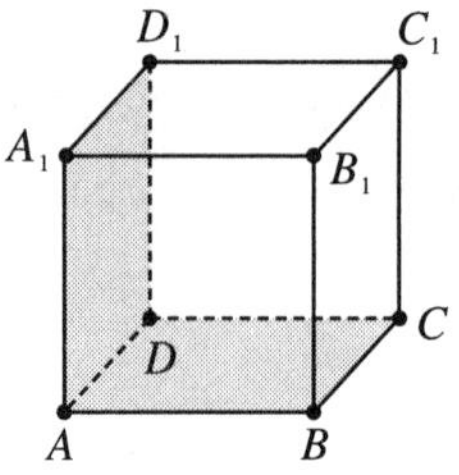

图 7－2

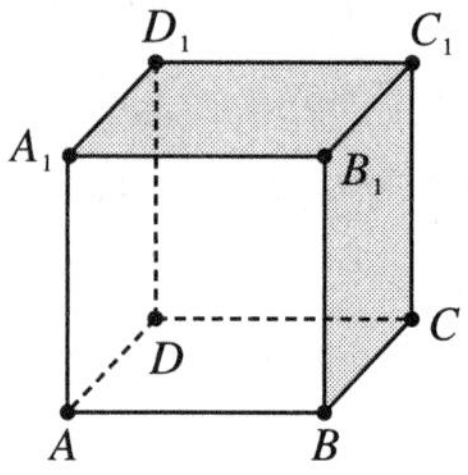

图 7－3

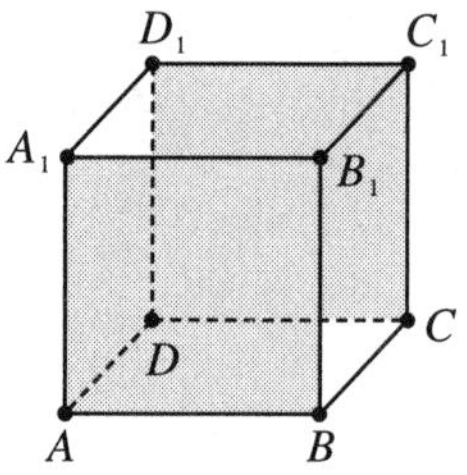

图 7－4

事实上，如果我们能够按图 7－2、图 7－3、图 7－4 三种情形分别讨论是不难得出结果的。图 7－2 可化归为在一个平面内到一个定点与到一定直线距离相等的动点轨迹问题；图 7 - 3 可化归为空间中到一个定点与到一条定直线距离相等的动点轨迹问题；图 7 - 4 情形比较特别，前后两个面内的点到一条直线的距离不超过棱长，到另一条直线的距离不小于棱长。

第二次拓展：有界—无界

变式二：试研究正方体 $ABCD-A_1B_1C_1D_1$ 某个面所在的平面上到异面直线 AA_1，CD 的距离相等的点的轨迹。

第三次拓展：面—体（二维到三维）

变式三：试研究正方体 $ABCD-A_1B_1C_1D_1$ 内（包括表面）到异面直线 AA_1，CD 的距离相等的点的轨迹。

这个问题对学生来说有一定的难度，可以作为长周期作业或者研究性学习任务布置给学生完成。在构思此问题的过程中，我首先想到的是，可以在解决问题的过程中，让学生体验用代数方法来研究几何问题的过程。但是，变式前的问题应该是为了考查或训练学生的空间想象能力，若止步于用代数方法得到动点的轨迹，则对学生的训练是不全面的。故本题还可以引导学生借助几何画板逐层“扫描”出动点的轨迹，让学生在用几何画板作图的过程中再进一步构建空间想象，当然，在解决此问题前，可以让学生先练习过正方体（或长方体）棱上的三点的平面截正方体（或长方体）所得到的截面。

有了这样的经历，一个新的感悟是，在学习立体几何的过程中，可通过“升维”的方法引导学生去探究解决问题的通法。

第二节　降维——空间问题平面化

一、从三维降为二维：利用垂面

在立体几何中，无论求距离还是求角，都可以化归为找垂足，而垂足往往是依托于直线（或平面）的垂面来考虑的，如此可以把搜寻范围从三维降为二维，故垂面能否利用得好，通常是解决此类问题顺利与否的关键。

可作练习使用的问题：

1. 如图 7－5，已知平行四边形 $ABCD$ 中，$AB=3$，$AD=2$，$PD\perp$ 平面 $ABCD$，$PD=2$，求点 D 到平面 PBC 的距离。

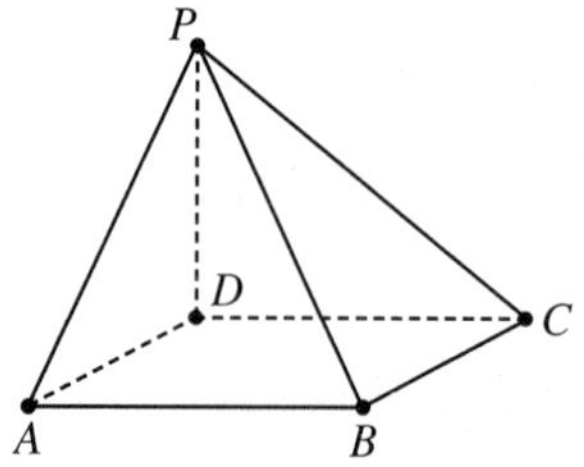

图 7－5

2. 如图 7－6，已知正方体 $ABCD-A_1B_1C_1D_1$ 的棱长为 1，求异面直线 A_1C_1 与 BD_1 的距离。

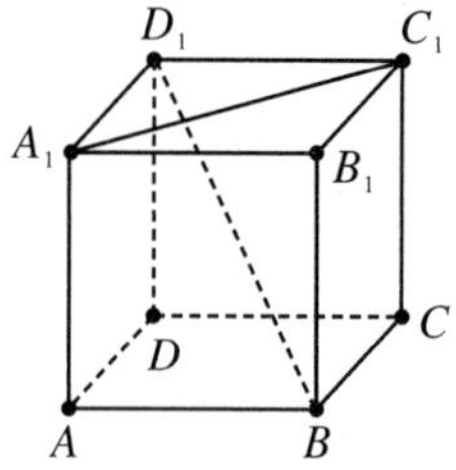

图 7－6

3. 如图 7－7，已知正三棱柱 $ABC-A_1B_1C_1$ 的棱长均为 a，D 为 BC

的中点，$A_1E \perp DE$，求 AD 与平面 A_1ED 所成角的大小。

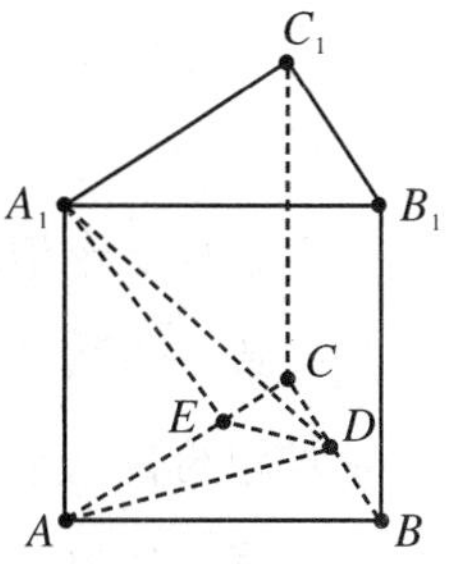

图 7-7

4. 在正方体中，M，N，P，Q 分别为各棱的中点，如图 7-8。

(1) 求点 P 到平面 MNQ 的距离；

(2) 求直线 PN 与平面 MPQ 所成的角。

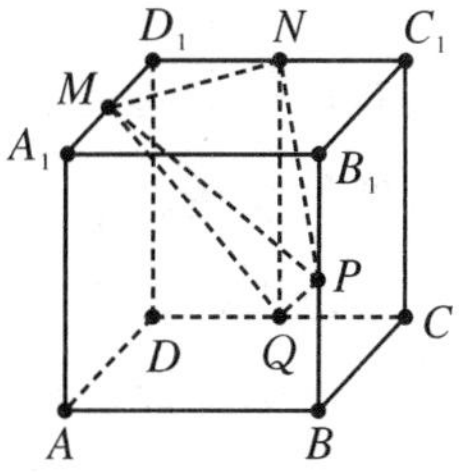

图 7-8

此题对于学生来说，由于 P，Q，M，N 四个点所构成的图形特征不易观察出来，因此他们往往会考虑借助坐标来解决。这样尽管解决了此题，但对提升学生的空间想象能力并没有多大帮助。此题不够直观的原因在于设计题目时，未把正方体被平面 MNQ 所截的截面图形完整给出，使得该截面与正方体对角面 BDD_1B_1 的垂直关系不直观。

有同学在寻找点 P 在平面 MNQ 上的射影时，发现了 $PM=PN=PQ$，则得到点 P 在平面 MNQ 上的射影为三角形 MNQ 的外心，而三角形 MNQ 是以 MQ 为斜边的直角三角形，故此射影为 MQ 的中点。那么可以得到平面 PMQ 与平面 MNQ 互相垂直，于是问题迎刃而解。

与此类似的问题还有：

在半径为 13 的球面上有 A，B，C 三点，$AB=6$，$BC=8$，$CA=10$。

(1) 球心到平面 ABC 的距离为__________；

(2) 过 A，B 两点的大圆面与平面 ABC 所成的二面角（锐角）的正切值为__________。

二、从三维到二维的降维类比

导致一道数学题的难与易的因素有哪些？我们不妨来一次头脑风暴：数学难题给自己是一种什么样的感觉？

运算量超出了自己能够驾驭的范围；

看不懂题目的意思；

连参考答案看起来都很吃力；

不知道如何由条件导出结论……

归结起来，对学生来说，一道数学题让学生感觉到难，实际上是在解题过程中遇到了思维障碍：没有在条件与结论之间建立起让学生感到自然的联系。

那么，影响在解题过程中对题目难易程度的感觉，衡量的工具是通过反复训练形成的机械记忆，还是挖掘出条件与结论的关联，洞悉其规律之后而形成的逻辑记忆？前者影响的是运算速度，即单位时间里解题的多少，后者影响的是解释所用方法的合理性与适用性，即能否做到举一反三。

类比，是在解决数学问题时寻找解题思维的重要途径。

以下问题的解题方法探究，就是从三维到二维的降维类比来实现的。

训练一：在平面上，若两个正三角形的边长的比为 $1:2$，则它们的面积比为 $1:4$。类似地，在空间中，若两个正四面体的棱长之比为 $1:2$，则它们的体积之比为多少？

训练二：设 α 与 β 是不重合的两个平面，给出下列命题：

(1) 若 α 内的两条相交直线分别平行于 β 内的两条直线，则 $\alpha /\!/ \beta$；

(2) 若 α 外一条直线 l 与 β 内一条直线平行，则 $l /\!/ \alpha$；

(3) 设 $\alpha \cap \beta = l$，若 α 内有一条直线垂直于 l，则 $\alpha \perp \beta$；

(4) 直线 l 与 α 垂直的充要条件是 l 与 α 内两条直线垂直。

以上命题中，真命题的序号是__________。

训练三：在直三棱柱 $ABC-A_1B_1C_1$ 中，E，F 分别是 A_1B，A_1C 中点，点 D 在 B_1C_1 上，$A_1D\perp B_1C$。

（1）求证：$EF//$平面 ABC；

（2）求证：平面 $A_1FD\perp$平面 BB_1C_1C。

分析：分析法是寻找解题思路的非常重要的路径。

第三节　特殊化策略

如果我们的空间想象还没有建立起来，那么我们所处理的立体几何问题就仍停留在抽象阶段，抽象是我们解题的大敌。而特殊化策略可以帮助我们通过从一般到特殊实现从抽象到直观，利用排中律根据在特殊情形下获得的结论来帮助我们求解。

例 1　一个正四棱锥两相邻侧面所成的二面角为 α，侧面与底面所成的二面角为 β，则 $2\cos\alpha+\cos2\beta=$__________。

解题反思：从试题特点可分析出解题的技巧。题型已经在暗示我们，正四棱锥尽管在变，但 $2\cos\alpha+\cos2\beta$ 为定值。故将其作为一般情形下的正四棱锥来推导结论，则运算让人感到有难度。若将此正四棱锥特殊化，如设各棱长为 1，运算量应小一些。若在特殊化方向上走得更远一些，让学生想一想，如顶点升至无穷远端，此时的正棱锥可以看成什么几何体，想要得到本题答案就易如反掌。

学生在解题之后的感悟：

1. 我们解题的过程，从某种意义来说就是在与出题人“对话”的过程，平时练习时，若能读懂出题人的意图，这对解题思维的训练是有帮助的。

2. 特殊化思想在解题过程中，常常会收到“四两拨千斤”的效果。那么，何时采取特殊化思想呢？从辩证的角度，大都应遵循“正难（繁）则反（特殊化）”的策略。

例 2　有四个半径都为 r 的球，在桌面上垒成两两相切的组合体，则这个组合体的高（即组合体最高处与桌面的距离）为__________。

解题反思：由于四个球垒出来的组合体很难直观画出来，同时四个球的球心不在同一平面上，故也无法通过观察组合体的截面图达到降维的效果。那么在我们努力尝试作出组合体的直观图的过程中，我们会发现，尽管组合体的直观图不易作出，但是以这四个球球心为顶点的几何体显然是棱长为 $2r$ 的正四面体，而这个四面体的高与组合体的高相差 $2r$。

例 3 一棱长为 2 的正四面体两条相对棱之间的距离为________。

解题反思：求正四面体相对棱之间的距离并不复杂，但若能想象将该棱长为 2 的正四面体补形为棱长为 $\sqrt{2}$ 的正方体，并且正四面体的棱长为正方体的面对角线长，则正四面体的相对棱之间的距离就可以通过口答得出结果。

例 4 已知正方体 $ABCD-A_1B_1C_1D_1$ 棱长为 4，点 E 在 DD_1 上，且 $ED=1$，连接 BE，如图 7－9，若正方体过点 D 的截面与 BE 垂直，求该截面的面积。

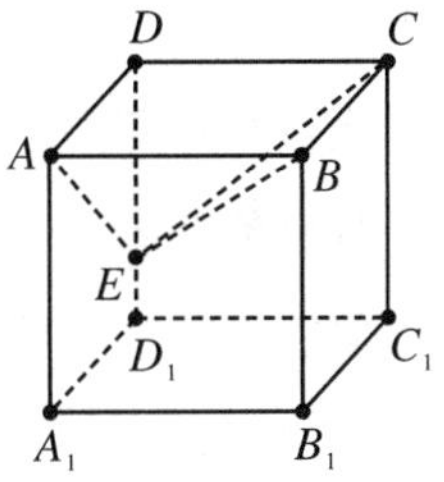

图 7－9

解题反思：截面问题对于学生来说是一个难点，如果先在特殊的位置上寻找与 BE 垂直的直线，则思路会逐渐变得清晰起来。

我们先将注意力集中在平面 ADD_1A_1 上，这个面上若存在与 BE 垂直的直线，那么这条直线也与 AB 垂直，进而与平面 ABE 垂直，因此也就与直线 AE 垂直，故要在正方形 ADD_1A_1 中确定这条直线就不是难事了。类似地，我们也可以在平面 CDD_1C_1 找到与 BE 垂直的直线。

第四节　对“多题一解”和“一题多解”教学价值的思考

《普通高中数学课程标准（2017年版）》对直观想象做出了解读，直观想象是指借助几何直观和空间想象感知事物的形态与变化，利用空间形式特别是图形，理解和解决数学问题的素养。其中，空间想象能力是直观想象的表现，直观想象是空间想象能力的基础。由此可见学生空间想象能力的重要性，但是学生空间想象能力的培养却是教学中的难点。

“我怎么没有想到?”一直是不少学生存在的疑惑。有时学生会耗费大量的时间去做不同的习题，却事倍功半。以求二面角问题为例，求二面角问题是立体几何教学中的重点，也是难点，如果单独问学生求二面角的方法有哪些，相信不少学生会罗列出不少方法，但是学生仍然怕求二面角的问题，特别是二面角的空间位置不那么特殊时，往往会有“一题一法，百题各不同”的陌生感。

其实，对于空间想象能力弱的学生而言，不能迅速地将立体几何问题中的条件直观化是比较苦恼的事。如何帮助学生提升其空间想象能力，对于我自己而言也是一个难题。直到有一年去温州，游览完雁荡山之后，同伴一句戏言“围绕着小小的雁荡山一周，反复从不同角度看，却看出了不同的味道”让我心中一动，学生的空间想象能力没有建立起来，究其原因，是对题目的条件理解得还不够透彻。要解决此问题，最好能够从不同的角度去观察同一个几何图形，从而呈现“众里寻他千百度，蓦然回首，那人却在，灯火阑珊处”的效果。

换言之，即选好题，让学生尽可能独立而彻底地解决。那么，何为彻底？其实，别无诀窍，需要我们围绕所选出来的题目进行“多题一解”与“一题多解”。

一、多题一解的教学价值

1. 信心的建构

人们往往在面对自认为超出自己能力范围的任务时信心不足，学生面对立体几何问题时总觉得“一题一法，百题各不同”，自然会加重其无力驾驭的心理负担。这个问题值得我们去认真地反思。

（1）对于新手，一开始就向他们介绍众多方法是否合适？

师生在教与学过程中，教师的优势在于其经验，即在处理问题时，他们暂时会比学生先拥有丰富的解题方法，但这也可能为导致教学效果不好埋下种子：教师没有真正形成以学生为学习主体的观念前，沉浸在“告诉式”教学中将众多方法一一罗列，学生无法有效地将它们内化为自身的经验，于是在面对问题时，如何选择“合适”的方法会成为学生最苦恼的事情。因此，适时地学习各种解题方法更符合学生的认知习惯。

（2）对于解题，什么方法算好方法？

回顾自己学习立体几何时，对于立体几何问题从来不怵，一是因为自己脑子里总想着点、线、面之间的位置关系，二是自己总能够用“等积法”去突破和距离与角有关问题的难点，即使运算起来比较繁杂，但仍然信心十足。其实一直以来，我们对于简洁的解法推崇有加，在潜意识里，认为方法越简洁就越好。但是我们需要明白的是，解题方法的简洁程度和题目条件的特殊程度是相辅相成的。如果一开始解题者注意力集中在题目条件的特殊性而忽视问题的共性，这样注意力的不合理分配，很容易陷入“草木皆兵”的境地。

对于绝大多数人而言，要顺利完成诸如“左手画圆，右手画方”一心二用的任务，只有他们对其中一项任务（如左手画圆或右手画方）通过反复强化已经变成惯性动作，而无需在一心二用的任务中分配注意力才能完成。因而，对于初学者来说，优先了解并熟练地掌握通法更有价值，换言之，通法是初学者最好的解题方法。

2. 归纳与化归

有些学生阅读量不少，但其归纳概括能力并没有得到相应提升，究其原因，学生在阅读时缺少问题意识，没有能够带着问题去阅读，既无法迅速形成自己的观点，也无法做到与阅读内容或者作者进行有效的交流。

阅读如此，解决数学问题又何尝不是如此？如果学生未能带着问题去解题，那么学生面对的就是纷繁杂乱的信息，在这样的状态下，解题多并非意味着他们解决数学问题的能力也得到有效提升。

前面提到，我在解立体几何题目时，涉及立体几何的运算，大都可以化归为求距离与角的问题，而求距离与角的问题，又通常是通过解三角形（尤其是解直角三角形）来完成。在这个过程中，能够有效地求出线段（尤其是垂线段）长度就变得至关重要，在我的记忆中，最“得意”的是自己常常可以化归为用等面积（体积）法求出垂线段的长，见图 7 - 10。

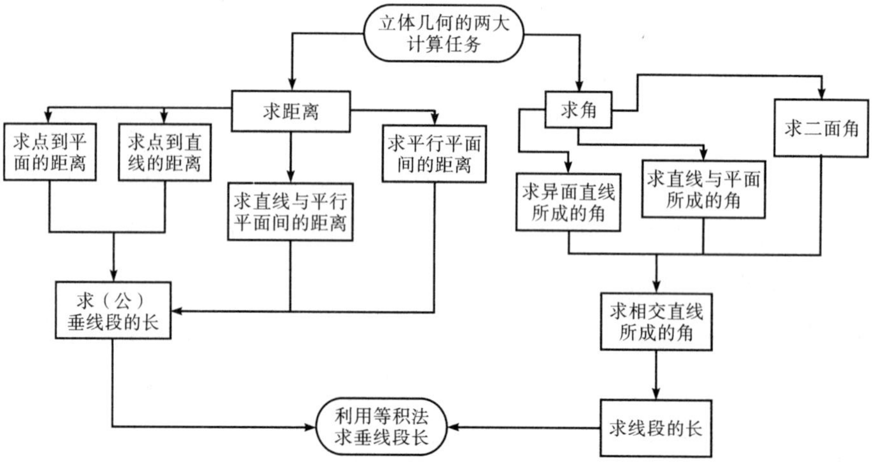

图 7 - 10

当然，在学生已经学习了向量这一运算工具之后，对于立体几何的两大计算任务，也均可以化归为利用向量数量积来求解，见图 7 - 11。

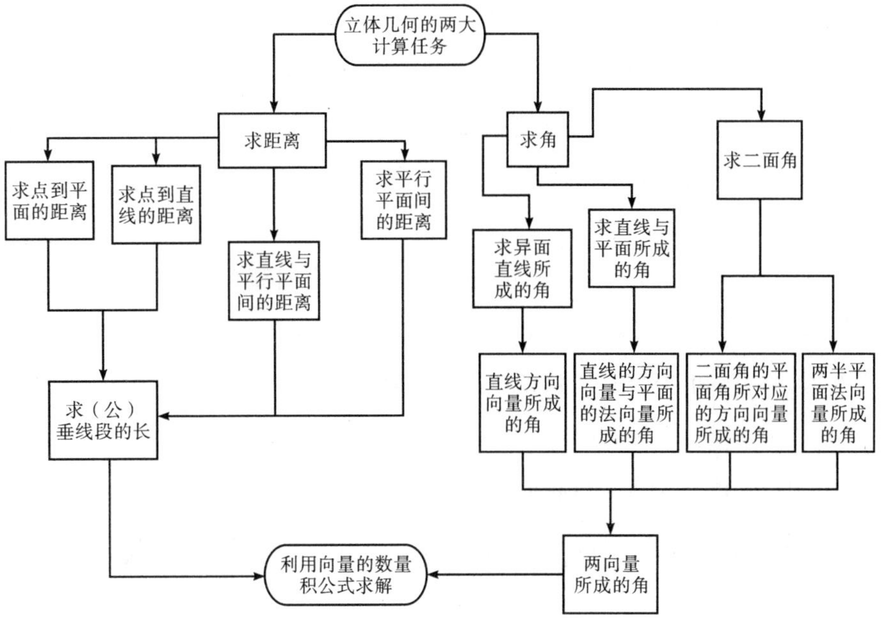

图 7－11

3. 关于多题一解的教学建议

万变不离其宗，以上两个关于立体几何两大计算任务的流程图，给出的是把立体几何中求各类距离或求各类角的化归过程。而要自然流畅地完成此化归过程，利用分析法是比较重要的一个环节。

当然，因为分析法完成的是“执果索因”的工作，如果学生尚未对结果与原因之间的关系有清楚的认识，那么此时利用分析法是不会实现自然流畅的化归的。师生在解决了一道问题之后，可以先尝试将一题变成多题，即一题多变，先让学生好好地体验由一道题目自然而然地变式为其他新问题的过程，然后在最近发展区去实现多题一解。

常用的一题变多题的途径主要有以下几种：

（1）从同一条件能够尽可能导出代数或几何特征中选择求解的任务。

（2）通过四种命题之间的转换来实现一题多变，即如果我们把一道题目看成是一个命题，那么它的逆命题、否命题、逆否命题均可形成新的问题，当然命题的否定也可以形成新的问题。

（3）通过升维或降维来实现一题多变，即在一维、二维、三维空间中产生类比问题。

（4）通过强抽象或弱抽象来实现一题多变。徐利治、郑毓信教授在《数学抽象方法与抽象度分析法》一书中指出，弱抽象可以称为概念扩张式抽象，强抽象可以称为概念强化式抽象。换言之，弱抽象实现的是从特殊到一般，而强抽象实现的是从一般到特殊。

4. 举例

以一当百，在条件不改变的前提下，从1个问题变式为其他109个问题。

例1 已知四棱锥 $P-ABCD$ 中，侧面 PAD 是边长为2的正三角形，底面 $ABCD$ 为菱形，$PB\perp AD$，侧面 PAD 与底面 $ABCD$ 所成二面角为 $\frac{2\pi}{3}$，如图7-12，求侧面 PAB 与侧面 PCB 所成二面角的余弦值。

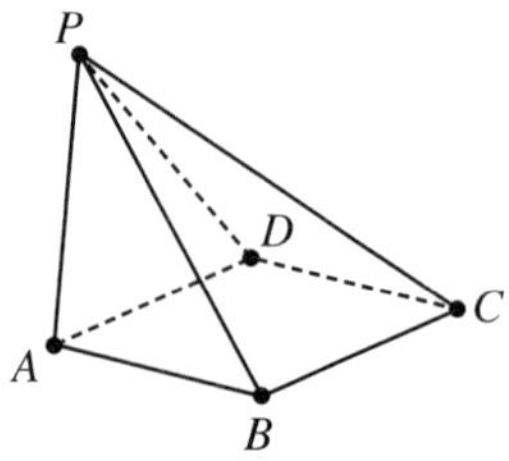

图7-12

变式一：该四棱锥共有8条棱，除二面角 $A-PB-C$ 外，还可以生成其他二面角

以 PB 为棱：（1）求二面角 $A-PB-D$；（2）求二面角 $C-PB-D$；

以 PA 为棱：（3）求二面角 $B-PA-D$；（4）求二面角 $B-PA-C$；（5）求二面角 $D-PA-C$；

以 PD 为棱：（6）求二面角 $A-PD-C$；（7）求二面角 $A-PD-B$；（8）求二面角 $C-PD-B$；

以 PC 为棱：（9）求二面角 $B-PC-D$；（10）求二面角 $B-PC-A$；（11）求二面角 $D-PC-A$；

以 AB 为棱：（12）求二面角 $P-AB-C$；

以 BC 为棱：（13）求二面角 $P-BC-A$；

以 CD 为棱：（14）求二面角 $P-CD-A$；

以 AD 为棱：（15）求二面角 $P-AD-B$（已出现在条件中）。

变式二：没有给出棱的二面角

（16）求面 PAB 与面 PCD 所成二面角；

（17）求面 PBC 与面 PAD 所成二面角。

变式三：由一线一面构成线面所成的角

(18—21) 求直线 PA，PB，PC，PD 分别与平面 $ABCD$ 所成的角；

(22—25) 求直线 PC，PD，BC，AD 分别与平面 PAB 所成的角；

(26—29) 求直线 PB，PC，AB，CD 分别与平面 PAD 所成的角；

(30—33) 求直线 PA，PB，AD，BC 分别与平面 PCD 所成的角；

(34—37) 求直线 PA，PD，AB，CD 分别与平面 PBC 所成的角；

(38—43) 求直线 AB，BC，CD，DA，PA，PC 分别与平面 PBD 所成的角；

(44—49) 求直线 AB，BC，CD，DA，PB，PD 分别与平面 PAC 所成的角。

变式四：由两异面直线所成的角

(50—51) 求直线 PA 分别与直线 BC，CD 所成的角；

(52—53) 求直线 PB 分别与直线 AD，CD 所成的角；

(54—55) 求直线 PC 分别与直线 AB，AD 所成的角；

(56—57) 直线 PD 分别与直线 AB，BC 所成的角。

变式五：求两异面直线之间的距离

(58—59) 求直线 PA 分别与直线 BC，CD 间的距离；

(60—61) 直线 PB 分别与直线 AD，CD 间的距离；

(62—63) 直线 PC 分别与直线 AB，AD 间的距离；

(64—65) 直线 PD 分别与直线 AB，BC 间的距离。

变式六：求一顶点到某平面的距离

(66) 求点 P 到平面 $ABCD$ 的距离；

(67—69) 求点 A 分别到平面 PBC，平面 PCD，平面 PBD 的距离；

(70—72) 求点 B 分别到平面 PAD，平面 PCD，平面 PAC 的距离；

(73—75) 求点 C 分别到平面 PAB，平面 PAD，平面 PBD 的距离；

(76—78) 求点 D 分别到平面 PBC，平面 PAB，平面 PAC 的距离。

变式七：求点到直线的距离

(79—82) 求点 P 分别到直线 AB，BC，CD，DA 的距离；

(83—88) 求点 A 分别到直线 PB，PC，PD，BC，CD，BD 的距离；

(89—94) 求点 B 分别到直线 PA，PC，PD，CD，AD，AC 的距离；

(95—100) 求点 C 分别到直线 PD，PA，PB，AD，AB，BD 的距离；

(101—106) 求点 D 分别到直线 PA，PB，PC，AB，BC，AC 的距离。

变式八：与之有关的组合体问题

(107) 求四面体 $PABD$ 外接球半径；

(108) 求四面体 $PBCD$ 外接球半径。

变式九：折叠问题

(109) 求在侧面上连接 A，C 两点的最短路线。

二、一题多解的教学价值

1. 暴露思维的机会

相对于多题一解，一题多解是数学解题教学中更让教师有兴趣的一件事情，对于教师来说，常常享受一种种方法如魔术般呈现在学生面前的状态，殊不知如果我们太注重教师如魔术师般的演示，就忽视了在学习过程中的主体是学生。如果不符合学生的认知规律，学生在课堂上除了惊讶，并不会及时有效地接受各种方法。因为学生对方法的内化是一个循序渐进的过程，如果他们还没有强烈地感受到原来所掌握的“通法”还有不够用的时候，那么他们对于新方法掌握的愿望是不强烈的。

我们知道，学生学习最直接的方式是模仿，但教师并不一定会意识到在教学过程中，有意识地让学生模仿自己的思维过程是一件非常有意义的事情。因此在一题多解的教学中，一是需要循序渐进地介绍各种方法，尽量摒弃一步到位的想法；二是教师须适当地暴露自己由一种方法自然地过渡到另一种方法的思维过程，这样的示范可以帮助初学者模仿如何去观察与思考。

2. 训练多角度观察的能力

我们常说，做题不在多而在精，对于初学者而言，在较短的时间里面对数量较多的题目，会迫使他们不断转换问题情境，并不利于他们反复体味一道题目的条件、结论以及来龙去脉。在学生尚未熟练掌握解题方法之前，反复去揣摩同一道题目，才有可能达到“横看成岭侧成峰”的效果。记得在刚开始学习立体几何时，老师提醒我们在处理点、线、面的位置关系时，既要多观察屋子里的墙角，也要多观察桌子的一个角，因为很多位置关系都可以结合屋子的墙角或桌子的一角来直观感悟。当时的感觉就像面对一个几何体时，自己已经成为一个缩放自如的“悟空”，既可以钻到几何体的内部去观察，也可能俯视整个几何体，而我的空间想象能力也就在这个过程中建立起来。

3. 训练发散性思维

发散性思维是指大脑在思维时呈现的一种扩散状态的思维模式，它具有流畅性、灵活性和独创性三个特征。

流畅性反映的是迅速找寻事物之间的关联，影响自己拥有的知识或方法适用的范围和呼应速度的思维品质，它虽然与每个人的智力等先天条件有关，但若能帮助学生养成主动感悟事物之间联系与规律的思维习惯，仍能做到熟能生巧。平时有意识地让学生多通过追问为什么而实现过程与结论的合理性，有利于达到“意料之外，情理之中”的效果。

灵活性反映的是能够举一反三或者在思维受阻时及时变通的思维品质，如习惯类比、正相关与负相关、强弱抽象等思维过程，正难则反、数形转换、整体与局部、补与割等思维方法。

独创性反映的是发现问题、抽象问题、解决问题的意识，能够做到“人无我有，人有我优”的思维品质。批判性思维与其息息相关。维持学生的好奇心和质疑精神对培养思维的独创性显得尤为重要。

4. 举例

我们仍以前面的问题为例：

例 1 已知四棱锥 $P-ABCD$ 中，侧面 PAD 是边长为 2 的正三角形，底面 $ABCD$ 为菱形，$PB\perp AD$，侧面 PAD 与底面 $ABCD$ 所成二面角为$\frac{2\pi}{3}$，

求侧面 PAB 与侧面 PCB 所成二面角的余弦值。

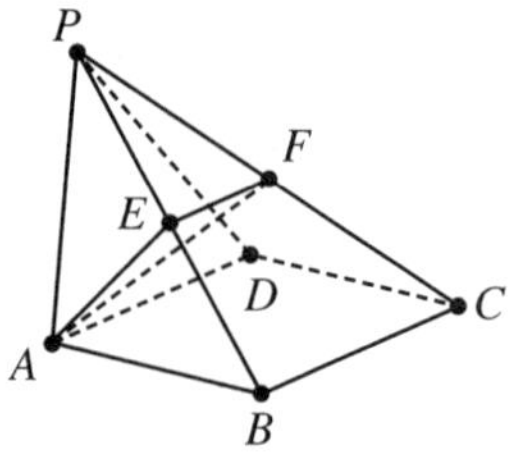

图 7-13

分析：从定义入手，分别取 PB，PC 中点 E，F，连接 AE，EF，如图 7-13。

$$\left.\begin{array}{l} PA=AB\Rightarrow AE\perp PB \\ \left.\begin{array}{l} EF/\!/BC \\ \left.\begin{array}{l} PB\perp AD \\ AD/\!/BC \end{array}\right\}\Rightarrow PB\perp BC \end{array}\right\}\Rightarrow PB\perp EF \end{array}\right\}\Rightarrow$$

$\angle AEF$ 是二面角 $A-PB-C$ 的平面角。

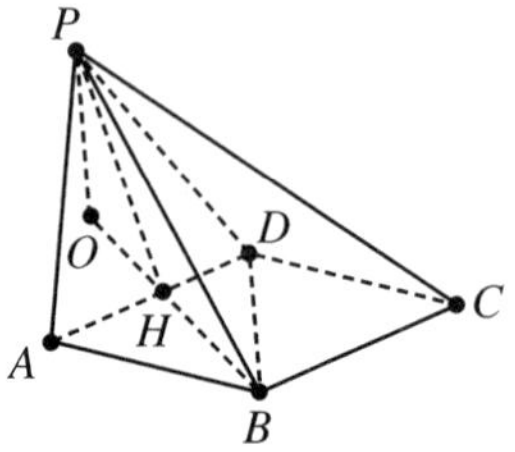

图 7-14

此时我们发现要通过解三角形 AEF 求出 $\angle AEF$，AE 与 AF 的长度还不是一目了然。这说明还需要尽可能挖掘出题目中的隐含条件，设 O 为点 P 在平面 $ABCD$ 上的射影，连接 OB 交 AD 于 H，连接 PH，PO，BD，如图 7-14。因为 PO 垂直平面 $ABCD$，所以 $PO\perp AD$，又因 $PB\perp AD$，所以 AD 与平面 PBO 垂直，此结论可以得出 $PH\perp AD$，$OB\perp AD$。

问题一：三角形 AEF 中哪条边长最容易求？

因为 EF 为三角形 PBC 的中位线，故 $EF=\frac{1}{2}BC=1$。

问题二：AE 的长度如何求？

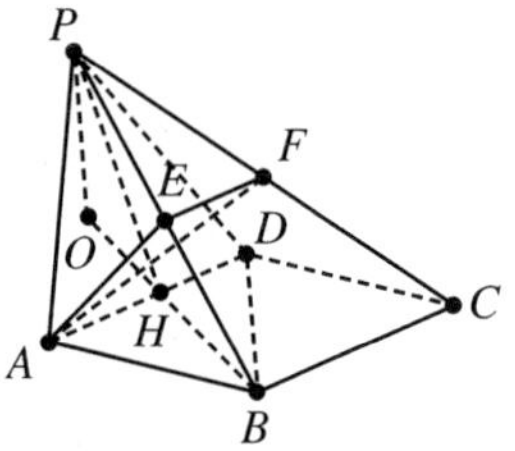

图 7-15

如图 7-15，因为 $PA=AB=2$，故只需求出 PB 的长度就可得到 AE 的长。而 PB 为直角三角形 POB 的斜边，故只需先得到 PO 与 OB 的长即可。

由 PO 垂直平面 $ABCD$ 和 $PH\perp AD$ 可得 $\angle PHO=\frac{\pi}{3}$，

因为三角形 PAD 是边长为 2 的正三角形，故 $PH=\sqrt{3}$，所以 $PO=\frac{3}{2}$，$OH=\frac{\sqrt{3}}{2}$。又因 $BH=\sqrt{3}$，所以 $OB=\frac{3\sqrt{3}}{2}$，则 $PB=3$，故可得 $AE=$

$\frac{\sqrt{7}}{2}$。

问题三：如何求 AF 的长呢？

我们可以取 OC 中点 G，连接 FG 和 AG，如图 7－16，则 AF 为直角三角形 AFG 的斜边，且 $FG=\frac{1}{2}PO=\frac{3}{4}$。但此时在求 AG 的长度时又遇到困难，仔细观察，我们会发现可以将 AG 放在三角形 AOG 中来考虑，若我们想利用余弦公式求出 AG 的长，可先得到 $AO=\frac{\sqrt{7}}{2}$，$OG=\frac{\sqrt{43}}{4}$，但$\angle AOG$ 的余弦值又是一个障碍。再继续观察，我们发现$\angle AOG$ 可放在三角形 AOC 中来考虑，因为 $AO=\frac{\sqrt{7}}{2}$，$OC=\frac{\sqrt{43}}{2}$，$AC=2\sqrt{3}$，故可得 $\cos\angle AOC=\frac{1}{\sqrt{7}\cdot\sqrt{43}}$，那么再由余弦定理可得 $AG=\frac{\sqrt{67}}{4}$，又因 $FG=\frac{3}{4}$，所以 $AF=\frac{\sqrt{19}}{2}$。

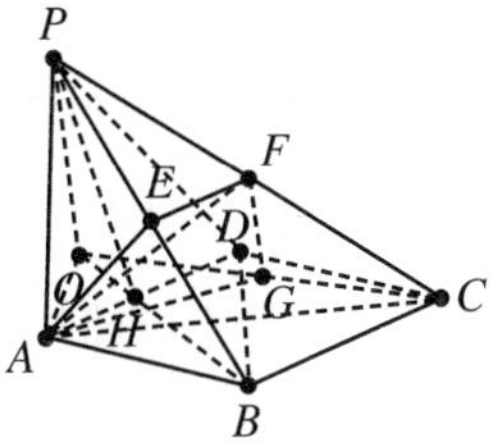

图 7－16

由 $AF=\frac{\sqrt{19}}{2}$，$AE=\frac{\sqrt{7}}{2}$，$EF=1$，即得 $\cos\angle AEF=-\frac{2\sqrt{7}}{7}$。

上述的解题过程，可以说是最“笨”的解题过程，但并不意味着它就没有价值。当有一种最“笨”的方法保底并且可以解出结果的前提下，我们可以在比较放松的状态下对上述的解题过程进行不断地优化。

优化一：上述解题过程中，求 AG 的过程比较繁琐，若能观察出 AG 是三角形 AOC 的中线，且因为 $AO=\frac{\sqrt{7}}{2}$，$OC=\frac{\sqrt{43}}{2}$，$AC=2\sqrt{3}$，则由 $2\overrightarrow{AG}=\overrightarrow{AO}+\overrightarrow{AC}$和$\overrightarrow{OC}=\overrightarrow{AC}-\overrightarrow{AO}$，得 $4\overrightarrow{AG}^2+\overrightarrow{OC}^2=2\overrightarrow{AO}^2+2\overrightarrow{AC}^2$，于是可得 $AG=\frac{\sqrt{67}}{4}$，下略。

优化二：因为$<\overrightarrow{EA},\overrightarrow{EF}>=\angle AEF=<\overrightarrow{EA},\overrightarrow{BC}>$，

且由$\overrightarrow{AC}=\overrightarrow{AE}+\overrightarrow{EB}+\overrightarrow{BC}$，得$\overrightarrow{AC}^2=\overrightarrow{AE}^2+\overrightarrow{EB}^2+\overrightarrow{BC}^2+2\overrightarrow{AE}\cdot\overrightarrow{BC}$。

又因 $AC=2\sqrt{3}$，$AE=\frac{\sqrt{7}}{2}$，$EB=\frac{3}{2}$，$BC=2$，

故得 $\cos\langle\overrightarrow{AE},\ \overrightarrow{BC}\rangle=\frac{2}{\sqrt{7}}=\cos\langle\overrightarrow{AE},\ \overrightarrow{EF}\rangle$。

那么有 $\cos\angle AEF=\cos\langle\overrightarrow{EA},\ \overrightarrow{EF}\rangle=-\frac{2\sqrt{7}}{7}$。

优化三：继续观察图形，我们会发现平面 OPB 与平面 OPC 垂直，故二面角 $A-PB-C$ 可分割为二面角 $A-PB-O$ 与直二面角 $O-PB-C$ 两部分。其中我们会发现$\angle AEH$ 为二面角 $A-PB-O$ 的平面角。而在直角三角形 AEH 中，$AE=\frac{\sqrt{7}}{2}$，$AH=1$，故 $\sin\angle AEH=\frac{2}{\sqrt{7}}$，

那么 $\cos\angle AEF=\cos\left(\angle AEH+\frac{\pi}{2}\right)=-\sin\angle AEH=-\frac{2\sqrt{7}}{7}$。

优化四：观察图形，我们会发现$\angle AEF$ 为钝角，可以尝试先去求二面角 $A-PB-C$ 的“补角”，即面 CPB 的延展面与面 APB 所成二面角的余弦值。

问题一：如何作出该二面角的平面角?

可以过点 A 作平面 CPB 的垂线，垂足为 K，连接 EK，因为 $AE\perp PB$，故$\angle AEK$ 为二面角 $A-PB-K$ 的平面角。

问题二：$\angle AEK$ 在直角三角形 AEK 中，$AE=\frac{\sqrt{7}}{2}$，还差一条边的长才能得到该角的三角函数值，那么计算哪一条边比较方便呢?

我们注意到 AK 为点 A 到平面 PBC 的距离，因为 $AD/\!/$平面 PBC，故可转化为求点 H 到平面 PBC 的距离，而平面 PHB 与平面 PBC 垂直，只需求点 H 到交线 PB 的距离即可，而三角形 HPB 为等腰三角形，其中 $HP=HB=\sqrt{3}$，$PB=3$，故可得 $AK=\frac{\sqrt{3}}{2}$，$EK=1$，$\cos\angle AEK=\frac{2}{\sqrt{7}}$，那么 $\cos\angle AEF=\cos(\pi-\angle AEK)=-\frac{2\sqrt{7}}{7}$。

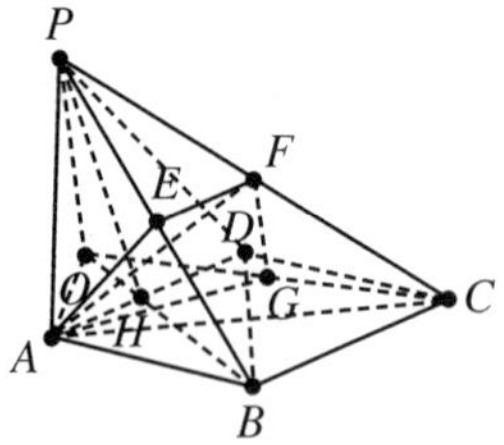

图 7－17

优化五：通过观察图 7－17，如果我们注意到 EH，EB，EF 两两垂直，想将其放置在空间直角坐标系中，就知道该如何建立空间直角坐标系了。

即以 E 为坐标原点，EB，EH，EF 分别为 x 轴，y 轴和 z 轴建立空间直角坐标系。则有 $B\left(\frac{3}{2},0,0\right)$，$H\left(0,\frac{\sqrt{3}}{2},0\right)$，$F(0,0,1)$，那么 $A\left(0,\frac{\sqrt{3}}{2},-1\right)$，则有 $\overrightarrow{EA}=\left(0,\frac{\sqrt{3}}{2},-1\right)$，$\overrightarrow{EB}=\left(\frac{3}{2},0,0\right)$。

那么平面 PAB 的一个法向量为 $\boldsymbol{n}_1=\left(0,-\frac{3}{2},-\frac{3\sqrt{3}}{4}\right)$，

类似地，由 $\overrightarrow{EF}=(0,0,1)$，$\overrightarrow{EB}=\left(\frac{3}{2},0,0\right)$，得平面 PBC 的一个法向量为 $\boldsymbol{n}_2=\left(0,\frac{3}{2},0\right)$。

则有 $\cos<\boldsymbol{n}_1,\boldsymbol{n}_2>=\frac{\boldsymbol{n}_1\cdot\boldsymbol{n}_2}{|\boldsymbol{n}_1|\cdot|\boldsymbol{n}_2|}=-\frac{2\sqrt{7}}{7}$，又因二面角 $A-PB-C$ 为钝角，故二面角 $A-PB-C$ 的余弦值为 $-\frac{2\sqrt{7}}{7}$。

优化六：若已经建立上面的空间直角坐标系，则可以直接得到 $\overrightarrow{EA}$ 和 $\overrightarrow{EF}$ 的坐标，而没有必要再去计算平面 PAB 和平面 PBC 的法向量了。

事实上，由 $\overrightarrow{EA}=\left(0,\frac{\sqrt{3}}{2},-1\right)$，$\overrightarrow{EF}=(0,0,1)$，即得

$$\cos\angle AEF=\cos<\overrightarrow{EA},\overrightarrow{EF}>=\frac{\overrightarrow{EA}\cdot\overrightarrow{EF}}{|\overrightarrow{EA}|\cdot|\overrightarrow{EF}|}=-\frac{2\sqrt{7}}{7}。$$

第五节　如何让理由更自然合理

教学始终是通过对话来实现的，数学对逻辑性的要求使得数学教学过程就是论证的过程，而有效地铺垫会帮助我们所讲的理由更加自然合理，也更易于被学生接受。

例 1　一平面 α 与棱长为 1 的正方体 $ABCD-A_1B_1C_1D_1$ 所有的棱所成的角都相等，平面 α 截此正方体所得的截面面积的最大值为多少？

生：我猜截面是正六边形时面积最大，但理由想不太清楚。

师：是什么因素导致了你想不太清楚？

生：正方体一共有 12 条棱，棱太多了。

师：我们在分析问题时，能把棱的条数减少吗？

生：这 12 条棱可以分为三组，4 条互相平行的棱为一组，那么问题可以转化为正方体共顶点的三条棱与平面 α 所成的角相等。

师：我们先确定一组共顶点的三条棱，不妨设为 CB，CD，CC_1，最容易观察出哪个平面与这三条棱所成的角相等？

生：最容易观察出平面 BC_1D 和平面 AB_1D_1 与这三条棱所成的角相等。

师：这两个平面所对应的截面面积是平面 α 截此正方体所得的截面面积的最大值吗？

生：可以判断它们是平面 α 截此正方体所得的三角形截面面积的最大值，但还无法确定是所有截面面积的最大值，因为我们无法断定夹在平面 BC_1D 和平面 AB_1D_1 之间的截面面积就比截面 BC_1D 和截面 AB_1D_1 的面积小。

师：我们发现截面与正方体一条体对角线垂直，截面与体对角线交点为对角线中点处为正六边形，且此六边形面积比截面 AB_1D_1 的面积大，由于正方体为中心对称图形，我们认为该正六边形面积最大有合理性的成分，但这个理由并不充分。

生：是的，我还尝试先表示出截面面积的函数解析式，再求其最大值，可是在建立函数解析式时遇到障碍，有点无从下手。

师：当利用几何直观去处理问题受阻，转换到用代数方法去突破，这是合理的策略，什么原因让你无从下手？

生：我不知该如何才能表示出这个截面的面积。

师：我们不难发现平面与正方体每一条棱所成的角均相等，若假定面积最大的截面应夹在平面 C_1BD 与平面 AB_1D_1 之间，则在棱 B_1C_1 上取一点 E，设 $C_1E=x$，过 E 与平面 C_1BD 平行的截面为六边形$EFPMNG$，如图 7－18，我们能够用什么办法把六边形$EFPMNG$ 这六条边长用 x 表示出来？

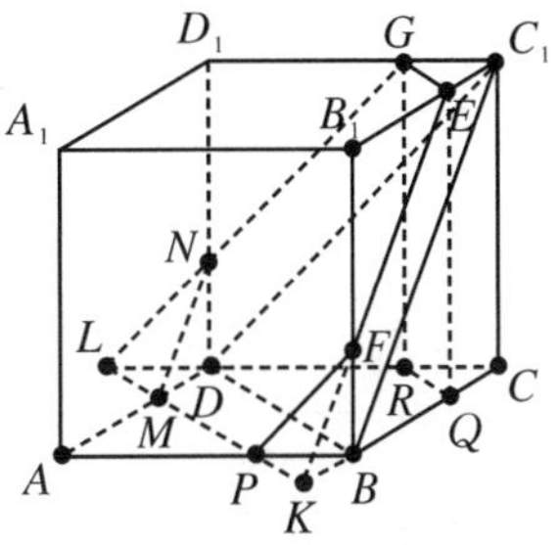

图 7－18

生：由于这个六边形所在平面与截面 BC_1D 和截面 AB_1D_1 都平行，那么我们利用相似比可以得到六边形 $EFPMNG$ 六条边分别是 $EF=PM=NG=\sqrt{2}(1-x)$，$FP=MN=GE=\sqrt{2}x$。

师：既然这个六边形的各边已经能够用 x 表示出来了，那么六边形的面积能够表示出来了吗？

生：我们连接 FN，可以得到两个等腰梯形 $EFNG$ 和 $FPMN$，又因 $FN=\sqrt{2}$，且这两个等腰梯形的边长都已表示出来，则它们的面积可以分别表示出来，其和即为六边形 $EFPMNG$ 的面积。

师：在我们计算的过程中有没有什么特殊的地方？

生：我发现两个等腰梯形形状不完全相同，但它们的底角都是 $\frac{\pi}{3}$，因而计算并不繁琐。

师：老师也是在表示出等腰梯形四条边长之后才发现这个特征的，这是巧合吗？或者本来在计算之前就可以发现？

生：由于平面 $EFPMNG$ 与平面 C_1BD 平行，根据平行平面的性质我们可以发现六边形 $EFPMNG$ 每一条边都会与三角形 C_1BD 的某条边平行，所以这个特征可以早一点被发现，这有助于我们解决问题。

师：如果我们注意到平面 $EFPMNG$ 与平面 C_1BD 平行，那么平面 $EFPMNG$ 与平面 $ABCD$ 所成的角是固定的，于是我们还可以用另一种方式求解本题。

如图 7－18，设该截面在平面 $ABCD$ 上的射影为六边形 $QBPMDR$，

因为 $CQ=CR=x$，$AP=AM=1-x$，

则六边形 $QBPMDR$ 的面积为 $S_{QBPMDR}=S_{ABCD}-S_{AMP}-S_{CQR}=1-\frac{1}{2}(1-x)^2-\frac{1}{2}x^2$，

而$\frac{S_{QBPMDR}}{S_{EFPMNG}}=\frac{S_{CBD}}{S_{C_1BD}}=\frac{\frac{1}{2}}{\frac{\sqrt{3}}{2}}=\frac{1}{\sqrt{3}}$，

则 $S_{EFPMNG}=\sqrt{3}S_{QBPMDR}=\sqrt{3}\left[1-\frac{1}{2}(1-x)^2-\frac{1}{2}x^2\right]$，把问题转化为求关于 x 的一元二次函数的最大值问题。

第八章　向量教学中的反思

我们知道，向量集数与形于一身，在解决平面几何问题和立体几何问题过程中，向量是我们探究与描述点、线、面位置关系的重要工具和方法。

作为工具，围绕着向量生成的大量结论，对于学生来说，掌握起来是一件困难的事，有必要让学生去多次体验每一个有用的结论的推证过程，并且这样的推证过程最好是彼此有关联的。

作为方法，向量法最突出的优点是可以将问题解决过程坐标化、程序化，这容易给人造成一种错觉：解决几何问题思维量是可以通过机械运算来替代的。事实上，如果我们没有能够充分理解向量相关结果的几何意义，或者没有能够有效挖掘出蕴藏在图形中的几何特征，那么我们就容易陷入繁琐的运算中而不能自拔。我们也无法充分地体会解题过程给我们带来的愉悦。

第一节　向量部分的内容概述

通常每上完一节课，师生都会进行小结，有一天，我脑子里冒出一个问题：能否用尽可能少的文字概述一节课最主要的内容？

以向量的内容为例：

章首引言：向量是从位移这类概念抽象出来的数学概念，将图形的几何特征纳入向量的运算体系中之后，成为解决几何问题的有力工具，如图 8－1。

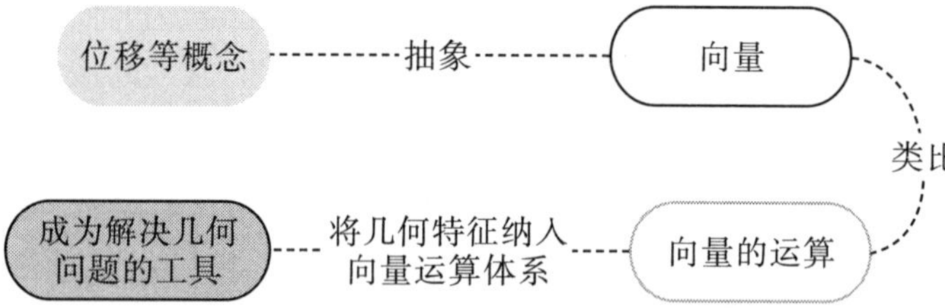

图 8－1

平面向量的实际背景与基本概念：向量的物理背景与概念（关注“力”这一物理概念：既有大小，又有方向）——向量的几何表示（抽象成有向线段）——相等向量（将几何特征纳入向量体系中，长度相等、方向相同是特殊的共线向量）与共线向量（平行向量），见图 8－2。向量的加法、减法也使一个向量可以由其他向量表示出来。特殊地，对于共线的两个向量，一个向量可以由另一个向量表示出来，从而引出：①实数与向量的乘积定义；②实数与向量乘积的运算律。

教学反思：共线向量是一个很基本也很有用的概念，借助它我们可以得到平面上三点共线的等价条件，即 A，P，B 三点共线$\Leftrightarrow\overrightarrow{OP}=\lambda\overrightarrow{OA}+(1-\lambda)\overrightarrow{OB}$。这个等价条件在解决平面几何的共线问题时往往会收到很好的效果。

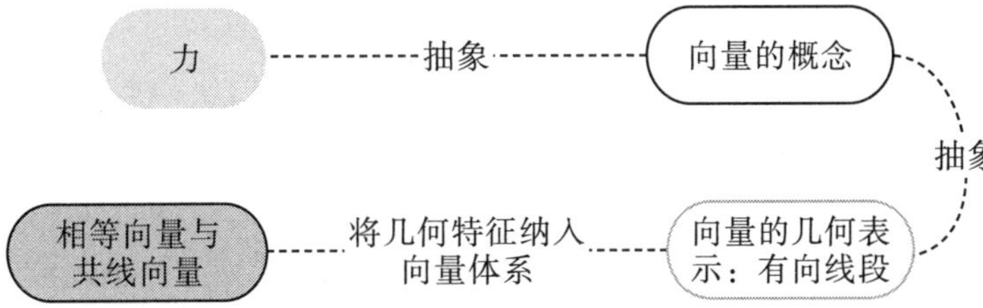

图 8－2

练习：已知$\overrightarrow{AB}=\boldsymbol{a}$，$\overrightarrow{AC}=\boldsymbol{b}$，$\overrightarrow{AE}=\lambda\boldsymbol{a}$，$\overrightarrow{AF}=\mu\boldsymbol{b}$，$CE$ 与 BF 交于点 P。试用 $\boldsymbol{a}$，$\boldsymbol{b}$ 表示$\overrightarrow{AP}$。

平面向量的线性运算：点题概念（线性运算：线性运算是加法和数量乘法）——向量加法运算及其几何意义（位移、力是向量，位移的合成、力的合成分别对应着向量加法的三角形法则和平行四边形法则，则类比数的加法满足交换律和结合律，可探究出向量加法运算律）——向量减法运算及其几何意义（相反向量让向量加法与向量减法实现了相互转化）——向量数乘运算及其几何意义（由特殊的向量加法引申出向量的数乘，进而引申出共线向量的代数表示），见图 8－3。

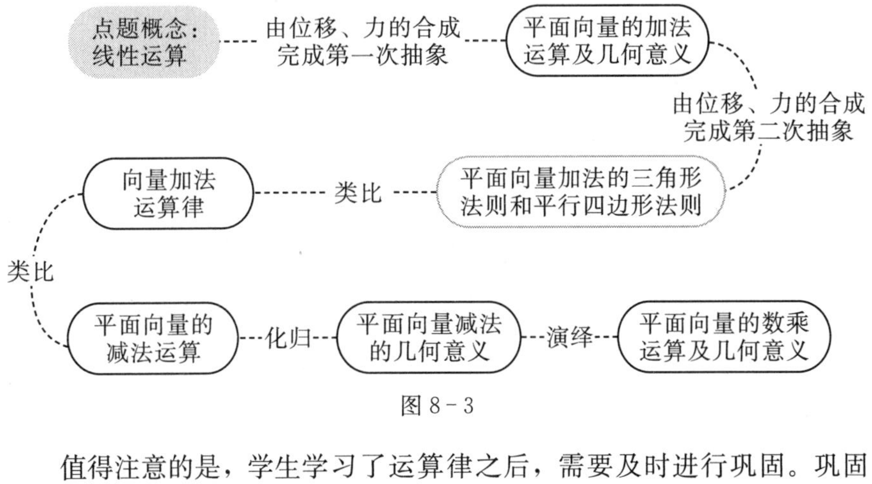

图 8－3

值得注意的是，学生学习了运算律之后，需要及时进行巩固。巩固训练时，可让学生说清楚 $3(\boldsymbol{a}-\boldsymbol{b}+\boldsymbol{c})-2(\boldsymbol{a}+4\boldsymbol{b}-6\boldsymbol{c})+4(\boldsymbol{a}+2\boldsymbol{c})$ 每一步运算的依据。

平面向量的基本定理及坐标表示：平面向量基本定理（向量的加法、减法、向量的数乘让平面向量基本定理自然而然地产生）——平面向量的正交分解及坐标表示（你希望使用具有怎样特征的一组基底？坐标的产生）——平面向量的坐标运算（由于每一平面向量都可以用一组有序实数对唯一表示，故可实现平面向量加法、减法、数乘运算坐标化）——平面向量共线的坐标表示（共线向量的坐标化），见图 8－4。

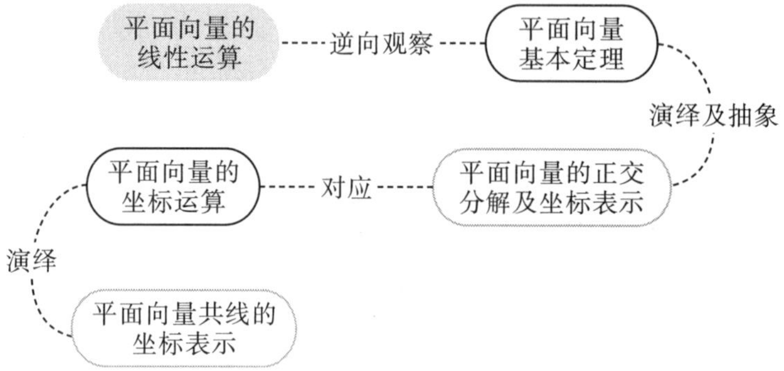

图 8－4

关于平面向量基本定理教学铺垫设计：

例 1 已知三角形 ABC 中，$\overrightarrow{AD}=3\overrightarrow{AB}$，$\overrightarrow{DE}=3\overrightarrow{BC}$，试判断$\overrightarrow{AC}$与$\overrightarrow{AE}$是否共线？

分析：由$\overrightarrow{AD}+\overrightarrow{DE}=3\overrightarrow{AB}+3\overrightarrow{BC}$，可得$\overrightarrow{AE}=3\overrightarrow{AC}$，故$\overrightarrow{AC}$与$\overrightarrow{AE}$共线。

再进一步探究：

A，P，B 三点共线$\Leftrightarrow\overrightarrow{OP}=\lambda\overrightarrow{OA}+(1-\lambda)\overrightarrow{OB}$。

在学习了向量共线之后，可以给出两个问题。

问题一：平面内一个向量至少可以由多少个不共线向量表示出来？

问题二：两个向量的线性组合可以得到一个新向量，逆向过来分析，一个向量是否都可以分解为两个向量的线性组合呢？

从而引出平面向量基本定理：如果 $\boldsymbol{e}_1$，$\boldsymbol{e}_2$ 是平面内的两个不共线向量，那么对于这一平面内任意一个向量 $\boldsymbol{a}$，有且只有一对实数 λ_1，λ_2，使 $\boldsymbol{a}=\lambda_1\boldsymbol{e}_1+\lambda_2\boldsymbol{e}_2$。其中称 $\boldsymbol{e}_1$，$\boldsymbol{e}_2$ 为表示这一平面内所有向量的一组基底。

平面向量的数量积：平面向量数量积的物理背景（一个物体在力 $\boldsymbol{F}$ 的作用下产生的位移 $\boldsymbol{s}$，那么力 $\boldsymbol{F}$ 所做的功 $W=|\boldsymbol{F}||\boldsymbol{s}|\cos\theta$，其中 θ 是 $\boldsymbol{F}$ 与 $\boldsymbol{s}$ 的夹角）及其含义（$\boldsymbol{a}\cdot\boldsymbol{b}=|\boldsymbol{a}||\boldsymbol{b}|\cos\theta$，即为 $\boldsymbol{a}$ 的长度$|\boldsymbol{a}|$与 $\boldsymbol{b}$ 在 $\boldsymbol{a}$ 方向上的投影$|\boldsymbol{b}|\cos\theta$ 的乘积，每一种运算定义之后，就有必要进一步探

究其运算律）——平面向量数量积的坐标表示、模、夹角（当平面向量用坐标表示之后，与向量有关的运算与向量的坐标之间的关系），见图 8-5。

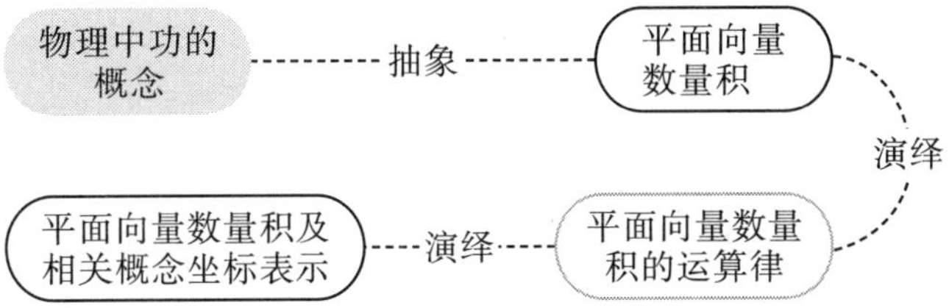

图 8-5

平面向量应用举例：平面几何中的向量方法［向量本身有长度与方向，故涉及平面几何中的距离与角就有可能利用向量的相关知识求解，相等向量或共线向量也为我们探究平面中位置关系（如平行、几点共线）提供新的途径］——向量在物理中的应用举例（人教版数学必修 4 例题，在日常生活中，你是否有这样的经验：两个人共提一个旅行包，夹角越大越费力；在单杠上做引体向上运动，两臂的夹角越小越省力，你能从数学的角度解释这种现象吗?），见图 8-6。

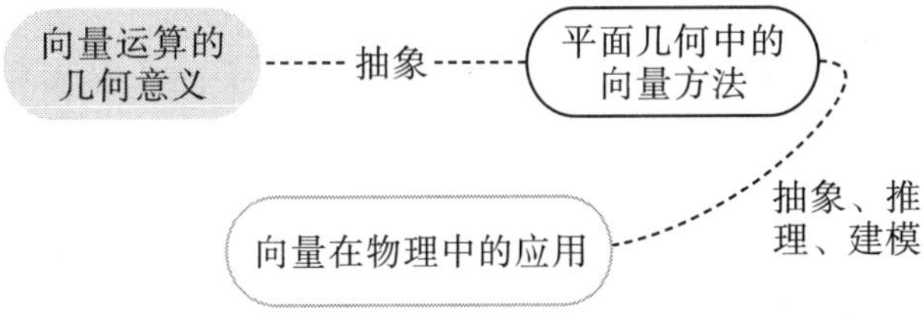

图 8-6

第二节 对空间向量工具性的思考

一天，一个同学很兴奋地对我说："老师，我越来越觉得空间向量是研究立体几何的利器，能否帮我归纳一下，空间向量可以作为研究立体几何问题重要的工具的合理性。"

师：立体几何主要解决哪几类问题？

生：证明与计算。

师：不够具体，代数部分也涉及证明与计算。

生：证明平行或垂直，计算距离、角、面积、体积等。

师：面积与体积的问题可以化归为求距离与角的问题，我们还能具体一点，立体几何中要解决的是谁与谁的平行或垂直？谁与谁之间的距离？谁与谁所成的角？

生：平行或垂直包括直线与直线、直线与平面、平面与平面三类；距离涉及点与点、点与直线、点与平面、直线与直线、直线与平面、平面与平面六类；角涉及直线与直线、直线与平面、平面与平面三类。

师：一般地，在立体几何中，平行、垂直与角的问题都可以化归为直线与直线的平行、垂直和角的问题，而距离问题可以化归为求线段长度问题。无论证明还是计算，我们都可以归结为从定性或定量的角度去研究位置关系，即定性地判定平行与垂直，定量地计算距离与角。其实我们还可以进一步地将判定平行与垂直问题"看成"是求两种特殊的"角"的问题。

生：因此，判定平行或垂直的问题，也可以看成是求特殊角的问题，那么证明平行与垂直的问题也可以通过以算代证来实现。

师：那么求角与距离的问题与向量有什么联系呢？

生：向量是具有大小与方向的量，这两个特征与求距离和角的任务是相吻合的。

师：我们利用向量求距离与角的一般步骤是什么？

生：首先，从策略上，将求距离问题转化为求某一向量模的问题，将求角问题转化为求两向量所成角的问题。其次，从操作步骤上，①确定一组基底，②利用这组基底把需研究的向量表示出来，③利用向量进行运算，④根据运算结果下结论。

师：能具体地说出是如何用向量去求距离与角的吗？

生：利用向量的线性运算与坐标运算去求。

师：向量的线性运算与坐标运算之间是并列的关系吗？

生：应该是并列的吧……不对，坐标运算是线性运算的一种形式，线性运算可能是以坐标运算的形式出现，也可能不是以坐标运算的形式出现。

师：坐标运算可以看成是线性运算的简洁表示形式，同时除了向量的线性运算可以用坐标运算，还有向量的其他运算也可以用坐标运算吗？

生：我知道了，向量的线性运算包括的是向量的加法、减法和数乘，除此之外还有向量的数量积也可以进行坐标运算。

师：在我们进一步理清向量的运算之后，再考虑一下，我们是如何利用向量求距离与角的？

生：刚才我说得还不够准确，应该是利用向量的数量积来求解。

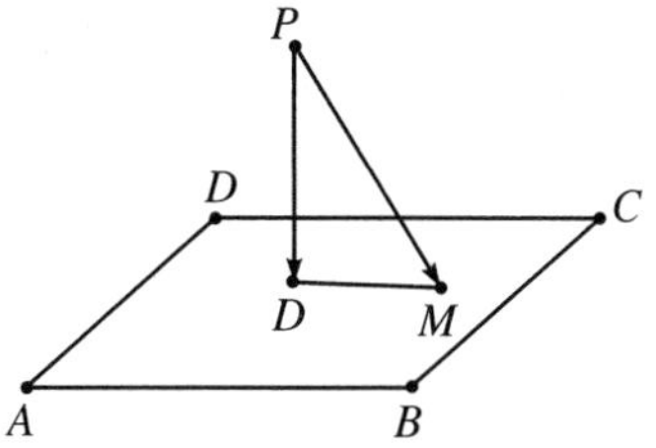

图 8－7

具体来说，由向量的数量积公式 $\boldsymbol{a}\cdot\boldsymbol{b}=|\boldsymbol{a}|\cdot|\boldsymbol{b}|\cos\langle\boldsymbol{a},\boldsymbol{b}\rangle$ 可知，若把距离化归为是求某一线段的长度，而该线段对应着某一向量 $\boldsymbol{a}$，那么可以由 $\boldsymbol{a}\cdot\boldsymbol{a}=|\boldsymbol{a}|^2$ 得到该线段的长度；若距离化归为某一垂线段的长度：如图 8－7，$PD\perp$ 平面 $ABCD$ 于 D，点 M 在平面 $ABCD$ 内，且 $\overrightarrow{PM}$ 可通过已知条件表示出来，则垂线段 PD 长度可以看成是 $\overrightarrow{PM}$ 在 $\overrightarrow{PD}$ 方向上的投影的绝对值，即 $|PD|=\overrightarrow{PM}\cos\angle MPD=\dfrac{\overrightarrow{PM}\cdot\overrightarrow{PD}}{|\overrightarrow{PD}|}$。

至于求角问题，通常由 $\cos\langle \boldsymbol{a}, \boldsymbol{b}\rangle = \frac{\boldsymbol{a}\cdot\boldsymbol{b}}{|\boldsymbol{a}|\cdot|\boldsymbol{b}|}$ 可得。

师：在求距离与角的过程中，我们希望能够遇到的几何体是什么？

生：立方体或者长方体。

师：为什么？

生：这样方便我们找到一组两两垂直的基底，在运算过程中，当组成基底的三个向量两两垂直时，运算量会下降。

师：故正交基底的出现就具有合理性。那么，定义单位正交基底的原因又是什么？

生：由正交基底表示向量变为由单位正交基底表示向量的好处在于统一，同时也为向量的坐标表示做好准备，换言之，向量的坐标表示是向量由单位正交基底表示的简化形式，以便于坐标运算。

师：好，到这儿我们就明白，任何几何问题都可以在直角坐标系中通过坐标运算予以解决，从而让问题程序化，当然并非所有问题在直角坐标运算中都简捷。

生：那么什么时候去选择用向量的坐标运算来解决立体几何问题呢？

师：在应用向量解决问题时，我们知道，若空间中三个向量 $\boldsymbol{a}$，$\boldsymbol{b}$，$\boldsymbol{c}$ 不共面且任意两两向量不共线，那么对空间任一向量 $\boldsymbol{p}$，对应地存在唯一有序实数组 $\{x, y, z\}$ 使得 $\boldsymbol{p}=x\boldsymbol{a}+y\boldsymbol{b}+z\boldsymbol{c}$。向量的坐标表示是一个向量被一组特殊基底（$\boldsymbol{a}$，$\boldsymbol{b}$，$\boldsymbol{c}$ 为两两垂直的单位向量）线性表示的简洁形式。如果基底 $\boldsymbol{a}$，$\boldsymbol{b}$，$\boldsymbol{c}$ 的模与它们两两向量所成的角都已知，那么即使 $\boldsymbol{a}$，$\boldsymbol{b}$，$\boldsymbol{c}$ 并非两两垂直的单位向量，也不会影响运算。

比如，平行六面体 $ABCD-A_1B_1C_1D_1$ 中，AB，AD，AA_1 两两所成的角均为 $\frac{\pi}{3}$，且 $AB=3$，$AD=2$，$AA_1=1$，则用 $\overrightarrow{AB}$，$\overrightarrow{AD}$，$\overrightarrow{AA_1}$ 作为基底可以直接表示 $\overrightarrow{AC_1}=\overrightarrow{AB}+\overrightarrow{AD}+\overrightarrow{AA_1}$，那么该平行六面体的体对角线 AC_1 由 $\overrightarrow{AC_1}^2=(\overrightarrow{AB}+\overrightarrow{AD}+\overrightarrow{AA_1})^2$ 运算即可。

另外，如果在求距离时，垂线段所在的三角形或三棱锥的面积或体积易得到，利用等面积法或等体积法就可直接得到距离，而无需借助向量求解。

如果求距离或角时，垂线段或角所在的三角形便于解三角形，也可以无需借助向量求解。

生：我还没有这样的意识怎么办?

师：建议不要单纯追求做题的数量，而是结合条件多观察几何体的直观图，一直到可在自己的头脑中想象得出这个几何体的不同角度的三视图，或者在想象中能够像孙悟空那样“钻”到几何体的内部，那么我们就会顺利地挖掘出其中有用的位置关系。

第三节　平面向量方法应用举例

在平面几何中，当图形位置关系不那么明显而让思维受阻时，因向量运算蕴含着直观的几何意义，常常能够帮助我们突破思维障碍。

例1　三角形 ABC 中，P，Q，R 分别为 AQ，BR，CP 的中点，如图 8－8，$\overrightarrow{AB}=\boldsymbol{a}$，$\overrightarrow{AC}=\boldsymbol{b}$，试用 $\boldsymbol{a}$，$\boldsymbol{b}$ 表示$\overrightarrow{BR}$。

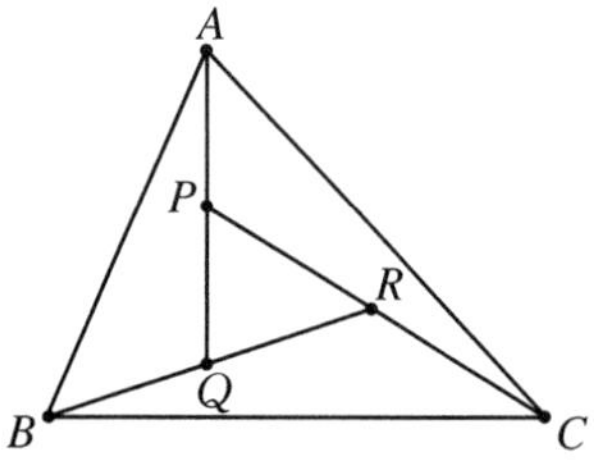

图 8－8

由于 P，Q，R 三点位置均不确定，又相互影响，让人无从下手。那么应该摒弃一步到位的想法，退而求其次，先将向量$\overrightarrow{BR}$放在三角形 BCR 中考虑，这样更容易找到联系。

途径一：反复利用三角形法则寻找 $\boldsymbol{a}$，$\boldsymbol{b}$，$\overrightarrow{BR}$三者之间的等量关系。

$\overrightarrow{BR}=\overrightarrow{BC}+\overrightarrow{CR}$…①，

$\overrightarrow{CP}=\overrightarrow{CA}+\overrightarrow{AP}$…②，

$\overrightarrow{AQ}=\overrightarrow{AB}+\overrightarrow{BQ}$…③，

由①②③可得

$$\overrightarrow{BR}=\overrightarrow{BC}+\overrightarrow{CR}$$

$$=\overrightarrow{BC}+\frac{1}{2}\overrightarrow{CP}$$

$$=\overrightarrow{BC}+\frac{1}{2}(\overrightarrow{CA}+\overrightarrow{AP})$$

$$=\overrightarrow{BC}+\frac{1}{2}\left(\overrightarrow{CA}+\frac{1}{2}\overrightarrow{AQ}\right)$$

$$=\overrightarrow{BC}+\frac{1}{2}\left[\overrightarrow{CA}+\frac{1}{2}(\overrightarrow{AB}+\overrightarrow{BQ})\right]$$

$$=\overrightarrow{BC}+\frac{1}{2}\left[\overrightarrow{CA}+\frac{1}{2}(\overrightarrow{AB}+\frac{1}{2}\overrightarrow{BR})\right]$$

即得$\frac{7}{8}\overrightarrow{BR}=\frac{1}{4}\overrightarrow{BA}+\frac{1}{2}\overrightarrow{BC}$，下略。

［**反思**］既然我们可以把向量$\overrightarrow{BR}$放在三角形 BCR 中考虑，那么是否也可以把向量$\overrightarrow{BR}$放在三角形 BCP 中考虑呢？

途径二：利用三角形中线与两边之间的关系。

连接 BP，因为 BR 为三角形 BCP 的中线，

则可得$\overrightarrow{BR}=\frac{1}{2}(\overrightarrow{BP}+\overrightarrow{BC})$ …①，

又因为 BP 为三角形 BAQ 中线，则有

$\overrightarrow{BP}=\frac{1}{2}(\overrightarrow{BA}+\overrightarrow{BQ})=\frac{1}{2}(\overrightarrow{BA}+\frac{1}{2}\overrightarrow{BR})$…②，

由①②可得$\overrightarrow{BR}=\frac{1}{2}(\overrightarrow{BP}+\overrightarrow{BC})=\frac{1}{2}\left[\frac{1}{2}\left(\overrightarrow{BA}+\frac{1}{2}\overrightarrow{BR}\right)+\overrightarrow{BC}\right]$

即得$\frac{7}{8}\overrightarrow{BR}=\frac{1}{4}\overrightarrow{BA}+\frac{1}{2}\overrightarrow{BC}=-\frac{1}{4}\boldsymbol{a}+\frac{1}{2}(\boldsymbol{b}-\boldsymbol{a})=-\frac{3}{4}\boldsymbol{a}+\frac{1}{2}\boldsymbol{b}$，

故$\overrightarrow{BR}=-\frac{6}{7}\boldsymbol{a}+\frac{4}{7}\boldsymbol{b}$。

例 2 如图 8－9，G 为三角形 ABC 的重心，PQ 过 G 点。若$\overrightarrow{AP}=m\overrightarrow{AB}$，$\overrightarrow{AQ}=n\overrightarrow{AC}$，则$\frac{1}{m}+\frac{1}{n}=$________。

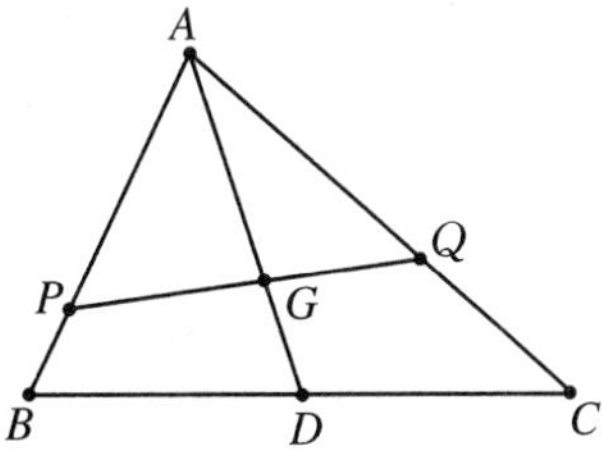

图 8－9

途径一：题干对于三角形没有限定，对于过 G 点的直线 PQ 的方向没有限定，故可考虑用特殊化思想得出结果。

途径二：平面几何问题用向量方法处理，借助平面向量基本定理。

利用 A，P，B 三点共线$\Leftrightarrow\overrightarrow{OP}=\lambda\overrightarrow{OA}+(1-\lambda)\overrightarrow{OB}$求解。

解决完本题之后的思考：

若点 G 不是在三角形的中线上，而是在三角形内角平分线上的定点，$\frac{1}{m}+\frac{1}{n}$是否为定值。

若点 G 不一定是三角形的重心，而是三角形中线上一定点，$\frac{1}{m}+\frac{1}{n}$

还会是定值吗？

之所以能够进行如此变式，也源于2017年中考后，一名考生与我对当年中考数学压轴题做了如下的探讨。

例3 如图8-10，已知抛物线 $y=ax^2-2\sqrt{3}ax-9a$ 与坐标轴交于 A，B，C 三点，其中 $C(0,3)$，$\angle BAC$ 的平分线 AE 交 y 轴于点 D，交 BC 于点 E，过点 D 的直线 l 与射线 AC，AB 分别交于点 M，N。

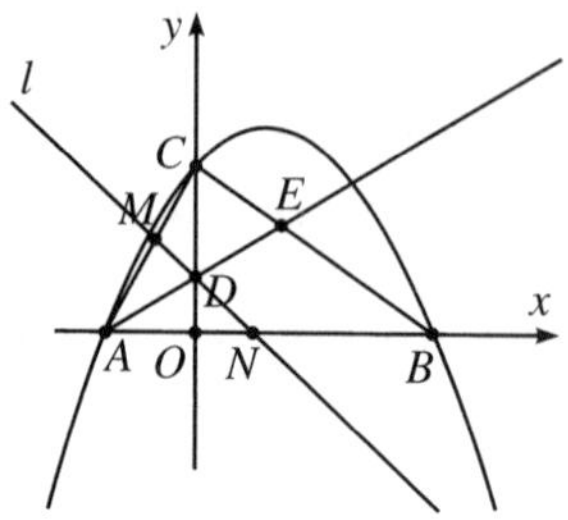

图8-10

(1) 直接写出 a 的值、点 A 的坐标及抛物线的对称轴；

(2) 点 P 为抛物线的对称轴上一动点，若 $\triangle PAD$ 为等腰三角形，求出点 P 的坐标；

(3) 证明：当直线 l 绕点 D 转动时，$\dfrac{1}{AM}+\dfrac{1}{AN}$ 均为定值，并求出该定值。

分析：学生在解决第(1)、(2)小题时没有遇到障碍，而在解决第(3)小题时却一时没有找到思路。考试结束后，才发现不是只有唯一的解法。

法一：过点 M 作 $MF\perp x$ 轴，如图8-11。

$\because \tan\angle CAO=\dfrac{OC}{OA}=\dfrac{3}{\sqrt{3}}=\sqrt{3}$，$\therefore \angle CAO=60°$。

设 $AM=2a$，则 $AF=a$，$MF=\sqrt{3}a$。

$\because OD/\!/MF$，

$\therefore \dfrac{OD}{MF}=\dfrac{ON}{ON+OF}$，

即 $\dfrac{1}{\sqrt{3}a}=\dfrac{ON}{ON+(\sqrt{3}-a)}$，

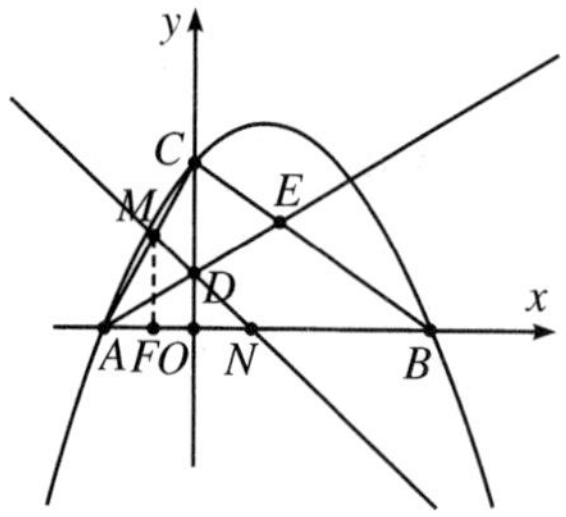

图8-11

解得 $ON=\dfrac{\sqrt{3}-a}{\sqrt{3}a-1}$，

$\therefore AN=OA+ON=\sqrt{3}+\dfrac{\sqrt{3}-a}{\sqrt{3}a-1}=\dfrac{2a}{\sqrt{3}a-1}$。

$\therefore \dfrac{1}{AM}+\dfrac{1}{AN}=\dfrac{1}{2a}+\dfrac{1}{\dfrac{2a}{\sqrt{3}a-1}}=\dfrac{\sqrt{3}}{2}$,

故$\dfrac{1}{AM}+\dfrac{1}{AN}$为定值。

法二：设 $y_{AC}=kx+b$，则$\begin{cases}-\sqrt{3}k+b=0,\\ b=3,\end{cases}$

解得 $k=\sqrt{3}$，$b=3$，即 $y_{AC}=\sqrt{3}x+3$。

设 $M\left(x,\sqrt{3}x+3\right)$，过 M 作 $MF\perp x$ 轴。

所以 $MF /\!/ OD$，$AM=\dfrac{MF}{\sin\angle CAO}=\dfrac{\sqrt{3}x+3}{\dfrac{\sqrt{3}}{2}}=2x+2\sqrt{3}$。

由$\dfrac{OD}{MF}=\dfrac{ON}{FN}$，即$\dfrac{1}{\sqrt{3}x+3}=\dfrac{ON}{ON+(-x)}$,

解得 $ON=-\dfrac{x}{\sqrt{3}x+2}$，$\dfrac{1}{AM}+\dfrac{1}{AN}=\dfrac{1}{2x+2\sqrt{3}}+\dfrac{1}{\sqrt{3}-\dfrac{x}{\sqrt{3}x+2}}=\dfrac{\sqrt{3}}{2}$。

法三：如图 8－12，过 M 作 $MK\perp y$ 轴于 K，（同上求得 $y_{AC}=\sqrt{3}x+3$）

所以 $MK /\!/ x$ 轴，

故得$\dfrac{MK}{ON}=\dfrac{KD}{OD}$,

即$\dfrac{-x}{ON}=\dfrac{\sqrt{3}x+3-1}{1}$,

解得 $ON=-\dfrac{x}{\sqrt{3}x+2}$。

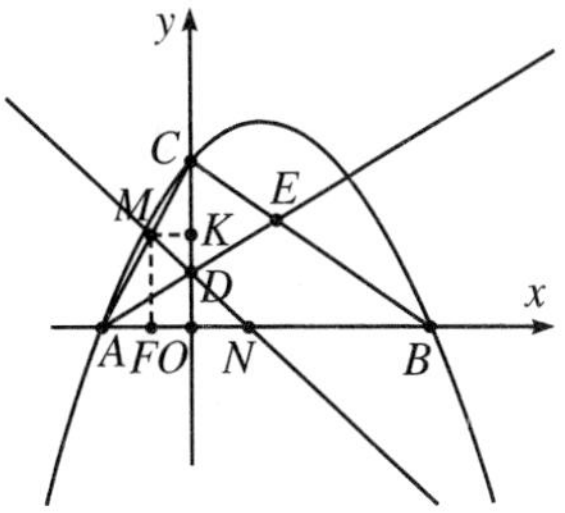

图 8－12

以下同法二。

我与这位同学交流时，提醒他注意本题中还隐藏着一个一般性的结论：

如图 8－13，点 D 为 $\angle BAC$ 平分线上的定点，MN 为过点 D 的动直线，分别交 AB，AC 于 M，N 两点，则 $\frac{1}{AM}+\frac{1}{AN}$ 为定值。

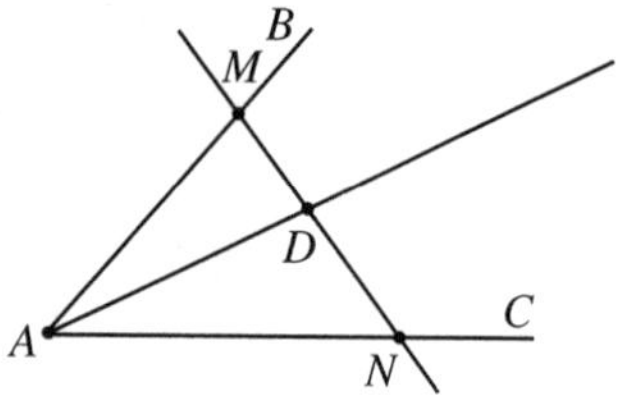

图 8－13

法一：设 $AD=m$，$\angle BAC=2\theta$，$\angle MDA=\alpha$。

则 $\angle NDA=\pi-\alpha$，$\angle AMD=\pi-\alpha-\theta$，$\angle DNA=\alpha-\theta$。

利用正弦定理可得

$$\frac{AM}{\sin\angle MDA}=\frac{AD}{\sin\angle AMD}，即\frac{AM}{\sin\alpha}=\frac{m}{\sin(\pi-\alpha-\theta)}，$$

则有 $\frac{1}{AM}=\frac{\sin(\alpha+\theta)}{m\sin\alpha}$。

类似地可得 $\frac{1}{AN}=\frac{\sin(\alpha-\theta)}{m\sin\alpha}$，

则由两角和与差的正弦公式可得

$$\frac{1}{AM}+\frac{1}{AN}=\frac{\sin(\alpha+\theta)+\sin(\alpha-\theta)}{m\sin\alpha}=\frac{2\cos\theta}{m}。$$

探究至此，又有一个念头冒了出来：

能否用向量方法来解决此平面几何问题？当初认为不难求解，殊不知其解题经历用“山重水复疑无路，柳暗花明又一村”来概括再恰当不过了。

法二：设 $|\overrightarrow{AD}|=m$，$\angle BAC=2\theta$，因为 $\overrightarrow{AD}=r\overrightarrow{AM}+(1-r)\overrightarrow{AN}$，其中 $0<r<1$，则由三角形的内角平分线定理可得 $\frac{|\overrightarrow{AM}|}{|\overrightarrow{AN}|}=\frac{|\overrightarrow{AD}-\overrightarrow{AM}|}{|\overrightarrow{AD}-\overrightarrow{AN}|}=\frac{1-r}{r}$。

又由 $\overrightarrow{AD}=r\overrightarrow{AM}+(1-r)\overrightarrow{AN}$ 可得

$$|\overrightarrow{AD}|^2=r^2|\overrightarrow{AM}|^2+(1-r)^2|\overrightarrow{AN}|^2+2r(1-r)\overrightarrow{AM}\cdot\overrightarrow{AN}，$$

即有

$$m^2=(r|\overrightarrow{AM}|-(1-r)|\overrightarrow{AN}|)^2+2r(1-r)(|\overrightarrow{AM}||\overrightarrow{AN}|+\overrightarrow{AM}\cdot\overrightarrow{AN})$$
$$=2r(1-r)(|\overrightarrow{AM}||\overrightarrow{AN}|+\overrightarrow{AM}\cdot\overrightarrow{AN})$$

$=2r(1-r)|\overrightarrow{AM}||\overrightarrow{AN}|(1+\cos 2\theta)$。

又因为$|\overrightarrow{AM}|=\frac{1-r}{r}|\overrightarrow{AN}|$，

则有 $m^2=2r(1-r)\frac{1-r}{r}|\overrightarrow{AN}|^2(1+\cos 2\theta)=2(1-r)^2|\overrightarrow{AN}|^2(1+\cos 2\theta)$。

那么有$(1-r)|\overrightarrow{AN}|=\frac{m}{\sqrt{2(1+\cos 2\theta)}}=\frac{m}{2\cos\theta}$，

则$\frac{1}{|\overrightarrow{AM}|}+\frac{1}{|\overrightarrow{AN}|}=\frac{1}{\frac{1-r}{r}|\overrightarrow{AN}|}+\frac{1}{|\overrightarrow{AN}|}=\frac{1}{(1-r)|\overrightarrow{AN}|}=\frac{2\cos\theta}{m}$。

这段解题经历再次加深了我对解题和教学的认识：在追求解题方法自然的过程中，不必指望不会遇到思维障碍。自然的解题思路不一定是最简洁的思路，而是自己能走出来，并能认同其合理性的思路。同样在教学中，自然的师生互动，自然地教，自然地学都应顺应人的思维，真正地去消除心中的疑惑。

例 4 如图 8-14，$OM/\!/AB$，点 P 在由射线 OM、线段 OB 与 AB 延长线围成阴影区域内（不含边界）运动，$\overrightarrow{OP}=x\overrightarrow{OA}+y\overrightarrow{OB}$，则 x 的取值范围是__________，若 $x=-\frac{1}{2}$时，y 的取值范围是________。

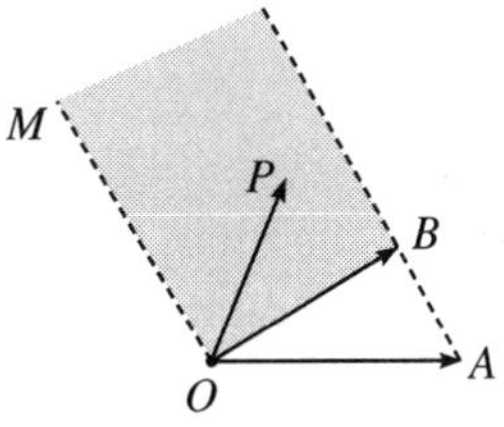

图 8-14

途径一：利用运动变化的观点，结合平行四边形法则，可得 $x\in(-\infty, 0)$，$y\in\left(\frac{1}{2}, \frac{3}{2}\right)$。

途径二：如图 8-15，点 C 在射线 OM 上，且四边形 $OABC$ 为平行四边形，借助平面向量基本定理，用$\overrightarrow{OB}$，$\overrightarrow{OC}$来表示$\overrightarrow{OP}$。

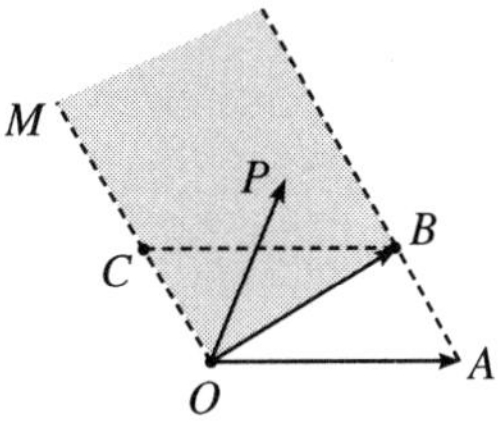

图 8-15

则由$\overrightarrow{OP}=m(\boldsymbol{b}-\boldsymbol{a})+n\boldsymbol{b}=-m\boldsymbol{a}+(m+n)\boldsymbol{b}$，易知 $m>0$，$0<n<1$。

即 $x=-m<0$，

当 $x=-\frac{1}{2}$时，$m=\frac{1}{2}$，$y=\frac{1}{2}+n\in\left(\frac{1}{2},\ \frac{3}{2}\right)$。

本题对学生而言有一定难度，原因是类似的情境的问题见得不多，因而方法不熟练。可以让学生一题多做：当 P 点位于如图 8－16 中的其他 8 个区域时，相应的结果是什么？

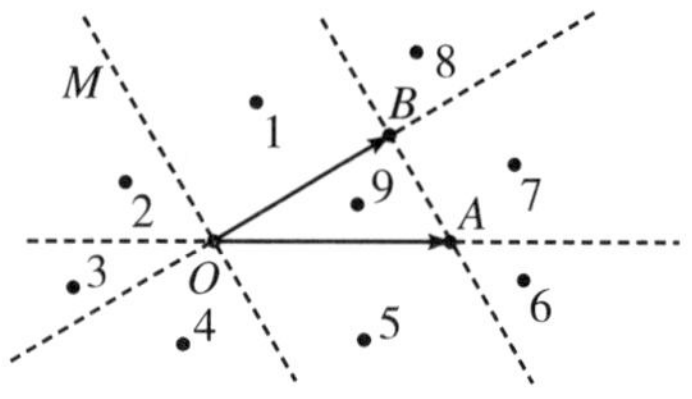

图 8－16

第四节 三角形重心、内心、垂心的向量表示

三角形的重心、内心、垂心的向量表示，是学生理解与掌握向量运算及其几何意义很典型的载体。

1. $\overrightarrow{GA}+\overrightarrow{GB}+\overrightarrow{GC}=\mathbf{0}\Leftrightarrow G$ 为$\triangle ABC$ 的重心$\Leftrightarrow\overrightarrow{PG}=\frac{1}{3}(\overrightarrow{PA}+\overrightarrow{PB}+\overrightarrow{PC})$；

二者之间的关系，由$\overrightarrow{PG}=\frac{1}{3}(\overrightarrow{PA}+\overrightarrow{PB}+\overrightarrow{PC})=\frac{1}{3}(\overrightarrow{PG}+\overrightarrow{GA}+\overrightarrow{PG}+\overrightarrow{GB}+\overrightarrow{PG}+\overrightarrow{GC})$，可得$\overrightarrow{GA}+\overrightarrow{GB}+\overrightarrow{GC}=\mathbf{0}$。

2. 若向量$\overrightarrow{AP}=\lambda\left(\frac{\overrightarrow{AB}}{|\overrightarrow{AB}|}+\frac{\overrightarrow{AC}}{|\overrightarrow{AC}|}\right)$，则点 P 在$\angle BAC$ 的平分线上，即直线 PA 过$\triangle ABC$ 的内心。

3. $|\overrightarrow{AB}|\overrightarrow{GC}+|\overrightarrow{BC}|\overrightarrow{GA}+|\overrightarrow{CA}|\overrightarrow{GB}=\mathbf{0}\Leftrightarrow G$ 为$\triangle ABC$ 的内心。

分析：由$|\overrightarrow{AB}|\overrightarrow{GC}+|\overrightarrow{BC}|\overrightarrow{GA}+|\overrightarrow{CA}|\overrightarrow{GB}=\mathbf{0}$，

可得$|\overrightarrow{AB}|\overrightarrow{GC}+|\overrightarrow{BC}|\overrightarrow{GC}+|\overrightarrow{BC}|\overrightarrow{CA}+|\overrightarrow{CA}|\overrightarrow{GC}+|\overrightarrow{CA}|\overrightarrow{CB}=\mathbf{0}$，

$(|\overrightarrow{AB}|+|\overrightarrow{BC}|+|\overrightarrow{CA}|)\overrightarrow{GC}=-|\overrightarrow{BC}|\overrightarrow{CA}-|\overrightarrow{CA}|\overrightarrow{CB}$，

$\overrightarrow{CG}=\frac{|\overrightarrow{BC}|\overrightarrow{CA}+|\overrightarrow{CA}|\overrightarrow{CB}}{|\overrightarrow{AB}|+|\overrightarrow{BC}|+|\overrightarrow{CA}|}=\frac{|\overrightarrow{BC}||\overrightarrow{CA}|}{|\overrightarrow{AB}|+|\overrightarrow{BC}|+|\overrightarrow{CA}|}\left(\frac{\overrightarrow{CA}}{|\overrightarrow{CA}|}+\frac{\overrightarrow{CB}}{|\overrightarrow{CB}|}\right)$，则点 G 在$\angle ACB$ 的平分线上。同理，点 G 也在$\angle ABC$ 和$\angle BAC$ 的平分线上，故 G 为$\triangle ABC$ 的内心。

4. $\overrightarrow{GA}\cdot\overrightarrow{GB}=\overrightarrow{GB}\cdot\overrightarrow{GC}=\overrightarrow{GC}\cdot\overrightarrow{GA}\Leftrightarrow G$ 为$\triangle ABC$ 的垂心。

练习：已知 O 为$\triangle ABC$ 的外心，且$|\overrightarrow{AB}|=2$，$|\overrightarrow{AC}|=4$，则$\overrightarrow{AO}\cdot\overrightarrow{BC}=$__________。

分析：

1. 作为填空题，可利用特殊化思维求解。

2. 作为解答题：

令 BC 中点为 D，则

$$\overrightarrow{AO}=\overrightarrow{AC}+\overrightarrow{CO}=\overrightarrow{AB}+\overrightarrow{BO}=\frac{\overrightarrow{AB}+\overrightarrow{AC}+\overrightarrow{BO}+\overrightarrow{CO}}{2}=\frac{\overrightarrow{AB}+\overrightarrow{AC}}{2}-\overrightarrow{OD},$$

结合 $\overrightarrow{BC}=\overrightarrow{AC}-\overrightarrow{AB}$，以及 $\overrightarrow{OD}\cdot\overrightarrow{BC}=0$ 即可。

在教学中曾与学生一起尝试用向量法证明三角形三条高线交于一点。

如图 8－17，三角形 ABC 中，$AD\perp BC$ 于 D，$BE\perp AC$ 于 E，AD 与 BE 交于 G，

由 $\overrightarrow{AD}\cdot\overrightarrow{BC}=0$，$\overrightarrow{BE}\cdot\overrightarrow{AC}=0$，

$\overrightarrow{CG}=\overrightarrow{CB}+\overrightarrow{BG}$，$\overrightarrow{AB}=\overrightarrow{CB}-\overrightarrow{CA}$，

得 $\overrightarrow{CG}\cdot\overrightarrow{AB}=(\overrightarrow{CB}+\overrightarrow{BG})\cdot(\overrightarrow{CB}-\overrightarrow{CA})=\overrightarrow{CB}\cdot(\overrightarrow{CB}+\overrightarrow{BG}-\overrightarrow{CA})=\overrightarrow{CB}\cdot\overrightarrow{AG}=0$。

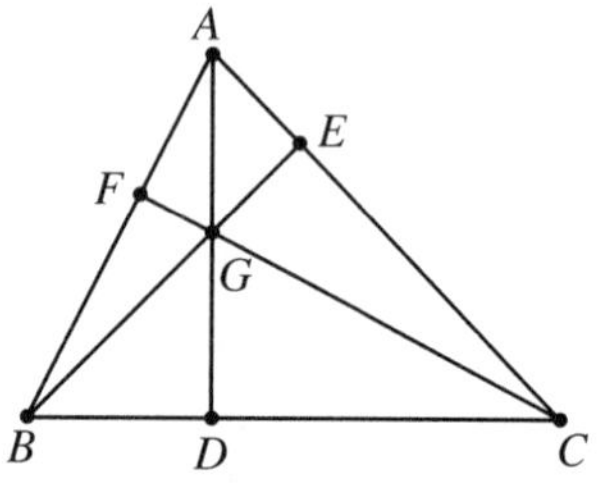

图 8－17

在完成上述证明之后，学生和老师进行了如下交流：

生 1：是否可以用向量法证明三角形三边的垂直平分线交于一点？是否可以用向量法证明三角形三个内角平分线交于一点？是否可以用向量法证明三角形三条中线交于一点？

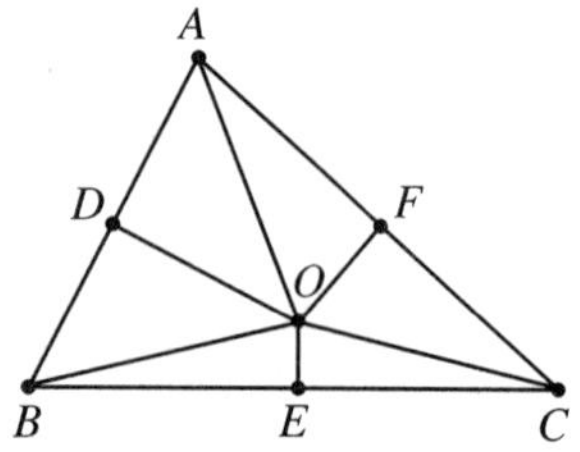

图 8－18

生 2：没有必要用向量法去证明三角形三边的垂直平分线交于一点，因为在三角形 ABC 中，如图 8－18，OD 为 AB 的垂直平分线，则有 $OA=OB$，OF 为 AC 的垂直平分线，则有 $OA=OC$，故有 $OB=OC$，则点 O 也在 BC 的垂直平分线上。

相应也没有必要用向量法去解决后面两个性质，因为用欧氏几何的方法就已经可以很便捷地证明出来，用向量法未必就简单。

师：有道理，我们用向量法去证明这些性质并不具有优势，但三角形的重心、垂心、内心、外心的向量表示却很有意思。

G 为三角形 ABC 的重心 $\Leftrightarrow\overrightarrow{GA}+\overrightarrow{GB}+\overrightarrow{GC}=\mathbf{0}$；

G 为三角形 ABC 的重心$\Leftrightarrow\overrightarrow{PG}=\frac{1}{3}(\overrightarrow{PA}+\overrightarrow{PB}+\overrightarrow{PC})$；

O 为三角形 ABC 的垂心$\Leftrightarrow\overrightarrow{OA}\cdot\overrightarrow{OB}=\overrightarrow{OB}\cdot\overrightarrow{OC}=\overrightarrow{OC}\cdot\overrightarrow{OA}$；

O 为三角形 ABC 的垂心$\Leftrightarrow\tan A\cdot\overrightarrow{OA}+\tan B\cdot\overrightarrow{OB}+\tan C\cdot\overrightarrow{OC}=\mathbf{0}$；

O 为三角形 ABC 的垂心$\Leftrightarrow S_{\triangle BOC}:S_{\triangle COA}:S_{\triangle AOB}=\tan A:\tan B:\tan C$；

O 为三角形 ABC 外心$\Leftrightarrow\sin 2A\cdot\overrightarrow{OA}+\sin 2B\cdot\overrightarrow{OB}+\sin 2C\cdot\overrightarrow{OC}=\mathbf{0}$。

a，b，c 分别是 A，B，C 三点所对的三边的边长，

P 为三角形 ABC 的内心$\Leftrightarrow a\overrightarrow{PA}+b\overrightarrow{PB}+c\overrightarrow{PC}=\mathbf{0}$；

P 为三角形 ABC 的内心$\Leftrightarrow\sin A\cdot\overrightarrow{PA}+\sin B\cdot\overrightarrow{PB}+\sin C\cdot\overrightarrow{PC}=\mathbf{0}$；

$\overrightarrow{AP}=\lambda\left(\frac{\overrightarrow{AB}}{|\overrightarrow{AB}|}+\frac{\overrightarrow{AC}}{|\overrightarrow{AC}|}\right)\Leftrightarrow$直线 AP 经过三角形 ABC 的内心。

第五节 复数与向量

一、复数运算的应用

复数可以看成是特殊的向量，当向量用坐标表示后，向量的加法运算可以与复数加法对应起来。

生：圆 O 内接正 n 边形各顶点是 P_1，P_2，…，P_n，那么我结合图形直观上感觉到有 $\overrightarrow{OP_1}+\overrightarrow{OP_2}+\cdots+\overrightarrow{OP_n}=\mathbf{0}$，如果正 n 边形的边数为偶数，则这 n 个向量可以成对地构成相反向量，但当 n 为奇数时，我却不知道如何说清理由。

师：不妨设圆 O 半径为 1，

则可令 $P_1(1,\ 0)$，$P_2(\cos\theta,\ \sin\theta)$，…，$P_n[\cos(n-1)\theta,\sin(n-1)\theta]$，其中 $\theta=\frac{2\pi}{n}$。

那么要证 $\overrightarrow{OP_1}+\overrightarrow{OP_2}+\cdots+\overrightarrow{OP_n}=\mathbf{0}$，

只需验证 $1+\cos\theta+\cdots+\cos(n-1)\theta=0$ 和 $\sin\theta+\sin2\theta+\cdots+\sin(n-1)\theta=0$，

或者只需验证 $1+(\cos\theta+i\sin\theta)+\cdots+[\cos(n-1)\theta+i\sin(n-1)\theta]=0$。

因为 $(\cos\theta+i\sin\theta)^k=\cos k\theta+i\sin k\theta$ $(k\in\mathbf{N}_+)$，

那么只需证 $1+(\cos\theta+i\sin\theta)+\cdots+(\cos\theta+i\sin\theta)^{n-1}=0$。

因为 $1+(\cos\theta+i\sin\theta)+\cdots+(\cos\theta+i\sin\theta)^{n-1}=\frac{1-(\cos\theta+i\sin\theta)^n}{1-(\cos\theta+i\sin\theta)}$，

故有 $\frac{1-(\cos\theta+i\sin\theta)^n}{1-(\cos\theta+i\sin\theta)}=\frac{1-(\cos n\theta+i\sin n\theta)}{1-(\cos\theta+i\sin\theta)}=\frac{1-(\cos2\pi+i\sin2\pi)}{1-(\cos\theta+i\sin\theta)}=0$。

二、复数乘法的几何意义

一天，学生问我："为什么我们把函数 $y=\frac{1}{x}$ 的图象也称为双曲线？"

师：为什么用了一个"也"字？

生：我在考虑此"双曲线"与彼"双曲线"（解析几何中研究的圆锥曲线）是否是一回事。

师：这个问题我也曾经思考过，判断一条曲线是否为双曲线，可以借助双曲线的定义来进行判断，当时我是通过观察函数 $y=\frac{1}{x}$ 的图象猜测它像等轴双曲线，则其两个"顶点"之间距离 $2\sqrt{2}$ 即为实轴长，由此推测两"焦点"的位置，再去验证函数 $y=\frac{1}{x}$ 的图象上任意一点到两"焦点"的距离之差的绝对值是否等于定值 $2\sqrt{2}$。

生：明白了。

师：从另一个角度去探究这个问题，假如函数 $y=\frac{1}{x}$ 的图象是双曲线，那么它与你脑中的双曲线有什么区别吗？

生：平时我接触到的双曲线的对称轴与坐标轴平行，而函数 $y=\frac{1}{x}$ 的图象则像是将双曲线 $\frac{x^2}{a^2}-\frac{y^2}{b^2}=1$ 绕坐标原点旋转后的图形。

师：如果真是绕坐标原点旋转后的图形，你觉得旋转了多少？

生：可以看成旋转了 $\frac{\pi}{4}$。

师：前两天我们刚刚学习了复数三角形式的乘法运算，它的几何意义就与旋转有关，即当 $\theta>0$ 时，复数 $z\cdot(\cos\theta+\mathrm{i}\sin\theta)$ 可以看成是将复数 z 所对应的点绕坐标原点沿逆时针方向旋转 θ 后得到的点；当 $\theta<0$ 时，复数 $z\cdot(\cos\theta+\mathrm{i}\sin\theta)$ 可以看成是将复数 z 所对应的点绕坐标原点沿顺时针方向旋转 θ 后得到的点。

接下来，我们尝试用复数乘法的几何意义去推证我们的猜测。

设 (x, y) 为函数 $y=\frac{1}{x}$ 的图象绕坐标原点沿顺时针方向旋转 $\frac{\pi}{4}$ 得

到的曲线上的任意一点，该点对应的复数为 $x+y\mathrm{i}$，将点（x，y）绕坐标原点沿逆时针方向旋转$\frac{\pi}{4}$后，所得到的点对应的复数为（$x+y\mathrm{i}$）·$\left(\cos\frac{\pi}{4}+\mathrm{i}\sin\frac{\pi}{4}\right)=\frac{\sqrt{2}}{2}(x-y)+\frac{\sqrt{2}}{2}(x+y)\mathrm{i}$,则点$\left[\frac{\sqrt{2}}{2}(x-y),\frac{\sqrt{2}}{2}(x+y)\right]$必在曲线 $y=\frac{1}{x}$上，则有$\frac{x^2}{2}-\frac{y^2}{2}=1$。

第六节　难题从哪儿突破

一、概念的理解与问题的变式

例 1　三角形 ABC 中，D 为 BC 的中点，G 为 AD 上任意一点，连接 BG 并延长交 AC 于 F，连接 CG 并延长交 AB 于 E，如图 8－19，求证：$EF /\!/ BC$。

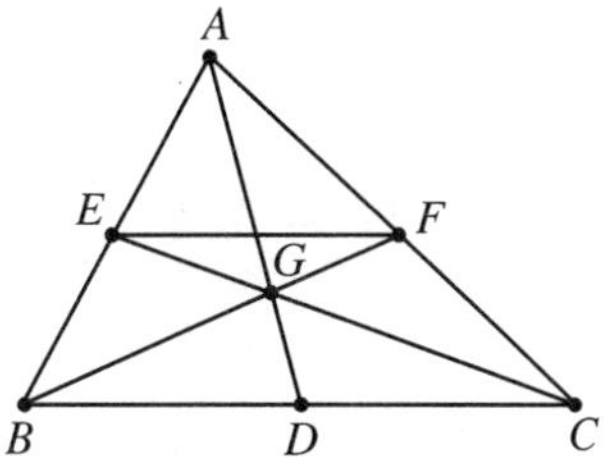

图 8－19

分析：细细一看题目，如果解题人对梅勒劳斯定理有印象，则可以比较直接地解决此题。

根据梅勒劳斯定理，

对于三角形 ABD，有$\dfrac{AE}{EB}\cdot\dfrac{BC}{CD}\cdot\dfrac{DG}{GA}=1$；

对于三角形 ADC，有$\dfrac{AF}{FC}\cdot\dfrac{CB}{BD}\cdot\dfrac{DG}{GA}=1$。

又因 D 为 BC 的中点，则有$\dfrac{AE}{EB}=\dfrac{AF}{FC}$，所以 $EF /\!/ BC$。

突然脑中浮现出这样一个问题：若解此题的人是高中生，对所用到的梅勒劳斯定理没有印象，那么运用他所学的知识，如何能够自然地探究出解决问题的思路？

首先做最简单的联想：三角形 ABC 中，D 为 BC 的中点，G 为 AD 上任意一点，连接 BG 并延长交 AC 于 F，连接 CG 并延长交 AB 于 E。

当点 G 为重心时，则点 E，F 分别为 AB，AC 中点，则 $EF /\!/ BC$。反之，当 EF 为三角形 ABC 中位线，则 BF，CE 均会过重心点 G。

当点 G 不是重心时，点 E，F 分别在 AB，AC 边的什么位置？此时 EF 与 BC 平行吗？

如果学生合情推理的意识比较强，他们会发现对于三角形 ABC 而言，因为 AD 为中线，则 BF 与 CE 的“地位”是相同的，因而可以猜测出$\frac{AE}{EB}=\frac{AF}{FC}$。

这样通过合情推理得到的结论，还需要通过演绎推理来判断其正确性。

令$\overrightarrow{AG}=k\overrightarrow{AD}=\frac{k}{2}(\overrightarrow{AB}+\overrightarrow{AC})$，

由于 E，G，C 三点共线，

故存在实数 α，使$\overrightarrow{AE}=\alpha\overrightarrow{AG}+(1-\alpha)\overrightarrow{AC}=\frac{k\alpha}{2}\overrightarrow{AB}+\left(\frac{k\alpha}{2}+1-\alpha\right)\overrightarrow{AC}$。

同时存在实数 β，使$\overrightarrow{AF}=\left(\frac{k\beta}{2}+1-\beta\right)\overrightarrow{AB}+\frac{k\beta}{2}\overrightarrow{AC}$。

分析到这里，由于所得到的表达式比较复杂，没有多想，让自己陷入繁琐的运算中去了：$\overrightarrow{EF}=\overrightarrow{AF}-\overrightarrow{AE}=\left(\frac{k\beta-k\alpha}{2}+1-\beta\right)\overrightarrow{AB}+\left(\frac{k\beta-k\alpha}{2}-1+\alpha\right)\overrightarrow{AC}$，

而$\overrightarrow{BC}=\overrightarrow{AC}-\overrightarrow{AB}$，根据共线向量概念和平面向量基本定理，要使 $EF/\!/BC$，则需证$\frac{k\beta-k\alpha}{2}+1-\beta+\frac{k\beta-k\alpha}{2}-1+\alpha=0$，即需证 $(\alpha-\beta)\cdot(1-k)=0$，因为 k 不恒为 1，故只需证 $\alpha=\beta$。

而“为什么 $\alpha=\beta$?”却让人思维受阻。

解题经验一：之所以思维受阻，前面的运算过程中应该有隐藏条件没有挖掘出来。

那么如何去寻找可能隐藏的条件呢?

解题经验二：数学是追求简洁的一门学科。往往我们得到比较复杂的解析式时，意味着有不合理成分或未化简的式子。

而在上面的运算过程中，

我们发现$\overrightarrow{AE}=\alpha\overrightarrow{AG}+(1-\alpha)\overrightarrow{AC}=\frac{k\alpha}{2}\overrightarrow{AB}+\left(\frac{k\alpha}{2}+1-\alpha\right)\overrightarrow{AC}$与$\overrightarrow{AF}=\left(\frac{k\beta}{2}+1-\beta\right)\overrightarrow{AB}+\frac{k\beta}{2}\overrightarrow{AC}$比较复杂，没有优先考虑是否可以化简，而是忙

于单纯的运算，自然就容易陷入困境。

事实上，在问题的解决过程中，我们不仅在入手时会用到共线向量这一概念，而且正是没有意识到$\overrightarrow{AE}$与$\overrightarrow{AB}$共线，以及$\overrightarrow{AF}$与$\overrightarrow{AC}$共线，才导致了思维受阻。若是我们意识到$\overrightarrow{AE}$与$\overrightarrow{AB}$共线，以及$\overrightarrow{AF}$与$\overrightarrow{AC}$共线，那么$\overrightarrow{AE}=\frac{k\alpha}{2}\overrightarrow{AB}+\left(\frac{k\alpha}{2}+1-\alpha\right)\overrightarrow{AC}$与$\overrightarrow{AF}=\left(\frac{k\beta}{2}+1-\beta\right)\overrightarrow{AB}+\frac{k\beta}{2}\overrightarrow{AC}$显然不是简洁的形式，故有$\frac{k\alpha}{2}+1-\alpha=0$和$\frac{k\beta}{2}+1-\beta=0$同时成立。由$\frac{k\alpha}{2}+1-\alpha=0$和$\frac{k\beta}{2}+1-\beta=0$，可得$\frac{(k-2)(\alpha-\beta)}{2}=0$，因为$k$不恒为0，故$\alpha=\beta$，那么$\overrightarrow{AE}=\frac{k\alpha}{2}\overrightarrow{AB}$，$\overrightarrow{AF}=\frac{k\alpha}{2}\overrightarrow{AC}$，则有$\frac{AE}{AB}=\frac{AF}{AC}$，故有$EF/\!/AB$。

有了上述解题的经历，可以把问题做如下变式：

变式：三角形ABC中，E，F分别在线段AB，AC上，BF与CE交于点M。

1\. 当$\frac{AE}{EB}=\frac{AF}{FC}=\frac{1}{2}$时，试确定点$M$在线段$BF$上的位置；

2\. 当$\frac{AE}{EB}=\frac{AF}{FC}=\frac{1}{2}$时，若$\overrightarrow{AM}=\alpha\overrightarrow{AB}+\beta\overrightarrow{AC}$，求$\alpha$，$\beta$；

3\. 当$\frac{AE}{EB}=\frac{1}{2}$，$\frac{AF}{FC}=\frac{3}{2}$时，若$\overrightarrow{AM}=\alpha\overrightarrow{AB}+\beta\overrightarrow{AC}$，求$\alpha$，$\beta$。

反思到这里，我们会发现突破难题的策略是：理解概念＋变式转化问题。

对概念理解的训练，可以通过用代数或几何的语言来描述概念。

对问题的变式，通常是借助逆向思维对问题进行一般—特殊—一般的转换，实现将复杂问题简单化。

二、发散思维在解题中的应用

发散思维是大脑在思维过程中呈扩散的思维方式，是创造性思维的主要特点，思维的流畅性、变通性、独创性是发散思维的基本特征。

思维的流畅性是指面对问题情境时，能迅速有效地处理信息并尽可能多地给出解决问题的途径或结果的品质，其指标为速度和数量。要提升反应速度和增大反应输出量，可引导学生做如下思维训练：它（A）是什么？它（A）可以与什么（B）联系起来？这样的联系对于解题有什么帮助？

思维的变通性是指面对问题情境思维受阻时，能够及时克服思维定式的品质，其指标为拟采取方法的类别与角度。通过维系好质疑精神、不盲从过去的经验等途径培养自己的批判性思维对于克服思维定式是有帮助的。

思维的独创性是指面对问题情境时，能富有个性及创造性地给出解决问题思路的品质，其指标为新颖程度，是发散思维的最高目标。好奇心维系得好坏是能否播下创新种子的关键，珍惜自己突然产生的想法、归纳与类比等合情推理应成为学生的思维习惯。

例 2　已知$\triangle ABC$是边长为2的等边三角形，P为平面ABC内一点，则$\overrightarrow{PA}\cdot(\overrightarrow{PB}+\overrightarrow{PC})$的最小值为（　　）。

A. -2　　　　B. $-\frac{3}{2}$

C. $-\frac{4}{3}$　　　　D. -1

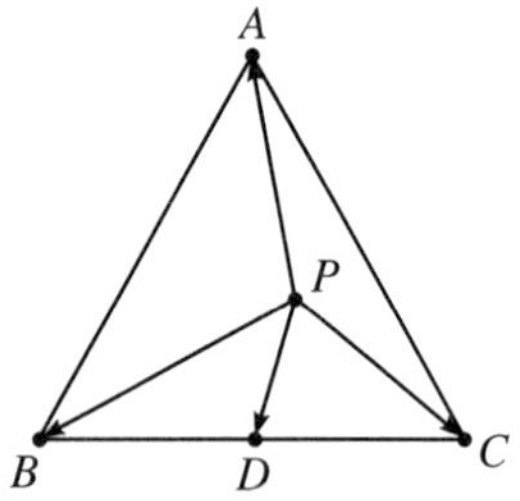

图 8-20

我们在解决问题伊始，根据题意独立地产生由几何、代数等途径来解题的念头是思维流畅性的体现。

在解题过程中，思维受阻时，能够迅速通过审视自己思路受阻的原因，并相应找到应对方法是思维变通性的体现。

在解决问题之后，不满足于现状，尝试优化解决问题策略，或者跳出原来的思路并探究出“意料之外，情理之中”的方法，这些表现都是思维独创性的体现。

思路一：设点D为BC中点，

$\overrightarrow{PB}+\overrightarrow{PC}$可以和什么联系起来？

由$\overrightarrow{PB}+\overrightarrow{PC}=2\overrightarrow{PD}$，得$\overrightarrow{PA}\cdot(\overrightarrow{PB}+\overrightarrow{PC})=2\overrightarrow{PA}\cdot\overrightarrow{PD}$。

变量$\overrightarrow{PA}\cdot\overrightarrow{PD}$可以与什么联系起来？

$\overrightarrow{PA}\cdot\overrightarrow{PD}$在 $(\overrightarrow{PA}+\overrightarrow{PD})^2$ 和$(\overrightarrow{PA}-\overrightarrow{PD})^2=\overrightarrow{PA}^2$的展开式中都会出现。

由 $(\overrightarrow{PA}+\overrightarrow{PD})^2=\overrightarrow{PA}^2+2\overrightarrow{PA}\cdot\overrightarrow{PD}+\overrightarrow{PD}^2$和 $(\overrightarrow{PA}-\overrightarrow{PD})^2=\overrightarrow{PA}^2-2\overrightarrow{PA}\cdot\overrightarrow{PD}+\overrightarrow{PD}^2$，可得 $4\overrightarrow{PA}\cdot\overrightarrow{PD}=(\overrightarrow{PA}+\overrightarrow{PD})^2-(\overrightarrow{PA}-\overrightarrow{PD})^2=(\overrightarrow{PA}+\overrightarrow{PD})^2-\overrightarrow{AD}^2\geqslant-\overrightarrow{AD}^2=-3$，且当点 P 为 AD 中点时可取等号。

故$\overrightarrow{PA}\cdot(\overrightarrow{PB}+\overrightarrow{PC})$ 的最小值为$-\dfrac{3}{2}$。

在学习平面向量数量积之后，让学生思考下面的问题有助于学生理解平面向量数量积公式：设 A，B 为平面上两定点，点 P 为平面上一动点，求点 P 在何处时，可以使$\overrightarrow{PA}\cdot\overrightarrow{PB}$取得最小值？最小值是多少？

思路二：$\overrightarrow{PA}$，$\overrightarrow{PB}$，$\overrightarrow{PC}$都是变化的向量，根据平面向量基本定理我们可以把它们用一组特殊向量作为基底表示出来，是否对我们解决本问题有帮助？

由于点 P 的任意性，令$\overrightarrow{PA}=x\overrightarrow{AB}+y\overrightarrow{AC}$，则$\overrightarrow{PB}=\overrightarrow{PA}+\overrightarrow{AB}=(1+x)\overrightarrow{AB}+y\overrightarrow{AC}$，

又$\overrightarrow{PC}=\overrightarrow{PA}+\overrightarrow{AC}=x\overrightarrow{AB}+(1+y)\overrightarrow{AC}$，那么有

$\overrightarrow{PA}\cdot(\overrightarrow{PB}+\overrightarrow{PC})$

$=(x\overrightarrow{PA}+y\overrightarrow{PB})\cdot[(1+2x)\overrightarrow{PA}+(1+2y)\overrightarrow{PB}]$

$=8x^2+8y^2+8xy+6x+6y$。

在此处思维受阻，其原因是两个变量增大了思维难度，在减少未知量的过程中，有学生做了下面的尝试：

$8x^2+8y^2+8xy+6x+6y\geqslant16xy+8xy+12\sqrt{xy}=24xy+12\sqrt{xy}$，

似乎有道理，但是其放缩的依据是均值不等式 $a+b\geqslant2\sqrt{ab}$，其成立的前提是 a，b 非负，因而上面的途径行不通。

那么还需要从其他途径寻求减少未知量的办法：由于 x，y 的任意性，故可尝试以 x 或 y 为主元，

$8x^2+8y^2+8xy+6x+6y=8x^2+(8y+6)x+8y^2+6y$

$=8\left(x+\dfrac{4y+3}{8}\right)^2+6\left(y+\dfrac{1}{4}\right)^2-\dfrac{3}{2}\geqslant-\dfrac{3}{2}$，

且当 $x=y=-\frac{1}{4}$ 时可取等号。

故 $\overrightarrow{PA}\cdot(\overrightarrow{PB}+\overrightarrow{PC})$ 的最小值为 $-\frac{3}{2}$。

思路三：利用思路二在处理代数式 $8x^2+8y^2+8xy+6x+6y$ 时，需要一定的技巧，并不会让所有学生感到自然。因此，有必要思考是否能够优化上述解题过程。事实上，在思路二的基础上，可将平面向量运算坐标化。

如图 8－21 建立直角坐标系，设 $P(x,\ y)$。

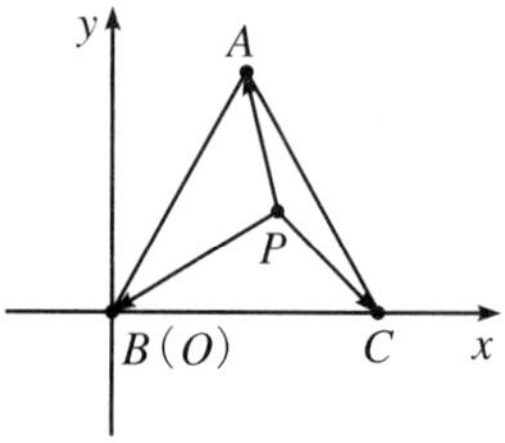

图 8－21

因为 $A(1,\ \sqrt{3})$，$B(0,\ 0)$，$C(2,\ 0)$，则由

$\overrightarrow{PA}=(1-x,\sqrt{3}-y)$，$\overrightarrow{PB}=(-x,-y)$，$\overrightarrow{PC}=(2-x,-y)$。

$\overrightarrow{PB}+\overrightarrow{PC}=(2-2x,-2y)$，

$$\overrightarrow{PA}\cdot(\overrightarrow{PB}+\overrightarrow{PC})=2(1-x)^2-2y(\sqrt{3}-y)=2(1-x)^2+2\left(y-\frac{\sqrt{3}}{2}\right)^2-\frac{3}{2}\geqslant-\frac{3}{2},$$

且当 $x=1$，$y=\frac{\sqrt{3}}{2}$ 时，可取等号。

故 $\overrightarrow{PA}\cdot(\overrightarrow{PB}+\overrightarrow{PC})$ 的最小值为 $-\frac{3}{2}$。

有了上述的体验过程，再分别用上面三种途径去解决类似的问题，对解题人来说就是常规问题了。

在平面四边形 $ABCD$ 中，$AB\perp BC$，$AD\perp CD$，$\angle BAD=120^\circ$，$AB=AD=1$，若点 E 为边 CD 上的动点，则 $\overrightarrow{AE}\cdot\overrightarrow{BE}$ 的最小值为（　　）。

A. $\frac{21}{16}$　　B. $\frac{3}{2}$　　C. $\frac{25}{16}$　　D. 3

第七节　类比与联想是梳理知识的有效手段

学生在解题过程中如不知如何将遇到的问题进行归类，将导致所有的题目在头脑中是零散的、不系统的。亚里士多德曾提出，一种观念的产生必伴以另一种与之相似的或相反的，或在过去经验中曾与之同时出现的观念的产生。类比推理是我们认知世界的重要方法，就是由两个对象的某些相同或相似的性质，推断它们在其他性质上也有可能相同或相似的一种推理形式。联想往往伴随着类比推理。

一、共线问题

例 1　平行四边形 $ABCD$ 中，点 E 为边 AB 上靠近点 B 的四等分点，BD 与 CE 交于点 F，试确定点 F 在 BD 上的位置。

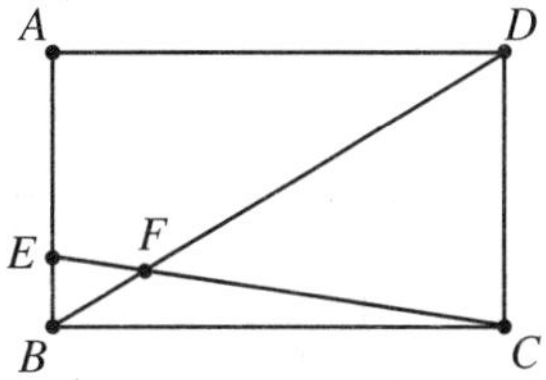

图 8－22

解析：令 $\overrightarrow{BF}=m\overrightarrow{BD}$。

E，F，C 三点共线

$$\Leftrightarrow\overrightarrow{BF}=\lambda\overrightarrow{BE}+(1-\lambda)\overrightarrow{BC}\Leftrightarrow m\overrightarrow{BD}=\frac{1}{4}\lambda\overrightarrow{BA}+(1-\lambda)\overrightarrow{BC},$$

即有 $\overrightarrow{BD}=\dfrac{1}{4m}\lambda\overrightarrow{BA}+\dfrac{1}{m}(1-\lambda)\overrightarrow{BC}=\overrightarrow{BA}+\overrightarrow{BC}$。

由平面向量的基本定理可知

$$\begin{cases}\dfrac{1}{4m}\lambda=1,\\ \dfrac{1}{m}(1-\lambda)=1,\end{cases}\quad 解得\ m=\frac{1}{5}。$$

［**反思**］如何翻译三点共线这个条件对学生来说是有难度的，下面两个问题可以作为变式题供学生训练巩固。

变式一：如图 8 - 23，在三角形 ABO 中，$\overrightarrow{OA}=\boldsymbol{a}$，$\overrightarrow{OB}=\boldsymbol{b}$，而 M，N 分别是三角形 ABO 的两边 OA，OB 上的点，且$\overrightarrow{OM}=\lambda\boldsymbol{a}$（$0<\lambda<1$），$\overrightarrow{ON}=\mu\boldsymbol{b}$（$0<\mu<1$），设 BM 与 AN 相交于点 P，试用向量 $\boldsymbol{a}$，$\boldsymbol{b}$ 表示$\overrightarrow{OP}$。

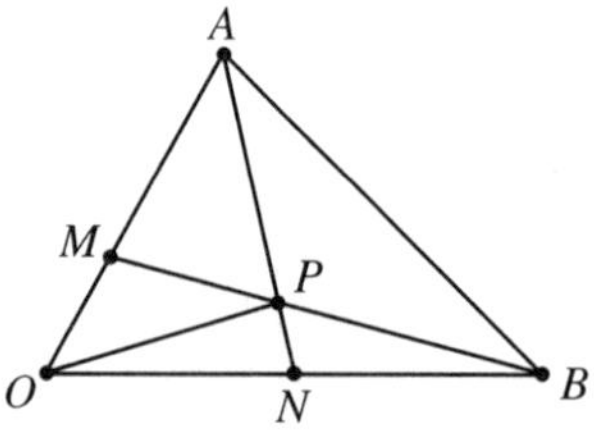

图 8 - 23

变式二：在平行四边形 $ABCD$ 中，点 P 在线段 AB 上，且$\dfrac{AP}{PB}=m$，点 Q 在线段 AD 上，且$\dfrac{AQ}{QD}=n$，BQ 与 CP 交于点 R，如图 8 - 24，求$\dfrac{PR}{RC}$的值。

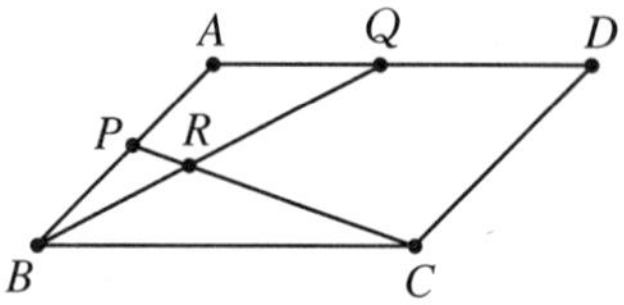

图 8 - 24

思路有了，但也应让学生知晓有时繁琐的运算是免不了的。

令$\overrightarrow{CB}=\boldsymbol{a}$，$\overrightarrow{CD}=\boldsymbol{b}$，$\dfrac{PR}{RC}=x$，

则$\overrightarrow{CR}=\dfrac{1}{x+1}\overrightarrow{CP}=\dfrac{1}{x+1}\left(\boldsymbol{a}+\dfrac{1}{m+1}\boldsymbol{b}\right)\cdots$①，$\overrightarrow{CQ}=\boldsymbol{b}+\dfrac{1}{n+1}\boldsymbol{a}$。

因 B，R，Q 三点共线，故有$\overrightarrow{CR}=\lambda\overrightarrow{CB}+(1-\lambda)\overrightarrow{CQ}=\lambda\boldsymbol{a}+(1-\lambda)\left(\boldsymbol{b}+\dfrac{1}{n+1}\boldsymbol{a}\right)\cdots$②。

由①②得

$$\begin{cases}\dfrac{1}{x+1}=\lambda+\dfrac{1-\lambda}{n+1},\\ \dfrac{1}{m+1}\cdot\dfrac{1}{x+1}=1-\lambda,\end{cases}\quad 解得\ x=\dfrac{n}{(m+1)(n+1)}。$$

验证学生是否真正掌握三点共线等价转换，以下题目可以备用。

在三角形 ABC 中，E，F 两点分别在边 AB，AC 上，且$\dfrac{AE}{EB}=m$，$\dfrac{AF}{FC}=n$，BF 与 CE 交于点 O，如图 8 - 25，求$\dfrac{EO}{OC}$的值。

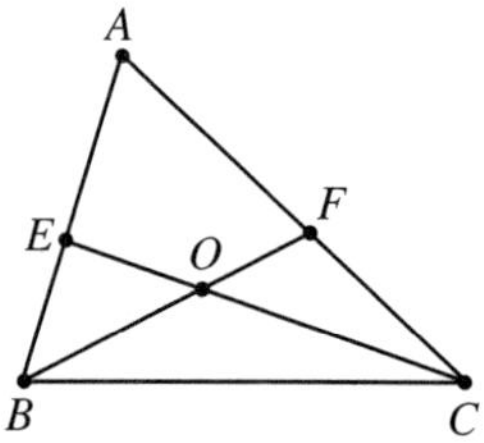

图 8 - 25

二、已知与未知

例 2 三角形 ABC 三边长分别为 a，b，c，以 A 为圆心，r 为半径作一定圆，PQ 为该圆的直径，如图 8－26，试判断 P，Q 在什么位置时，$\overrightarrow{BP}\cdot\overrightarrow{CQ}$取到最大值。

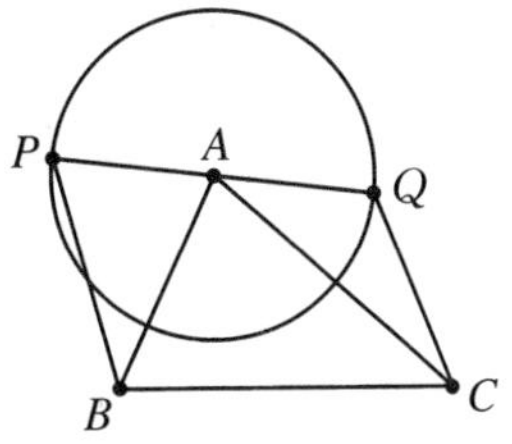

图 8－26

分析：$\overrightarrow{BP}$与$\overrightarrow{CQ}$是两个未知向量，有必要用一个未知向量来表示，$\overrightarrow{BP}=\overrightarrow{BA}+\overrightarrow{AP}$，$\overrightarrow{CQ}=\overrightarrow{CA}+\overrightarrow{AQ}=\overrightarrow{CA}-\overrightarrow{AP}$，则有$\overrightarrow{BP}\cdot\overrightarrow{CQ}=(\overrightarrow{BA}+\overrightarrow{AP})\cdot(\overrightarrow{CA}-\overrightarrow{AP})=\overrightarrow{BA}\cdot\overrightarrow{CA}+(\overrightarrow{CA}-\overrightarrow{BA})\cdot\overrightarrow{AP}-\overrightarrow{AP}^2=\overrightarrow{BA}\cdot\overrightarrow{CA}+\overrightarrow{CB}\cdot\overrightarrow{AP}-\overrightarrow{AP}^2$，$\overrightarrow{BA}\cdot\overrightarrow{CA}$与$\overrightarrow{AP}^2$均为定值，要使$\overrightarrow{BP}\cdot\overrightarrow{CQ}$取到最大值，只需$\overrightarrow{CB}\cdot\overrightarrow{AP}$的值最大，要使$\overrightarrow{CB}\cdot\overrightarrow{AP}=|\overrightarrow{CB}|\cdot|\overrightarrow{AP}|\cos<\overrightarrow{CB},\overrightarrow{AP}>$的值最大，只需 $\cos<\overrightarrow{CB},\overrightarrow{AP}>$的值最大，则只需$\overrightarrow{PQ}$与$\overrightarrow{BC}$同向即可。

三、条件的够与不够

例 3 已知$|\boldsymbol{a}-2\boldsymbol{b}|=1$，$|2\boldsymbol{a}+3\boldsymbol{b}|=\dfrac{1}{3}$，求 $(5\boldsymbol{a}-3\boldsymbol{b})\cdot(\boldsymbol{a}-9\boldsymbol{b})$。

解题感悟：题设中有两个等式，两个等式含有两个未知向量 $\boldsymbol{a}$，$\boldsymbol{b}$，似乎已经可以求出 $\boldsymbol{a}$，$\boldsymbol{b}$，但动手求解之后我们才会发现，$\boldsymbol{a}$，$\boldsymbol{b}$ 各有两个未知量（实部与虚部），故共存在有四个未知量，目前却只有两个“方程”，因而无法求出 $\boldsymbol{a}$，$\boldsymbol{b}$。

当“方程”个数不够时，怎么办？

解题策略应该是反思是否存在没有挖掘出来的、“隐藏”着的方程，若不存在，则应从整体上来进行考虑。

由$|\boldsymbol{a}-2\boldsymbol{b}|=1$，得 $\boldsymbol{a}^2-4\boldsymbol{a}\cdot\boldsymbol{b}+4\boldsymbol{b}^2=1$…①，

由$|2\boldsymbol{a}+3\boldsymbol{b}|=\dfrac{1}{3}$，得 $4\boldsymbol{a}^2+12\boldsymbol{a}\cdot\boldsymbol{b}+9\boldsymbol{b}^2=\dfrac{1}{9}$…②。

因为$(5\boldsymbol{a}-3\boldsymbol{b})\cdot(\boldsymbol{a}-9\boldsymbol{b})=5\boldsymbol{a}^2-48\boldsymbol{a}\cdot\boldsymbol{b}+27\boldsymbol{b}^2$，

所以由①×9＋②×(－1)，即得 $(5\boldsymbol{a}-3\boldsymbol{b})\cdot(\boldsymbol{a}-9\boldsymbol{b})$ 的值。

与之有关的问题可以备用：

已知等差数列$\{a_n\}$的前n项和为S_n，若$\overrightarrow{OB}=a_1\overrightarrow{OA}+a_{200}\overrightarrow{OC}$，且$A$，$B$，$C$三点共线（该直线不过原点$O$），则$S_{200}$等于__________。

四、有理与无理

人教版数学教科书选修2－1中的一道题在配套教师教学用书中的解答引起了我的注意：

例4 如图8－27，已知空间四边形$OABC$中，$OA=OB$，$CA=CB$，点E，F，G，H分别是OA，OB，BC，CA的中点。求证：四边形$EFGH$是矩形。

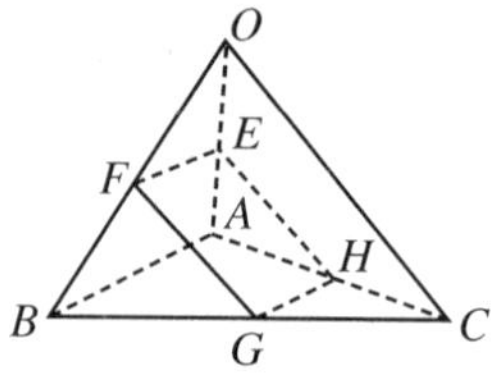

图8－27

证明：因为点E，F，G，H分别是OA，OB，BC，CA的中点，所以$\overrightarrow{EF}=\frac{1}{2}\overrightarrow{AB}$，$\overrightarrow{HG}=\frac{1}{2}\overrightarrow{AB}$，所以$\overrightarrow{EF}=\overrightarrow{HG}$，所以四边形$EFGH$是平行四边形。

$\overrightarrow{EF}\cdot\overrightarrow{EH}=\frac{1}{2}\overrightarrow{AB}\cdot\frac{1}{2}\overrightarrow{OC}=\frac{1}{4}(\overrightarrow{OB}-\overrightarrow{OA})\cdot\overrightarrow{OC}=\frac{1}{4}(\overrightarrow{OB}\cdot\overrightarrow{OC}-\overrightarrow{OA}\cdot\overrightarrow{OC})$。

因为$OA=OB$，$CA=CB$（已知），$OC=OC$，所以$\triangle AOC\cong\triangle BOC$，所以$\angle BOC=\angle AOC$，所以$\overrightarrow{OB}\cdot\overrightarrow{OC}=\overrightarrow{OA}\cdot\overrightarrow{OC}$，所以$\overrightarrow{EF}\cdot\overrightarrow{EH}=0$，所以四边形$EFGH$是矩形。

在证明$\overrightarrow{EF}\cdot\overrightarrow{EH}=0$时，此解答本身没有任何问题，但在我心里，向量作为重要的数学工具，运用在探究几何位置关系时，应该是尽可能单纯地通过运算来确定位置关系，而此方法依赖于几何位置关系的挖掘，运算的作用并没有突显出来。

那么，是否还存在更“纯粹”的方法呢？

事实上，由$2\overrightarrow{OC}=\overrightarrow{OB}+\overrightarrow{BC}+\overrightarrow{OA}+\overrightarrow{AC}$，$2\overrightarrow{BA}=\overrightarrow{BO}+\overrightarrow{OA}+\overrightarrow{BC}+\overrightarrow{CA}$，则有

$2\overrightarrow{OC}\cdot2\overrightarrow{BA}=(\overrightarrow{OB}+\overrightarrow{BC}+\overrightarrow{OA}+\overrightarrow{AC})\cdot(\overrightarrow{BO}+\overrightarrow{OA}+\overrightarrow{BC}+\overrightarrow{CA})$

$=(\overrightarrow{OB}\cdot\overrightarrow{BO}+\overrightarrow{OA}\cdot\overrightarrow{OA})+(\overrightarrow{BC}\cdot\overrightarrow{BC}+\overrightarrow{AC}\cdot\overrightarrow{CA})+(\overrightarrow{OB}\cdot\overrightarrow{OA}+$

$\overrightarrow{OA}\cdot\overrightarrow{BO})+(\overrightarrow{OB}\cdot\overrightarrow{BC}+\overrightarrow{BC}\cdot\overrightarrow{BO})+(\overrightarrow{OB}\cdot\overrightarrow{CA}+\overrightarrow{AC}\cdot\overrightarrow{BO})+(\overrightarrow{BC}\cdot\overrightarrow{OA}+\overrightarrow{OA}\cdot\overrightarrow{BC})+(\overrightarrow{BC}\cdot\overrightarrow{CA}+\overrightarrow{AC}\cdot\overrightarrow{BC})+(\overrightarrow{OA}\cdot\overrightarrow{CA}+\overrightarrow{AC}\cdot\overrightarrow{OA})+(\overrightarrow{AC}\cdot\overrightarrow{BC}+\overrightarrow{BC}\cdot\overrightarrow{CA})$

$=(\overrightarrow{OB}\cdot\overrightarrow{CA}+\overrightarrow{AC}\cdot\overrightarrow{BO})+(\overrightarrow{BC}\cdot\overrightarrow{OA}+\overrightarrow{OA}\cdot\overrightarrow{BC})$

$=2(\overrightarrow{OB}\cdot\overrightarrow{CA}+\overrightarrow{OA}\cdot\overrightarrow{BC})$。

化简到这里似乎没有头绪，其实再将上述向量用一组基底表示出来，就迎刃而解了。

$\overrightarrow{OB}\cdot\overrightarrow{CA}+\overrightarrow{OA}\cdot\overrightarrow{BC}=\overrightarrow{OB}\cdot(\overrightarrow{OA}-\overrightarrow{OC})+\overrightarrow{OA}\cdot(\overrightarrow{OC}-\overrightarrow{OB})=0$

在上述解题过程中，基底所起的作用是明显的，那么在一开始就用基底是否解决过程会更直接和简洁些呢？

事实上，$\overrightarrow{BA}=\overrightarrow{OA}-\overrightarrow{OB}$，$\overrightarrow{BA}\cdot\overrightarrow{OC}=(\overrightarrow{OA}-\overrightarrow{OB})\cdot\overrightarrow{OC}$，这又回到教师教学用书上的思路，看来，教师教学用书上的解题思路是合理的。

五、克服惯性思维

向量法就是利用坐标进行运算吗？

学生一般认为利用向量解决立体几何问题，就是建立坐标系，利用坐标进行运算。其实，对于空间向量而言，坐标不是唯一呈现的方式，其核心是空间向量基本定量，即借助一组基底来表示空间向量，进而把问题化归为构成基底的几个向量之间的运算，而坐标只是在单位正交基底的前提下呈现出来的形式。至于是否利用坐标来解决一道立体几何题，需要视运算量而定，因此基底是关键点。

例 5 已知空间四边形 $ABCD$ 的每条边和对角线的长都等于 2，点 M，N 分别是边 AB，CD 中点，如图 8-28。

(1) 求证：MN 为 AB 和 CD 的公垂线；

(2) 求 MN 的长；

(3) 求异面直线 AN 与 CM 所成角的余弦值。

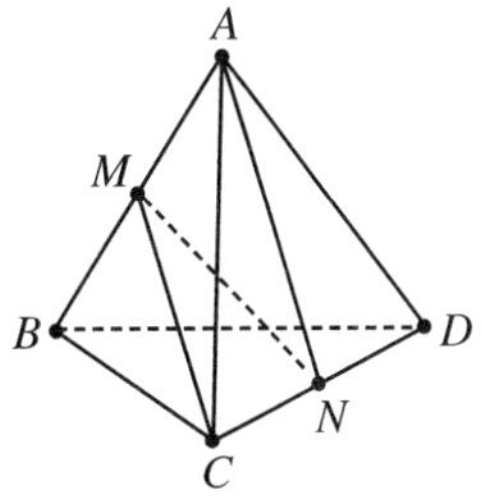

图 8-28

分析：先确定以$\overrightarrow{AB}$，$\overrightarrow{AC}$，$\overrightarrow{AD}$为基底，则有

$\overrightarrow{AN}=\frac{1}{2}\left(\overrightarrow{AC}+\overrightarrow{AD}\right)$,

$\overrightarrow{MN}=\overrightarrow{MA}+\overrightarrow{AN}=-\frac{1}{2}\overrightarrow{AB}+\frac{1}{2}\overrightarrow{AC}+\frac{1}{2}\overrightarrow{AD}$,

$\overrightarrow{CD}=\overrightarrow{AD}-\overrightarrow{AC}$,

$\overrightarrow{CM}=\frac{1}{2}\overrightarrow{AB}-\overrightarrow{AC}$,

$\overrightarrow{MN}\cdot\overrightarrow{AB}=-\frac{1}{2}\overrightarrow{AB}\cdot\overrightarrow{AB}+\frac{1}{2}\overrightarrow{AC}\cdot\overrightarrow{AB}+\frac{1}{2}\overrightarrow{AD}\cdot\overrightarrow{AB}$,

$\overrightarrow{MN}\cdot\overrightarrow{CD}=(\overrightarrow{AD}-\overrightarrow{AC})\cdot\left(-\frac{1}{2}\overrightarrow{AB}+\frac{1}{2}\overrightarrow{AC}+\frac{1}{2}\overrightarrow{AD}\right)$

$=\frac{1}{2}(-\overrightarrow{AD}\cdot\overrightarrow{AB}+\overrightarrow{AD}\cdot\overrightarrow{AC}+\overrightarrow{AD}\cdot\overrightarrow{AD}+\overrightarrow{AC}\cdot\overrightarrow{AB}-\overrightarrow{AC}\cdot\overrightarrow{AC}-\overrightarrow{AC}\cdot\overrightarrow{AD})$

$=\frac{1}{2}(\overrightarrow{AD}^2-\overrightarrow{AC}^2+\overrightarrow{AC}\cdot\overrightarrow{AB}-\overrightarrow{AD}\cdot\overrightarrow{AB})$,

$\overrightarrow{MN}^2=\left(-\frac{1}{2}\overrightarrow{AB}+\frac{1}{2}\overrightarrow{AC}+\frac{1}{2}\overrightarrow{AD}\right)^2$,

以及$\overrightarrow{AN}\cdot\overrightarrow{CM}=\frac{1}{2}(\overrightarrow{AC}+\overrightarrow{AD})\cdot\left(\frac{1}{2}\overrightarrow{AB}-\overrightarrow{AC}\right)$,

因为$\overrightarrow{AB}$，$\overrightarrow{AC}$，$\overrightarrow{AD}$的模均为 2 且两两所成的角均为$\frac{\pi}{3}$，则代入即可完成本题的解答。

第九章　对高考复习的反思：我们如何回归课本

高考复习是中学教学中非常重要的一个环节，在这一阶段如何追寻自然简约的高考复习教学？G. 波利亚在《怎样解题——数学思维的新方法》中提出：在教室里，教师最重要的任务之一是帮助他的学生，学生应当获得尽可能多的独立工作的经验。但如果教师在学生独立体验之前，没有帮助其获得有效复习策略，那么往往会事倍功半。要帮助学生获得有效复习策略，重要的是需明白他们的困惑是什么。稍微留意我们会发现师生在复习中往往会面临一个棘手的问题：今天我们遇到的题目与明天高考要考查的题目之间存在着什么关系？实际上就是复习过程中遇到的问题与高考题之间是否存在逻辑关系。如果这个问题没有答案，那么在备考教学路上，我们不得不尽可能通过增大习题量来加大命中概率。

在思考这个问题的这些年里，我注意到在临近高考时，教师大都会提醒学生“回归课本”，但若要问教师和学生如何回归课本，并没有多少人说得清楚。一项要求的实效性与其可操作性是呈正相关的，建立高考试题与教材中的问题之间的关联，对于帮助学生回归课本是一条值得尝试的途径。

如何对待高考试题，如何践行回归课本，如何理解

“高考试题源于教材，高于教材”？我们可以试图去完成一项任务：找到教材与高考试题之间的关联，即教材上的问题是如何“变”成高考题的？这也为我们在平时的教学中提供了路径：如何让学生着眼于举一反三。

第一节　2018年高考理科数学全国Ⅲ卷试题与教材关联性分析

1. 已知集合 $A=\{x \mid x-1\geqslant 0\}$，$B=\{0,1,2\}$，则 $A\cap B=$（　　）。

A. $\{0\}$　　B. $\{1\}$　　C. $\{1,2\}$　　D. $\{0,1,2\}$

考查要点：集合的运算。

教材与之关联的问题：（人教版数学必修1）

设集合 $A=\{x \mid 2\leqslant x<4\}$，$B=\{x \mid 3x-7\geqslant 8-2x\}$，求 $A\cup B$，$A\cap B$。

关联分析：变集合 $B=\{x \mid 3x-7\geqslant 8-2x\}$ 为有限集即为高考题，难度相当。

2. $(1+\mathrm{i})(2-\mathrm{i})=$（　　）。

A. $-3-\mathrm{i}$　　B. $-3+\mathrm{i}$　　C. $3-\mathrm{i}$　　D. $3+\mathrm{i}$

考查要点：复数四则运算。

教材与之关联的问题：（人教版数学选修2-2）

计算：$(1-2\mathrm{i})(3+4\mathrm{i})(-2+\mathrm{i})$。

关联分析：三个复数乘积变两个复数乘积即为高考题，难度减小。

3. 中国古建筑借助榫卯将木构件连接起来，构件的凸出部分叫榫头，凹进部分叫卯眼。图9-1中木构件右边的小长方体是榫头。若如图9-1摆放的木构件与某一带卯眼的木构件咬合成长方体，则咬合时带卯眼的木构件的俯视图可以是（　　）。

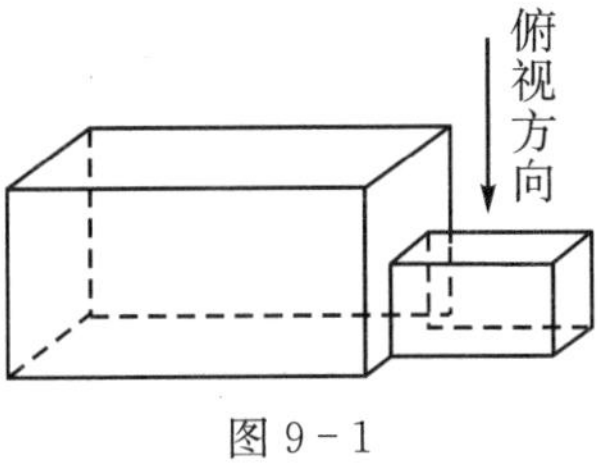

图9-1

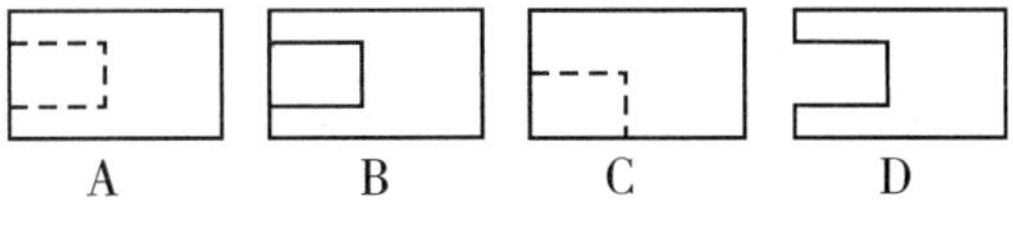

考查要点：三视图。

教材与之关联的问题：（人教版数学必修 2）

如图 9－2，已知几何体的三视图，想象对应的几何体的结构特征，并画出它的直观图。

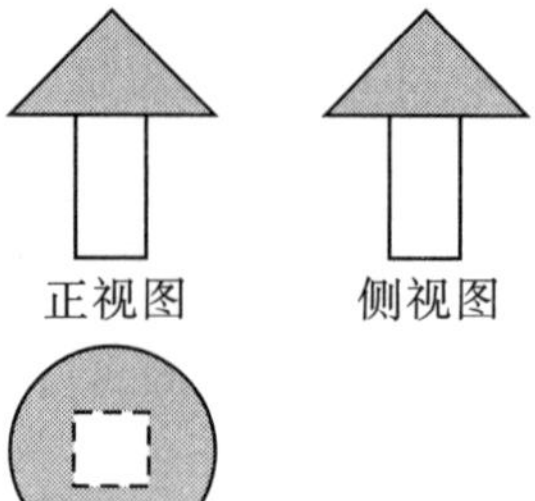

图 9－2

关联分析：把几何体由“榫”变为“卯”即为高考题。

4. 若 $\sin\alpha=\frac{1}{3}$，则 $\cos2\alpha=$（　　）。

A. $\frac{8}{9}$　　B. $\frac{7}{9}$　　C. $-\frac{7}{9}$　　D. $-\frac{8}{9}$

考查要点：二倍角公式的应用。

教材与之关联的问题：（人教版数学必修 4）

已知 $\sin\alpha=0.80$，$\alpha\in\left(0,\ \frac{\pi}{2}\right)$，求 $\sin2\alpha$，$\cos2\alpha$ 的值（保留两个有效数字）。

关联分析：将运算量下降即为高考题。

5. $\left(x^2+\frac{2}{x}\right)^5$ 的展开式中 x^4 的系数为（　　）。

A. 10　　B. 20　　C. 40　　D. 80

考查要点：二项式定理的应用。

教材与之关联的问题：（人教版数学选修 2－3）

求下列各式的二项展开式中指定项的系数：

(1) $\left(1-\frac{1}{2x}\right)^{10}$ 的含 $\frac{1}{x^5}$ 的项；

(2) $\left(2x^{3}-\dfrac{1}{2x^{3}}\right)^{10}$ 的常数项。

关联分析：均为直接求二项展开式指定项的系数，难度相当。

6. 直线 $x+y+2=0$ 分别与 x 轴，y 轴交于 A，B 两点，点 P 在圆 $(x-2)^2+y^2=2$ 上，则 $\triangle ABP$ 面积的取值范围是（　　）。

A. $[2,\ 6]$　　B. $[4,\ 8]$　　C. $[\sqrt{2},\ 3\sqrt{2}]$　　D. $[2\sqrt{2},\ 3\sqrt{2}]$

考查要点：点到直线距离公式的应用。

教材与之关联的问题一：(人教版数学选修 2－1)

已知点 P 是椭圆 $\dfrac{x^2}{5}+\dfrac{y^2}{4}=1$ 上的一点，且以点 P 及焦点 F_1，F_2 为顶点的三角形的面积等于 1，求点 P 的坐标。

关联分析：将椭圆上的定点变为圆上的动点，将研究三定点构成三角形面积要素（底或高）问题变为一动点与两定点构成三角形面积的取值范围。

教材与之关联的问题二：(人教版数学必修 2)

已知直线 l：$x-2y-5=0$ 与圆 C：$x^2+y^2=50$。求：

(1) 交点 A，B 的坐标；

(2) $\triangle AOB$ 的面积；

(3) 圆心角 AOB 的度数。

关联分析：将求三定点构成的三角形面积变为一动点、两定点构成的三角形面积的取值范围问题。

7. 函数 $y=-x^4+x^2+2$ 的图象大致为（　　）。

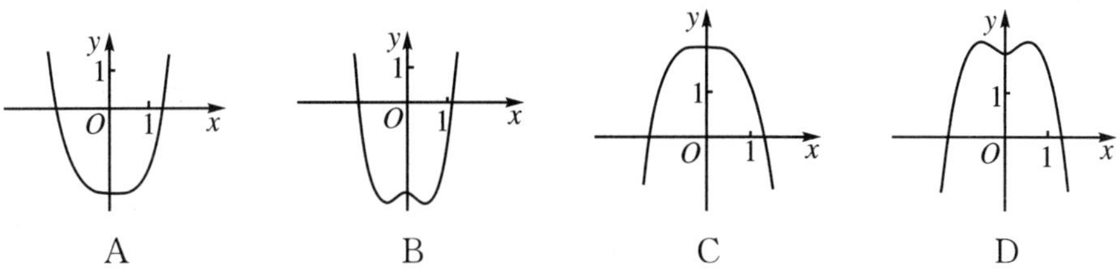

考查要点：导数在函数研究中的应用。

教材与之关联问题：(人教版数学选修 2－2)

如图 9－3 是导函数 $y=f'(x)$ 的图象，在标记的点中，在哪一点处：

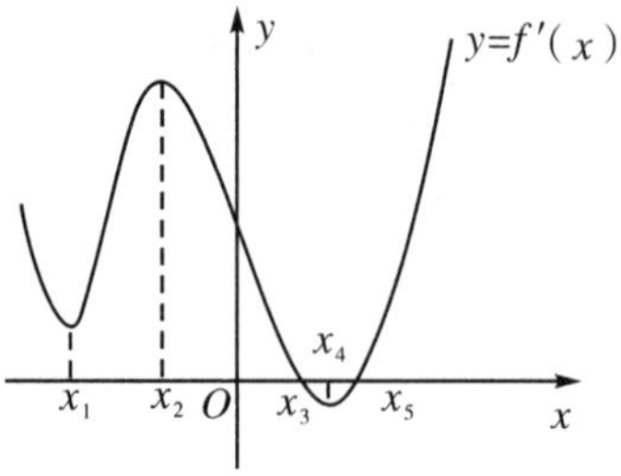

图 9-3

(1) 导函数 $y=f'(x)$ 有极大值?

(2) 导函数 $y=f'(x)$ 有极小值?

(3) 函数 $y=f(x)$ 有极大值?

(4) 函数 $y=f(x)$ 有极小值?

求下列函数的极值：

(1) $f(x)=6x^2+x+2$；

(2) $f(x)=x^3-12x$ ；

(3) $f(x)=6-12x+x^3$；

(4) $f(x)=48x-x^3$。

关联分析：将求极（最）值变为研究函数的大致图象，变定量计算为定性分析。

8. 某群体中的每位成员使用移动支付的概率都为 P，各成员的支付方式相互独立，设 X 为该群体的 10 位成员中使用移动支付的人数，$D(X)=2.4$，$P(X=4)<P(X=6)$，则 $P=$（　　）。

A. 0.7　　B. 0.6　　C. 0.4　　D. 0.3

考查要点：服从二项分布随机变量方差的应用。

教材与之关联的问题：(人教版数学选修 2-3)

若 $X\sim B(n,\ p)$，则 $D(X)=np(1-p)$。

若随机变量 X 的分布列为

X	0	1	2
P	$\frac{1}{3}$	a	b

且 $E(X)=1$，求 a 和 b 。

关联分析：将随机变量分布变为二项分布，将根据期望值求概率变为根据方差值求概率。

9. $\triangle ABC$ 的内角 A，B，C 的对边分别为 a，b，c，若 $\triangle ABC$ 的面积为 $\frac{a^2+b^2-c^2}{4}$，则 $C=$（　　）。

A. $\frac{\pi}{2}$　　B. $\frac{\pi}{3}$　　C. $\frac{\pi}{4}$　　D. $\frac{\pi}{6}$

考查要点：正余弦定理的应用。

教材与之关联的问题：（人教版数学必修 5）

已知三角形的三边为 a，b，c，设 $p=\frac{1}{2}(a+b+c)$，求证：

（1）三角形的面积 $S=\sqrt{p(p-a)(p-b)(p-c)}$；

（2）r 为三角形的内切圆半径，则 $r=\sqrt{\frac{(p-a)(p-b)(p-c)}{p}}$。

关联分析：在本题中推导海伦公式的策略，$S=\sqrt{p(p-a)(p-b)(p-c)}$ 从代数结构上看，与 $S=\frac{1}{2}ab\sin C$ 都是积的形式，最显著的差异就在于出现了 $\sin C$，于是消除此差异的过程便是推证公式的过程。

10. 设 A，B，C，D 是同一个半径为 4 的球的球面上四点，$\triangle ABC$ 为等边三角形且其面积为 $9\sqrt{3}$，则三棱锥 $D-ABC$ 体积的最大值为（　　）。

A. $12\sqrt{3}$　　B. $18\sqrt{3}$　　C. $24\sqrt{3}$　　D. $54\sqrt{3}$

考查要点：点到平面距离的应用。

教材与之关联的问题一：（人教版数学必修 2）

如图 9-4，在正方体 $ABCD-A_1B_1C_1D_1$ 中，求证：

（1）对角线 $B_1D\perp$ 平面 A_1C_1B；

（2）B_1D 与平面 A_1C_1B 的交点 H 是 $\triangle A_1C_1B$ 的重心（三角形三条中线的交点）。

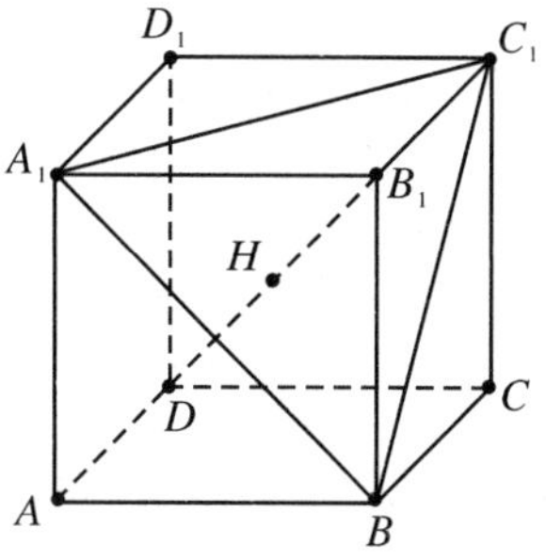

图 9-4

关联分析：将正方体化为球体，将问题化为求对角线段 B_1D 上一点 P 与面 A_1C_1B 构成的四面体体积的最值。

教材与之关联的问题二：（人教版数学必修 2）

在 x 轴上求一点 P，使以点 $A(1, 2)$，$B(3, 4)$ 和 P 为顶点的三角形的面积为 10。

关联分析：二维化为三维，定点化为动点。

11. 设 F_1，F_2 是双曲线 C：$\frac{x^2}{a^2}-\frac{y^2}{b^2}=1(a>0,\ b>0)$ 的左、右焦点，O 是坐标原点。过 F_2 作 C 的一条渐近线的垂线，垂足为 P。若 $|PF_1|=\sqrt{6}\,|OP|$，则 C 的离心率为（　　）。

A. $\sqrt{5}$　　　B. 2　　　C. $\sqrt{3}$　　　D. $\sqrt{2}$

考查要点：渐近线几何特征的挖掘。

教材与之关联的问题：（人教版数学选修 2－1）

如图 9－5，用《几何画板》画双曲线 $\frac{x^2}{9}-\frac{y^2}{4}=1$，在位于第一象限的曲线上画一点 M，测量点 M 的横坐标 x_M 以及它到直线 $\frac{x}{3}-\frac{y}{2}=0$ 的距离 d，沿曲线向右上角拖动点 M，观察 x_M 与 d 的大小关系，你发现了什么？

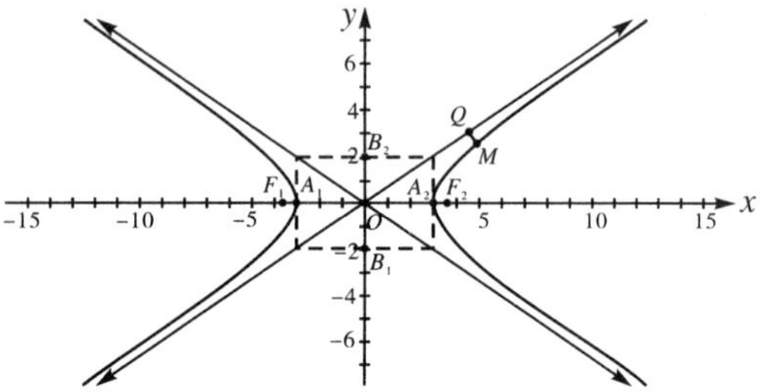

图 9－5

关联分析：对于双曲线几何特征的挖掘，在图 9－5 中，我们可以在虚线围成的矩形中直观地读出 a，b，c 之间的关系。

12. 设 $a=\log_{0.2}0.3$，$b=\log_2 0.3$，则（　　）。

A. $a+b<ab<0$　　　B. $ab<a+b<0$

C. $a+b<0<ab$　　　D. $ab<0<a+b$

考查要点：关于对数的大小比较，主要借助了对数函数的图象及换底公式的应用。

教材与之关联的问题：（人教版数学必修 1）

比较下列各题中两个值的大小：

（1）$\log_{10}6$，$\log_{10}8$　　　（2）$\log_{0.5}6$，$\log_{0.5}4$

（3）$\log_{\frac{2}{3}}0.5$，$\log_{\frac{2}{3}}0.6$　　　（4）$\log_{1.5}1.6$，$\log_{1.5}1.4$

关联分析：将同底对数变为不同底对数，对于底不同，真数相同的两个对数，通过取倒数即可转化为便于运算的同底对数问题。

13. 已知向量 $\boldsymbol{a}=(1,\ 2)$，$\boldsymbol{b}=(2,\ -2)$，$\boldsymbol{c}=(1,\ \lambda)$。若 $\boldsymbol{c}\parallel(2\boldsymbol{a}+$

$\boldsymbol{b}$)，则 λ ________。

考查要点：共线向量的概念，向量的坐标运算。

教材与之关联的问题一：(人教版数学必修 4)

题 1：n 为何值时，向量 $\boldsymbol{a}=(n,1)$ 与 $\boldsymbol{b}=(4,n)$ 共线且方向相同？

题 2：已知 $\boldsymbol{a}=(1,0)$，$\boldsymbol{b}=(1,1)$，λ 为何值时，$\boldsymbol{a}+\lambda\boldsymbol{b}$ 与 $\boldsymbol{b}$ 垂直？

关联分析：题 1 少了向量求和这一步，题 2 将垂直化为平行即可。

教材与之关联问题二：(人教版数学选修 2－1)

已知 $\boldsymbol{a}=(2,-1,3)$，$\boldsymbol{b}=(-4,2,x)$，且 $\boldsymbol{a}\perp\boldsymbol{b}$，求 x 的值。

关联分析：化三维为二维，化垂直为共线。

14. 曲线 $y=(ax+1)\mathrm{e}^x$ 在点 (0，1) 处的切线的斜率为 -2，则 $a=$ ________。

考查要点：导数几何意义、基本初等函数的导数、导数的运算法则。

教材与之关联的问题：(人教版数学选修 2－2)

求函数 $y=x^n\mathrm{e}^x$ 的导数。

关联分析：涉及同一类函数求导，将已知函数变式为待定某一系数。

15. 函数 $f(x)=\cos\left(3x+\dfrac{\pi}{6}\right)$ 在 $[0,\pi]$ 的零点个数为________。

考查要点：正余弦型函数图象。

教材与之关联的问题：(人教版数学必修 4)

画出函数 $y=\dfrac{1}{2}\sin\left(3x-\dfrac{\pi}{3}\right)$，$x\in\mathbf{R}$ 在长度为一个周期的闭区间上的简图。

关联分析：将正弦型函数变为余弦型函数，一个周期变为半个周期，利用简图找零点个数。

16. 已知点 $M(-1,1)$ 和抛物线 C：$y^2=4x$，过 C 的焦点且斜率为 k 的直线与 C 交于 A，B 两点。若 $\angle AMB=90^\circ$，则 $k=$ ________。

考查要点：直线与抛物线的位置关系。

教材与之关联的问题：(人教版数学选修 2－1)

过抛物线 $y^2=2px(p>0)$ 的焦点 F 作直线与抛物线交于 A，B 两点，以 AB 为直径画圆，借助信息技术工具，观察它与抛物线准线 l 的关系，你能得到什么结论？相应于椭圆、双曲线如何？你能证明你的结论吗？

关联分析：教材中此题是探究抛物线的焦点弦为直径的圆与其准线的位置关系，而高考题为已知准线上一定点与焦点弦两端点所张角为直角时焦点弦所在直线的方程，教材中探究出来的成果可成为解决本道高考题的依据。

17. 等比数列 $\{a_n\}$ 中，$a_1=1$，$a_5=4a_3$。

(1) 求 $\{a_n\}$ 的通项公式；

(2) 记 S_n 为 $\{a_n\}$ 的前 n 项和。若 $S_m=63$，求 m。

考查要点：等比数列通项公式、求和公式的基本应用。

教材与之关联的问题一：(人教版数学必修5)

考古学中常利用死亡的生物体中碳14元素稳定持续衰变的现象测定遗址的年代。假定碳14每年的衰变率不变，已知它的半衰期为5730年，那么：

(1) 碳14的衰变率为多少？

(2) 某动物标本中碳14的含量为正常大气中碳14的含量的60%(即衰变了40%)，该动物大约在距今多少年前死亡？

关联分析：变应用问题为纯数学问题。

教材与之关联的问题二：(人教版数学必修5)

某中学的“希望工程”募捐小组暑假期间走上街头进行了一次募捐活动，共获得捐款1200元。他们第1天只得到10元，之后采取积极措施，从第2天起，每1天获得的捐款都比前1天多10元。这次募捐活动一共进行了多少天？

关联分析：变应用问题为纯数学问题，变等差数列为等比数列。

18. 某工厂为提高生产效率，开展技术创新活动，提出了完成某项生产任务的两种新的生产方式。为比较两种生产方式的效率，选取40名工人，将他们随机分成两组，每组20人，第一组工人用第一种生产方式，第二组工人用第二种生产方式。根据工人完成生产任务的工作时间（单位：min）绘制了如下茎叶图（如图9-6）：

第一种生产方式		第二种生产方式
8	6	5 5 6 8 9
9 7 6 2	7	0 1 2 2 3 4 5 6 6 8
9 8 7 7 6 5 4 3 3 2	8	1 4 4 5
2 1 1 0 0	9	0

图 9－6

(1) 根据茎叶图判断哪种生产方式的效率更高？并说明理由；

(2) 求 40 名工人完成生产任务所需时间的中位数 m，并将完成生产任务所需时间超过 m 和不超过 m 的工人数填入下面的列联表：

	超过 m	不超过 m
第一种生产方式		
第二种生产方式		

(3) 根据 (2) 中的列联表，能否有 99％的把握认为两种生产方式的效率有差异？

附：$K^2=\dfrac{n(ad-bc)^2}{(a+b)(c+d)(a+c)(b+d)}$，

$P(K^2\geqslant k)$	0.050	0.010	0.001
k	3.841	6.635	10.828

考查要点：茎叶图的应用，独立性检验的基本应用。

教材与之关联的内容：人教版数学必修 3 茎叶图的概念。

教材与之关联的问题：(人教版数学选修 2－3)

收集班上所有学生身高的数据，构造一个关于每一个学生性别与其身高是否高于（或低于）中位数的列联表，并讨论能否在犯错误的概率不超过 0.01 的前提下认为性别与身高有关系。

关联分析：变自己收集数据为给出具体数据。

19. 如图 9－7，边长为 2 的正方形 $ABCD$ 所在的平面与半圆弧 $\overset{\frown}{CD}$ 所在平面垂直，M 是 $\overset{\frown}{CD}$ 上异于 C，D 的点。

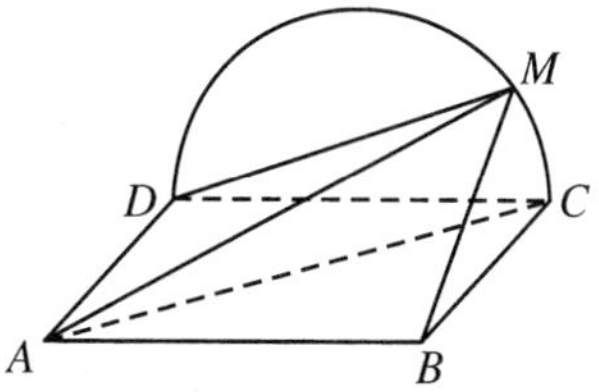

图 9－7

（1）证明：平面 $AMD\perp$ 平面 BMC；

（2）当三棱锥 $M-ABC$ 体积最大时，求面 MAB 与面 MCD 所成二面角的正弦值。

考查要点：平面与平面的位置关系，垂直的判定和二面角。

教材与之关联的问题：（人教版数学选修 2－1）

如图 9－8，在棱长为 a 的正方体 $OABC-O'A'B'C'$ 中，点 E，F 分别是棱 AB，BC 上的动点，且 $AE=BF$。

（1）求证：$A'F\perp C'E$；

（2）当三棱锥 $B'-BEF$ 的体积取得最大值时，求二面角 $B'-EF-B$ 的正切值。

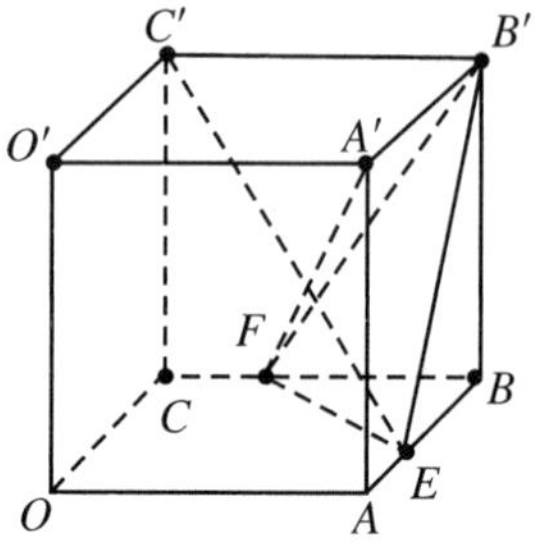

图 9－8

关联分析：第（1）小题变线线垂直问题为面面垂直问题，变向量法为几何法，第（2）小题问题呈现的方式和分析问题的方法都相同，且均可用射影面积法求二面角。

20. 已知斜率为 k 的直线 l 与椭圆 C：$\frac{x^2}{4}+\frac{y^2}{3}=1$ 交于 A，B 两点，线段 AB 的中点为 $M(1, m)$（$m>0$）。

（1）证明：$k<-\frac{1}{2}$；

（2）设 F 为 C 的右焦点，P 为 C 上一点，且 $\overrightarrow{FP}+\overrightarrow{FA}+\overrightarrow{FB}=\mathbf{0}$。证明：$|\overrightarrow{FA}|$，$|\overrightarrow{FP}|$，$|\overrightarrow{FB}|$ 成等差数列，并求该数列的公差。

[第（1）题] 考查要点：直线与圆锥曲线位置关系。

教材与之关联的问题一：（人教版数学选修 2－1）

已知椭圆 $\frac{x^2}{4}+\frac{y^2}{9}=1$，一组平行直线的斜率是 $\frac{3}{2}$。

（1）这组直线何时与椭圆相交？

（2）当它们与椭圆相交时，证明这些直线被椭圆截得的线段的中点在一条直线上。

关联分析：把求在 y 轴截距的取值范围变为求直线斜率的取值范围。

教材与之关联的问题二：（人教版数学选修 2－1）

经过点 $M(2, 1)$ 作直线 l 交双曲线 $x^2-\frac{y^2}{2}=1$ 于 A，B 两点，且 M 为 AB 中点，求直线 l 的方程。

关联分析：弦中点由定点变为动点，从而产生不等关系。

［第（2）题］关联分析：本小题涉及焦半径公式的应用问题，当焦半径公式不能直接使用时，如何迅捷地得出焦半径的表达式，是在学习椭圆时需要研究的问题，即 $\frac{x^2}{a^2}+\frac{y^2}{b^2}=1$ 上一点 $P(x, y)$ 到焦点 $F(c, 0)$ 的距离的运算过程是需要学生体验的。

$$\begin{aligned}|PF| &= \sqrt{(x-c)^2+y^2}\\ &= \sqrt{(x-c)^2+b^2-\frac{b^2}{a^2}x^2}\\ &= \sqrt{\frac{c^2}{a^2}x^2-2cx+a^2}\\ &= \sqrt{\left(\frac{c}{a}x-a\right)^2}\\ &= \left|\frac{c}{a}x-a\right|\\ &= a-\frac{c}{a}x\end{aligned}$$

由 $|PF|=a-\frac{c}{a}x$，我们可以得到结论：$|\overrightarrow{FA}|$，$|\overrightarrow{FP}|$，$|\overrightarrow{FB}|$ 成等差数列等价于 A，P，B 三点的横坐标成等差数列。则要证 $|\overrightarrow{FA}|$，$|\overrightarrow{FP}|$，$|\overrightarrow{FB}|$ 成等差数列，可以由分析法得出结果。

21. 已知函数 $f(x)=(2+x+ax^2)\ln(1+x)-2x$。

（1）若 $a=0$，证明：当 $-1<x<0$ 时，$f(x)<0$；当 $x>0$ 时，$f(x)>0$。

（2）若 $x=0$ 是 $f(x)$ 的极大值点，求 a。

考查要点：利用函数求导证明不等式。

关联分析：第（1）题中，判断 $f'(x)=\ln(x+1)-\frac{x}{1+x}$ 的符号，与

不等式$\frac{x}{1+x}\leqslant \ln(1+x)\leqslant x$有关。

教材与之关联的问题：(人教版数学选修 2－2)

利用函数的单调性，证明下列不等式，并通过函数图象直观验证：

(1) $\sin x<x$，$x\in(0,\pi)$；

(2) $x-x^2>0$，$x\in(0,1)$；

(3) $e^x>1+x$，$x\neq 0$；

(4) $\ln x<x<e^x$，$x>0$。

关联分析：对于不等式 $e^x>1+x$，$x\neq 0$ 处理过程中，在解决了该问题之后，如果我们还能进行如下的变式探究，则会得到更多收获。

(1) $e^x>1+x$，$x\neq 0$ 与泰勒展开式联系起来更容易理解：

$$f(x)=\frac{f(x_0)}{0!}+\frac{f'(x_0)}{1!}(x-x_0)+\frac{f''(x_0)}{2!}(x-x_0)^2+\cdots+\frac{f^{(n)}(x_0)}{n!}(x-x_0)^n+Rn(x),$$

$$e^x=1+x+\frac{1}{2!}x^2+\frac{1}{3!}x^3+\frac{1}{4!}x^4+\frac{1}{5!}x^5+\frac{1}{6!}x^6+\cdots。$$

(2) 由 $e^x>1+x$，$x\neq 0$，可以得到 $\ln(1+x)<x$。

(3) 由 $e^x>1+x$，$x\neq 0$，不难得到 $\ln(1+x)<x$，那么如何由 $\ln(1+x)<x$，得到 $\ln(1+x)>\frac{x}{1+x}$呢？除了利用构造函数方法推证，还可以利用什么途径呢？

其实证明不等式的基本策略是消除差异，为了消除不等号方向的差异，可得$-\ln(1+x)>-x$，即有 $\ln\frac{1}{1+x}>-x$。若令 $1+t=\frac{1}{1+x}$，则有 $x=-\frac{t}{1+t}$，$\ln\frac{1}{1+x}>-x$ 可化为 $\ln(1+t)>\frac{t}{1+t}$，问题得证。

22. 在平面直角坐标系 xOy 中，$\odot O$ 的参数方程为$\begin{cases}x=\cos\theta,\\ y=\sin\theta\end{cases}$($\theta$ 为参数)，过点 $(0,-\sqrt{2})$ 且倾斜角为 α 的直线 l 与$\odot O$ 交于 A，B 两点。

(1) 求 α 的取值范围；

(2) 求 AB 中点 P 的轨迹的参数方程。

考查要点：曲线的参数方程与普通方程相互转化，求轨迹方程。

教材与之关联的问题：（人教版数学选修 4－4）

如图 9－9，O 是直角坐标原点，A，B 是抛物线 $y^2=2px(p>0)$ 上异于顶点的两动点，且 $OA\perp OB$，$OM\perp AB$ 并与 AB 相交于点 M，求点 M 的轨迹方程。

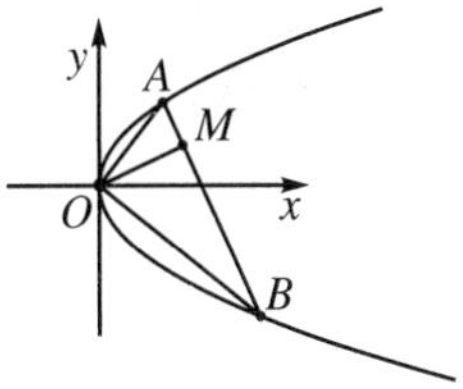

图 9－9

关联分析：变抛物线为最特殊的圆，将求垂足的轨迹变为求中点的轨迹。

23. 设函数 $f(x)=|2x+1|+|x-1|$。

（1）画出 $y=f(x)$ 的图象；

（2）当 $x\in[0,+\infty)$，$f(x)\leqslant ax+b$，求 $a+b$ 的最小值。

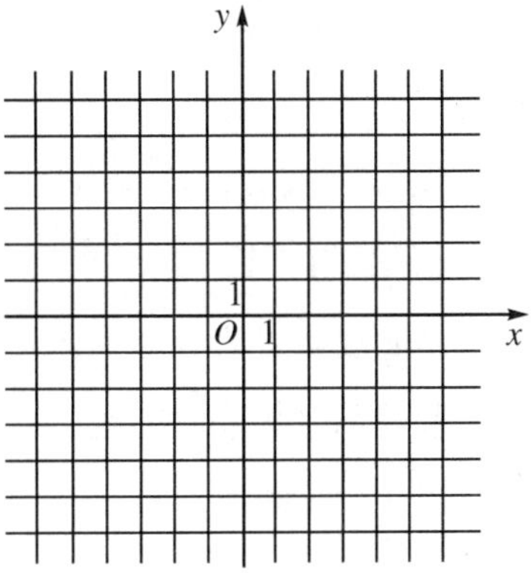

图 9－10

考查要点：含绝对值函数图象和线性规划问题。

教材与之关联的问题一：（人教版数学选修 4－5）

求函数 $y=|x-4|+|x-6|$ 的最小值。

关联分析：把求含绝对值函数（分段函数）最小值变为作出含绝对值函数（分段函数）图象。

教材与之关联的问题二：（人教版数学必修 5）

求 $z=2x+y$ 的最大值，使 x，y 满足约束条件 $\begin{cases}y\leqslant x,\\x+y\leqslant 1,\\y\geqslant -1。\end{cases}$

关联分析：将约束条件变为开放区域，即减少一个条件 $y\geqslant -1$，将求目标函数 $z=2x+y$ 最大值问题变为研究不经过约束条件所确定区域的直线 $y=ax+b$ 需满足的条件。

第二节　2019年高考理科数学全国Ⅲ卷试题与教材关联性分析

1. 已知集合 $A=\{-1, 0, 1, 2\}$，$B=\{x \mid x^2\leqslant 1\}$，则 $A\cap B=$（　　）。

A. $\{-1, 0, 1\}$　　B. $\{0, 1\}$

C. $\{-1, 1\}$　　D. $\{0, 1, 2\}$

考查要点：集合基本运算。

教材与之关联的问题：（人教版数学必修1）

题1：设集合 $A=\{x \mid 2\leqslant x<4\}$，$B=\{x \mid 3x-7\geqslant 8-2x\}$，求 $A\cup B$，$A\cap B$。

题2：设 A＝$\{x \mid x$ 是小于9的正整数$\}$，B＝$\{1, 2, 3\}$，C＝$\{3, 4, 5, 6\}$，求 $A\cap B$，$A\cap C$，$A\cap(B\cup C)$，$A\cup(B\cap C)$。

关联分析：都是集合运算问题，教材中题1是区间之间的运算，题2是有限集之间的运算，将区间与有限集进行运算则成为此题。

2. 若 $z(1+\mathrm{i})=2\mathrm{i}$，则 $z=$（　　）。

A. $-1-\mathrm{i}$　　B. $-1+\mathrm{i}$　　C. $1-\mathrm{i}$　　D. $1+\mathrm{i}$

考查要点：复数四则运算。

教材与之关联的问题：（人教版数学选修2-2）

把复数 z 的共轭复数记作 $\bar{z}$，已知 $(1+2\mathrm{i})\bar{z}=4+3\mathrm{i}$，求 z 及 $\frac{z}{\bar{z}}$。

关联分析：两题为同类型的问题，且高考试题比教材中还减少一次求共轭复数的运算。

3.《西游记》、《三国演义》、《水浒传》和《红楼梦》是中国古典文学瑰宝，并称为中国古典小说四大名著。某中学为了解本校学生阅读四大名著的情况，随机调查了 100 名学生，其中阅读过《西游记》或《红楼梦》的学生共有 90 名，阅读过《红楼梦》的学生共有 80 名，阅读过《西游记》且阅读过《红楼梦》的学生共有 60 名，则该校阅读过《西游记》的学生人数与该校学生总数比值的估计值为（　　）。

A. 0.5　　B. 0.6　　C. 0.7　　D. 0.8

考查要点：容斥原理、韦恩图应用。

教材与之关联的问题：（人教版数学必修 1）

学校先举办了一次田径运动会，某班有 8 名同学参赛，又举办了一次球类运动会，这个班有 12 名同学参赛，两次运动会都参赛的有 3 人。两次运动会中，这个班共有多少名同学参赛？

关联分析：两题均可利用任意两个有限集合 A，B 之间等量关系（容斥原理）来求解，即

$\mathrm{card}(A\cup B)=\mathrm{card}(A)+\mathrm{card}(B)-\mathrm{card}(A\cap B)$，

也可利用韦恩图来解决。

4. $(1+2x^2)(1+x)^4$ 的展开式中 x^3 的系数为（　　）。

A. 12　　B. 16　　C. 20　　D. 24

考查要点：分类计数，二项式定理。

教材与之关联的问题：（人教版数学选修 2－3）

求 $(1+x+x^2)(1-x)^{10}$ 展开式中 x^4 的系数。

关联分析：同类型问题，都是在理解二项展开式的通项探究过程，结合分类计数原理求解。将习题中因式 $1+x+x^2$ 减少一项即为高考题。

5. 已知各项均为正数的等比数列 $\{a_n\}$ 的前 4 项和为 15，且 $a_5=3a_3+4a_1$，则 $a_3=$（　　）。

A. 16　　B. 8　　C. 4　　D. 2

考查要点：数列基本公式，方程意识。

教材与之关联的问题：（人教版数学必修 5）

如果一个等比数列前 5 项的和等于 10，前 10 项的和等于 50，那么它前 15 项的和等于多少？

关联分析：首项与公比是确定一个等比数列的两个基本量，因此在

求等比数列的指定项或前 n 项和时，往往需要着眼于先求解关于首项与公比的二元方程组。

6. 已知曲线 $y=ae^x+x\ln x$ 在（1，ae）处的切线方程为 $y=2x+b$，则（　　）。

A. $a=e$，$b=-1$　　　　B. $a=e$，$b=1$

C. $a=e^{-1}$，$b=1$　　　　D. $a=e^{-1}$，$b=-1$

考查要点：导数的几何意义。

教材与之关联的问题：（人教版数学选修 2－2）

题 1：已知函数 $y=x\ln x$。

（1）求这个函数的导数；

（2）求这个函数的图象在点 $x=1$ 处的切线方程。

题 2：求曲线 $y=\dfrac{\sin x}{x}$在点 $M(\pi,\ 0)$ 处的切线方程。

关联分析：教材中这两题的逆向变式，即将已知在某点处的切线斜率求原函数的解析式中待定的系数。

7. 函数 $y=\dfrac{2x^3}{2^x+2^{-x}}$在 $[-6,\ 6]$ 的图象大致为（　　）。

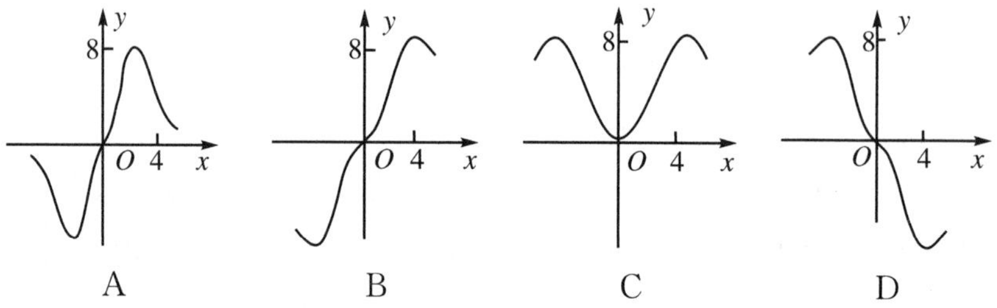

考查要点：函数的图象与性质。

教材与之关联的问题一：（人教版数学必修 1）

判断函数 $f(x)=\dfrac{x^2+1}{x}$的奇偶性。

教材与之关联的问题二：（人教版数学必修 2－2）

研究例题解答中出现的函数 $f(r)=0.8\pi\left(\dfrac{r^3}{3}-r^2\right)$的图象。

关联分析：教材中这两题都是研究一个较为复杂的函数，我们可以先研究这个函数的性质（奇偶性或单调性），根据函数的性质作出函数大致的图象。而借助函数的性质来确定相应的图象，可以理解为解决本高考题的有效途径。

8. 如图 9－11，点 N 为正方形 $ABCD$ 的中心，$\triangle ECD$ 为正三角形，平面 $ECD\perp$ 平面 $ABCD$，M 是线段 ED 的中点，则（　　）。

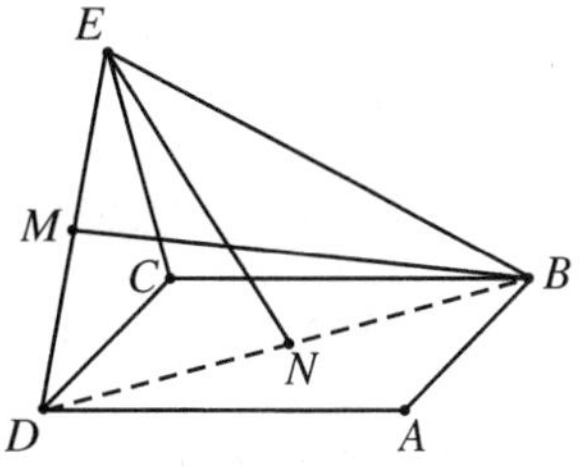

图 9－11

A. $BM=EN$，且直线 BM，EN 是相交直线

B. $BM\neq EN$，且直线 BM，EN 是相交直线

C. $BM=EN$，且直线 BM，EN 是异面直线

D. $BM\neq EN$，且直线 BM，EN 是异面直线

考查要点：直线位置关系。

教材与之关联的问题：（人教版数学必修 2）

如图 9－12，$\triangle ABC$ 在平面 α 外，$AB\cap\alpha=P$，$BC\cap\alpha=Q$，$AC\cap\alpha=R$。

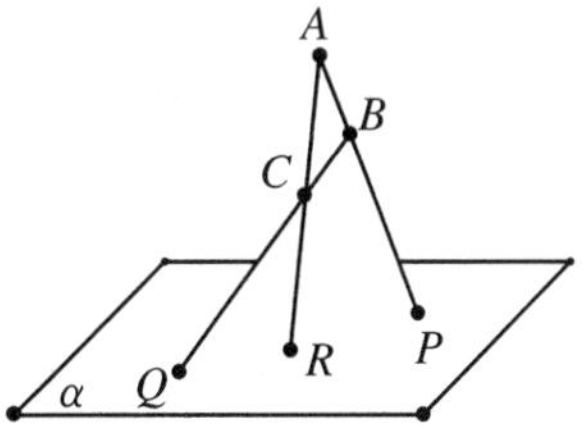

图 9－12

求证：P，Q，R 三点共线。

关联分析：要判断直线 BM，EN 是否相交，首先应判断它们是否共面。教材中的关联题要证明 P，Q，R 三点共线，首先应确定这三点是否与平面 ABC 共面与高考题类似。至于 BM，EN 是否相等，则与初中所学知识相关，即这里蕴含着三角形的一个性质，两中线相等的充要条件是中点所在的边长相等。一般学生未去推证过此结论，对于有质疑精神的学生来说，本题可能会花一些时间，或者在不确定的情况下给出答案，这样有可能会影响这类学生做后面题目的专注度。

9. 执行右边的程序框图（图 9－13），如果输入的 ε 为 0.01，则输出 s 的值等于（　　）。

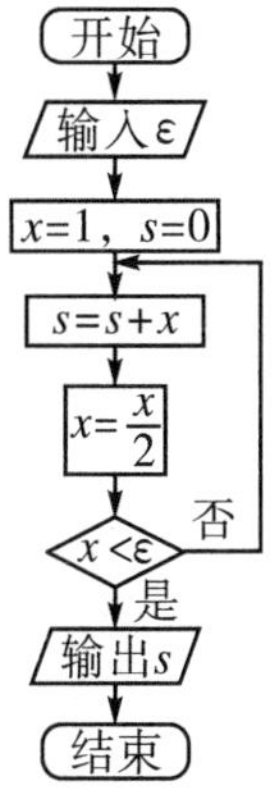

图 9－13

A. $2-\frac{1}{2^4}$　　B. $2-\frac{1}{2^5}$

C. $2-\frac{1}{2^6}$　　D. $2-\frac{1}{2^7}$

教材与之关联的问题：（人教版数学必修 3）

对任意正整数 n，设计一个程序框图求 $S=1+\frac{1}{2}+\frac{1}{3}+\cdots+\frac{1}{n}$ 的值，并写出程序。

关联分析：这两题为同类型问题。区别在于一个是根据程序框图写出输出结果，另一个是根据输出结果写出程序框图。

10. 双曲线 C：$\frac{x^2}{4}-\frac{y^2}{2}=1$ 的右焦点为 F，点 P 在 C 的一条渐近线上，O 为坐标原点。若 $|PO|=|PF|$，则 $\triangle PFO$ 的面积为（　　）。

A. $\frac{3\sqrt{2}}{4}$　　B. $\frac{3\sqrt{2}}{2}$　　C. $2\sqrt{2}$　　D. $3\sqrt{2}$

考查要点：圆锥曲线相关问题。

教材与之关联的问题：（人教版数学选修 2－1）

题 1：已知点 P 是椭圆 $\frac{x^2}{5}+\frac{y^2}{4}=1$ 上的一点，且以点 P 及焦点 F_1，F_2 为顶点的三角形的面积等于 1，求点 P 的坐标。

题 2：已知双曲线的方程 $16x^2-9y^2=144$，求它的焦点坐标、离心率和渐近线方程。

关联分析：以上两题都是研究与圆锥曲线有关的问题，根据双曲线方程确定焦点坐标及渐近线方程，这也是在解决本高考题时需要做的工作。

11. 设 $f(x)$ 是定义域为 $\mathbf{R}$ 的偶函数，且在 $(0,+\infty)$ 单调递减，则（　　）。

A. $f\left(\log_3\frac{1}{4}\right)>f(2^{-\frac{3}{2}})>f(2^{-\frac{2}{3}})$

B. $f\left(\log_3\frac{1}{4}\right)>f(2^{-\frac{2}{3}})>f(2^{-\frac{3}{2}})$

C. $f(2^{-\frac{3}{2}})>f(2^{-\frac{2}{3}})>f\left(\log_3\frac{1}{4}\right)$

D. $f(2^{-\frac{2}{3}})>f(2^{-\frac{3}{2}})>f\left(\log_3\frac{1}{4}\right)$

考查要点：函数单调性、奇偶性。

教材与之关联的问题一：(人教版数学必修 1)

已知函数 $f(x)$ 是偶函数，而且在 $(0, +\infty)$ 上是减函数，判断 $f(x)$在 $(-\infty, 0)$ 上是增函数还是减函数，并证明你的判断。

关联分析：函数奇偶性的作用在于可将对称轴（或对称中心）两侧的函数值大小转化为对称轴（或对称中心）一侧来进行研究。

教材与之关联的问题二：(人教版数学必修 1)

比较下列各题中两个数的大小：

(1) $3^{0.8}$，$3^{0.7}$；(2) $0.75^{-0.1}$，$0.75^{0.1}$；(3) $1.01^{2.7}$，$1.01^{3.5}$；(4) $0.99^{3.3}$，$0.99^{4.5}$。

关联分析：由指数函数与偶函数得到一复合函数，再比较该复合函数值的大小即得高考题。

12. 设函数 $f(x)=\sin\left(\omega x+\frac{\pi}{5}\right)$ $(\omega>0)$，已知$f(x)$在 $[0, 2\pi]$ 有且仅有 5 个零点，下述四个结论：①$f(x)$ 在 $(0, 2\pi)$ 有且仅有 3 个极大值点；②$f(x)$ 在 $(0, 2\pi)$ 有且仅有 2 个极小值点；③$f(x)$ 在 $\left(0, \frac{\pi}{10}\right)$ 单调递增；④ω 的取值范围是$\left[\frac{12}{5}, \frac{29}{10}\right)$。其中所有正确结论的编号是（　　）。

A. ①④　　B. ②③　　C. ①②③　　D. ①③④

考查要点：正弦型函数的图象与性质。

教材与之关联的问题：(人教版数学必修 4)

一根长为 l cm 的线，一端固定，另一端悬挂一个小球。小球摆动时，离开平衡位置的位移 s（单位：cm）与时间 t（单位：s）的函数关系是

$$s=3\cos\left(\sqrt{\frac{g}{l}}t+\frac{\pi}{3}\right),\ t\in[0, +\infty)。$$

(1) 求小球摆动的周期；

(2) 已知 $g\approx980\ \text{cm/s}^2$，要使小球摆动的周期是 1 s，线的长度 l 应当是多少？(精确到 0.1 cm)

关联分析：本题所给的条件对应的函数解析式是唯一的，若将条件

改为在 $t\in(0,1]$ 内小球至多 2 次经过平衡位置，研究该函数的性质，则变式为高考的同类型问题。

13. 已知 $\boldsymbol{a}$，$\boldsymbol{b}$ 为单位向量，且 $\boldsymbol{a}\cdot\boldsymbol{b}=0$，若 $\boldsymbol{c}=2\boldsymbol{a}-\sqrt{5}\boldsymbol{b}$，则 $\cos\langle\boldsymbol{a},\boldsymbol{c}\rangle=$________。

考查要点：平面向量的数量积公式应用。

教材与之关联的问题：（人教版数学必修 4）

已知 $|\boldsymbol{a}|=6$，$|\boldsymbol{b}|=4$，$\boldsymbol{a}$ 与 $\boldsymbol{b}$ 的夹角为 $60°$，求 $(\boldsymbol{a}+2\boldsymbol{b})\cdot(\boldsymbol{a}-3\boldsymbol{b})$。

关联分析：将教材中求 $(\boldsymbol{a}+2\boldsymbol{b})\cdot(\boldsymbol{a}-3\boldsymbol{b})$ 变为求 $\cos\langle\boldsymbol{a}+2\boldsymbol{b},\boldsymbol{a}-3\boldsymbol{b}\rangle$ 即为高考题。

14. 记 S_n 为等差数列 $\{a_n\}$ 的前 n 项和，若 $a_1\neq0$，$a_2=3a_1$，则 $\dfrac{S_{10}}{S_5}=$__________。

考查要点：等差数列通项公式、前 n 项和公式的应用。

教材与之关联的问题：（人教版数学必修 5）

如果一个等比数列前 5 项的和等于 10，前 10 项的和等于 50，那么它前 15 项的和等于多少？

关联分析：条件中将等比数列变为等差数列，将某两个片段和的值变为某两个片段和的比值，将求数列片段和的值变为求两个片段和的比值，即为高考题。

15. 设 F_1，F_2 为椭圆 C：$\dfrac{x^2}{36}+\dfrac{y^2}{20}=1$ 的两个焦点，M 为 C 上一点且在第一象限。若 $\triangle MF_1F_2$ 为等腰三角形，则 M 的坐标为__________。

考查要点：椭圆性质。

教材与之关联的问题：（人教版数学选修 2－1）

椭圆方程的推导过程。

关联分析：在求椭圆方程时，化简方程 $\sqrt{(x+c)^2+y^2}+\sqrt{(x-c)^2+y^2}=2a$ 过程中，会得到 $a^2-cx=a\sqrt{(x-c)^2+y^2}$，由此等式可得 $\sqrt{(x-c)^2+y^2}=a-\dfrac{c}{a}x=a-ex$，即可得到椭圆上的点 M 到椭圆右焦点

F_2 的距离公式 $|MF_2|=a-ex$（其中 e 为离心率），同理可得椭圆上的点 M 到椭圆左焦点 F_1 的距离公式 $|MF_1|=a+ex$，在这里会比较自然地得出椭圆焦半径公式。同时，我们可以发现，此公式在解决本高考题时可以降低运算量。

16. 学生到工厂劳动实践，利用 3D 打印技术制作模型。如图 9 - 14，该模型为长方体 $ABCD-A_1B_1C_1D_1$ 挖去四棱锥 $O-EFGH$ 后所得的几何体，其中 O 为长方体的中心，E，F，G，H 分别为所在棱的中点，$AB=BC=6$ cm，$AA_1=4$ cm。3D 打印所用原料密度为 0.9 g/cm^3。不考虑打印损耗，制作该模型所需原料的质量为__________ g。

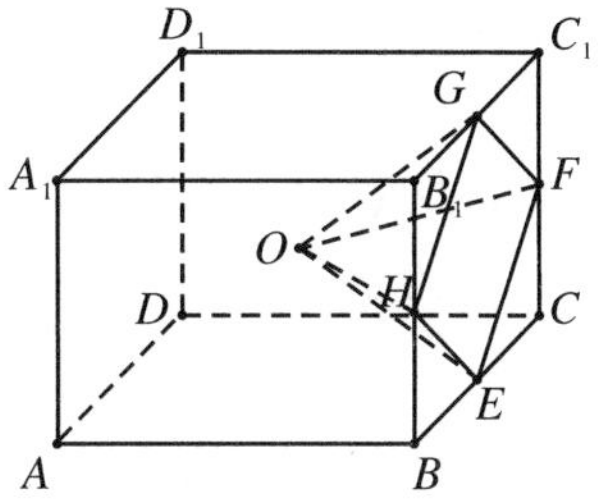

图 9 - 14

考查要点：计算组合体的体积。

教材与之关联的材料：（人教版数学必修 2）

利用祖暅原理推导球体体积过程。

关联分析：利用祖暅原理推导球体体积过程，经历了计算从一个圆柱中挖去一个圆锥后的体积，与本高考题是一致的。

教材与之关联的问题：（人教版数学必修 2）

如图 9 - 15，一个长、宽、高分别是 80 cm，60 cm，55 cm 的水槽中有水 200000 cm^3。现放入一个直径为50 cm的木球，如果木球的三分之二在水中，三分之一在水上，那么水是否会从水槽中流出？

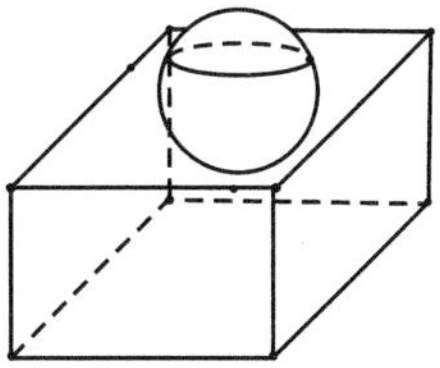

图 9 - 15

关联分析：在教材中，有不少关于组合体体积计算问题。若将此习题中从长方体中挖去一球变为挖去一四棱锥则成为高考题。

17. 为了解甲、乙两种离子在小鼠体内的残留程度，进行如下试验：将 200 只小鼠随机分成 A，B 两组，每组 100 只，其中 A 组小鼠给服甲离子溶液，B 组小鼠给服乙离子溶液。每只小鼠给服的溶液体积相同、摩尔浓度相同。经过一段时间后用某种科学方法测算出残留在小鼠体内离子的百分比。根据试验数据分别得到如下直方图（图 9－16）：

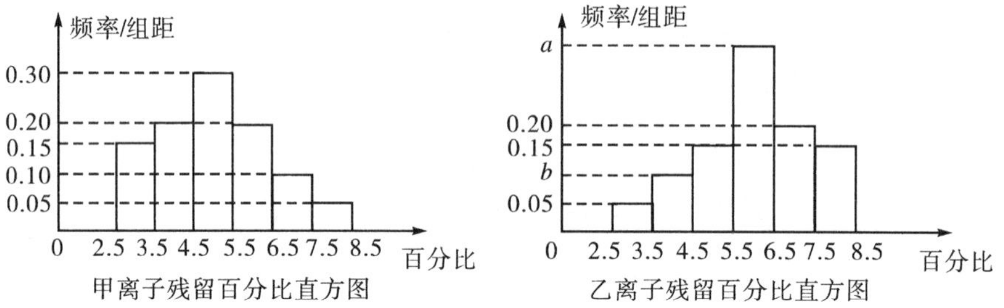

图 9－16

记 C 为事件：“乙离子残留在体内的百分比不低于 5.5。”根据直方图得到 $P(C)$ 的估计值为 0.70。

（1）求乙离子残留百分比直方图中 a，b 的值；

（2）分别估计甲、乙离子残留百分比的平均值（同一组中的数据用该组区间的中点值代表）。

考查要点：频率分布直方图的应用。

教材与之关联的材料：（人教版数学必修 3）

教材中给出了从频率分布直方图估计平均数的方法，即平均数的估计值等于频率分布直方图中每个小矩形的面积乘小矩形底边中点的横坐标之和。

关联分析：高考题中只需掌握从频率分布直方图估计平均数的方法即可顺利求解第（2）小题。

教材与之关联的问题：（人教版数学必修 3）

下列数据是 30 个不同国家中每 100000 名男性患某种疾病的死亡率：

27.0	28.9	41.6	33.1	40.6	18.8	13.7	28.9	13.2	14.5
27.0	34.8	28.9	3.2	50.1	5.6	8.7	15.2	7.1	5.2
16.5	13.8	19.2	11.2	15.7	10.0	5.6	1.5	33.8	9.2

（1）作出这些数据分布的频率分布直方图；

（2）请由这些数据计算平均数、中位数和标准差，并对它们的含义进行解释。

关联分析：将题目中计算平均数变为利用频率分布直方图估计这些

数据的平均数即为高考题。当然，由于教材中这道题中所给出的数据较少，利用估计平均数的方法来得到平均数不够精确。

18. $\triangle ABC$ 的内角 A，B，C 的对边分别为 a，b，c。已知 $a\sin\frac{A+C}{2}=b\sin A$。

（1）求 B；

（2）若 $\triangle ABC$ 为锐角三角形，且 $c=1$，求 $\triangle ABC$ 面积的取值范围。

考查要点：正弦定理、余弦定理及数形结合思想的应用。

教材与之关联的问题一：（人教版数学必修 5）

在 $\triangle ABC$ 中，如果有性质 $a\cos A=b\cos B$，试问这个三角形的形状具有什么特点？

关联分析：该习题解决方法不唯一，若从正弦定理入手，则该题与高考题第（1）小题为同类型问题。

教材与之关联的问题二：（人教版数学必修 5）

如图 9-17，在某市进行城市环境建设中，要把一个三角形的区域改造成市内公园，经过测量得到这个三角形区域的三条边长分别为68 m，88 m，127 m，这个区域的面积是多少？（精确到 0.01 m^2）

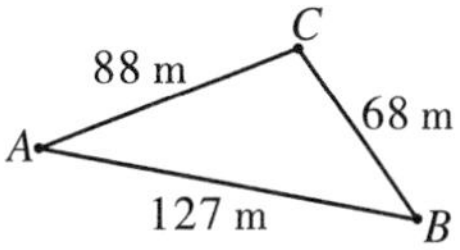

图 9-17

关联分析：将固定静止的三角形变为形状变化动态的三角形，即在直线 AB 上有两动点 P，Q，使得三角形 PQC 构成锐角三角形区域，求此三角形 PQC 面积的取值范围，则变式为高考题。

19. 图 9-18 是由矩形 $ADEB$，$\mathrm{Rt}\triangle ABC$ 和菱形 $BFGC$ 组成的一个平面图形，其中 $AB=1$，$BE=BF=2$，$\angle FBC=60°$。将其沿 AB，BC 折起使得 BE 与 BF 重合。连接 DG，如图 9-19。

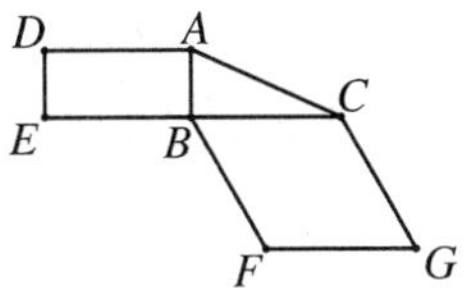

图 9-18

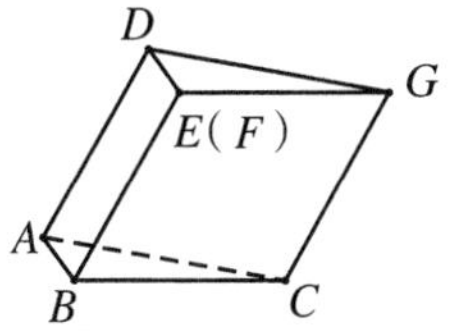

图 9-19

（1）证明：图 9-19 中的 A，C，G，D 四点共面，且平面 $ABC\perp$平

面 $BCGE$；

（2）求图 9－19 中的二面角 $B-CG-A$ 的大小。

考查要点：折叠问题，平面与平面位置关系。

教材与之关联的问题：（人教版数学选修 2－1）

如图 9－20，在四棱锥 $S-ABCD$ 中，底面 $ABCD$ 是直角梯形，AB 垂直于 AD 和 BC，侧棱 $SA\perp$底面 $ABCD$，且 $SA=AB=BC=1$，$AD=0.5$。

（1）求四棱锥 $S-ABCD$ 的体积；

（2）求面 SCD 与面 SAB 所成二面角的大小。

关联分析：将该题变为先给出平面展开图（图 9－21），然后再折叠成四棱锥之后，则与高考题为同一类型的问题。

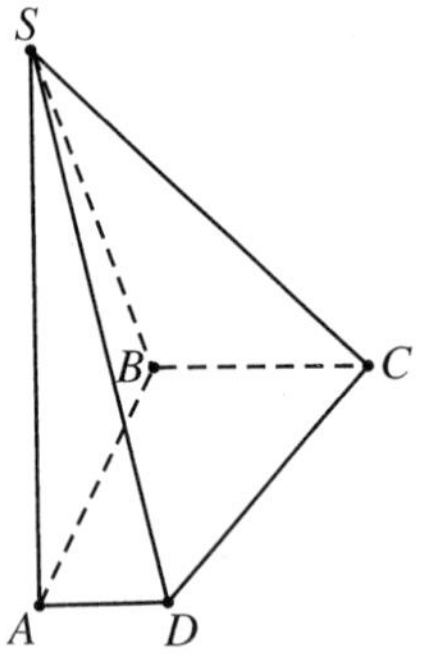

图 9－20

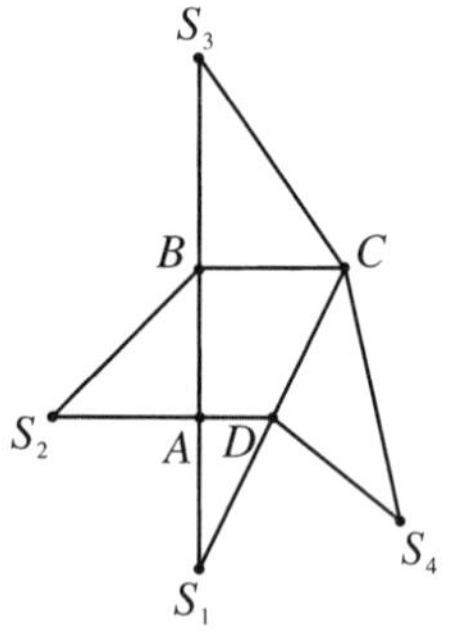

图 9－21

20. 已知函数 $f(x)=2x^3-ax^2+b$。

（1）讨论 $f(x)$ 的单调性；

（2）是否存在 a，b，使得 $f(x)$ 在区间 $[0，1]$ 的最小值为－1 且最大值为 1？若存在，求出 a，b 的所有值；若不存在，说明理由。

考查要点：分类讨论思想，函数导数应用，函数性质。

教材与之关联的问题：（人教版数学选修 2－2）

求函数 $f(x)=\frac{1}{3}x^3-4x+4$ 在 $[0，3]$ 上的最大值与最小值。

关联分析：将函数 $f(x)=\frac{1}{3}x^3-4x+4$ 中的一些系数由常数换为变量，即成为高考题。

21. 已知曲线 C：$y=\frac{x^2}{2}$，D 为直线 $y=-\frac{1}{2}$ 上的动点，过 D 作 C 的两条切线，切点分别为 A，B。

（1）证明：直线 AB 过定点；

（2）若以 $E\left(0,\ \frac{5}{2}\right)$ 为圆心的圆与直线 AB 相切，且切点为线段 AB 的中点，求四边形 $ADBE$ 的面积。

考查要点：直线与圆锥曲线位置关系。

教材与之关联的问题一：（人教版数学必修 2）

已知点 $P(-2,\ -3)$ 和以 Q 为圆心的圆 $(x-4)^2+(y-2)^2=9$。

（1）画出以 PQ 为直径，Q' 为圆心的圆，再求出它的方程。

（2）作出以 Q 为圆心的圆和以 Q' 为圆心的圆的两个交点 A，B，直线 PA，PB 是以 Q 为圆心的圆的切线吗？为什么？

（3）求直线 AB 的方程。

关联分析：本习题第（1）、（2）小题是为解决第（3）小题作铺垫，也给出了求圆的切点弦方程的一种方法，这并不是唯一的方法。

该习题可变式为：

已知点 $P(-2,\ -3)$ 和以 Q 为圆心的圆 $(x-4)^2+(y-2)^2=9$。过 P 作圆 Q 的两切线，切点分别为 A，B，求直线 AB 的方程。

我们可设 $A(x_1,\ y_1)$，$B(x_2,\ y_2)$，则切线 PA，PB 方程分别为：$(x_1-4)(x-4)+(y_1-2)(y-2)=9$，$(x_2-4)(x-4)+(y_2-2)(y-2)=9$。

因为点 P 为直线 PA，PB 的公共点，故有

$(x_1-4)(-2-4)+(y_1-2)(-3-2)=9$，$(x_2-4)(-2-4)+(y_2-2)(-3-2)=9$。

即为 $6x_1+5y_1-25=0$，$6x_2+5y_2-25=0$。

这说明 $A(x_1,\ y_1)$，$B(x_2,\ y_2)$ 均在直线 $6x+5y-25=0$ 上，故 $6x+5y-25=0$ 为直线 AB 的方程。

上面的方法可以比较便捷地求出高考题中曲线 C：$y=\frac{x^2}{2}$ 的切点弦

AB 的方程。

设 $A(x_1, y_1)$，$B(x_2, y_2)$，$D\left(x_0, -\frac{1}{2}\right)$，由 $y=\frac{x^2}{2}$ 得 $y'=x$，则切线 AD 斜率为 $k_{AD}=x_1$，切线 AD 方程为 $y-y_1=x_1(x-x_1)$，因为 $x_1^2=2y_1$，切线 AD 方程可化为 $x_1x=y+y_1$，类似地，切线 BD 方程为 $x_2x=y+y_2$。又因为点 D 为切线 AD 和 BD 的公共点，故有 $x_1x_0=-\frac{1}{2}+y_1$ 和 $x_2x_0=-\frac{1}{2}+y_2$，则可知 $A(x_1, y_1)$，$B(x_2, y_2)$ 两点均在直线 $x_0x-y+\frac{1}{2}=0$ 上，故 $x_0x-y+\frac{1}{2}=0$ 为直线 AB 的方程。

教材与之关联的问题二：（人教版数学必修 2）

判断以 $A(4, 1)$，$B(1, 5)$，$C(-3, 2)$，$D(0, -2)$ 为顶点的四边形的形状，并说明理由。

关联分析：将判断该四边形的形状换为求该四边形的面积即变式为高考题第（2）小题。

22. ［选修 4－4：坐标系与参数方程］

如图 9－22，在极坐标系 Ox 中，$A(2, 0)$，$B\left(\sqrt{2}, \frac{\pi}{4}\right)$，$C\left(\sqrt{2}, \frac{3\pi}{4}\right)$，$D(2, \pi)$，弧 $\overset{\frown}{AB}$，$\overset{\frown}{BC}$，$\overset{\frown}{CD}$，所在圆的圆心分别是 $(1, 0)$，$\left(1, \frac{\pi}{2}\right)$，$(1, \pi)$，曲线 M_1 是弧 $\overset{\frown}{AB}$，曲线 M_2 是弧 $\overset{\frown}{BC}$，曲线 M_3 是弧 $\overset{\frown}{CD}$。

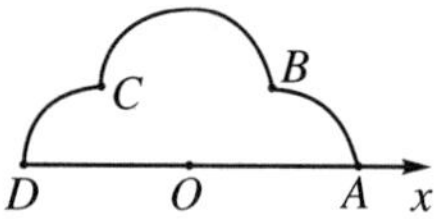

图 9－22

（1）分别写出 M_1，M_2，M_3 的极坐标方程；

（2）曲线 M 由 M_1，M_2，M_3 构成，若点 P 在 M 上，且 $|OP|=\sqrt{3}$，求 P 的极坐标。

考查要点：圆的极坐标方程。

教材与之关联的问题：（人教版数学选修 4－4）

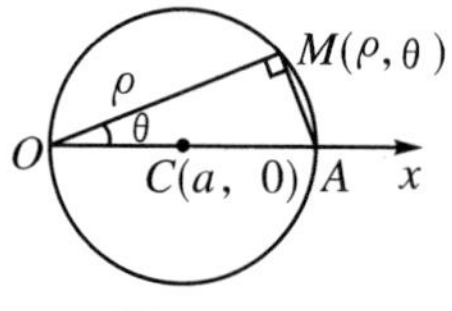

图 9－23

题 1：如图 9－23，半径为 a 的圆的圆心坐标为 $C(a, 0)$ $(a>0)$。你能用一个等式表示圆上任意一点的极坐标 (ρ, θ) 满足的条件吗？

题 2：在极坐标系中，求圆心在$\left(a，\frac{3\pi}{2}\right)$，半径为 a 的圆的极坐标方程。

题 3：把极坐标方程 $\rho=-10\cos\theta$ 化成直角坐标方程。

关联分析：将上面三个位置的圆，半径均变为 1，再各取一部分拼在一起即变式为高考题。

23. ［选修 4－5：不等式选讲］

设 x，y，$z\in\mathbf{R}$，且 $x+y+z=1$。

(1) 求$(x-1)^2+(y+1)^2+(z+1)^2$ 的最小值；

(2) 若$(x-2)^2+(y-1)^2+(z-a)^2\geqslant\frac{1}{3}$成立，证明：$a\leqslant-3$ 或 $a\geqslant-1$。

考查要点：基本不等式的变形应用。

教材与之关联的问题：（人教版数学选修 4－5）

已知 a_1，a_2，…，a_n 都是实数，求证$\frac{1}{n}(a_1+a_2+\cdots+a_n)^2\leqslant a_1{}^2+a_2{}^2+\cdots+a_n{}^2$。

关联分析：本高考题可以看成是对均值不等式$\sqrt{\frac{a_1{}^2+a_2{}^2+a_3{}^2}{3}}\geqslant\frac{a_1+a_2+a_3}{3}$的应用，但由于教材并未将其作为结论给出，所以无法直接应用。若学生能够顺利证明例题中的不等式，即可直接利用它来解决本高考题。

第三节　这道题是如何生成的

2020 年 12 月 17 日星期四，备课组给学生做的一份练习中，出现了如下一道解析几何题：

已知椭圆 C：$\frac{x^2}{2}+y^2=1$ 的右焦点为 F，过点 F 的直线（不与 x 轴重合）与椭圆 C 相交于 A，B 两点，直线 l：$x=2$ 与 x 轴相交于点 H，E 为线段 FH 的中点，直线 BE 与直线 l 的交点为 D，如图 9 - 24。证明：直线 AD 与 x 轴平行。

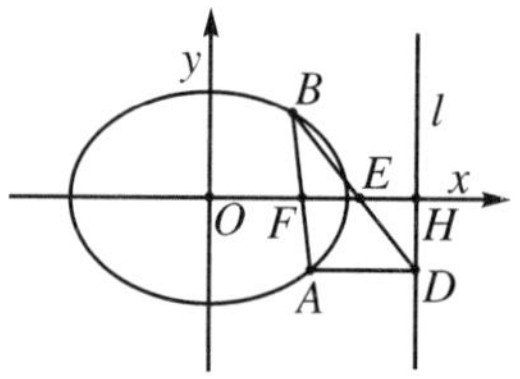

图 9 - 24

若就完成本题的证明，无论是解题的思路与运算的繁琐程度，并没有太大难度。学生的证明过程都比较单一，大致如下：

设 $A(x_1, y_1)$，$B(x_2, y_2)$，直线 AB 方程为 $x=my+1$，由 $\begin{cases}\frac{x^2}{2}+y^2=1,\\ x=my+1,\end{cases}$ 得 $(m^2+2)y^2+2my-1=0$，则有 $y_1+y_2=-\frac{2m}{m^2+2}$，$y_1y_2=-\frac{1}{m^2+2}$。

因为点 E 坐标为 $\left(\frac{3}{2}, 0\right)$，直线 BE 方程为 $y=\frac{y_2}{x_2-\frac{3}{2}}\left(x-\frac{3}{2}\right)$，则点 D 坐标为 $\left(2, \frac{y_2}{2x_2-3}\right)$，又因为 $x_1=my_1+1$，点 D 的纵坐标为 $y_3=\frac{y_2}{2my_2-1}$。

要证 AD 与 x 轴平行，只需证明 $y_1=y_3$。

由于 $y_2=-\frac{1}{(m^2+2)y_1}$，$(m^2+2)y_1+2m=-(m^2+2)y_2$。

$$故有\quad y_3=\frac{y_2}{2my_2-1}=\frac{-\frac{1}{(m^2+2)y_1}}{-\frac{2m}{(m^2+2)y_1}-1}=\frac{1}{(m^2+2)y_1+2m}=$$

$$\frac{1}{-(m^2+2)y_2}=y_1。$$

这是否就是这道题目的全部价值？若是，则学生只不过经历了一次常规的运算与推理。这还远远不够，维系或唤醒学生的好奇心应始终伴随着我们的数学教学。

因此，对于此题的讲评，应适当暴露有价值的思维：

这道题目是怎么生成的？

既然需证明的结论具有鲜明的几何特征，那么题目的条件中是否还隐藏着有价值的几何特征？这些几何特征是否有助于从其他途径解决本题？

事实上，我们知道，直线 l 为椭圆 C 的右准线，那么 AF，BF 就可以分别与 A，B 两点到直线 l 的距离联系起来。

假设 AD 与 x 轴不平行，则过点 A 作 $AA'\parallel x$ 轴并交直线 l 于 A'，BA' 交 x 轴于 G 点，过点 B 作 $BB'\parallel x$ 轴并交直线 l 于 B'，连接 BA' 交 AB' 于 G'，如图 9-25。

由 $AA'\parallel x$ 轴和 $BB'\parallel x$ 轴，得

$\frac{B'E}{AE}=\frac{B'H}{A'H}=\frac{BF}{AF}=\frac{BB'}{AA'}=\frac{BG}{A'G}=\frac{B'G}{AG}$，

则点 G' 与点 G 重合。

那么由 $\frac{B'H}{A'H}=\frac{BF}{AF}$，可得 $\frac{B'H}{A'B'}=\frac{BF}{AB}$。

又因 $\frac{FG}{AA'}=\frac{BF}{AB}$ 和 $\frac{GH}{AA'}=\frac{B'H}{A'B'}$，

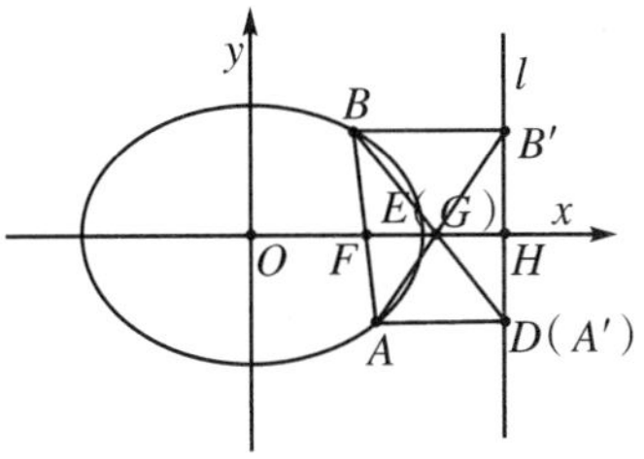

图 9-25

故有 $\frac{FG}{AA'}=\frac{GH}{AA'}$，则有点 G 为 FH 中点，因而点 E 与点 G 重合，进而点 D 与点 A' 重合。所以假设不成立，即 AD 与 x 轴平行。

至此，我们可以发现上述证明过程没有涉及椭圆的大小与扁曲程度，

故上面的结论实为椭圆共有的特征。

拓展结论一：过椭圆右焦点 F 的直线交椭圆于 A，B 两点，椭圆的右准线与椭圆长轴所在直线交点为 H，线段 FH 中点为 E，通过点 B 和点 E 的直线交椭圆右准线于点 D，则直线 AD 与椭圆长轴平行。

类似地，我们还可以得到下面的结论。

拓展结论二：过双曲线右焦点 F 的直线交双曲线于 A，B 两点，双曲线的右准线与双曲线实轴所在直线交点为 H，线段 FH 中点为 E，通过点 B 和点 E 的直线交双曲线右准线于点 D，则直线 AD 与双曲线实轴平行。

拓展结论三：过抛物线焦点 F 的直线交抛物线于 A，B 两点，通过点 A 和抛物线的顶点的直线交抛物线准线于点 D，则直线 BD 与抛物线对称轴平行。

而拓展结论三恰恰是人教版数学选修2－1中的例题。

第四节　从高考压轴题解题过程体验通性、通法的作用

我们一再强调回归课本，去寻找教材中的问题与高考试题之间的关联，其用意是提醒我们聚焦通性、通法，尽可能让通性、通法在解题中发挥作用，从而达到减掉不必要的练习负担的目的。

2018 年 6 月 18 日，一名学生与我一起针对 2018 年高考理科数学全国Ⅱ卷、2017 年高考理科数学全国Ⅰ卷的第 21 题进行了讨论。两道高考压轴题放在一起，明显感到近几年高考试题的命制出现了一个明显的趋势，那就是既重视对通性、通法的考查，也不回避对热点问题的考查，试题的难度也得到一定的控制。以下是我的反思与收获。

例 1　（2018 年高考理科数学全国Ⅱ卷第 21 题）已知函数 $f(x)=e^x-ax^2$。

（1）若 $a=1$，证明：当 $x\geqslant 0$ 时，$f(x)\geqslant 1$；

（2）若 $f(x)$ 在 $(0,+\infty)$ 只有一个零点，求 a。

拿到一道高考压轴题，我们可以从以下几个方面进行探究：一是难度变化趋势，二是对于解法的要求，三是难点如何突破。

与前几年的高考压轴题相比，我们会发现本题用常用的方法即可入手，出现难度下降趋势。

第（1）小题，学生都有能力解决，通常会给出如下的解答。

当 $a=1$ 时，$f(x)=e^x-x^2$，$f'(x)=e^x-2x$，$f''(x)=e^x-2$。当 $0<x<\ln 2$ 时，$f''(x)=e^x-2<0$；当 $x>\ln 2$ 时，$f''(x)=e^x-2>0$。当 $0<x<\ln 2$ 时，$f'(x)$ 单调递减；当 $x>\ln 2$ 时，$f'(x)$ 单调递增。故 $[f'(x)]_{\min}=f'(\ln 2)>0$，即 $f'(x)=e^x-2x>0$，故 $f(x)=e^x-x^2$ 在 $x\geqslant 0$ 时单调递增，则 $f(x)\geqslant f(0)=1$。

在与学生讨论过程中，发现他知道构造出$\dfrac{e^x}{f(x)}$或$\dfrac{f(x)}{e^x}$型函数便于讨

论其单调性，并且由 $f(x)=e^x-ax^2=0$ 得 $a=\frac{e^x}{x^2}$，构造函数 $h(x)=\frac{e^x}{x^2}-a$，则 $h(x)=\frac{e^x}{x^2}-a$ 与 $f(x)$ 的零点个数一致。因为 $h'(x)=\frac{e^x(x-2)}{x^3}$，则当 $0<x<2$ 时，$h'(x)=\frac{e^x(x-2)}{x^3}<0$；当 $x>2$ 时，$h'(x)=\frac{e^x(x-2)}{x^3}>0$。则当 $0<x<2$ 时，$h(x)$ 单调递减；当 $x>2$ 时，$h(x)$ 单调递增。当 $[h(x)]_{\min}=\frac{e^2}{4}-a>0$ 时，$f(x)$ 无零点；当 $[h(x)]_{\min}=\frac{e^2}{4}-a=0$ 时，$f(x)$ 有一个零点。上述过程学生都没有遇到障碍，当分析 $[h(x)]_{\min}=h(2)=\frac{e^2}{4}-a<0$ 时，为什么 $f(x)$ 的零点不唯一？学生想到的办法是，由 $\lim\limits_{x\to 0}\frac{x^2}{e^x}=0$ 得 $x\to 0$ 时，$\frac{e^x}{x^2}\to+\infty$，即 $f(x)$ 在 $0<x<2$ 时，存在唯一一个零点。但 $f(x)$ 在 $x>2$ 时，为什么也存在唯一一个零点？若借助洛必达法则进行分析，由 $\lim\limits_{x\to+\infty}\frac{x^2}{e^x}=\lim\limits_{x\to+\infty}\frac{2x}{e^x}=\lim\limits_{x\to+\infty}\frac{2}{e^x}=0$ 可得，当 $x\to+\infty$ 时，$\frac{e^x}{x^2}\to+\infty$，$f(x)$ 在 $x>2$ 时存在唯一一个零点。学生的疑问是，如果不利用上述的思路，而是在 $(0, 2)$ 和 $(2, +\infty)$ 分别找到一个自变量 x_1，x_2，使得 $h(x_1)>0$，$h(x_2)>0$，又因 $h(2)<0$，故此时 $h(x)$ 在 $(0, +\infty)$ 存在两个零点，即 $f(x)$ 在 $(0, +\infty)$ 存在两个零点。但如何自然地找到 x_1，x_2 呢？他感到没有头绪。

于是，学生借助网络搜索得到了如下解题思路：

当 $a>\frac{e^2}{4}$ 时，$h(2)<0$，取 $x=\frac{1}{\sqrt{a}}<1$，有 $h\left(\frac{1}{\sqrt{a}}\right)=\frac{e^{\frac{1}{\sqrt{a}}}}{\left(\frac{1}{\sqrt{a}}\right)^2}-a=ae^{\frac{1}{\sqrt{a}}}-a>0$。

又因可以证明 $e^x>x$，则由 $e^{\frac{x}{3}}>\frac{x}{3}$ 得 $e^x>\frac{x^3}{27}$。于是取 $x=27a>2$，有 $h(27a)=\frac{e^{27a}}{(27a)^2}-a>\frac{\frac{(27a)^3}{27}}{(27a)^2}-a=a-a=0$，则 $h(x)$ 在 $\left(\frac{1}{\sqrt{a}}, 2\right)$ 和

（2，27a）各有一个零点……

到此，学生仍然感觉上述解题过程中 $x=\frac{1}{\sqrt{a}}$ 与 $x=27a$ 的取值很突兀，但别人是怎么想到的呢？这才是学生最想知道的答案，对于这个疑问，不少教师也会遇到，不过教师在面对此疑问时要么语焉不详，要么建议学生放弃此思路而选择用洛必达法则来处理，却没能解决学生心中的疑惑。

要解决这个问题，仅仅提出通过观察尝试的建议是空洞且不够的，而需有高屋建瓴的视野。

对于函数 $h(x)=\frac{e^x}{x^2}-a$，之所以在寻找合适的自变量时思维受阻，是因为对于指数函数的认识不深刻，如果我们能够引导学生对于泰勒级数有一定的了解的话，前面的困惑应该可以得到解决。

事实上，$e^x=\sum\limits_{i=1}^{\infty}\frac{1}{i!}x^i=1+x+\frac{1}{2!}x^2+\frac{1}{3!}x^3+\frac{1}{4!}x^4+\cdots$（$*$），要在（0，2）找到一个自变量 x_1，使得 $h(x_1)=\frac{e^{x_1}}{x_1^2}-a>0$，只需利用 e^x 的泰勒级数来进行放缩便可完成，即由 $h(x)=\frac{e^x}{x^2}-a>\frac{1}{x^2}-a=0$ 知，可以取 $x_1=\frac{1}{\sqrt{a}}$。

类似地，要在（2，$+\infty$）找到自变量 x_2，使得 $h(x_2)=\frac{e^{x_2}}{x_2^2}-a>0$，也可利用 e^x 的泰勒级数来进行放缩，即由 $h(x)=\frac{e^x}{x^2}-a>\frac{\frac{1}{3!}x^3}{x^2}-a=\frac{x}{6}-a=0$ 得到，可以取 $x_2=6a$，而并非一定要取 $x_2=27a$。

当然，从泰勒级数寻找到解题思路之后，在解本题时，需要先得到如下结论：

当 $x>0$ 时，$e^x>1$ 且 $e^x>\frac{1}{6}x^3$。

同样的思路在解答 2017 年数学高考压轴题时仍然可以发挥作用。

例 2 （2017 年高考理科数学全国Ⅰ卷第 21 题）已知数学 $f(x)=ae^{2x}+(a-2)e^x-x$。

(1) 讨论 $f(x)$ 的单调性；

(2) 若 $f(x)$ 有两个零点，求 a 的取值范围。

评析：本题第（1）小题没有设置障碍，只需对 a 进行简单的分类讨论即可。

由 $f'(x)=2ae^{2x}+(a-2)e^x-1=(ae^x-1)(2e^x+1)$ 可得，

当 $a\leqslant 0$ 时，$f'(x)<0$，故 $f(x)$ 在 $(-\infty,+\infty)$ 内单调递减；

当 $a>0$ 时，由 $f'(x)<0$ 可得 $x\in(-\infty,-\ln a)$，由 $f'(x)>0$ 可得 $x\in(-\ln a,+\infty)$，则 $x\in(-\infty,-\ln a)$ 时，$f(x)$ 单调递减；$x\in(-\ln a,+\infty)$ 时，$f(x)$ 单调递增。

关于第（2）小题，由于当 $a\leqslant 0$ 时，$f(x)$ 在 $(-\infty,+\infty)$ 单调递减，则 $f(x)$ 不可能有两个零点，故 $a\leqslant 0$ 不合题意。

当 $a>0$，$x\in(-\infty,-\ln a)$ 时，$f(x)$ 单调递减；$x\in(-\ln a,+\infty)$ 时，$f(x)$ 单调递增。那么 $[f(x)]_{\min}=f(-\ln a)=1-\dfrac{1}{a}+\ln a$，由于试题在此处控制了难度，既可以观察出 $h(a)=1-\dfrac{1}{a}+\ln a$ 在 $a>0$ 时单调递增，亦可观察出 $h(1)=0$。

则当 $0<a<1$ 时，$h(a)=1-\dfrac{1}{a}+\ln a<0$；

当 $a>1$ 时，$h(a)=1-\dfrac{1}{a}+\ln a>0$。

故当 $a=1$ 时，$[f(x)]_{\min}=f(-\ln a)=0$，$f(x)$ 只有一个零点；

当 $a>1$ 时，$[f(x)]_{\min}=f(-\ln a)>0$，$f(x)$ 没有零点；

当 $0<a<1$ 时，$[f(x)]_{\min}=f(-\ln a)<0$，判断 $f(x)$ 分别在 $(-\infty,-\ln a)$ 与 $(-\ln a,+\infty)$ 上是否存在零点就成为本题难点。

在诸多参考资料中所给出的处理方法如下：

当 $0<a<1$ 时，因为 $[f(x)]_{\min}=f(-\ln a)<0$，且 $f(-2)=ae^{-4}+(a-2)e^{-2}+2>-2e^{-2}+2>0$，又因为 $x\in(-\infty,-\ln a)$ 时，$f(x)$ 单

调递减，故 $f(x)$ 在 $x\in(-\infty,\ -\ln a)$ 存在一个零点。

设正整数 $x_0>\ln\left(\frac{3}{a}-1\right)>-\ln a$，则由 $f(x_0)=e^{x_0}(ae^{x_0}+a-2)-x_0>e^{x_0}-x_0>0$ 得，$f(x)$ 在 $(-\ln a,\ +\infty)$ 存在一个零点。

故 a 的取值范围是 $(0,\ 1)$。

在上面分析过程中，-2 与 $x_0>\ln(\frac{3}{a}-1)$ 是如何找到的，对于学生来说是思维障碍，首先通过观察 $f(x)=ae^{2x}+ae^x-2e^x-x$，我们会发现，当 x 取适当小的负数时，不考虑正数 $ae^{2x}+ae^x$，$-2e^x-x$ 就已经大于 0 了，这样我们就知道，-2 这个值不是非取不可，代入其他比较小的负数（如 -1 等）也是可以做到的。

其次，让 $x_0>\ln\left(\frac{3}{a}-1\right)$是如何想到的呢？参考答案中是通过 $ae^x+a-2\geqslant1$ 来进行放缩的，这对学生来说思路不够自然。其实我们可以探究当 x 足够大时，函数 $f(x)=ae^{2x}+(a-2)e^x-x$ 的值是否是正数。由于 $f(x)=(ae^{2x}-2e^x)+(ae^x-x)$，则我们可以分别讨论拆开后的两部分何时为正值。由 $ae^{2x}-2e^x>0$ 可得 $x>\ln\frac{2}{a}$。

借助 e^x 的泰勒展开式我们知道，当 $x\geqslant0$ 时，$e^x\geqslant1+x+\frac{x^2}{2}\geqslant\frac{x^2}{2}$，那么若要 $ae^x-x>0$，只需 $ae^x-x\geqslant a\cdot\frac{x^2}{2}-x>0$，即只需 $x>\frac{2}{a}$，故令 $N=\max\left\{\ln\frac{2}{a},\ \frac{2}{a}\right\}$，当 $x>N$ 时，即可使 $f(x)>0$。

第十章　部分教材内容分析

关于教材的使用，建议同学们做到“三个关注，养成三个习惯”，即关注思考问题栏目，养成善于思考的习惯；关注注释栏目，养成善于精确把握概念的习惯；关注探究栏目，养成善于探究的习惯。

第一节　常用逻辑用语

数学是一门逻辑性很强的学科，表述数学概念和结论、进行推理和论证都要使用逻辑用语。学习一些常用逻辑用语，可以使我们正确理解数学概念、合理论证数学结论、准确表达数学内容。

本节中，我们将学习命题及四种命题之间的关系、充分条件与必要条件、简单的逻辑联结词、全称量词与存在量词等一些基本知识。通过学习和使用常用逻辑用语，掌握常用逻辑用语的用法，纠正出现的逻辑错误，体会运用常用逻辑用语表述数学内容的准确性、简洁性。

一、命题及其关系

（一）什么是命题？

1. 命题的定义

课本对命题的表述是："一般地，在数学中，我们把用语言、符号或式子表达的，可以判断真假的陈述句叫做命题。"

这段文字需要同学们关注两点：一是命题是通过语言、符号或式子呈现出来的陈述句；二是这个陈述句是可以判断真假的。

如"难道 5 不大于 3 吗？"不是陈述句，所以不是命题；"$x>3$"尽管是陈述句，但因为不能判断真假，所以也不是命题。

2. 命题的表示方式

命题常常以"若 p，则 q"的形式呈现出来。

"若 p，则 q"的形式的命题既有助于我们能够迅速找出命题的条件和结论，也方便我们后面对命题进行否定，以及写出四种命题（原命题、逆命题、否命题、逆否命题）。

在本小节里，同学们需要熟练地把一个命题改写为"若 p，则 q"的形式。

如“$5>3$”可以改写为“若一个数为 5，则它大于 3”。

又如“等腰三角形两腰的中线相等”可以改写为“若一个三角形是等腰三角形，则这个三角形两腰的中线相等”。

“偶函数的图象关于 y 轴对称”可以改写为“若一个函数为偶函数，则它的图象关于 y 轴对称”。

“垂直于同一个平面的两个平面互相平行”可以改写为“若两个平面垂直于同一个平面，则这两个平面互相平行”。

需要注意的是，一个简单命题的“若 p，则 q”的形式不一定是唯一的。如“等腰三角形两腰的中线相等”可以改写为“若一个三角形是等腰三角形，则这个三角形两腰的中线相等”，也可以改写为“若两条线段是一个等腰三角形两腰的中线，则这两条线段相等”。

（二）何谓四种命题？

有四个命题：命题甲、命题乙、命题丙、命题丁。

如果命题乙的条件和结论分别是命题甲的结论和条件，那么命题乙就是命题甲的逆命题，当然命题甲也是命题乙的逆命题，命题甲与命题乙互为逆命题。

如命题“若 $x>3$，则 $x>-1$”与命题“若 $x>-1$，则 $x>3$”互为逆命题，它们的真假性是不同的。

又如命题“在$\triangle ABC$ 中，若 $\sin A>\sin B$，则 $A>B$”与命题“在$\triangle ABC$ 中，若 $A>B$，则 $\sin A>\sin B$”互为逆命题，它们有相同的真假性。

如果命题丙的条件和结论分别是命题甲条件的否定和结论的否定，那么命题丙就是命题甲的否命题，当然命题甲也是命题丙的否命题，命题甲与命题丙互为否命题。

如命题“若 $x>3$，则 $x>-1$”与命题“若 $x\leqslant 3$，则 $x\leqslant -1$”互为否命题，它们的真假性是不同的。

又如命题“在$\triangle ABC$ 中，若 $\sin A>\sin B$，则 $A>B$”与命题“在$\triangle ABC$ 中，若 $\sin A\leqslant\sin B$，则 $A\leqslant B$”互为否命题，它们有相同的真假性。

如果命题丁的条件和结论分别是命题甲结论的否定和条件的否定，

那么命题丁就是命题甲的逆否命题，当然命题甲也是命题丁的逆否命题，命题甲与命题丁互为逆否命题。

如命题“若 $x>3$，则 $x>-1$”与命题“若 $x\leqslant-1$，则 $x\leqslant3$”互为逆否命题，它们有相同的真假性。

又如命题“在 $\triangle ABC$ 中，若 $\sin A>\sin B$，则 $A>B$”与命题“在 $\triangle ABC$ 中，若 $A\leqslant B$，则 $\sin A\leqslant\sin B$”互为逆否命题，它们有相同的真假性。

如果命题甲为原命题，则命题乙就是命题甲的逆命题，命题丙就是命题甲的否命题，命题丁就是命题甲的逆否命题。

概括地说，对于“若 p，则 q”形式的命题，其逆命题是“若 q，则 p”，其否命题为“若 $\neg p$，则 $\neg q$”，其逆否命题是“若 $\neg q$，则 $\neg p$”。

如：原命题为“若一个三角形是等腰三角形，则这个三角形两腰的中线相等”。

其逆命题为“若一个三角形两边中线相等，则这个三角形是等腰三角形”。

其否命题为“若一个三角形不是等腰三角形，则这个三角形任意两边的中线不相等”。

其逆否命题为“若一个三角形任意两边的中线不相等，则这个三角形不是等腰三角形”。

要准确地写出一个命题的其他三个命题，不仅要关注其形式，更应该关注其本质，尤其是对条件与结论的否定，需要同学们更加细心，这一点将在后续学习里进行较为详细的讲解。

（三）四种命题之间有什么关系？

根据前面的分析我们知道，原命题与它的逆否命题互为逆否命题，原命题的逆命题与它的否命题互为逆否命题（见图 10－1）。

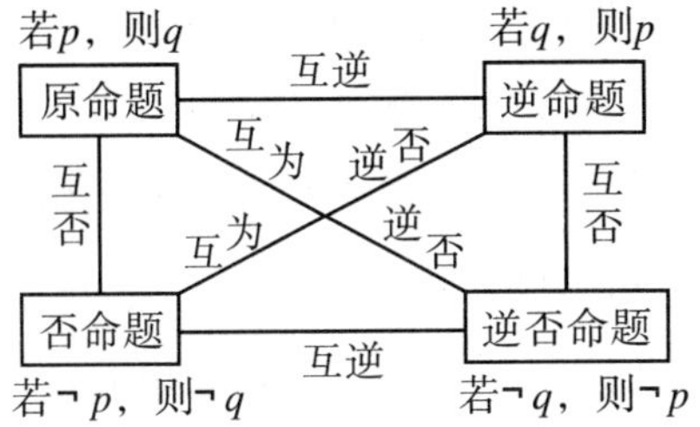

图 10－1

两个命题互为逆否命题，它们有相同的真假性，这一点在学习了充分条件和必要条件后再予以说明；原命题与它的逆否命题有相同的真假性；原命题的逆命题与它的否命题有相同的真假性。完成下表。

原命题	逆命题	否命题	逆否命题
真	真		
真	假		
假	真		
假	假		

正是因为互为逆否命题的两个命题真假性一致，故当我们在证明一个命题为真命题遇到困难时，可以转化为去证明其逆否命题为真命题，从而间接地证明原命题为真命题。

例 1 证明：若 $a^2-b^2+2a-4b-3\neq 0$，则 $a-b\neq 1$。

分析：直接由“$a^2-b^2+2a-4b-3\neq 0$”去推导“$a-b\neq 1$”给人无从下手的感觉，如果考虑证明其逆否命题“若 $a-b=1$，则 $a^2-b^2+2a-4b-3=0$”会如何呢？

证明：若 $a-b=1$，

那么 $a=b+1$，

$a^2-b^2+2a-4b-3$

$=(b+1)^2-b^2+2(b+1)-4b-3$

$=b^2+2b+1-b^2+2b+2-4b-3$

$=0$。

所以命题“若 $a-b=1$，则 $a^2-b^2+2a-4b-3=0$”成立，则其原命题“$a^2-b^2+2a-4b-3\neq 0$，则 $a-b\neq 1$”也成立。

例 2 求证：圆的两条不是直径的相交弦不能互相平分。

分析：直接证明“圆的两条不是直径的相交弦不能互相平分”比较困难，而该命题的逆否命题为“若圆的两条弦互相平分，则这两条弦是圆的直径”，证明起来则比较容易入手。

已知：AB，CD 为圆 O 的相交弦，且互相平分。

求证：AB，CD 是圆 O 的直径。

证明：设 AB，CD 的交点为 M，如图 10－2。

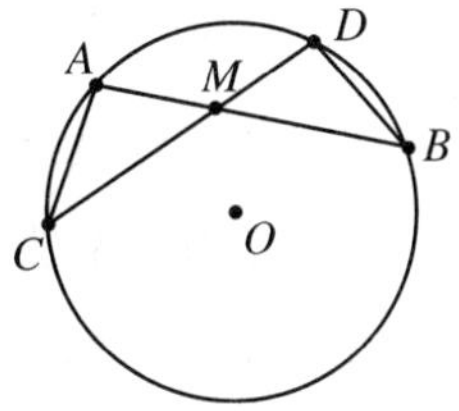

图 10－2

因为 $\triangle ACM \backsim \triangle DBM$，所以 $\dfrac{AM}{DM}=\dfrac{CM}{BM}$。

那么有 $AM\cdot BM=CM\cdot DM$。

又因为 AB，CD 互相平分，即 $AM=BM$，$CM=DM$。

故有 $AM=BM=CM=DM$，即点 M 到 A，B，C，D 四点距离相等，

而点 O 到 A，B，C，D 四点距离相等，故点 M 与点 O 重合。

所以 AB，CD 均过圆心 O，故 AB，CD 是圆 O 的直径。

当然，我们也可以利用反证法证明：

圆的两条不是直径的相交弦不能互相平分。

证明：假设 AB，CD 不能互相平分，设交点为 M。

因为 AB，CD 不都是圆 O 的直径，故点 M 与点 O 不重合。

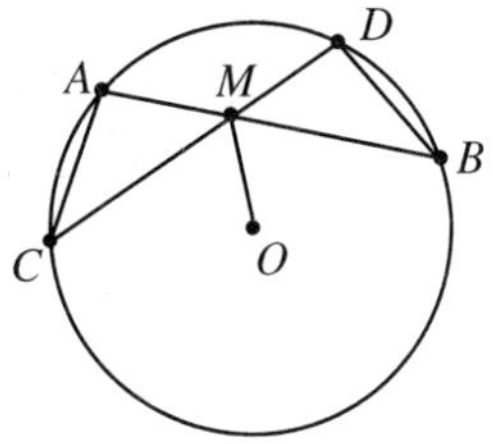

图 10－3

连接 MO，如图 10－3，因为点 M 分别为 AB，CD 的中点，

则有 $MO\perp AB$，且 $MO\perp CD$。

那么 $AB/\!/CD$，这与 AB，CD 相交矛盾，故假设不成立。

所以 AB，CD 不能互相平分。

从上述证明过程可以看到，利用反证法证明原命题的过程与证明原命题的逆否命题的过程本质是一回事。

二、充分条件与必要条件

（一）什么是充分条件与必要条件？

一般地，“若 p，则 q”为真命题，是指由 p 通过推理可以得出 q。这时我们就可以说，由 p 可推出 q，记作 $p\Rightarrow q$，并且说 p 是 q 的充分条件，q 是 p 的必要条件。

例 3 由 $x>2\Rightarrow x>-1$ 可知，$x>2$ 是 $x>-1$ 的充分条件，$x>-1$ 是 $x>2$ 的必要条件。

古文中有这样一段文字：“有之则必然，无之则未必不然，是为大故。无之则必不然，有之则未必然，是为小故。”对于充分条件与必要条件的理解也可以借用这段话：“有之则必然，无之则未必不然”与充分条件的特征一致，“无之则必不然，有之则未必然”与必要条件的特征一致。

例如，当 x 大于 2，自然就有 x 大于 -1；但 x 不大于 2 时，并不能说 x 就不大于 -1。这体现了“有之则必然，无之则未必不然”的特征。

x 不大于 -1，那么 x 就肯定不会大于 2；但 x 大于 -1 时，并不能说 x 大于 2。这体现了“无之则必不然，有之则未必然”的特征。

如果借用集合语言来理解充分条件和必要条件，则可以这样来表述：

若 $A\subseteq B$，则 $x\in A$ 是 $x\in B$ 的充分条件，$x\in B$ 是 $x\in A$ 的必要条件。

有了上述的知识，我们借用集合语言来理解原命题与它的逆否命题为什么有相同的真假性：

若命题 p，q 分别对应着集合 P 和 Q，设全集为 U，则 $\neg p$，$\neg q$ 对应着 C_UP 和 C_UQ。如果 $p\Rightarrow q$，就有 $P\subseteq Q$，借助韦恩图（图 10－4）可知 $C_UQ\subseteq C_UP$，那么即有 $\neg q\Rightarrow\neg p$。

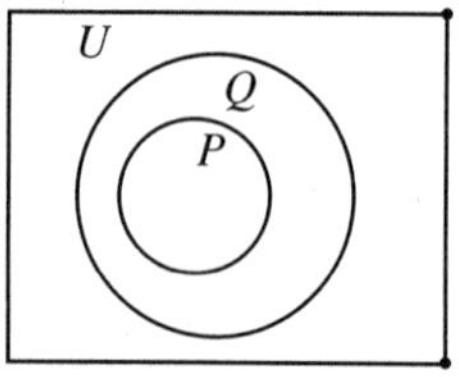

图 10－4

（二）什么是充要条件？

一般地，既有 $p\Rightarrow q$ ，又有 $q\Rightarrow p$，就记作 $p\Leftrightarrow q$。此时，我们称 p 是 q 的充分必要条件，q 也是 p 的充分必要条件。

我们不难发现，数学里面的定义中的条件就是结论的充分必要条件；判定定理中的条件也是结论的充分必要条件；性质定理中的条件则未必是结论的充分必要条件。

我们解方程（或解不等式）的过程，实质是寻求原方程（或原不等式）的充分必要条件的过程；我们用分析法证明不等式的过程，实质是寻求原不等式的充分条件的过程。

由充分必要条件的定义可知，如果要证明 p 是 q 的充分必要条件，

既要证明 $p \Rightarrow q$，又要证明 $q \Rightarrow p$。

例 4 求证：$\triangle ABC$ 是等边三角形的充要条件是 $a^2+b^2+c^2=ab+bc+ca$，这里 a，b，c 是 $\triangle ABC$ 的三条边。

证明：(1) 充分性

$\because a^2+b^2+c^2=ab+bc+ca$

$\Rightarrow 2a^2+2b^2+2c^2=2ab+2bc+2ca$

$\Rightarrow 2a^2+2b^2+2c^2-2ab-2bc-2ca=0$

$\Rightarrow (a-b)^2+(b-c)^2+(c-a)^2=0$

$\Rightarrow a-b=b-c=c-a=0$

$\Rightarrow a=b=c$，

$\therefore \triangle ABC$ 是等边三角形。

(2) 必要性

$\because \triangle ABC$ 是等边三角形，

$\therefore$ 令 $a=b=c=m$，

那么有 $a^2+b^2+c^2=3m^2$，且有 $ab+bc+ca=3m^2$，

$\therefore a^2+b^2+c^2=ab+bc+ca$。

故 $\triangle ABC$ 是等边三角形的充要条件是 $a^2+b^2+c^2=ab+bc+ca$。

（三）如何判定两个条件之间的充要性？

从充分条件、必要条件、充要条件的定义的表述可以看出，p 是否是 q 的充分条件，取决于 p 是否能推出 q。

例如，因为 $x>1$ 时，可以推出 $x>0$，故 $x>1$ 是 $x>0$ 的充分条件。

从集合角度，若 p 和 q 均能通过集合 P 和 Q 表述，则 p 是否是 q 的充分条件，取决于 P 是否是 Q 的子集。

例如，因为 $\{x \mid x>1\} \subseteq \{x \mid x>0\}$，所以 $x>1$ 是 $x>0$ 的充分条件。

三、简单的逻辑联结词

（一）“且”的含义是什么？

“且”作为逻辑联结词，有“同时具备才行”的意思，用符号“$\wedge$”

表示。

（二）“或”的含义是什么？

“或”作为逻辑联结词，有“满足其中一个即可”的意思，用符号“$\vee$”表示。

（三）“非”的含义是什么？

“非”作为逻辑联结词，有“否定”的意思，用符号“$\neg$”表示。

若把命题 p，q 分别对应于集合 P，Q，则“真”“假”“$\wedge$”“$\vee$”“$\neg$”分别对应于“$\in$”“$\notin$”“$\cap$”“$\cup$”“补”。

具体地说，“p 是真命题”对应于“$a\in P$”，“$p\wedge q$”对应于“$P\cap Q$”，“$p\vee q$”对应于“$P\cup Q$”，“$\neg p$”对应于“$a\in C_U P$”。如“2 是偶数且是素数”是真命题，则可对应于“$2\in$｛偶数｝$\cap$｛素数｝”。

需要特别说明的是，我们不能仅仅从字面上看是否出现了“且”“或”“非”这样的逻辑联结词，而是要看命题是否含有“且”“或”“非”的实质。

p	q	$p\wedge q$	$p\vee q$	$\neg p$
真	真			
真	假			
假	真			
假	假			

如借助真值表来进行判断可以得出如下结论：

“实数的平方是正数或零”和“方程 $x^2-1=0$ 的根是 $x=1$ 或 $x=-1$”两个命题均不是“p 或 q”的形式，即不能改写为“方程 $x^2-1=0$ 的根是 $x=1$ 或方程 $x^2-1=0$ 的根是 $x=-1$”。

四、全称量词与存在量词

（一）什么是全称量词与全称命题？

短语“对所有的”“对任意一个”“对一切”“对每一个”“任给”“所有的”等在逻辑中通常叫做全称量词，并用符号“$\forall$”表示。含有全称量词的命题，叫做全称命题。

（二）**什么是存在量词与特称命题?**

短语“存在一个”“至少有一个”“有些”“有一个”“对某个”“有的”等在逻辑中通常叫做存在量词，并用符号“$\exists$”表示。含有存在量词的命题，叫做特称命题。

（三）**如何否定含有一个量词的命题?**

对于全称命题 p：$\forall x \in M$，$p(x)$。

它的否定 $\neg p$：$\exists x_0 \in M$，$\neg p(x_0)$。

全称命题的否定是特称命题。

对于特称命题 p：$\exists x_0 \in M$，$p(x_0)$。

它的否定 $\neg p$：$\forall x \in M$，$\neg p(x)$。

特称命题的否定是全称命题。

需要指出的是，对有的命题而言，全称命题的全称量词或特称命题的存在量词不是显然的，此时可以结合对该命题进行否定以及真值表来判断其是全称命题还是特称命题。如：命题“平行四边形两条对角线相等”的否定就不能说成“平行四边形两条对角线不相等”，而应是“存在一个平行四边形，它的两条对角线不相等”。

第二节　圆锥曲线与方程

在高中数学必修2课本中，我们学习了“直线与方程”“圆与方程”两章内容，并学习了研究几何图形性质的一种重要方法——坐标法。

这两章重点研究的是通过直线的方程，研究直线的有关性质，如平行、垂直、两条直线的交点、点到直线的距离等；通过圆的方程，研究直线与圆、圆与圆的位置关系。

概括地说，就是在直角坐标系中，建立几何对象的方程，并通过方程研究几何对象，这是研究几何问题的重要方法。

本节我们将继续采取坐标法，在探究圆锥曲线几何特征的基础上，建立它们的方程，并通过圆锥曲线的方程研究它们的简单性质，并用坐标法解决一些与圆锥曲线有关的简单几何问题和实际问题，进一步学习数形结合的基本思想。

一、椭圆

（一）椭圆的定义

我们把细绳的两端拉开一段距离，移动笔尖的过程中，细绳的长度保持不变，即笔尖到两个定点的距离之和等于常数。

我们把平面内与两个定点 F_1，F_2 的距离之和等于常数（大于 $|F_1F_2|$）的点的轨迹叫做椭圆。这两个定点叫做椭圆的焦点，两焦点的距离叫做椭圆的焦距。

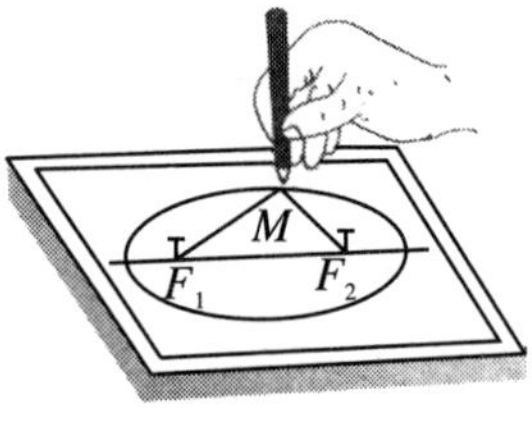

图 10－5

用一个不垂直于圆锥的轴的平面截圆锥面，可以得到一个椭圆。

（二）椭圆的标准方程

根据椭圆的几何特征，建立适当的坐标系，求出椭圆的方程。具体地说，我们可以借助椭圆的两个焦点，根据对称性建立直角坐标系：以直线 F_1F_2 为 x 轴，线段 F_1F_2 的垂直平分线为 y 轴建立直角坐标系，进而经过设点 $P(x, y)$，找等量关系 $|PF_1|+|PF_2|=2a$，建立方程并化简得椭圆方程为$\frac{x^2}{a^2}+\frac{y^2}{b^2}=1(a>b>0)$；若以直线 F_1F_2 为 y 轴，线段 F_1F_2 的垂直平分线为 x 轴建立直角坐标系，则相应的椭圆方程为$\frac{y^2}{a^2}+\frac{x^2}{b^2}=1$ $(a>b>0)$。

$\frac{x^2}{a^2}+\frac{y^2}{b^2}=1(a>b>0)$ 和$\frac{y^2}{a^2}+\frac{x^2}{b^2}=1(a>b>0)$ 均为椭圆的标准方程，那么我们求椭圆的标准方程时，必须先明确焦点所处的位置。

例 1 已知椭圆两个焦点的坐标分别是 $(-2, 0)$，$(2, 0)$，并且经过点$\left(\frac{5}{2}, -\frac{3}{2}\right)$，求它的标准方程。

解法一：因为椭圆的焦点在 x 轴上，所以设它的标准方程为$\frac{x^2}{a^2}+\frac{y^2}{b^2}=1(a>b>0)$。

由椭圆的定义知 $2a=\sqrt{\left(\frac{5}{2}+2\right)^2+\left(-\frac{3}{2}\right)^2}+\sqrt{\left(\frac{5}{2}-2\right)^2+\left(-\frac{3}{2}\right)^2}=2\sqrt{10}$，

所以 $a=\sqrt{10}$。

又因为 $c=2$，所以 $b^2=a^2-c^2=10-4=6$。

因此所求椭圆的标准方程为$\frac{x^2}{10}+\frac{y^2}{6}=1$。

当然本例还可以利用其他方法求解。

解法二：因为椭圆的焦点在 x 轴上，所以设它的标准方程为$\frac{x^2}{a^2}+\frac{y^2}{b^2}=1(a>b>0)$。

因为椭圆经过点$\left(\frac{5}{2}, -\frac{3}{2}\right)$，且 $c=2$。

所以有$\begin{cases}\dfrac{\left(\frac{5}{2}\right)^2}{a^2}+\dfrac{\left(-\frac{3}{2}\right)^2}{b^2}=1, \\ a^2-b^2=c^2=4,\end{cases}$

解方程组得到 $a^2=10$，$b^2=6$。

因此所求椭圆的标准方程为$\frac{x^2}{10}+\frac{y^2}{6}=1$。

［**反思**］比较上述两种解法，可以看出，相比解法一，解法二虽然思路简单，但运算量较大，如果不细心则容易出错。如何降低解解析几何问题的运算量是我们学习解析几何要重点关注的问题。

例 2　如图 10－6，在圆 $x^2+y^2=4$ 上任取一点 P，过点 P 作 x 轴的垂线段 PD，D 为垂足。当点 P 在圆上运动时，线段 PD 的中点 M 的轨迹是什么？

解：设点 M 的坐标为（x，y），点 P 的坐标为（x_0，y_0），则 $x=x_0$，$y=\frac{y_0}{2}$。

因为点 $P(x_0, y_0)$ 在圆 $x^2+y^2=4$ 上，所以 $x_0^2+y_0^2=4$。

把 $x_0=x$，$y_0=2y$ 代入 $x_0^2+y_0^2=4$，得 $x^2+4y^2=4$，即$\frac{x^2}{4}+y^2=1$。

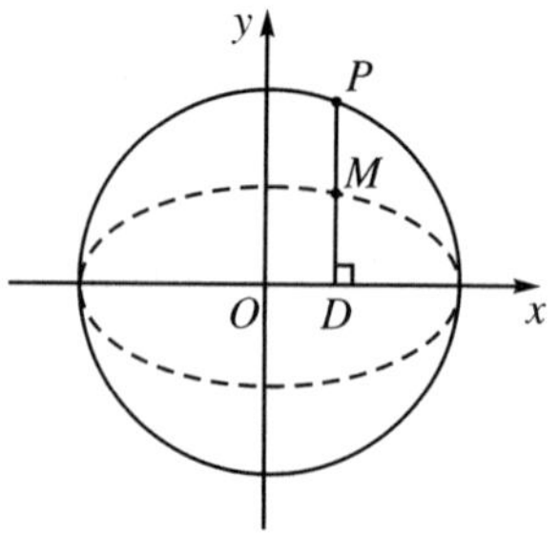

图 10－6

所以，点 M 的轨迹是一个椭圆。

［**反思**］上述解法采取了一种求轨迹方程的常用方法：即寻求点 M 的坐标 x，y 与中间变量 x_0，y_0 的关系，然后消去 x_0，y_0，进而得到点 M 的轨迹方程。这种求轨迹方程的方法我们通常称为相关点法。

如果我们把条件变为“M 是线段 PD 非中点的定比分点”，动点 M 的轨迹还会是椭圆。通过本例探究，我们发现，可以把椭圆“看成”是圆“压扁”后所得到的图形。

例 3 如图 10-7，设点 A，B 的坐标分别为（-5，0），（5，0），直线 AM，BM 相交于点 M，且它们的斜率之积是 $-\frac{4}{9}$，求点 M 的轨迹方程。

解：设点 M 的坐标为（x，y），因为 A 的坐标是（-5，0），所以，直线 AM 的斜率 $k_{AM}=\frac{y}{x+5}(x\neq-5)$，同理，直线 BM 的斜率 $k_{BM}=\frac{y}{x-5}(x\neq5)$。

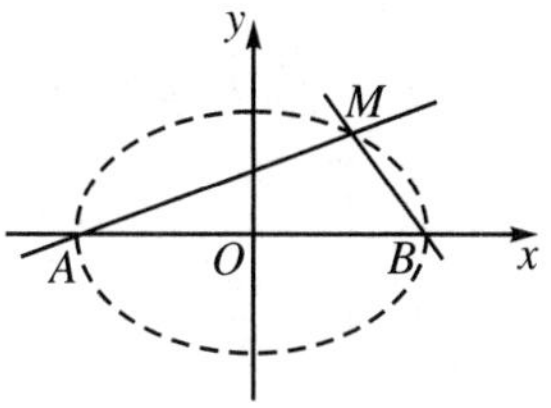

图 10-7

由已知有 $\frac{y}{x+5}\cdot\frac{y}{x-5}=-\frac{4}{9}(x\neq\pm5)$，化简，得点 M 的轨迹方程为 $\frac{x^2}{25}+\frac{y^2}{\frac{100}{9}}=1(x\neq\pm5)$。

研究了例 3 之后，我们可以用一句话来概括本题，那就是与两个定点连线的斜率之积为定值的点的轨迹是一个去掉两顶点的椭圆。当然此定值是有取值范围的，事实上，我们可以做如下探究。

例 4 设点 A，B 的坐标分别为（$-m$，0），（m，0），直线 AM，BM 相交于点 M，且它们的斜率之积是 n，求点 M 的轨迹方程。

解：设点 M 的坐标为（x，y），因为点 A 的坐标是（$-m$，0），所以，直线 AM 的斜率 $k_{AM}=\frac{y}{x+m}(x\neq-m)$，同理，直线 BM 的斜率 $k_{BM}=\frac{y}{x-m}(x\neq m)$。

由已知有 $\frac{y}{x+m}\cdot\frac{y}{x-m}=n(x\neq\pm m)$，化简，得点 M 的轨迹方程为 $\frac{x^2}{m^2}+\frac{y^2}{-nm^2}=1(x\neq\pm5)$。

要该方程表示一个去掉两顶点的椭圆，需要 $n<0$，且 $n\neq-1$。

对于上面的问题，

当 $n=0$ 时，点 M 的轨迹是什么？

当 $n=-1$ 时，点 M 的轨迹是什么？

当 $n>0$ 时，点 M 的轨迹是什么？

（三）椭圆的几何性质

椭圆简单的几何性质一般包括其范围、对称性、顶点和离心率。

我们是通过椭圆的方程来研究椭圆的这些几何性质的。

1. 范围

由 $\frac{x^2}{a^2}+\frac{y^2}{b^2}=1(a>b>0)$ 可知，$\frac{x^2}{a^2}\leqslant\frac{x^2}{a^2}+\frac{y^2}{b^2}=1$，即得 $|x|\leqslant a$，同理可得 $|y|\leqslant b$，故椭圆 $\frac{x^2}{a^2}+\frac{y^2}{b^2}=1(a>b>0)$ 位于直线 $x=\pm a$ 和 $y=\pm b$ 所围成的矩形区域里。

2. 对称性

设点 $P(x_0, y_0)$ 为椭圆 $\frac{x^2}{a^2}+\frac{y^2}{b^2}=1(a>b>0)$ 上任意一点，点 P 关于 x 轴的对称点为 $P_1(x_0, -y_0)$，因为 $\frac{x_0^2}{a^2}+\frac{y_0^2}{b^2}=1$，所以 $\frac{x_0^2}{a^2}+\frac{(-y_0)^2}{b^2}=1$，故点 P_1 也在椭圆 $\frac{x^2}{a^2}+\frac{y^2}{b^2}=1(a>b>0)$ 上，所以椭圆 $\frac{x^2}{a^2}+\frac{y^2}{b^2}=1(a>b>0)$ 关于 x 轴对称。

类似地，我们也可以得出椭圆 $\frac{x^2}{a^2}+\frac{y^2}{b^2}=1(a>b>0)$ 关于 y 轴和坐标原点对称。

3. 顶点

椭圆的顶点为椭圆与其对称轴的交点，那么联立椭圆的方程与其对称轴的方程不难得到顶点坐标。

4. 离心率

椭圆的离心率是刻画其扁平程度的一个量，当 $e=\frac{c}{a}$ 越大，则 $c\to a$，由 $a^2=b^2+c^2$ 可知，$b\to 0$，则椭圆就越扁平。相应地当 $e=\frac{c}{a}$ 越小，则 $c\to 0$，由 $a^2=b^2+c^2$ 可知，$b\to a$，则椭圆就越圆。

需要指出的是，$\frac{b}{a}$ 和 $\frac{c}{b}$ 也可以刻画椭圆的扁平程度，之所以我们用

$e=\frac{c}{a}$来刻画椭圆的扁平程度，是因为离心率与圆锥曲线的第二定义联系得更加密切，即到定点的距离与到定直线的距离的比值为定值（大于0且小于1）的动点轨迹是椭圆，其中的定值即为椭圆的离心率，定点为椭圆的一个焦点，定直线为椭圆的一条准线。

通过代数演算，我们会发现"到定点的距离与到定直线的距离的比值为定值（大于0且小于1）的动点轨迹是椭圆"与"平面内与两个定点 F_1，F_2 的距离之和等于常数（大于 $|F_1F_2|$）的点的轨迹叫做椭圆"是等价的。即

$$|MF_1|+|MF_2|=2a$$

$$\Leftrightarrow\sqrt{(x+c)^2+y^2}+\sqrt{(x-c)^2+y^2}=2a$$

$$\Leftrightarrow\sqrt{(x+c)^2+y^2}=2a-\sqrt{(x-c)^2+y^2}$$

$$\Leftrightarrow (x+c)^2+y^2=4a^2-4a\sqrt{(x-c)^2+y^2}+(x-c)^2+y^2$$

$$\Leftrightarrow a^2-cx=a\sqrt{(x-c)^2+y^2}$$

$$\Leftrightarrow\frac{a^2-cx}{a}=\sqrt{(x-c)^2+y^2}$$

$$\Leftrightarrow\frac{c}{a}\left(\frac{a^2}{c}-x\right)=\sqrt{(x-c)^2+y^2}$$

$$\Leftrightarrow\frac{c}{a}=\frac{\sqrt{(x-c)^2+y^2}}{\frac{a^2}{c}-x}。$$

类似地，我们也可以得出：

$$|MF_1|+|MF_2|=2a$$

$$\Leftrightarrow\sqrt{(x+c)^2+y^2}+\sqrt{(x-c)^2+y^2}=2a$$

$$\Leftrightarrow\frac{c}{a}=\frac{\sqrt{(x+c)^2+y^2}}{x-\left(-\frac{a^2}{c}\right)}。$$

其实，我们还有许多其他途径来定义椭圆。

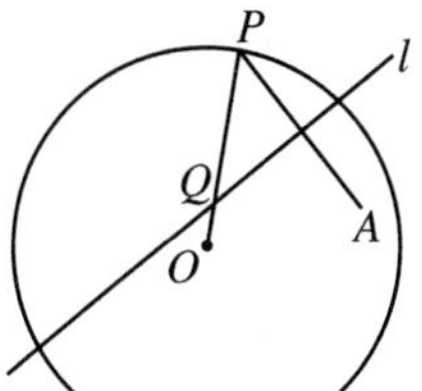

图 10－8

例5 如图10－8，圆 O 的半径为定长 r，A 是圆 O 内一个定点，P 是圆上任意一点。线段 AP 的垂直

平分线 l 和半径 OP 相交于点 Q，当点 P 在圆上运动时，点 Q 的轨迹是什么？为什么？

分析：连接 AQ，因为 l 为线段 AP 的垂直平分线，所以 $|AQ|=|PQ|$，又因为 $|OQ|+|QP|=r$，所以 $|OQ|+|AQ|=r$。故 Q 的轨迹是以点 O、A 为焦点的椭圆。

例 6 如图 10-9，矩形 $ABCD$ 中，$|AB|=8$，$|BC|=6$。E，F，G，H 分别是矩形四条边的中点，R，S，T 是线段 OF 的四等分点，R'，S'，T' 是线段 CF 的四等分点。请证明直线 ER 与 GR'，ES 与 GS'，ET 与 GT' 的交点 L，M，N 都在椭圆上。

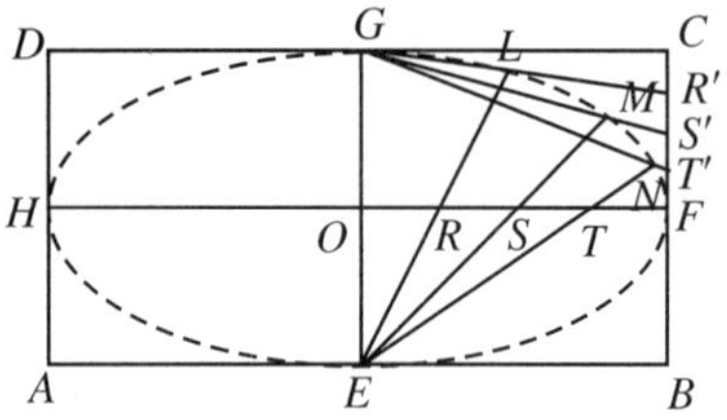

图 10-9

分析：以 HF 所在直线为 x 轴，以 EG 所在直线为 y 轴，建立直角坐标系，分别求出直线 ER 与 GR' 的方程，进而求出直线 ER 与 GR' 的交点 L 的坐标，不难验证该交点坐标是以 E，F，G，H 为顶点的椭圆方程的解。类似地，我们也可以证明交点 M，N 也都在椭圆上。

如图 10-10，一般地，矩形 $ABCD$ 中，E，F，G，H 分别是矩形四条边的中点，R，S 分别是线段 OF 和 CF 上的点，且有 $\frac{|OR|}{|RF|}=\frac{|CS|}{|SF|}$，直线 ER 与 GS 交于点 M，则动点 M 在以 E，F，G，H 为顶点的椭圆上。

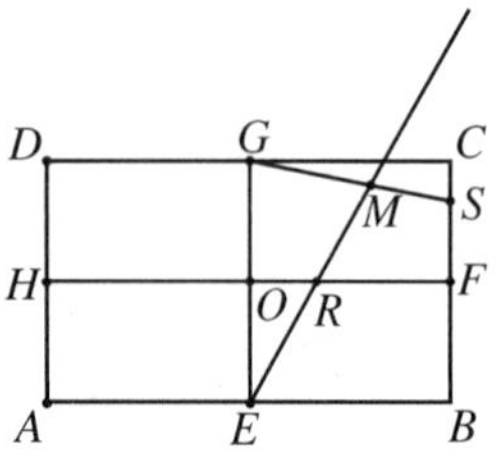

图 10-10

二、双曲线

什么是双曲线？什么是双曲线的标准方程？双曲线有哪些简单的几何性质？

我们在研究双曲线时，可以利用类比的思想，类比研究椭圆的方法来进行。

研究内容	椭圆	双曲线	备注
定义一	平面内与两个定点 F_1，F_2 的距离之和等于常数（大于 $\|F_1F_2\|$）的点的轨迹叫做椭圆	平面内与两个定点 F_1，F_2 的距离之差的绝对值等于常数（小于 $\|F_1F_2\|$）的点的轨迹叫做双曲线	
定义二	到定点的距离与到定直线的距离的比值为定值（大于 0 且小于 1）的动点轨迹是椭圆	到定点的距离与到定直线的距离的比值为定值（大于 1）的动点轨迹是双曲线	
其他生成椭圆（或双曲线）的途径（一）	用平面截圆锥面	用平面截圆锥面	
其他生成椭圆（或双曲线）的途径（二）	与两定点 $A(m, 0)$，$B(-m, 0)$ 连线的斜率的乘积为定值（不等于 -1 的负数）的动点轨迹在椭圆上	与两定点 $A(m, 0)$，$B(-m, 0)$ 连线的斜率的乘积为定值（正数）的动点轨迹在双曲线上	
其他生成椭圆（或双曲线）的途径（三）	圆 O 的半径为定长 r，A 是圆 O 内一个定点，P 是圆上任意一点。线段 AP 的垂直平分线 l 和线段 OP 相交于点 Q，当点 P 在圆上运动时，点 Q 的轨迹是椭圆	圆 O 的半径为定长 r，A 是圆 O 外一个定点，P 是圆上任意一点。线段 AP 的垂直平分线 l 和直线 OP 相交于点 Q，当点 P 在圆上运动时，点 Q 的轨迹是双曲线	动态演示
标准方程	$\frac{x^2}{a^2}+\frac{y^2}{b^2}=1(a>b>0)$	$\frac{x^2}{a^2}-\frac{y^2}{b^2}=1(a>0, b>0)$	焦点在 x 轴上
	$\frac{y^2}{a^2}+\frac{x^2}{b^2}=1(a>b>0)$	$\frac{y^2}{a^2}-\frac{x^2}{b^2}=1(a>0, b>0)$	焦点在 y 轴上
范围	位于直线 $x=\pm a$ 和 $y=\pm b$ 所围成的矩形区域里	位于直线 $x=\pm a$ 之外的区域里	焦点在 x 轴上

续表

研究内容	椭圆	双曲线	备注
对称性	关于 x 轴、y 轴、坐标原点对称	关于 x 轴、y 轴、坐标原点对称	
顶点	椭圆与 x 轴、y 轴的交点为（$\pm a$，0）和（0，$\pm b$）	双曲线与 x 轴的交点为（$\pm a$，0）	焦点在 x 轴上
离心率	$e=\frac{c}{a}<1$	$e=\frac{c}{a}>1$	
离心率与曲线扁平程度的关系	当 $e=\frac{c}{a}$ 越大，则 $c\to a$，由 $a^2=b^2+c^2$ 可知，$b\to 0$，则椭圆就越扁平。相应地，当 $e=\frac{c}{a}$ 越小，则 $c\to 0$，由 $a^2=b^2+c^2$ 可知，$b\to a$，则椭圆就越圆	当 $e=\frac{c}{a}$ 越大，则 $a\to 0$，由 $c^2=a^2+b^2$ 可知，$b\to c$，则双曲线的开口越大。相应地，当 $e=\frac{c}{a}$ 越小，则双曲线的开口就越小	
渐近线	无	$\frac{x^2}{a^2}-\frac{y^2}{b^2}=1(a>0,\ b>0)$ 的渐近线方程为$\frac{x^2}{a^2}-\frac{y^2}{b^2}=0$；$\frac{y^2}{a^2}-\frac{x^2}{b^2}=1(a>0,\ b>0)$ 的渐近线方程为$\frac{y^2}{a^2}-\frac{x^2}{b^2}=0$	

三、抛物线

什么是抛物线？什么是抛物线的标准方程？抛物线有哪些简单的几何性质？

我们在研究抛物线时，可以利用类比的思想，类比研究椭圆的方法来进行。

研究内容	椭圆	抛物线	备注
定义一	平面内与两个定点 F_1，F_2 的距离之和等于常数（大于 $\|F_1F_2\|$）的点的轨迹叫做椭圆	无相应表述	
定义二	到定点的距离与到定直线的距离的比值为定值（大于 0 且小于 1）的动点轨迹是椭圆	到定点的距离与到定直线的距离的比值为定值（等于 1）的动点轨迹是抛物线	
其他生成椭圆（或抛物线）的途径一	用一个不垂直于圆锥的轴的平面截圆锥，当截面与圆锥的轴不平行、也不经过圆锥的轴且截面不平行圆锥的任意一条母线，此时所得的截口曲线（截面与圆锥侧面的交线）是一个椭圆	用一个平行圆锥的一条母线的平面截圆锥，此时所得的截口曲线（截面与圆锥侧面的交线）是一条抛物线	
其他生成椭圆（或抛物线）的途径二	矩形 $ABCD$ 中，E，F，G，H 分别是矩形四条边的中点，R，S 分别是线段 OF 和 CF 上的点，且有 $\frac{\|OR\|}{\|RF\|}=\frac{\|CS\|}{\|SF\|}$，直线 ER 与 GS 交于点 M，动点 M 在椭圆上 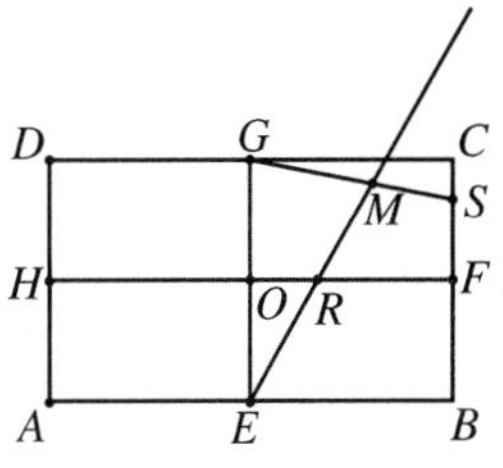	矩形 $ABCD$ 中，E，F 分别是线段 AB 和 CD 的中点，点 M，N，S 分别在线段 EB，FC，BC 上，且 $MN//EF$，$\frac{\|EM\|}{\|MB\|}=\frac{\|BS\|}{\|SC\|}$，直线 ES 与 MN 交于点 P，动点 P 在抛物线上 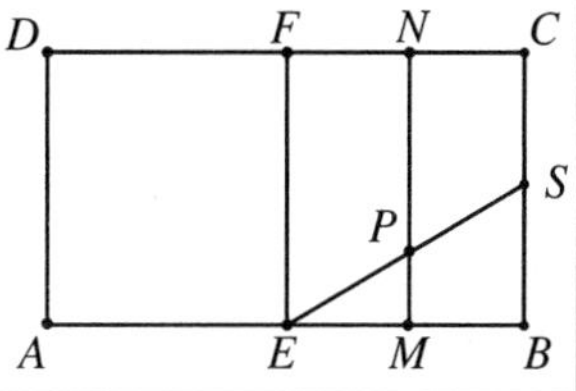	

续表

研究内容	椭圆	抛物线	备注
标准方程	$\frac{x^2}{a^2}+\frac{y^2}{b^2}=1(a>b>0)$	$y^2=2px(p>0)$	焦点在 x 轴上，开口向右
		$y^2=-2px(p>0)$	焦点在 x 轴上，开口向左
	$\frac{y^2}{a^2}+\frac{x^2}{b^2}=1(a>b>0)$	$x^2=2py(p>0)$	焦点在 y 轴上，开口向上
		$x^2=-2py(p>0)$	焦点在 y 轴上，开口向下
范围	位于直线 $x=\pm a$ 和 $y=\pm b$ 所围成的矩形区域里	$y^2=2px(p>0)$ 位于 y 轴右侧	焦点在 x 轴上，开口向右
对称性	关于 x 轴、y 轴、坐标原点对称	$y^2=2px(p>0)$ 关于 x 轴对称	焦点在 x 轴上
顶点	椭圆与 x 轴、y 轴的交点为（$\pm a$，0）和（0，$\pm b$）	$y^2=2px(p>0)$ 与 x 轴的交点为（0，0）	焦点在 x 轴上
离心率	$e=\frac{c}{a}$	$e=1$	
离心率与曲线扁平程度的关系	当 $e=\frac{c}{a}$ 越大，则 $c\to a$，由 $a^2=b^2+c^2$ 可知，$b\to 0$，则椭圆就越扁平。相应地，当 $e=\frac{c}{a}$ 越小，则 $c\to 0$，由 $a^2=b^2+c^2$ 可知，$b\to a$，则椭圆就越圆	因为抛物线的离心率为定值，故所有抛物线的图形都是相似图形	
渐近线	无	无	

四、圆锥曲线知识的综合应用

1. 直线与圆锥曲线的交点

直线与椭圆的交点问题，可通过联立直线与椭圆的方程求解，当方程组的解有两个时，则直线与椭圆的交点有两个，此时直线与椭圆相交；当方程组的解只有一个时，则直线与椭圆的交点只有一个，且此时直线与椭圆相切。

直线与双曲线的交点问题，可通过联立直线与双曲线的方程求解，当方程组的解有两个时，则直线与双曲线的交点有两个，此时直线与双曲线相交；当方程组的解只有一个时，则直线与双曲线的交点只有一个，如果直线与双曲线的渐近线平行，则此时直线与双曲线相交，如果直线与双曲线的渐近线不平行，则此时直线与双曲线相切。

直线与抛物线的交点问题，可通过联立直线与抛物线的方程求解，当方程组的解有两个时，则直线与抛物线的交点有两个，此时直线与抛物线相交；当方程组的解只有一个时，则直线与抛物线的交点只有一个，如果直线与抛物线的对称轴平行或重合，则此时直线与抛物线相交，如果直线与抛物线的对称轴不平行，则此时直线与抛物线相切。

需要注意的是，当直线过圆锥曲线的焦点时，恰当地利用圆锥曲线的第二定义，可以收到事半功倍的效果。

例 5 已知 AB 为过椭圆 $\frac{x^2}{2}+y^2=1$ 左焦点 F_1 的一条弦，且 AB 所在直线的倾斜角为 $\frac{\pi}{3}$。求 $\frac{|AF_1|}{|BF_1|}$ 的值。

解法一：由题意可知，直线 AB 的方程为 $y=\sqrt{3}(x+1)$。

则由 $\begin{cases} y=\sqrt{3}(x+1), \\ \frac{x^2}{2}+y^2=1, \end{cases}$ 得 $\frac{\left(\frac{y}{\sqrt{3}}-1\right)^2}{2}+y^2=1$，

化简后得到 $\frac{7}{3}y^2-\frac{2}{\sqrt{3}}y-1=0$。

$y_1+y_2=\frac{2\sqrt{3}}{7}$，

$y_1y_2=-\frac{3}{7}$，

故有$\frac{(y_1+y_2)^2}{y_1y_2}=\frac{\left(\frac{2\sqrt{3}}{7}\right)^2}{-\frac{3}{7}}=-\frac{4}{7}$，

$\frac{y_1}{y_2}+2+\frac{y_2}{y_1}=\frac{(y_1+y_2)^2}{y_1y_2}=-\frac{4}{7}$，

解得$\frac{y_1}{y_2}=-\frac{9}{7}\pm\frac{4\sqrt{2}}{7}$。

因为$\frac{|AF_1|}{|BF_1|}=-\frac{y_1}{y_2}>1$，

故$\frac{|AF_1|}{|BF_1|}=\frac{9}{7}+\frac{4\sqrt{2}}{7}$。

解法二：（几何法）

分别过点 A，B 作左准线的垂线，垂足分别为 A_1，B_1，过 B 作 AA_1的垂线，垂足为 D，如图 10－11。

设$|AF_1|=m$，$|BF_1|=n$，由椭圆的第二定义可知，$\frac{|AF_1|}{|AA_1|}=\frac{|BF_1|}{|BB_1|}=e$，

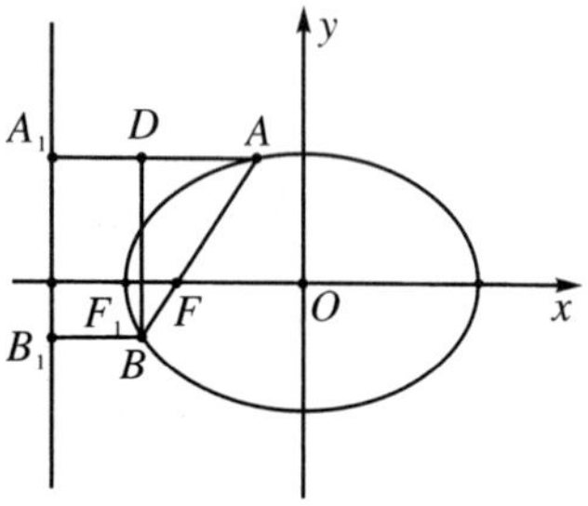

图 10－11

则有$|AA_1|=\frac{m}{e}$，$|BB_1|=\frac{n}{e}$，

$|AD|=\frac{m-n}{e}$。

在直角三角形 ADB 中，$|AD|=\frac{m-n}{e}=\frac{1}{2}|AB|=\frac{1}{2}(m+n)$，

可求得$\frac{|AF_1|}{|BF_1|}=\frac{m}{n}=\frac{9}{7}+\frac{4\sqrt{2}}{7}$。

2. 圆锥曲线的光学性质

(1) 椭圆的光学性质：从椭圆一个焦点发出的光，经过椭圆反射后，

反射光线都汇聚到椭圆的另一个焦点上。(图 10－12)

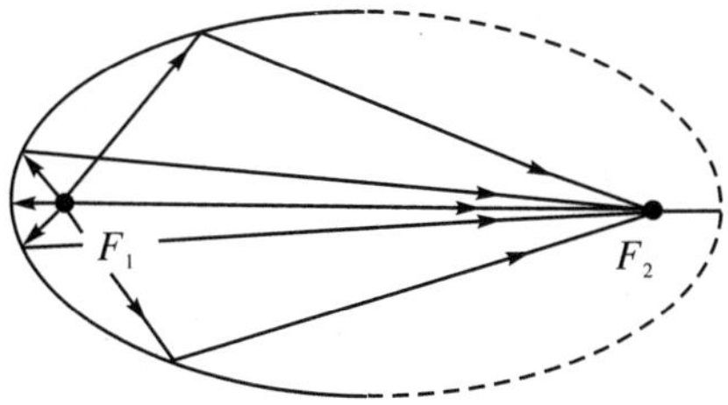

图 10－12

传统电影放映机的聚光灯有一反射镜，其形状是旋转椭圆面，为了使片门（电影胶片通过的地方）获得最强光线，灯丝 F_2与片门 F_1应分别位于椭圆的两个焦点处。(图 10－13)

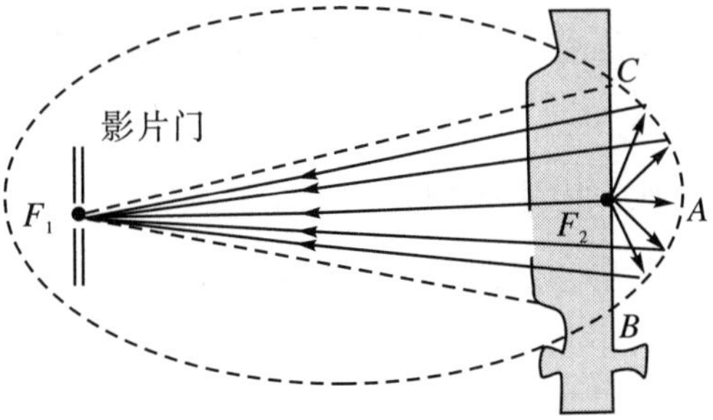

图 10－13

(2) 双曲线的光学性质：从双曲线一个焦点发出的光，经过双曲线反射后，反射光线的反向延长线都汇聚到双曲线的另一个焦点上。(图 10－14)

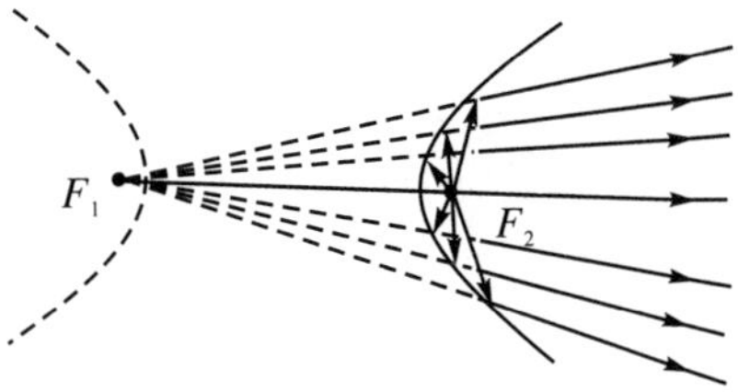

图 10－14

双曲线电瓶新闻灯个头比较小，却可以照得很远，光线又柔和，该新闻灯的设计便是利用了双曲线的光学原理。

(3) 抛物线的光学性质：从抛物线的焦点发出的光，经过抛物线反射后，反射光线都平行于抛物线的轴。(图 10－15)

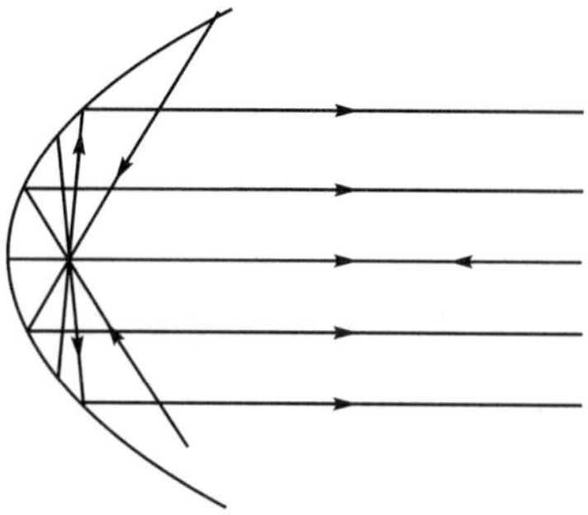

图 10 - 15

汽车前灯中的近光灯、远光灯，便是根据抛物线的光学性质设计的，汽车前灯的反射镜是抛物面，前灯中的近光灯不在焦点处，它发出的光线经过反射镜反射后不是平行的，而是发散的，所以照的距离比较近；而前灯中的远光灯在焦点处，其发出的光线经过反射镜反射后是平行的，所以照的距离比较远。

根据光的可逆性，应用抛物线的光学性质，一束平行于抛物线轴的光线经过抛物面反射后会经过焦点，而太阳灶便是根据这个原理设计出来的。

第三节　导数及其应用

导数是微积分的核心概念之一，而微积分的创立与自然科学中四类问题的处理直接相关。一是已知物体运动的路程作为时间的函数，求物体在任意时刻的速度与加速度，以及已知物体的加速度作为时间的函数，求速度与路程；二是求曲线的切线；三是求已知函数的最大值和最小值；四是求长度、面积、体积和重心等。

本节的学习任务是学习导数的基本概念与思想方法；通过应用导数研究函数的性质、解决生活中的最优化问题等实践活动，初步感受导数在解决数学问题与实际问题中的作用。

一、平均变化率与导数

（一）平均变化率的定义

如果某种现象可以用函数关系 $y=f(x)$ 表示，且 x 在某个连续的区间取值，我们就可以把$\dfrac{f(x_2)-f(x_1)}{x_2-x_1}$称为函数 $y=f(x)$ 从 x_1 到 x_2 的平均变化率。

习惯上，我们记 $\Delta x=x_2-x_1$，$\Delta y=f(x_2)-f(x_1)=f(x_1+\Delta x)-f(x_1)$，则有$\dfrac{f(x_2)-f(x_1)}{x_2-x_1}=\dfrac{\Delta y}{\Delta x}$。

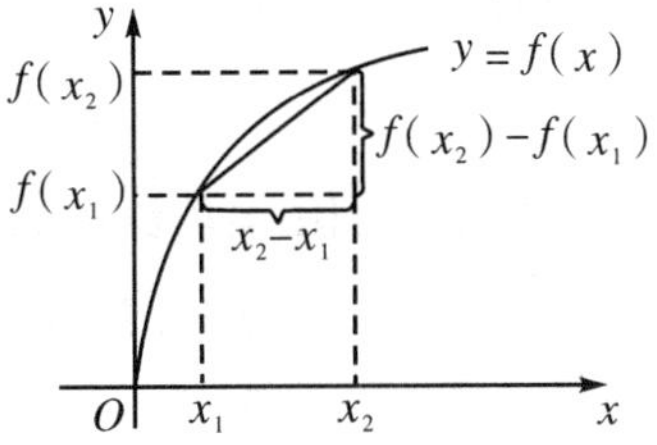

图 10－16

对某一个函数 $y=f(x)$ 而言，函数 $y=f(x)$ 从 x_1 到 x_2 的平均变化率$\dfrac{f(x_2)-f(x_1)}{x_2-x_1}=\dfrac{\Delta y}{\Delta x}$表示的是 $(x_1,f(x_1))$，$(x_2,f(x_2))$ 两点连线的斜率，如图 10－16。

对某一个运动物体而言，若 $y=f(x)$ 表示运动位置与时间的关系，则$\frac{\Delta y}{\Delta x}=\frac{f(x_2)-f(x_1)}{x_2-x_1}$表示的是在$[x_1, x_2]$内的平均速度。

接下来，我们利用平均变化率的知识来了解两个实际例子。

例 1 气球膨胀率

气球的体积 V（单位：L）与半径 r（单位：dm）之间的函数关系是

$$V(r)=\frac{4}{3}\pi r^3,$$

如果将半径 r 表示为体积 V 的函数，那么

$$r(V)=\sqrt[3]{\frac{3V}{4\pi}}。$$

当空气容量 V 从 0 增加到 1 L 时，气球的平均膨胀率为

$$\frac{r(1)-r(0)}{1-0}。$$

当空气容量 V 从 1 L 增加到 2 L 时，气球的平均膨胀率为

$$\frac{r(2)-r(1)}{2-1}。$$

一般地，当空气容量 V 从 V_1 增加到 V_2 时，气球的平均膨胀率为

$$\frac{r(V_2)-r(V_1)}{V_2-V_1}。$$

例 2 高台跳水

在高台跳水运动中，运动员相对于水面的高度 h（单位：m）与起跳后的时间 t（单位：s）存在函数关系

$$h(t)=-4.9t^2+6.5t+10。$$

如果我们用运动员在某段时间内的平均速度 $\bar{v}$ 描述其运动状态，那么

在 $0\leqslant t\leqslant 0.5$ 这段时间里，

$$\bar{v}=\frac{h(0.5)-h(0)}{0.5-0}=4.05\ (\text{m/s});$$

在 $1\leqslant t\leqslant 2$ 这段时间里，

$$\bar{v}=\frac{h(2)-h(1)}{2-1}=-8.2\ (\text{m/s});$$

在 $0\leqslant t\leqslant\frac{65}{49}$这段时间里，

$$\bar{v}=\frac{h\left(\frac{65}{49}\right)-h(0)}{\frac{65}{49}-0}=0 \text{ (m/s)}。$$

平均变化率可以反映函数 $y=f(x)$ 从 x_1 到 x_2 的变化趋势，但无法反映 $y=f(x)$ 在 $x=x_0$ 处瞬时变化的情况，为了更加精细地研究函数 $y=f(x)$ 的变化情况，我们就有必要对下一个问题进行研究，即函数 $y=f(x)$ 在 $x=x_0$ 处的瞬时变化率。

（二）导数的定义

根据前面的分析，我们知道，函数 $y=f(x)$ 从 x_0 到 x_1 的平均变化率 $\frac{\Delta y}{\Delta x}=\frac{f(x_1)-f(x_0)}{x_1-x_0}$ 表示 $(x_0, f(x_0))$，$(x_1, f(x_1))$ 两点连线的斜率，当我们让 x_1 无限趋近于 x_0 时，$(x_0, f(x_0))$，$(x_1, f(x_1))$ 两点连线就无限与 $y=f(x)$ 在 $x=x_0$ 处的切线重合。（动态演示）

我们可以用 $\lim\limits_{x_1\to x_0}\frac{\Delta y}{\Delta x}=\lim\limits_{x_1\to x_0}\frac{f(x_1)-f(x_0)}{x_1-x_0}$ 表示 $y=f(x)$ 在 $x=x_0$ 处的切线的斜率。

在例 2 中，运动员相对于水面的高度 h（单位：m）与起跳后的时间 t（单位：s）存在函数关系

$$h(t)=-4.9t^2+6.5t+10。$$

我们可以用 $\lim\limits_{t_1\to t_0}\frac{h(t_1)-h(t_0)}{t_1-t_0}$ 表示运动员在某一时刻 t_0 的瞬时速度。

一般地，函数 $y=f(x)$ 在 $x=x_0$ 处的瞬时变化率是

$$\lim_{\Delta x\to 0}\frac{\Delta y}{\Delta x}=\lim_{\Delta x\to 0}\frac{f(x_0+\Delta x)-f(x_0)}{\Delta x},$$

我们称它为函数 $y=f(x)$ 在 $x=x_0$ 处的导数，记作 $f'(x_0)$ 或 $y'|_{x=x_0}$，即

$$f'(x_0)=\lim_{\Delta x\to 0}\frac{\Delta y}{\Delta x}=\lim_{\Delta x\to 0}\frac{f(x_0+\Delta x)-f(x_0)}{\Delta x}。$$

（三）导数的几何意义

根据斜率和导数的定义，我们不难发现，函数 $y=f(x)$ 在 $x=x_0$ 处

的导数 $f'(x_0)=\lim\limits_{\Delta x\to 0}\dfrac{\Delta y}{\Delta x}=\lim\limits_{\Delta x\to 0}\dfrac{f(x_0+\Delta x)-f(x_0)}{\Delta x}$ 即为函数 $y=f(x)$ 的图象在 $x=x_0$ 处切线的斜率。

二、导数的计算

（一）用变化率来求导数

根据函数 $y=f(x)$ 在 $x=x_0$ 处的导数的定义 $f'(x_0)=\lim\limits_{\Delta x\to 0}\dfrac{\Delta y}{\Delta x}=\lim\limits_{\Delta x\to 0}\dfrac{f(x_0+\Delta x)-f(x_0)}{\Delta x}$，我们求函数的导数可以分解为三个步骤。

1. 作差：$\Delta x=x_2-x_1$，$\Delta y=f(x_2)-f(x_1)=f(x_1+\Delta x)-f(x_1)$。

2. 求商：$\dfrac{f(x_2)-f(x_1)}{x_2-x_1}=\dfrac{\Delta y}{\Delta x}$。

3. 取极限：$\lim\limits_{\Delta x\to 0}\dfrac{\Delta y}{\Delta x}$。

例 3 已知：$\lim\limits_{\Delta x\to 0}\dfrac{\Delta y}{\Delta x}=\lim\limits_{\Delta x\to 0}\dfrac{f(x_0+\Delta x)-f(x_0)}{\Delta x}=A$，

求：$\lim\limits_{\Delta x\to 0}\dfrac{f(x_0+2\Delta x)-f(x_0-\Delta x)}{3\Delta x}$。

解：$\lim\limits_{\Delta x\to 0}\dfrac{f(x_0+2\Delta x)-f(x_0-\Delta x)}{3\Delta x}$

$$=\lim_{\Delta x\to 0}\frac{f(x_0+2\Delta x)-f(x_0)+f(x_0)-f(x_0-\Delta x)}{3\Delta x}$$

$$=\lim_{\Delta x\to 0}\frac{f(x_0+2\Delta x)-f(x_0)}{3\Delta x}+\lim_{\Delta x\to 0}\frac{f(x_0)-f(x_0-\Delta x)}{3\Delta x}$$

$$=\lim_{\Delta x\to 0}\left(\frac{2}{3}\cdot\frac{f(x_0+2\Delta x)-f(x_0)}{2\Delta x}\right)+\lim_{\Delta x\to 0}\frac{f(x_0-\Delta x)-f(x_0)}{-3\Delta x}$$

$$=\lim_{\Delta 2x\to 0}\left(\frac{2}{3}\cdot\frac{f(x_0+2\Delta x)-f(x_0)}{2\Delta x}\right)+\lim_{\Delta x\to 0}\left(\frac{1}{3}\cdot\frac{f(x_0-\Delta x)-f(x_0)}{-\Delta x}\right)$$

$$=\frac{2}{3}A+\frac{1}{3}A=A。$$

例 4 已知函数 $f(x)=\sqrt{x}$。

(1) 已知 $x_0>0$，利用函数导数的定义求 $f'(x_0)$；

(2) 求 $f'(2)$。

解：(1) 由题意可得

$$f'(x_0)=\lim_{\Delta x\to 0}\frac{f(x_0+\Delta x)-f(x_0)}{\Delta x}$$

$$=\lim_{\Delta x\to 0}\frac{\sqrt{x_0+\Delta x}-\sqrt{x_0}}{\Delta x}$$

$$=\lim_{\Delta x\to 0}\frac{(\sqrt{x_0+\Delta x}-\sqrt{x_0})(\sqrt{x_0+\Delta x}+\sqrt{x_0})}{\Delta x(\sqrt{x_0+\Delta x}+\sqrt{x_0})}$$

$$=\lim_{\Delta x\to 0}\frac{1}{\sqrt{x_0+\Delta x}+\sqrt{x_0}}$$

$$=\frac{\sqrt{x_0}}{2x_0}。$$

(2) 由 (1) 可知 $f'(2)=\frac{\sqrt{2}}{4}$。

(二) 基本初等函数的导数公式

在对函数求导时，如果我们每次都是从定义出发进行运算，会让运算过程不够简洁，故我们有必要先了解并掌握一些基本初等函数的导函数。

1. 若 $f(x)=c$，则 $f'(x)=0$；

2. 若 $f(x)=x^{\alpha}(\alpha\in\mathbf{Q}^*)$，则 $f'(x)=\alpha x^{\alpha-1}$；

3. 若 $f(x)=\sin x$，则 $f'(x)=\cos x$；

4. 若 $f(x)=\cos x$，则 $f'(x)=-\sin x$；

5. 若 $f(x)=a^x$，则 $f'(x)=a^x\ln a$ $(a>0)$；

6. 若 $f(x)=\mathrm{e}^x$，则 $f'(x)=\mathrm{e}^x$；

7. 若 $f(x)=\log_a x$，则 $f'(x)=\frac{1}{x\ln a}$ $(a>0$，且 $a\neq 1)$；

8. 若 $f(x)=\ln x$，则 $f'(x)=\frac{1}{x}$。

在上面 8 个基本初等函数的导数公式中，公式 5 和公式 7 不太容易记忆，我们可以借助公式 6 和公式 8，并根据复合函数的导数法则予以推导。

$$y=a^x\Rightarrow \ln y=\ln a^x=x\ln a\Rightarrow(\ln y)'=(x\ln a)'\Rightarrow\frac{1}{y}y'=\ln a\Rightarrow y'=y\ln a=a^x\ln a;$$

$$y=\log_a x\Rightarrow a^y=x\Rightarrow(a^y)'=x'\Rightarrow a^y y'\ln a=1\Rightarrow y'=\frac{1}{a^y\ln a}=\frac{1}{a^{\log_a x}\ln a}=\frac{1}{x\ln a}。$$

（三）导数的运算法则

若 $f(x)$，$g(x)$ 是可导函数，则有

$[f(x)\pm g(x)]'=f'(x)\pm g'(x)$；

$[f(x)\cdot g(x)]'=f'(x)g(x)+f(x)g'(x)$；

当 $g(x)\neq 0$ 时，

$$\left[\frac{f(x)}{g(x)}\right]'=\frac{f'(x)g(x)-f(x)g'(x)}{[g(x)]^2}。$$

例 5 求曲线 $y=x^3$ 在点 $M(1,1)$ 处的切线方程。

解：$y'=3x^2$，切线的斜率为 $k=3$，故曲线 $y=x^3$ 在点 $M(1,1)$ 处的切线方程为 $y-1=3(x-1)$，即为 $y=3x-2$。

例 6 求曲线 $y=x^3$ 过点 $M(1,1)$ 的切线方程。

分析：学生应清楚“求曲线 $y=x^3$ 过点 $M(1,1)$ 的切线方程”与“求曲线 $y=x^3$ 在点 $M(1,1)$ 处的切线方程”的区别。

前者切线不一定是以 $M(1,1)$ 为切点，而后者一定是以 $M(1,1)$ 为切点。

解：设切点为 $P(x_0,y_0)$，则由 $y'=3x^2$ 得切线的斜率 $k=3x_0^2$，

又因为 $k=k_{MP}=\dfrac{y_0-1}{x_0-1}=\dfrac{x_0^3-1}{x_0-1}=x_0^2+x_0+1$，

那么由 $3x_0^2=x_0^2+x_0+1$ 可得 $x_0=1$，或 $x_0=-\dfrac{1}{2}$，

则 $k=3$ 或 $k=\dfrac{3}{4}$。

故曲线 $y=x^3$ 过点 $M(1,1)$ 的切线方程为 $y=3x-2$ 和 $3x-4y+1=0$。

三、导数在研究函数中的应用

（一）用导数来研究函数的单调性

一般地，函数的单调性与其导函数的正负有如下关系：

在某个区间（a，b）内，如果 $f'(x)>0$，那么函数 $y=f(x)$ 在这个区间内单调递增；如果 $f'(x)<0$，那么函数 $y=f(x)$ 在这个区间内单调递减。

例 7 判断函数$f(x)=2x^3+3x^2-24x+1$ 的单调性，并求出其单调区间。

解：$f'(x)=6x^2+6x-24$，由 $f'(x)=0$ 得 $x=\dfrac{-1\pm\sqrt{17}}{2}$。

列表：

x	$\left(-\infty,\ \dfrac{-1-\sqrt{17}}{2}\right)$	$\left(\dfrac{-1-\sqrt{17}}{2},\ \dfrac{-1+\sqrt{17}}{2}\right)$	$\left(\dfrac{-1+\sqrt{17}}{2},\ +\infty\right)$
$f'(x)$	+	−	+
$f(x)$	↗	↘	↗

由上表可知，函数 $f(x)=2x^3+3x^2-24x+1$ 的单调递增区间为 $\left(-\infty,\ \dfrac{-1-\sqrt{17}}{2}\right)$ 和 $\left(\dfrac{-1+\sqrt{17}}{2},\ +\infty\right)$；单调递减区间为 $\left(\dfrac{-1-\sqrt{17}}{2},\ \dfrac{-1+\sqrt{17}}{2}\right)$。

利用导数来研究函数 $y=f(x)$ 单调性的步骤：

（1）确定函数 $y=f(x)$ 的定义域；

（2）求函数 $y=f(x)$ 的导数 $f'(x)$；

（3）求 $f'(x)=0$ 的根；

（4）用 $f'(x)=0$ 的根将 $y=f(x)$ 的定义域分解成若干个区间；

（5）确定 $f'(x)$ 在每个区间内的符号（正或负）；

（6）根据 $f'(x)$ 在每个区间内的符号（正或负）确定函数 $y=f(x)$ 的单调性。

需要注意的是，在某个区间（a，b）内，$f'(x)>0$ 不是函数 $y=$

$f(x)$在这个区间内单调递增的必不可少的条件，如对于 $f(x)=x^3$，尽管有 $f'(0)=0$，但 $f(x)=x^3$ 在 $\mathbf{R}$ 上是增函数。事实上，如果在区间 (a,b) 内，$f'(x)\geqslant 0$，且在 (a,b) 内不存在任何一个区间使得$f'(x)=0$ 恒成立，则函数 $y=f(x)$ 在 (a,b) 内单调递增。类似地得出函数 $y=f(x)$ 在 (a,b) 内单调递减的结论。

例 8 证明下列不等式。

(1) $\sin x<x$，$x\in(0,\pi)$；

(2) $e^x>1+x$，$x\neq 0$；

(3) $\ln x<x$，$x>0$。

证明：(1) 令 $f(x)=\sin x-x$，$x\in(0,\pi)$，

则有 $f'(x)=\cos x-1<0$，

所以 $f(x)$在 $(0,\pi)$ 内单调递减，

故当 $0<x<\pi$ 时，有 $f(x)<f(0)=0$，

即有 $\sin x-x<0$，所以原不等式成立。

(2) 令 $f(x)=e^x-1-x$，由 $f'(x)=e^x-1\leqslant 0$ 得 $x\leqslant 0$，

故当 $x\leqslant 0$ 时，$f(x)$ 单调递减，

当 $x<0$ 时，$f(x)>f(0)=0$；

$f'(x)=e^x-1\geqslant 0$ 得 $x\geqslant 0$，故当 $x\geqslant 0$ 时，$f(x)$ 单调递增，

当 $x>0$ 时，$f(x)>f(0)=0$。

综上所述，原不等式成立。

(3) 令 $f(x)=\ln x-x$，则有 $f'(x)=\dfrac{1}{x}-1$，

由 $f'(x)=\dfrac{1}{x}-1\leqslant 0$ 得 $x\geqslant 1$，

则 $x\geqslant 1$ 时，$f(x)$ 单调递减，即 $x>1$ 时，$f(x)<f(1)=-1<0$。

由 $f'(x)=\dfrac{1}{x}-1\geqslant 0$ 得 $x\leqslant 1$，

则 $0<x\leqslant 1$ 时，$f(x)$ 单调递增，

即 $0<x<1$ 时，$f(x)<f(1)=-1<0$。

综上所述，原不等式成立。

（二）用导数研究函数的极值

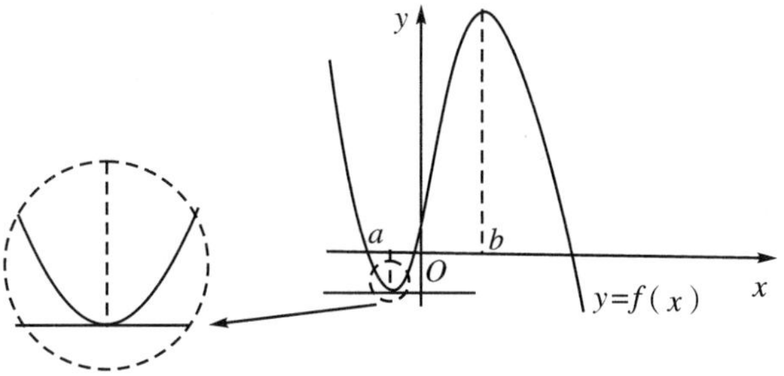

图 10 - 17

如图 10 - 17，函数 $y=f(x)$ 在点 $x=a$ 的函数值 $f(a)$ 比它在点 $x=a$ 附近其他点的函数值都小，我们把点 $x=a$ 叫做函数 $y=f(x)$ 的极小值点，$f(a)$ 叫做函数 $y=f(x)$ 的极小值。

函数 $y=f(x)$ 在点 $x=b$ 的函数值 $f(b)$ 比它在点 $x=b$ 附近其他点的函数值都大，我们把点 $x=b$ 叫做函数 $y=f(x)$ 的极大值点，$f(b)$ 叫做函数 $y=f(x)$ 的极大值。

从函数极值的定义我们知道，函数 $y=f(x)$ 在其定义域内可导并不是 $y=f(x)$ 在 $x=a$ 处取到极值的必不可少的条件，即使 $y=f(x)$ 在 $x=a$ 处不可导，只要函数 $y=f(x)$ 在点 $x=a$ 的函数值 $f(a)$ 比它在点 $x=a$ 附近其他点的函数值都小，我们就可以把 $f(a)$ 叫做函数 $y=f(x)$ 的极小值。

尽管如此，由于现阶段研究的大多数函数在其定义域内都是可导的，所以通常可借助导数来研究函数 $y=f(x)$ 的单调性，进而确定出函数的极值。

一般地，利用导数求函数 $y=f(x)$ 的极值的方法是：

解方程 $f'(x)=0$。当 $f'(x_0)=0$ 时，

(1) 如果在 x_0 附近的左侧 $f'(x)>0$，右侧 $f'(x)<0$，那么 $f(x_0)$ 是极大值；

(2) 如果在 x_0 附近的左侧 $f'(x)<0$，右侧 $f'(x)>0$，那么 $f(x_0)$ 是极小值。

例 9 求函数 $f(x)=3x-x^3$ 的极值。

解：由 $f'(x)=3-3x^2=0$，得 $x=-1$，或 $x=1$。

列表：

x	$(-\infty, -1)$	-1	$(-1, 1)$	1	$(1, +\infty)$
$f'(x)$	$-$	0	$+$	0	$-$
$f(x)$	↘	-2	↗	2	↘

当 $x=-1$ 时，$f(x)$ 有极小值，并且极小值为 $f(-1)=-2$；

当 $x=1$ 时，$f(x)$ 有极大值，并且极大值为 $f(1)=2$。

注意：使 $f'(x)=0$ 的点并不一定是函数的极值点，例如，对于函数 $f(x)=x^3$，虽然 $f'(0)=0$，但无论是 $x>0$，还是 $x<0$，都恒有 $f'(x)>0$，故 $x=0$ 不是函数 $f(x)=x^3$ 的极值点。

（三）用导数来研究函数的最值

极值反映的是函数在某一点附近的局部性质，而最值反映的是函数在整个定义域内的性质。

如函数 $f(x)=3x-x^3$ 的极小值和极大值均不是该函数的最小值和最大值。

一般地，求函数 $y=f(x)$ 在 $[a, b]$ 上的最大值与最小值的步骤如下：

(1) 求函数 $y=f(x)$ 在 (a, b) 内的极值；

(2) 将函数 $y=f(x)$ 的各极值与端点处的函数值 $f(a)$，$f(b)$ 比较，其中最大的一个是最大值，最小的一个是最小值。

四、生活中的优化问题举例

例 10 海报尺寸的设计

学校或班级举行活动，通常需要张贴海报进行宣传，现让你设计一张如图 10－18 所示的竖向张贴的海报，要求版心面积为 128 dm^2，上、下两边各空 2 dm，左、右两边各空1 dm。如何设计海报的版心尺寸，才能使四周空白面积最小?

解：设版心的高为 x dm，则版心的宽为$\frac{128}{x}$ dm，此时四周空白面积为

$$S(x)=(x+4)\left(\frac{128}{x}+2\right)-128=2x+\frac{512}{x}+8，x>0。$$

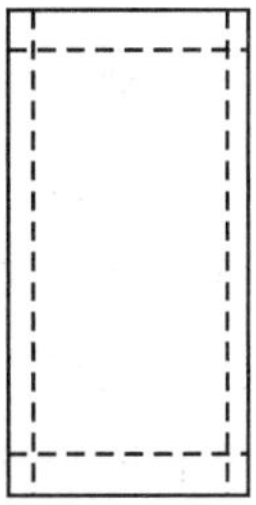

图 10－18

求导，有 $S'(x)=2-\frac{512}{x^2}$，令 $S'(x)=2-\frac{512}{x^2}=0$，解得 $x=16$($x=-16$ 舍去)。

于是宽为$\frac{128}{x}=\frac{128}{16}=8$。

当 $x\in(0,\ 16)$ 时，$S'(x)<0$；当 $x\in(16,\ +\infty)$ 时，$S'(x)>0$。

因此，$x=16$ 是函数 $S(x)$ 的极小值点，也是最小值点。所以，当版心高为 16 dm，宽为 8 dm时，海报四周空白面积最小。

答：当版心高为 16 dm，宽为 8 dm 时，海报四周空白面积最小。

例 11 饮料瓶大小对饮料公司利润的影响

某制造商制造并出售球形瓶装的某种饮料，瓶子的制造成本是 $0.8\pi r^2$ 分，其中 r 是瓶子的半径，单位是 cm。已知每出售 1 mL 的饮料，制造商可获利 0.2 分，且制造商能制作的瓶子的最大半径为 6 cm。

(1) 瓶子半径多大时，能使每瓶饮料的利润最大?

(2) 瓶子半径多大时，使每瓶饮料的利润最小?

解：由于瓶子的半径为 r，所以每瓶饮料的利润是

$$y=f(r)=0.2\times\frac{4}{3}\pi r^3-0.8\pi r^2$$

$$=0.8\pi\left(\frac{r^3}{3}-r^2\right)，0<r\leqslant 6。$$

令 $f'(x)=0.8\pi(r^2-2r)=0$，

当 $r=2$ 时，$f'(x)=0$。

当 $r\in(0,\ 2)$ 时，$f'(x)<0$；当 $r\in(2,\ 6)$ 时，$f'(x)>0$。

因此，当半径 $r>2$ 时，$f'(x)>0$，它表示 $f(r)$ 单调递增，即半径越大，利润越高；当半径 $r<2$ 时，$f'(x)<0$，它表示 $f(r)$ 单调递减，即半径越大，利润越低。

半径为 2 cm 时，利润最小，这时 $f(2)<0$，表示此种瓶内饮料的利润还不够瓶子的成本，这时利润是负值；半径为 6 cm 时，利润最大。

例 12 磁盘的最大存储量问题

计算机把信息存储在磁盘上，磁盘是带有磁性介质的圆盘，并由操作系统将其格式化成磁道和扇区。磁道是指不同半径所构成的同心圆轨道，扇区是指被圆心角分割成的扇形区域，磁道上的定长的弧可作为基本存储单元，根据其磁化与否可分别记录数据 0 或 1，这个基本单元通常称为比特。

为了保障磁盘的分辨率，磁道之间的宽度必须大于 m，每比特所占用的磁道长度不得小于 n。为了数据检索的方便，磁盘格式化时要求所有磁道具有相同的比特数。

现有一张半径为 R 的磁盘，它的存储区是半径介于 r 与 R 的环形区域，如图 10－19。

（1）是不是 r 越小，磁盘的存储量越大？

（2）r 为多少时，磁盘具有最大存储量（最外面的磁道不存储任何信息）？

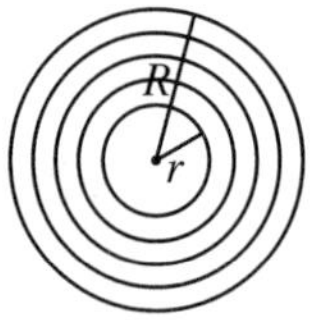

图 10－19

解：存储量＝磁道数×每磁道的比特数。

设存储区的半径介于 r 与 R 之间，由于磁道之间的宽度必须大于 m，且最外面的磁道不存储任何信息，所以磁道数最多可达 $\frac{R-r}{m}$。又由于每条磁道上的比特数相同，为获得最大的存储量，最内一条磁道必须装满，即每条磁道上的比特数可达到 $\frac{2\pi r}{n}$。所以磁盘总存储量

$f(r)=\frac{R-r}{m}\cdot\frac{2\pi r}{n}=\frac{2\pi}{mn}r(R-r)$。

（1）它是一个关于 r 的二次函数，从函数的解析式上可以判断，不是 r 越小，磁盘的存储量越大。

（2）为求 $f(r)$ 的最大值，计算 $f'(r)=\frac{2\pi}{mn}(R-2r)=0$，解得 $r=\frac{R}{2}$。

当 $r<\frac{R}{2}$ 时，$f'(r)>0$；当 $r>\frac{R}{2}$ 时，$f'(r)<0$。因此，当 $r=\frac{R}{2}$ 时，

磁盘具有最大存储量，最大存储量为$\frac{\pi R^2}{2mn}$。

思考：在上面的问题中，在其他条件不变的前提下，如果每条磁道存储的信息与磁道的长度成正比（设其比例系数为 k），那么如何计算磁盘的存储量？此时，是不是 r 越小，磁盘的存储量越大？

解析：由题意可知共有$\frac{R-r}{m}=N$（条）磁道可以存储信息，各磁道半径按从小到大的顺序排列，其中第 i 条磁道的半径为 $r_i=r+(i-1)m$ $(i=1, 2, 3, \cdots, i, \cdots, N)$，则第 i 条磁道的比特数为 $a_i=\frac{2k\pi[r+(i-1)m]}{n}$ $(i=1, 2, 3, \cdots, i, \cdots, N)$，那么硬盘的存储量为：

$$
\begin{aligned}
f(r)&=\sum_{i=1}^{N}\frac{2k\pi[r+(i-1)m]}{n}\\
&=\frac{2k\pi rN}{n}+\frac{2k\pi m[1+2+\cdots+(N-1)]}{n}\\
&=\frac{2k\pi r}{n}\cdot\frac{R-r}{m}+\frac{2k\pi m}{n}\cdot\frac{(N-1)N}{2}\\
&=\frac{2k\pi r(R-r)}{mn}+\frac{k\pi m}{n}\cdot\frac{R-r}{m}\cdot\frac{R-r-m}{m}\\
&=\frac{k\pi}{mn}[2r(R-r)+(R-r)(R-r-m)]\\
&=\frac{k\pi}{mn}[-r^2+mr+R^2-mR]。
\end{aligned}
$$

至此，我们不难知道，当 $r=\frac{m}{2}$时，磁盘具有最大存储量。

从理论上说，如果每条磁道存储的信息与磁道的长度成正比，并不是 r 越小，磁盘的存储量越大。

由上述例子，我们不难发现，解决优化问题的基本思路如图 10 - 20。

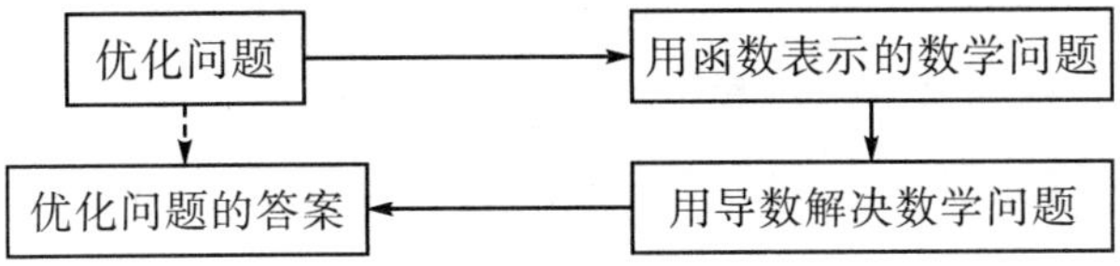

图 10 - 20

第四节 阅读材料的使用

对于教材中的阅读材料，我们需要明确以下几个问题。

一、阅读材料呈现的是什么

以人教版教材为例，所给出阅读材料重点呈现以下几个方面内容：

一是呈现数学史实，即所学知识的前世今生和相关数学家的事迹；

二是扩展所学内容，即所学知识的拓展、关联或应用；

三是呈现探究发现，即所学知识衍生出来的新结果。

当然，在每一则阅读材料中，其侧重点各有不同，这些材料之所以分散在教材的各个地方，也表明数学文化的渗透作用不是一朝一夕可以完成的。另外，这一部分材料对所涉及的史料、方法点到为止，还需要教师指导学生查阅资料进一步了解，或者因学生学习时间所限而需要补充的材料直接由教师适当地呈现出来。

二、如何使用阅读材料

人教版高中数学教材中，阅读材料出现在“阅读与思考”栏目中，我们是否可以这样理解，即关于文本，需要我们针对“阅读”与“思考”提出明确的要求。

对于阅读的要求，最主要的是搞清楚“它是什么?”，其评判的标准是阅读者能否用自己的语言完整并清晰地表述出来。

对于思考的要求，一是要知道思考什么，二是要知道如何思考。关于前者，面对阅读材料时，一是思考文本中已经呈现的问题，二是思考文本中总结出来的结论的合理性，三是思考自己是否有举一反三的想法。

三、关于阅读材料使用过程中的一些尝试

在《普通高中课程标准实验教科书数学必修一》中出现了四则阅读材料：《集合中元素的个数》《函数概念的发展历程》《对数的发明》《中外历史上的方程求解》。

1. 集合中元素的个数

在学习集合时，对于集合中元素个数的探究，常常会借助容斥原理。阅读材料《集合中元素的个数》中，让读者感受容斥原理的合理性与应用，并给出了无限集合中元素个数多少的问题。在教学中，教师可以视学情确定思考问题的深浅，如关于容斥原理的合理性的理解，可以尝试去探究容斥原理一般性结论；关于容斥原理的应用，可以给出一些如下类似地具有挑战性的问题：在 1 至 1000 的自然数中，能够至少被 2、3、5 中的一个整除的自然数有多少个？关于阅读文本中所给出的最后一个问题："对于元素个数无限的集合，如 $A=\{1, 2, 3, 4, \cdots, n, \cdots\}$，$B=\{2, 4, 6, 8, \cdots, 2n, \cdots\}$，我们无法数出集合中元素的个数，但可以比较这两个集合中元素个数的多少。你能设计一种比较这两个集合中元素个数的方法吗?"在我们用对应的方法来感悟 A 与 B 两个无限集合元素的个数之后，进一步让学生了解无限集合中的可数集与不可数集等相关概念。

2. 函数概念的发展历程

在《函数概念的发展历程》中，了解函数的产生原因、函数概念形成过程以及从辩证角度理解"不用公式表示函数"的合理性。

同时，在阅读过程中我们还可以和学生一起经历如下思考：

为何我国清代数学家李善兰与英国人伟烈亚力在《代微积拾级》中会将"function"译作"函数"？这是一个比较有趣的问题，同时也是常常让人感觉不到应该成为一个问题，这也说明我们的好奇心正在逐渐消失。事实上，所谓"函数"有"此变数中函彼变数者，则此为彼之函数"的意思。结合学科学习帮助学生养成咬文嚼字的习惯，有助于中华传统文化的延续。

在教材所给的文本材料中，最后还给出问题：你能以函数概念的发

展为背景，谈谈从初中到高中学习函数概念的体会吗？

在初中和高中的数学教材中，对于函数的定义分别是：

一般地，在一个变化过程中，有两个变量 x 与 y，并且对于 x 的每一个确定的值，y 都有唯一确定的值与其对应，那么我们就说 x 是自变量，y 是 x 的函数（function）。

设 A，B 是非空的数集，如果按照某种确定的对应关系 f，使对于集合 A 中的任意一个数 x，在集合 B 中都有唯一确定的数 $f(x)$ 和它对应，那么就称 f：$A\rightarrow B$ 为从集合 A 到集合 B 的一个函数（function），记作 $y=f(x)$，$x\in A$。

从定义可以看出，二者核心实质没有区别，但高中数学教材中的表述更加精准和深刻，初中阶段受学生认知水平与经验的制约，学生对函数的认识一般停留在对函数解析式认识的基础上，故易形成每一个函数都存在函数解析式的思维定式，而冲淡对非空数集之间的映射这一实质的认识。

故在学习《函数概念的发展历程》中，我们有必要让学生思考“每一个函数是否都存在解析式?”。

3. 对数的发明

在《对数的发明》中，我们不仅可以了解对数的产生是为了适应天文、航海、工程、贸易以及军事发展过程对于简化计算方法的需要，而且还有如下两个话题值得探究。

一是阅读材料的题目是“对数的发明”，那么我们要思考这样一个问题：数学是发明还是发现?

二是在阅读文本中，关于 1，r，r^2，r^3，…与 0，1，2，3，…之间的对应关系（$r^n\rightarrow n$）有这样一段描述：

如图 10－21，假定两点 P，Q 以相同的初速度运动，点 Q 沿直线 CD 做匀速直线运动，$CQ=x$；点 P 沿线段 AB（长度为单位）运动，它在任何一点的速度值等于它尚未经过的距离（$PB=y$）。令点 P 与点 Q 同时分别从点 A，C 出发，那么，定义 x 为 y 的对数。

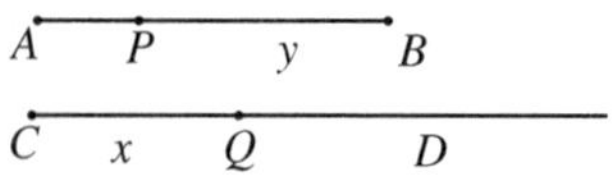

图 10－21

苏格兰数学家纳皮尔认为，“1，r，r^2，r^3，…”中的两个数的间隔应当尽量小，为此，他选择了$r=1-10^{-7}=0.9999999$。为了避开小数点的麻烦，他又把每个幂都乘上10^7，于是，就有了线段 AB 的长度为10^7单位。这样，用现代的数学符号来叙述，纳皮尔的对数中，x 与 y 的对应关系应是：$y=10^7\left(\frac{1}{\mathrm{e}}\right)^{\frac{x}{10^7}}$。

教研中发现，在我们的教学经历中，对于上述这段文字所给出的结论$y=10^7\left(\frac{1}{\mathrm{e}}\right)^{\frac{x}{10^7}}$，包括教师自己在内都有可能不太明白是如何得到的。因为涉及微积分的相关知识，所以对于只有初中及高一第一学期知识储备的学生来说，要能够理解其合理性的确存在难度，但对于阅读至此又有好奇心的学生而言，我们可以如何为之解惑呢？

曾看过有教师用如下的途径进行解析：因为线段 AB 的长度为10^7单位，经过时间 t 后，动点 P 的路程为10^7-y，由微积分相关知识可知，点 P 在此时刻的瞬时速度为 $\frac{d(10^7-y)}{dt}=-\frac{dy}{dt}=y$，由 $-\frac{dy}{dt}=y$ 得$\frac{dy}{y}=-dt$，即得$\int\frac{dy}{y}=\int(-1)dt$，于是有 $\ln y=-t+C$，因为当 $t=0$ 时，$y=10^7$，故 $C=\ln 10^7$。

又因 $x=10^7t$，则由 $\ln y=-t+C$ 可得 $\ln y=-\frac{x}{10^7}+\ln 10^7$，进而有$y=\mathrm{e}^{-\frac{x}{10^7}+\ln 10^7}=10^7\left(\frac{1}{\mathrm{e}}\right)^{\frac{x}{10^7}}$。

4. 中外历史上的方程求解

在《中外历史上的方程求解》中，让学生好奇的可能有以下问题：

在《九章算术》中，是如何以算法形式给出求一次方程、二次方程和正系数三次方程的根呢？

隋唐王孝通找到的三次方程正根的数值解法具体内容是什么？

在《黄帝九章算法细草》中，解三次或三次以上的高次方程式的“立成释锁法”具体步骤是什么？“增乘开方法”的具体步骤又是什么？

在《数书九章》中，“正负开方术”为什么可以求出任意次代数方程的正根？

花拉子米（Al-khwarizmi）所给出的一次方程和二次方程的一般解法的步骤是什么？

塔尔塔利亚给出的三次方程的一般解法的步骤是什么？

卡尔达诺在《大术》中是如何将塔尔塔利亚的解法加以发展的？

费拉里所给出的四次方程的一般解法的步骤是什么？

拉格朗日、阿贝尔、伽罗瓦等人对解方程的贡献又是什么？

在这里，可以引导学生拓展阅读诸如《九章算术》等我国古代数学文献，同时也可以通过古人在解方程过程中发生的轶事（如塔尔塔利亚与菲奥尔之间的解题竞赛故事）来体会前人的探索过程。

附　录

附录一　我眼中的徐华老师

邝国宁

2010年，南宁市教育局组织学科专家评选学科带头人，我和时任南宁市第二中学副校长的徐华作为评审专家都参与了这项工作。工作之余，我向徐华提出一个问题："如果让您用简短的语言概述您的教学特色，您会怎么概括?"沉思片刻后，徐华说出两个字："自然。"他的回答出乎我的意料，当时他也没做过多解释。我一边阅读桌面上的评审材料，脑海里却回想起2000年时，他参加在南京举办的全国首届高中数学青年教师优质课比赛的情景。当年，徐华是代表广西参加这一全国最高水平的赛事。徐华的出色表现，赢得了评委们的高度赞誉，记得当时大赛评委会主任、上海教育科学院副院长、博士生导师顾泠沅对徐华这节课给出了这样的评价：(1) 铺垫恰当；(2) 对教材有深刻的理解，概念生成自然，性质探究自然、深刻有效；(3) 多媒体运用得当；(4) 教态自然，无任何表演痕迹。比赛结束后，组委会从一等奖课例中挑选出六节精品课刻成光盘在全国发行，徐华这节课位列其中。

不少人可能以为徐华仅仅是"运气好"，可我心里清楚，作为这节课的主人，他在背后付出了怎样的艰辛。接到课题《棱柱的概念和性质》后的第一个星期，我曾打电话问徐华怎样应对。他回答说他准备把近三年的数学核心刊物（如《数学通报》《数学通讯》《数学教学》等）上刊登的论文全部仔细看一遍。细读完上述文章后，他归纳整理出几个要点，而后根据这些要点去准备这节课。记得他告诉我，此次阅读，他了解了教材编写的最重要的原则是"简约性原则"。这一原则落实到教学设计中，就是教师必须把所授课的知识的发生、发展过程准确、清晰地梳理出来。因为没有过程就没有思想，而一节没有数学思想方法的课就等于没有灵魂。为了体现数学在现实生活中的应用价值，徐华从音像商店精选好些光盘，从 1500 多幅世界各地的建筑图片中精心挑选出 24 幅制作成课件。顾泠沅教授说这节课多媒体运用得当，个中艰辛只有徐华自己心里明白。有了这样的精心准备，他能把一节看似简单的课上得精彩扎实，高潮迭起，又宛如行云流水，在高手如林的选手中脱颖而出也就不是什么奇怪的事了。评委会主任对徐华的高度评价中，蕴含着深刻而朴实的内涵。徐华就这样从首届全国高中数学青年教师优质课比赛中脱颖而出。

还有一次，我和人民教育出版社中学部主任章建跃博士聊起徐华，说徐华总结他自己的教学特色就两个字：自然。章博士听后沉思片刻，说教师的教学做到了"自然"二字，就已经达到炉火纯青的境界了……不久，在 2018 年东盟人才活动月基础教育高端论坛上，徐华作为发言嘉宾，对在教学中如何做到自然给出了精辟的诠释。正因为徐华对自己钟爱的教育教学工作有如此深刻、独到的见解，他的课深受学生的喜爱和同行的赞赏。

作为广西数学教学的领头雁，徐华在教研活动中取得了突出成绩，但他并不孤芳自赏，相反，他时时处处注意将自己的想法和经验传递给同事与同行。这些年来，他指导南宁二中四位老师代表广西参加全国第二、三、四、六届数学青年教师优质课比赛均获一等奖，这在全国都是少有的好成绩。

作为一个数学教学的行者和智者，徐华有着成功者最常见的品格——

热爱与钻研。他对自己和同行面临的困境有一种勇于突围的信心和胆量。比如，批改作业是数学老师每天面对的常规任务，是数学教学推进必须移动的大山。一次，他听到一位老教师感叹道：“如果哪位高人能帮助老师从数学作业堆里解放出来，那真是功德无量。”说者无心，听者有意，徐华也扪心自问，我为什么要批改作业，我批改过的作业对学生究竟有多大帮助？不少学生拿到老师辛苦批改的作业只关注打了多少个钩和叉，下次再做同类的题目，还依然出错。多少教师对此无可奈何，又熟视无睹。但徐华对此没有采取绕行的鸵鸟政策。他觉得及时地批改作业，是一种教学常规，是一种对学生学习过程必不可少的反馈和矫正，其要害是让学生对“错”有清醒的认知和趁热打铁找到出错的根由。为了攻克这一难题，徐华借鉴语文老师课前用三分钟时间让学生演讲的做法，在课前随机抽查几名学生，让他们用三到五分钟的时间讲解自己的解题思路和方法，或对自己做错的作业进行错因分析。此举果然有效！美国著名教育心理学家奥苏贝尔曾经提出这样的命题：“影响学习的最重要因素是学生已经知道了什么，根据学生的原有知识状况进行教学。”学习的质量是学习者建构意义能力的函数，而不是学习者重现教师思维过程能力的函数。换句话说，获得知识的多少取决于学习者根据自身经验去建构有关知识的意义的能力，而不取决于学习者记忆和背诵教师讲授内容的能力。知识的建构性决定了学习过程不是推翻重来的过程，而是一个不断纠错，不断扬弃与完善的过程。要帮助学生学会学习，及时巩固所学成果，减少教学误差，就需要了解每名学生的认知基础，动员他们发挥主体作用，去获得最大的“赢面”。让学生用自己的语言把新近学习的内容表述出来，定格为思维成果，才是徐华评价学生的出发点和归属点。徐华的作业批改法独树一帜，破除常规，效果甚好，可谓平中出奇，让人耳目一新。但他并不就此满足，而是趁热打铁，索性组织了作业团队，让学生群体的智慧发挥到最大。他把如何布置作业、如何批改等放手给团队去进行研究实施，自己腾出手来，对学困生进行耐心细致的面批，或者给学有余力的优秀学生予以延伸学习的点拨。他还定期组织学生开展数学小论文写作和答辩，他的弟子写出了许多高质量的数学小论文，而他撰写的论文《布置和批改数学作业有没有最佳方法》也让人深受启迪。

当然，作为一名有情怀、有追求的师者，徐华一直在追问这样一个问题："在当今的时代，师者何为？学生到底需要什么样的老师？"他高度认同与学生共同成长的教育理念，他觉得一位矢志育人，始终能陪伴学生前行，并给他们以智慧引领和人生启迪的教师才是真正的"明师"。因此，贴着学生"教"，紧随时代"学"，才是教师操持足够活力或"弹性"的根本所在。他努力使自己成为一名反思型、研究型的教师，在踏实的教学实践中不断更新教育理念，不断充实自己的新知，力行"授人以渔"的教学思想，把全部的心力浇灌到教学改革的实践当中。只有走进学生心里，读懂学生的需求，从学的角度教数学，按照认知规律和学生的心理需求来设计、组织教学，才会稳操胜券。正是这种严谨的治学态度，使他逐渐形成了"准确、简练、深刻"的教学语言风格、勤于探究与反思的教学模式和"重思维、重体验、重个体"的教学特色。

在教学中，徐华重视学生的共性需求，但更关注学生的个体差异，他认为这是帮助学生学好数学的关键。因时、因人、因教学材料的不同而采取不同的教法业已成为他的教学常规。在帮助学困生方面，徐华提出很"贴心"的"做题+讲题"模式；对优秀学生则采取"任务驱动法"来激励他们大幅度提升自己的能力；带毕业班时，指导学生集中智慧，采取研究型学习的方式来备考。这些方略，都取得了颇为显著的实效。学海茫茫，一苇可航。摆渡者心中有舵，有爱，有智慧，就无惧任何风高浪急。

正是在经年累月的教学中，徐华积累了丰富的教育教学案例，作为一个欣喜的旁观者，我不止一次地催促他把这些案例整理成书，但内敛的徐华似乎不那么着急。

教育是生命影响生命的事业。教育首先是情感，然后才是知识。一个人的胸怀有多宽，格局有多大，决定了他在事业上的宽度和高度。"教学生三年，想学生三十年，想国家民族三百年。"这是徐华从教以来持之以恒的教育情怀。徐华坚信，只要努力与学生平等相处，帮助他们形成"学会感动、学会尊重、学会奉献、学会学习、学会期待"的教育理念，他们庶几能抵达人人都能成功的境界。

“教育是一场修行，既是在修学生，也是在修自身。修行者是负重前行的，我们身上肩负的就是引领学生成就美好未来的责任……”岁月匆忙，时光流转，面对人生，徐华的第一选择必定是那些早已融化在他的血液中、沉淀为他的生命信仰和信念的一个个与数学有关的故事。正是这些人和事，开启了他的人生智慧，铸炼了他的人生品格，使他成为现在这样一个无怨无悔地活在教育里，活在数学中的人。

是数学教育，磨砺了徐华生命的韧度。

是数学教育，提升了徐华生命的热度。

是数学教育，提炼了徐华生命的纯度。

是数学教育，彰显了徐华生命的气度。

是数学教育，拓展了徐华生命的宽度。

是数学教育，聚焦了徐华生命的亮度。

是数学教育，昭示了徐华生命的高度。

所以，要理解徐华，最佳的方式就是去阅读徐华的教育故事，去听听他怎么想，怎么做，怎么说。

邝国宁，南宁市教育科学研究所原数学教研员，中学室主任。1989年荣获全国优秀教师称号，1999年荣获南宁市教育系统学科带头人称号，2003年荣获特级教师称号，2006年荣获南宁市第六批专业技术拔尖人才和南宁市教坛明星称号。先后被聘为广西壮族自治区基础教育课程改革专家指导委员会委员，国家基础教育课程改革专家指导委员会委员，中国高校学会高师教育研究会全国新世纪素质教育论文与教案评比活动评委，中小学专业技术评鉴专家，中国数学奥林匹克一级教练，《中国数学教育》（高中版）编委。兼任广西数学学会常务理事，广西教育学会中学数学教学专业委员会副秘书长，南宁市数学学会秘书长等职。

附录二 教学案例评析——以“难题从哪里来?”为例[①]

执教：南宁市第二中学 蔡静雯

评析：南宁市第二中学 徐 华

2018年11月20日，以“追随名师”为主题的2018年南宁·东盟人才活动月基础教育高端论坛——南宁二中徐华老师专场上，蔡静雯老师执教了“难题从哪里来？——函数复习课”一课，现把整节课的预设与实际过程梳理如下。

一、教学内容分析

1. 教学内容：把高一阶段必修一[②]范围内的复合函数类问题拆分为函数构造设计和设置问题角度设计两个阶段，探究难题的生成过程，并通过分解题组和延伸题组来重构能力。

2. 教学重点：理解必修一范围内的函数难题的破解方法与命题思路。

教学难点：展现解决与命制函数难题的思路及其合理性。

3. 教学目标：

(1) 理解复合函数类的难题是如何通过转化与化归变难为易的；

(2) 了解复合函数类的难题是如何设计的；

(3) 通过对话、交流互相学习。

评析：课程专家崔允漷曾说：“它（教学目标）既是教学的出发点，也是归宿，或者说，它是教学的灵魂，支配着教学的全过程，并规定教与学的方向。”[③] 由此可见教学目标的重要性。教学目标的确立应遵循主体性原则、具体化原则、差异化原则、生成性原则、全面性原则。在教

① 本文曾以《数学课堂的自然从哪里来——高一复习课〈难题从哪里来?〉教学实录与评析》发表在《广西教育》2019年第6期，有删改。

② 普通高中课程标准实验教科书 数学1 必修［M］. 2版. 北京：人民教育出版社，2018.

③ 崔允漷. 教学目标：不该被遗忘的教学起点［J］. 人民教育，2004（13/14）：16—18.

学目标的制订中，“理解”“了解”这样的文字是由教师平时的思维习惯给出的，不便于评价和测量，此处可表述为：(1) 能解释是如何通过转化与化归将复合函数问题变难为易的；(2) 能描述本节课所遇到的复合函数综合问题是如何设计出来的。即便如此，由于在教学目标中未能明确转化与化归的具体手段和设计综合问题的具体措施，这也使教学生成的效果会受到影响。另外在教学目标中列出了“通过对话、交流互相学习”这样的要求也未能给出要达到什么效果，不便于评价。故可以做这样的调整：在“难题是如何设计出来的?”等问题情境中关注综合问题的提出与解决。

二、教学过程

第一阶段：引入

师：咱们段考刚结束，想问问大家感觉最难的是哪道题?

生（齐声）：第 21 题。

投影段考第 21 题，让学生思考作答。

21.（本小题满分 12 分）

已知 $x=0$ 和 $x=1$ 是函数 $g(x)=ax^3-2ax^2+x+b$ 的两个零点，且函数 $f(x)=\dfrac{g(x)}{x^2}$。

(1) 求实数 a，b 的值；

(2) 若不等式 $f(\ln x)-k\cdot\ln x\geqslant 0$ 在 $x\in[\mathrm{e},\mathrm{e}^2]$ 上恒成立，求实数 k 的取值范围；

(3) 若 $f(|2^x-1|)+k\dfrac{2}{|2^x-1|}-3k=0$ 有四个不同的实数解，求实数 k 的取值范围。

问题 1：下面请大家分析，这道题难在哪里?

生 1：我觉得第 (3) 小题的函数太复杂，换元以后想了很久不懂怎么下手。

生 2：在考试的时候，做到第 (2) 小题还勉强能做出来，但是做到第 (3) 题时发现函数太复杂了，不懂题目是什么意思。

生3：第（1）、第（2）小题我都很快做出来了，到第（3）小题换元以后就不会分析了。

师：我总结一下三位同学的发言，有两个难点：（1）函数太复杂不懂怎样分析；（2）换元以后不懂怎么做。大家有没有想过，这么难的问题是怎么得到的？是命题人一拍脑袋蹦出来的还是人为设计出来的？

生（齐声）：设计出来的。

师：既然是设计好的必然有套路吧？如果能够知道设计一道类似这样的函数难题的模式是什么，我们是不是就可以知道怎么解题了？因此，我们今天来探讨设计一道数学难题的过程与方法。（板书“难题从哪里来？”）

评析：从两天前的段考最后一题入手，可以迅速引发学生的回忆，激发学生重新挑战难题的兴趣，“难在哪里？”的问法击中学生的疑惑靶心，强烈的好奇心和求知欲让学生马上进入思考状态，直接、有效。通过暴露学生的思维，在学生发言的基础上进行总结，梳理了本课的研究路线，自然生成的问题“难题从哪里来？”指明本课的研究内容——设计一道数学难题的过程与方法，研究思路被清晰地勾勒出来，有助于围绕主线深入思考。

问题2：我们先解决第一个问题：函数太复杂。但我们依然可以在这个函数里面看到熟悉的函数，有哪些？

生4：比如一次函数、二次函数、反比例函数、指数函数、对数函数、幂函数（板书）。

师：如果单独以这些函数出题我相信大家是有思路的，但它们是怎样组装起来的？

生4：它们是通过加减乘除或分段组合等方式组装起来的。

师：也就是通过四则运算、分段组合等方式组装起来。很好，有同学要补充吗？

生5：还可以通过迭代组合起来。

师：函数通过迭代得到什么函数？

生5：复合函数。

师：很好！综合一下大家的看法，较复杂的函数可以由初等函数经过迭代、四则运算或分段组合等不同的对应方法构造成复合函数和分段函数。

评析：作为“促进者”与“帮助者”，教师通过“在陌生的研究对象中寻找熟悉的部分”的问法把学生顺利地引入了思维的“最近发展区”，把复杂问题转化为简单问题，让学生体会到研究困难问题的切入点是自然的，研究难题的方法是合理的。在对复杂函数的拆分与重组过程中，学生意识到了转难为易的魅力，体会了转化与化归思想的重要性。

问题3：第一个问题解决了，那么下一个问题：对于复合函数我们一般怎么处理?

生6：换元法。

师：换元以后实际上是什么函数的问题呢?

生6：外层函数。

师：不错，外层函数问题实质上也是函数问题。我们是否可以先观察一下，围绕函数我们一般会设计什么样的问题?

评析：承上启下的过渡语既可让教与学的生成变得流畅，也可让课堂的主线逐渐清晰起来。课堂的每个问题都是来自学生心底的，而解答每个问题也是学生自己答出来的，教师恰当地扮演着“促进者”的角色。

第二阶段：设计问题

问题4：围绕函数我们一般会设计什么样的问题呢?

投影以下函数问题，先让学生思考作答。

1. 函数 $y=\sqrt{1-\left(\frac{1}{2}\right)^x}$ 的定义域是____________。

2. 函数 $y=\lg(1-x^2)$ 的值域是____________。

3. 函数 $f(x)=\frac{2^x+1}{2^x-1}$ 的奇偶性是____________。

4. 函数 $f(x)=\ln(x^2-3x+2)$ 的递增区间是____________。

5. 若 x_0 是方程 $e^{|x|}=x^{\frac{1}{3}}$ 的根，则 x_0 属于的区间是（　　）。

A. $\left(\frac{2}{3}，1\right)$　　B. $\left(\frac{1}{2}，\frac{2}{3}\right)$　　C. $\left(\frac{1}{3}，\frac{1}{2}\right)$　　D. $\left(0，\frac{1}{3}\right)$

6. 不等式$(\lg x)^2-\lg x^2-3>0$的解集是____________。

7. 证明函数$g(x)=4^x+2^x+1$的图象恒在x轴上方。

生4：围绕函数一般可以设计函数的定义域、值域与最值、奇偶性、单调性、方程的根、解不等式、恒成立等方面的问题。

师：这位同学的总结很全面。接下来，我们可以看看，段考第21题的第（2）小题换元以后是什么问题？

评析：教师提供素材，学生带着问题通过素材观察、归纳、概括，在此过程中，尽管学生归纳概括得不完整和准确，需要提示与补充，但有利于增强学生的自信心，提升成就感，并能够沿着问题的指向继续思考：围绕函数还能设计的问题有哪些？把思考延续到课外。

问题5：第（2）小题换元后所化成的问题你能求解出来吗？请再试一试。

几分钟之后，学生们几乎都做出了大半，有少部分同学算出了最后结果，大部分同学卡在了换元以后的问题上，陷入思考中。生7就是其中之一，我取得了她的同意，用实物投影仪展示她的解答过程。

师：大家都做得差不多了吧？让我们一起分析分析。请大家看这位同学的解答，首先表扬她的书写工整美观。请大家对照一下自己的答案，换元以后是一样的结果吗？

生（齐声）：一样的。

师：我们可以帮助她完成这道题吗？换元以后应该是一个关于函数的什么问题呢？

生8：是恒成立问题。

师：你是怎么做的？

生8：我是先求二次函数$h(t)=t^2-2t+1$的最小值，然后k就小于二次函数的最小值。

师：你这个方法有名称吗？

生8：分离参数法。

师：理解很到位，方法也简洁明了。你是怎么想到的？

生8：因为我看到这是一个恒成立问题，就想到用分离参数方法做了。

师：也就是说，解题的关键是能辨识换元后转化成什么问题。

评析：把解题的关键聚焦在考试中思路受阻的地方，通过“问题串”引导学生认识到转化问题是解决难题的关键。可惜的是，这里没有对含参数问题的一些常见做法进行讨论，以至于为什么“一看到这道恒成立问题，就想到用分离参数法做”处于“知其然，而不知其所以然”状态，学生日后在面对含参数问题时仍然可能会思维受阻。

问题 6：反思这道题的解题过程，经过多少次转化才能解出来？

生 1：经过了三次。

师：哪三次？

生 1：第一次，是把 $f(x)$ 代入得到一个具体函数的恒成立问题；第二次，是把原来的复合函数问题通过换元得到外层函数问题；第三次，把恒成立问题转化为最值问题。

师：思考很深入，总结很到位。每次转化后，你感觉解题的难度如何变化？

生 1：越来越小。

师：很好，请坐。我再提一个问题，你认为类似于第（2）小题的难题是怎样破解的？

生 9：我认为是转化问题。

师：说得太好了！破解难题的关键就是把复杂的原问题 A，转化为稍微简单的问题 B，再转化为简单问题 C，这个过程也是复合函数问题转化为外层函数问题的过程，在不断的转化与化归中，难题得以破解。

通过破解模式流程图，突出转化与化归问题使问题变简单是解决难题的主要思想。

复合函数问题转化为外层函数问题

师：我再问一个问题，你认为类似于第（2）小题的难题是怎样设计的？

生 3：我认为是倒过来，先设计一个最容易的问题 C，比如某个初等函数问题，在这个基础上，设计一个中等难度的复合函数问题 B，最后再变成一个难度最大的复合函数问题 A。

通过命题模式流程图，突出把初等函数问题变成复合函数问题是命制难题的基本思路。

初等函数问题设计为复合函数问题

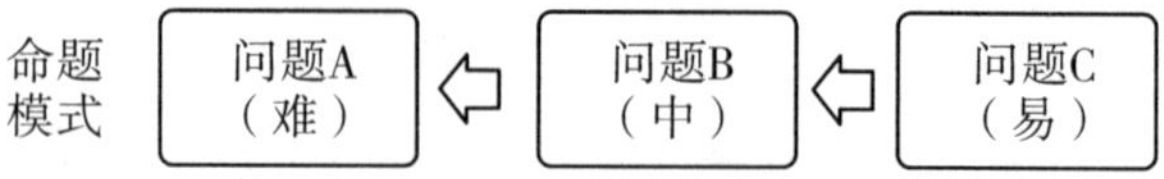

师：你的想法与命题老师不谋而合！为你点赞！现在大家都清楚了函数难题的设计套路，也就是“难题是从哪里来的?”。下面我们是否也可以试一试，从以下问题中选一道，设计成难度更大的复合函数问题?

评析：通过设计合理的“问题串”，从问题转化的次数到难度的变化，都可以让学生感受得到并能表达出来，师生共同探究出“解题”与“命题”的思维路径，并通过流程图分别加深对“解题”与“命题”两种思维路径的印象。既解决学生心中“此难题如何解?”的困惑，也努力去化解学生心中更大的疑惑：今天我解决的问题与明天将会遇到的问题有何关系？真正地帮助学生举一反三。

第三阶段：重组难题

探究活动：请从以下题目中选择一道题，改编成复合函数题，并让同桌解答。

8. 不等式 $x^2-3x-4<0$ 的解集是______________。

9. 函数 $f(x)=2^x-x^2$ 的零点个数是______________。

10. 已知函数 $f(x)=x^2-2x-3$ 在 $[0, m]$ 上的值域为 $[-4, -3]$，则实数 m 的取值范围是______________。

11. 若不等式 $x^2+ax+1\geqslant 0$ 对于一切 $x\in\left(0, \dfrac{1}{2}\right)$ 成立，则实数 a 的取值范围是______________。

三分钟以后，挑选了两位同学设计的题目用投影展示。其中，生 10 挑选了第 8 题，改编为“求不等式 $\ln^2x-3\ln x-4<0$ 的解集”。

师：请大家看这位同学改编的题，你们能解出来吗?

生 11：能，只要令 $t=\ln x$，换元后得到的就是原来的第 8 题。

生 12：我改编的题目为“若不等式 $4^x+a\cdot 2^x+1\geqslant 0$ 对于一切 $x\in(-\infty,-1)$ 成立，则实数 a 的取值范围是______”。

师：我们再看看这位同学改编的题，是改编自第几题？

生（齐声）：第 11 题。

师：很好！老师也设计了一些题，大家课后可以去试着做一做。

好题欣赏：在课件中投影出预先准备的一些在此基础上设计的好题，可让学生课后去做。

好题 1　不等式 $9^x-3^{x+1}-4<0$ 的解集是______。

好题 2　已知函数 $f(x)=2^x-2^{-x}$，则不等式 $f[f(x)]>0$ 的解集是______。

好题 3　已知函数 $f(x)=\log_2^2 x-\log_2 x^2-3$ 在 $[1,2^m]$ 上的值域为 $[-4,-3]$，则 m 的取值范围是______。

好题 4　已知函数 $f(x)=\lg(1+2^x+a\cdot 4^x)$ 的值域为 $\mathbf{R}$，则实数 a 的取值范围是______。

评析：“纸上得来终觉浅，绝知此事要躬行。”要深刻体会难题的由来，还需亲自动手编一编。给同桌出题的要求，实质要求学生既能命题，同时也能解题，也就是兼顾命题的科学性和合理性。能够把简单的函数问题包装成复杂的复合函数问题的学生，可以认为达到了本节课的教学目的。好题欣赏给学生提供了思维难度的对比，同时也为课后提供了良好的跟踪检测素材。

三、课堂小结

师：通过本节课的学习，你有什么感悟？有哪些收获？

生 1：通过这节课，我明白了难题是由简单的问题设计过来的，所以我们解函数难题的时候要注意转化问题。

生 3：通过本节课，我觉得平时做题还要揣摩出题老师的心思，做到知己知彼，才能百战百胜！

师：你认为本节课还有哪些问题没有解决？课后你将怎样做？

生13：我觉得我的恒成立问题很薄弱，课后还要加强一些函数恒成立问题的难题训练。

评析：一堂课的小结就像整堂课的名片，感悟与收获比知识点更能引起学生的表达欲望，“还有哪些问题没解决”“课后你将怎么做”这两个问题把课堂延伸到课外，让课堂效益最大化。

四、作业

完成“好题欣赏”的4道题。

评析：让课堂内容得到了巩固和提升。

总评

1. 自然来自常态

一堂自然的数学课，首先应来自常态课，本节课引例恰当，问题生成自然。教师选择的是全体学生刚经历过的一道有挑战性的综合题目，自然而然地激发出学生心中的疑惑：“难题从哪里来?”以问题为导向，着眼于培养学生分析问题的能力，为整节课奠定了一条清晰的主线，有利于师生共同沿着这条主线进行探究。

要生成一堂自然的数学课，在师生常态的教学互动过程中，教师的教学机智是非常重要的，这是实现“导而弗牵”的保证。要做到课堂教学中教师的教学机智的呈现，首先取决于教师本人课前充分的预设，其次是倾听，捕捉有意义的信息。本节课，教师捕捉到学生回答的“难题是设计出来的”中的“设计”二字，既然是“设计”，其指向性就应很明确。本节课所生成的问题“难题从哪里来?”指向性非常明确，这样可以较自然地切入，自然地引导师生共同去寻求规律。

2. 自然应遵循规律

对于一个复杂问题，分解其难度是一个明智的做法，也符合人的认知规律。在本节课中，问题2的给出是自然的，因为这解决了学生的第一个疑惑：复杂的函数是怎么生成的？问题的答案是具有针对性的：找到了生成（复合）函数的路径，即复杂的函数是由基本初等函数复合而成的，具体来说，是通过迭代、四则运算、分段组合等方式实现的。既然复杂函数是由基本初等函数复合而成，那么可以通过换元法让函数变得简单，从而分解难度，并引导学生从具体到抽象，去关注一般围绕函数会设计哪些问题。

在本节课中，教师引导学生围绕函数归纳概括出一般需要研究的问题，即从函数特质来说是函数的三要素的确定、函数的性质与图象判断、函数与方程的关系问题。从数学学科的角度来说，是研究等量与不等量关系，或者是数与形之间的关系。

3. 解惑是实现自然状态重要的途径

本节课让人眼前一亮的环节是教师引导学生一起去探究解题模式与命题模式之间的联系，教师希望通过让学生揣摩解题思维路径与命题思维路径之间的关系，从而举一反三，解决师生心中共同的疑惑：今天我们面对的问题与明天我们将要面对的问题有什么关系？今天我们解决数学问题的经历是否真正可以变成明天解决数学问题的经验？

4. 自然并非一顺到底

从课堂教学的实际情况来看，学生对含参数的不等式恒成立问题一般解决的办法（分离参数）掌握得不错，使本环节的问题解决得比较顺利，但对为何要用此方法的合理性没有深究，在今后解决含参数问题的过程中有可能会思维受阻。

学生会做题是一个层次，能把解题思路讲得清楚则是更高一个层次，教师能够暴露学生的思维，帮助其梳理自己思路的合理性，是一件很有价值的事。教师帮助学生从听懂过渡到会用过程的准备是充分的，在新课程改革的背景下，教师是学生学习的参与者、合作者与指导者。学生受经验及认知水平的制约，既需要教师以指导者的角色适时地弥补学生认知上的不足，也需要教师以合作者和参与者的角色适当地呈现出指导的材料。

一节课的结束，是既有问题探究的终结，同时也是生成新问题和探究新问题的开始，教师应顺应课堂教学的时机，确定或调整后续的教学任务。

当然，这些是需要时间成本的，需要教师在教学过程中有耐性，毕竟，数学教学不是一节课就能定输赢的。

附录三　以问题驱动探究，追求自然的数学教学①

执教：南宁市第二中学　文尚平

评析：南宁市第二中学　徐　华

【摘要】何谓自然的数学教学？构成自然的数学教学的要素有哪些？以问题驱动探究的高三第二轮复习课，如何做到自然的数学教学？本文主要从问题的生成、问题的设计、问题的解决、问题的变式等方面进行了阐述，并认为教师对数学课堂的精准定位是实现自然的数学教学的前提，尊重“数学现实”是问题提出的自然的根本，追求“有效教学”是让教学的展示过程自然的内驱力。

【关键词】自然　数学教学　问题驱动　高三复习课　有效性

2018年11月20日，以“追随名师”为主题的2018年南宁·东盟人才活动月基础教育高端论坛——南宁二中徐华老师专场上，文尚平老师执教了“曲线与方程——高三复习课”，现把整节课的预设与实际过程梳理如下。

一、基本情况

1. 授课对象

学生来自南宁二中一个高三实验班，整体基础比较扎实，有一定的独立思考能力和合作交流能力。

2. 内容分析

在人教版教材选修2－1的学习中，解析几何的两个基本问题（建立曲线方程和利用方程研究曲线的性质）都是建立在“曲线的方程”与

① 本文曾以《通过问题驱动收获自然的数学教学——高三数学复习课〈曲线与方程〉教学设计与评析》发表在《广西教育》2019年第6期，有删改。

“方程的曲线”基础之上的。本节课是高三复习圆锥曲线的起始课，需要让学生对曲线的方程的认识经历从“概念”到“观念”的螺旋上升过程，又为后续复习圆锥曲线等内容做铺垫。通过学习，让学生对曲线与方程的关系有一个更加准确、完整、系统的理解和认识。因此，通过本节课的复习，让学生理解并掌握“曲线”这一几何对象和“方程”这一代数对象之间的一一对应关系，既是中心任务，也是教学难点。

从高考考查的要求来分析，曲线与方程经常在解析几何解答题的第一问进行考查，主要考查学生是否掌握利用坐标法求动点的轨迹方程的方法，这对学生利用坐标法研究几何图形能力的培养有着举足轻重的地位，是解析几何中不容忽视的内容。

二、过程设计

（一）课题引入

师：整个高中阶段，关于平面解析几何的内容主要包括直线与圆的方程、圆锥曲线、坐标系与参数方程，其中圆锥曲线板块又包括曲线与方程、椭圆、双曲线以及抛物线。

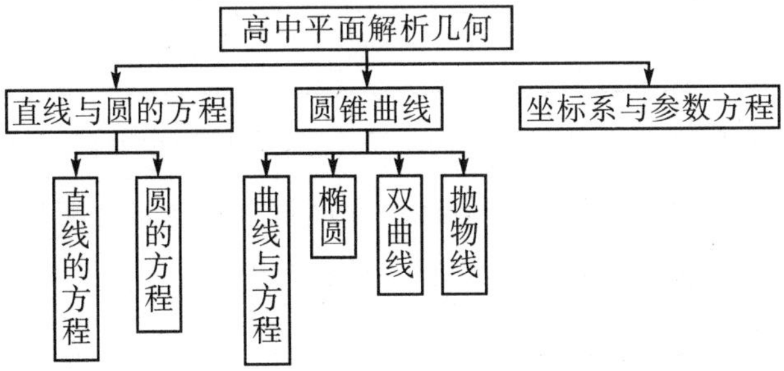

师：高考中，关于曲线与方程的考查，题型常为解答题，主要考查曲线的方程的求解。

【设计意图】厘清解析几何内容的主线，明确高考考查的重点、难点和热点，准确定位本节课内容的地位及考查要求，为学生科学备考提供依据。

评析：数学教学首先要让学生感到数学内容是自然的，这种自然包括基于“数学的现实”的问题的提出、解决以及变式。高三数学复习基本都是围绕考、学、教三个要素进行，基本的策略是“以考为向，以学定教”。这节课在课堂的引入环节，通过归纳统计历年高考关于“曲线与方程”的考查情况，让学生明确了高考的考查重点及要求，这就是构成自然的数学教学的要素之一。

（二）提出问题

师：填空，观察表中的方程与曲线，说明它们有什么关系。

序号	方程 $f(x,\ y)=0$	曲线 C	曲线与方程
(1)		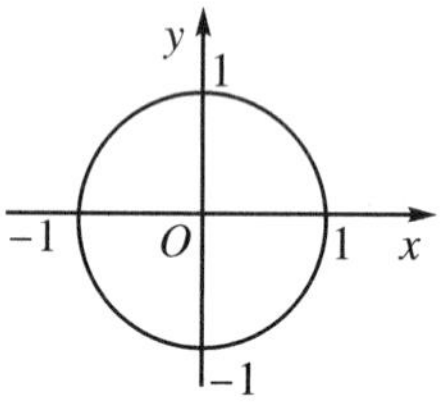	①曲线 C 上点的坐标 $(x,\ y)$ 都是方程 $f(x,\ y)=0$ 的解； ②以方程 $f(x,\ y)=0$ 的解 $(x,\ y)$ 为坐标的点都在曲线 C 上。 只有同时满足上述两个条件，方程 $f(x,\ y)=0$ 叫做曲线 C 的方程，曲线 C 叫做方程 $f(x,\ y)=0$ 的曲线
(2)		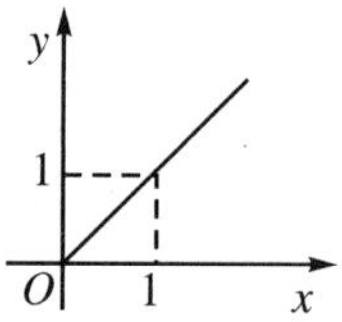	
(3)	$x=\sqrt{y}$		

师：通过表格中方程与曲线的关系，不难归纳出曲线与方程的概念。我们常将曲线、方程这样的集合的关系化归到点、解之间的关系进行判断。那么，求曲线方程的一般步骤是什么？

生：建系—设点—列式—化简—证明。

【设计意图】概念辨识。学生在“曲线的方程”与“方程的曲线”这两个概念的理解上，往往习惯性停留在“方程”这一代数形式上，较少关注方程是否是曲线的方程这一几何形式。而在内容的呈现上，表格更直观形象。

评析：在本节课内容的把握上，授课教师把轨迹方程的求解设计为两个环节。环节一：找到曲线上点的坐标都是解的方程；环节二：证明以找到的方程的解为坐标的点都在曲线上。这样的设计是自然的，环节一是从代数角度描述一个几何问题，环节二是从几何角度验证这个代数形式。在这个教学环节的设计上，教师通过三个问题，以填表和提问的形式，把“曲线的方程”和“方程的曲线”这两个概念融入到问题的解决中，只有及时暴露学生存在的问题，激起思想的共鸣，方可提升数学课堂的教学有效性。

对于求曲线方程的一般步骤，确定为“建系、设点—找等量关系—列方程—化简—证明”更合理一些。其中最关键环节应为寻找等量关系，若教师在此处均未能强调并完善，这会影响学生对曲线方程的理解，也就不易找到各种求曲线方程的方法的内在联系。

（三）题组训练

1.（教材第 41 页例 3）设点 A，B 的坐标分别为 $(-5,0)$，$(5,0)$。直线 AM，BM 相交于点 M，且它们的斜率之积是 $-\frac{4}{9}$，求点 M 的轨迹方程。

2.（教材第 47 页例 6）点 $M(x,y)$ 与定点 $F(4,0)$ 的距离和它到直线 l：$x=\frac{25}{4}$的距离的比是常数$\frac{4}{5}$，求点 M 的轨迹方程。

3.（2017 年新课标全国Ⅱ卷理科数学 20 题）设 O 为坐标原点，动点 M 在椭圆 C：$\frac{x^2}{2}+y^2=1$ 上，过 M 作 x 轴的垂线，垂足为 N，点 P 满足 $\overrightarrow{NP}=\sqrt{2}\,\overrightarrow{NM}$。

（1）求点 P 的轨迹方程；（2）略。

4.（2017 年新课标全国Ⅲ卷理科数学 22 题）在直角坐标系 xOy 中，直线 l_1 的参数方程为$\begin{cases}x=2+t,\\ y=kt\end{cases}$（$t$ 为参数），直线 l_2 的参数方程为$\begin{cases}x=-2+m,\\ y=\frac{m}{k}\end{cases}$（$m$ 为参数）。设 l_1 与 l_2 的交点为 P，当 k 变化时，P 的轨迹为曲线 C。

（1）写出 C 的普通方程；（2）略。

答案：1. $\frac{x^2}{25}+\frac{y^2}{\frac{100}{9}}=1(x\neq\pm5)$；2. $\frac{x^2}{25}+\frac{y^2}{9}=1$；3. $x^2+y^2=2$；

4. $x^2-y^2=4(y\neq 0)$。

【设计意图】回归教材，用好教材。“题组训练”的题目基本来自教材和高考真题，通过刚才的训练，我们不难看出解析几何解答题常考查轨迹方程的求解，而目前学生普遍存在的问题是求解方法不系统，细节把握不够，反映出学生对曲线与方程的概念理解还不深刻，对曲线方程的求解方法还不能完全掌握。

评析：数学教学要让学生感到自然，主要体现在问题的设计、课堂的生态要自然。所以必须结合学生的实际，包括学生对知识掌握的实际，以及学生所存在问题的暴露过程，通过科学的教学设计，既能发现教学中存在的问题，又能让师生保持一种健康积极的心态面对存在的问题。本环节的教学设计是自然的，体现在由浅入深，创造性地运用教材及高考真题，化解教学的重点、难点。课堂问题的解决也是自然的，课堂上学生积极地思考，能清晰地表达自己的想法，通过交流合作发现自己存在的问题，从而完善原有认知结构，做到自然同化新知。第 1、2 题考查了学生用直接法求曲线方程的掌握情况，第 3、4 题检查了学生对曲线方程深层次理解的情况。这样的设计自然，符合“最近发展区”的建构主义理论。

（四）例题力求多变，唤醒思想方法

例 1 在$\triangle ABC$中，$BC=2$，$AB=\sqrt{2}AC$，求顶点 A 的轨迹方程。

师：谁来谈谈本题的解题思路？

生：按照求曲线方程一般步骤进行即可。

建系：如图，以 BC 中点为原点，BC 所在直线为 x 轴，建立平面直角坐标系，则 $B(-1,0)$，$C(1,0)$。

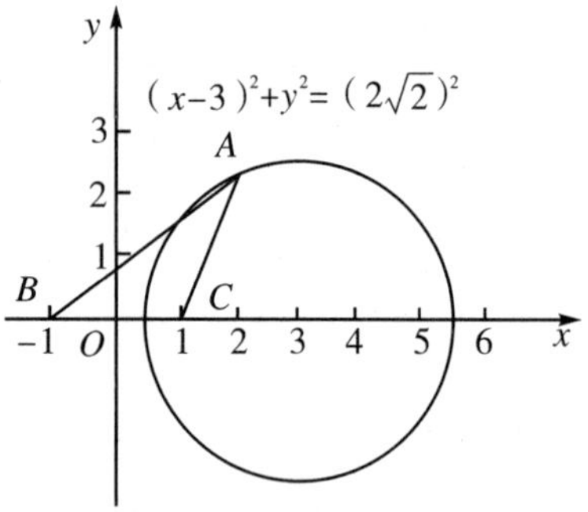

设点：设点 $A(x,y)$，则

$|AB|=\sqrt{(x+1)^2+y^2}$，

$|AC|=\sqrt{(x-1)^2+y^2}$。

列式：由 $|AB|=\sqrt{2}|AC|$，则 $(x+1)^2+y^2=2[(x-1)^2+y^2]$。

化简：$x^2+y^2-6x+1=0$，即$(x-3)^2+y^2=8$。

师：顶点 A 的轨迹方程为 $x^2+y^2-6x+1=0$，对不对？

生：要去掉 x 轴上的两个点。

师：要写成 $x^2+y^2-6x+1=0(y\neq0)$ 吗？原因是什么？

生：当点 A 位于 x 轴上时，此时$\triangle ABC$ 就不存在了。

师：回答得很好。如果不去掉 $y=0$，那么方程就不是顶点 A 的轨迹方程了。下面我们通过思维导图的方式完整呈现本题的答题过程。

条件一：求曲线的方程

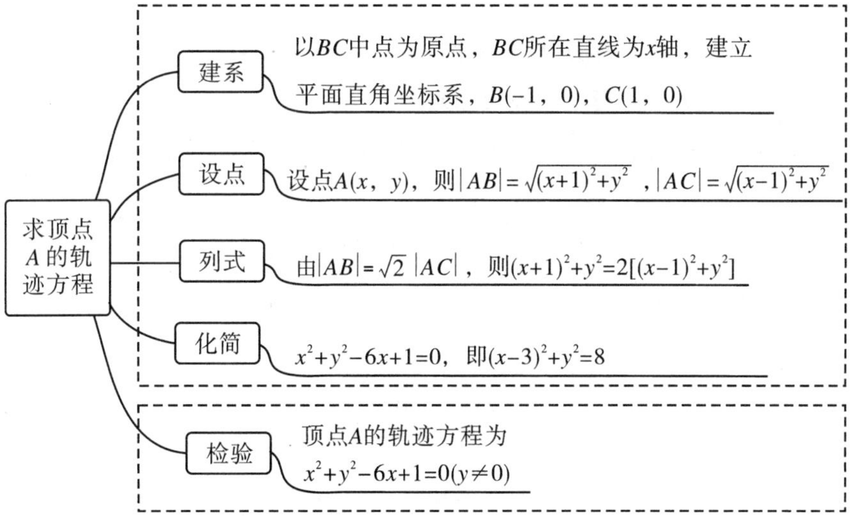

条件二：求方程的曲线

【设计意图】从一个几何问题出发，培养学生利用坐标法解决几何问题的意识和能力；利用思维导图呈现本题分析、解决问题的一般思路，指导学生学会分析、翻译已知条件；通过轨迹方程求解的五个基本步骤和两个条件，引导学生学会将轨迹方程求解的问题进行分解，让学生掌握曲线方程求解的一般步骤和方法。

评析：数学教学的自然还体现在课堂的结构上，体现在课堂的主线要清晰，结构要简单。本节课在这一个环节的设计上具备自然的教学特点，从一个几何问题出发，以学生熟悉的三角形求解为背景，并利用思维导图呈现分析、解决问题的一般思路，结构简单、思路清晰、指向明确。

（五）变式探究，别样精彩

师：同学们能改变题目的条件，提出新问题，并尝试解答吗？

生 1：把条件 $AB=\sqrt{2}AC$ 变为 $AB=\lambda AC(\lambda>0)$，当 $\lambda\neq1$ 时，顶点 A 的轨迹是去掉与 x 轴交点的圆；当 $\lambda=1$ 时，顶点 A 的轨迹是去掉与 x 轴交点的直线。

生 2：把条件 $AB=\lambda AC(\lambda>0)$ 改为 $AB+AC=\lambda(\lambda>2)$，顶点 A 的轨迹是去掉与 x 轴交点的椭圆。

生 3：把条件 $AB+AC=\lambda(\lambda>2)$ 改为 $|AB-AC|=\lambda(0<\lambda<2)$，顶点 A 的轨迹是去掉与 x 轴交点的双曲线。

师：上面 3 位同学改变了条件，提出了新的问题，并成功加以解决。下面，我来变换一下结论，请大家思考。

变式 1　其他条件不变，把求顶点 A 的轨迹方程改为：求 $S_{\triangle ABC}$ 的最值。

生 4：因为 $BC=2$，所以 $\triangle ABC$ 中 BC 边上的高最大时，$S_{\triangle ABC}$ 最大，观察轨迹图形，$\triangle ABC$ 高的最大值即为圆的半径 $2\sqrt{2}$，所以 $S_{\triangle ABC}$ 的最大值为 $2\sqrt{2}$。

师：这样做与建立三角形面积目标函数的做法相比要简单很多，主要原因是什么？

生 4：我们通过顶点 A 的轨迹特点，准确判断出 $S_{\triangle ABC}$ 取最大值时，顶点 A 的位置。

师：再看变式 2。

变式 2　其他条件不变，把求顶点 A 的轨迹方程改为：求 $\triangle ABC$ 重心的轨迹方程。

生 1：设 $G(x,y)$，$A(x',y')$，则 $x'^2+y'^2-6x'+1=0$，由重心坐标公式 $x=\dfrac{x_1+x_2+x_3}{3}$，$y=\dfrac{y_1+y_2+y_3}{3}$，得 $x=\dfrac{x'}{3}$，$y=\dfrac{y'}{3}$，即 $x'=3x$，$y'=3y$，代入 $x'^2+y'^2-6x'+1=0$，得 $(3x)^2+(3y)^2-6\times(3x)+1=0$，即 $x^2+y^2-2x+\dfrac{1}{9}=0(y\neq0)$。

【设计意图】对一个问题进行变式探索，让学生学会从“变”的现象中发现“不变”的本质，从“不变”的本质中探索“变”的规律，培养学生提出问题的意识和能力，掌握提出问题的一般方法，优化学生的思维品质，提升数学核心素养。

评析：数学教学要让学生感到自然，主要体现在问题的生成、分析要自然，包括准确地呈现对教材的理解，基于这种理解下的问题生成的过程水到渠成。依据波利亚的解题四大步骤——理解题目、拟定方案、执行方案、回顾与反思可以看出，一节有效的高三复习课，应有合适的思维容量，而问题变式就是一种有效的途径，将数学思想方法渗透在变式中，让学生在不经意间体会数学中的化归、类比、转化思想，所以自然的变式教学对问题的生成有较高的要求，需要做到不做作、不拘束、不呆板、不勉强。教师在这个环节中，引导学生从特殊到一般，层层深入，步步逼近，让学生自己通过阅读、观察、思考、讨论、交流进行探索，直逼问题的核心，思维过渡自然，引申合理。

（六）回归考题，触类旁通

师：请同学们思考并解决下列问题。

例 2 如图，设 M，N 为抛物线 $y=x^2$ 上两个动点，过 M，N 分别作抛物线 C 的切线 l_1，l_2，与 x 轴分别交于 A，B 两点，且 l_1，l_2 相交于点 P，若 $|AB|=1$，求点 P 的轨迹方程。

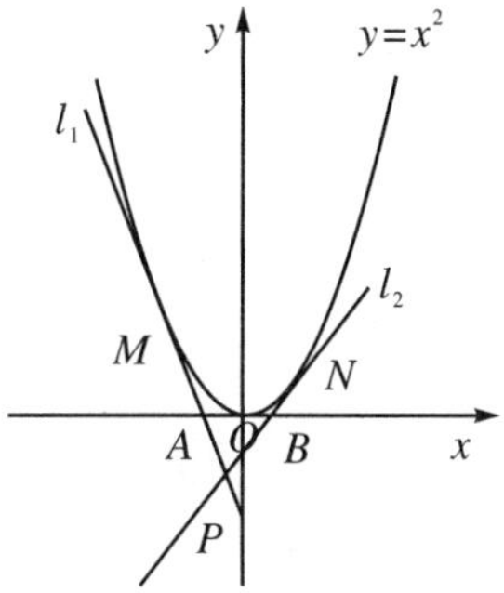

生 1：借助思维导图，做如下分析。

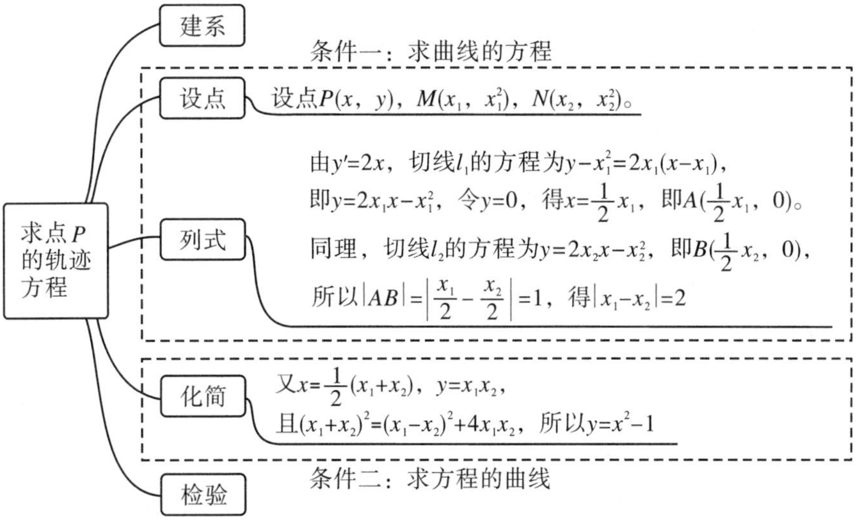

师：通过刚才问题的解决，谁来谈谈消元法的特点？

生：关于消元法，其实就是通过寻找动点的横坐标与纵坐标之间的直接关系，这也是求曲线轨迹问题的本质。

【设计意图】掌握轨迹方程的求解方法，是高考的一个基本考点。在前面“题组训练”部分已经引进了几何定义法，例 1 及变式中引进了直译法、参数法，所以本例题设置了消元法。

评析：此问题对学生来说是有难度的，教学过程中此环节有些沉闷，恰恰暴露了用直译法求解会思维受阻，若让学生关注直译法与参数法的内在关联，解决此问题思路会更加自然流畅。

师：我们再来更换一个条件，请看变式 3。

变式 3　如图，若 MN 为抛物线的焦点弦，F 为焦点，以 M，N 两点为切点的切线交于点 P，求点 P 的轨迹方程。

生：设 $P(x,\ y)$，焦点 $F\left(0,\ \frac{1}{4}\right)$，设直线 MN 的方程为 $y=kx+\frac{1}{4}$，联立方程组$\begin{cases}y=kx+\frac{1}{4},\\ y=x^2,\end{cases}$得 $x^2-kx-\frac{1}{4}=0$，$x_1x_2=-\frac{1}{4}$。

由例 2 可知，$y=x_1x_2$，故点 P 的轨迹方程为 $y=-\frac{1}{4}$。

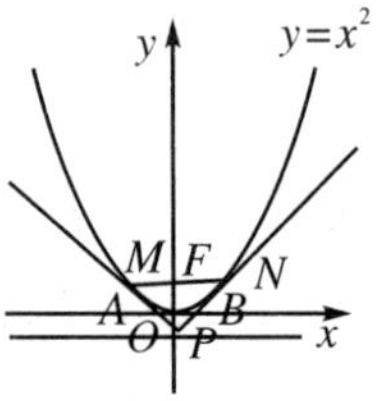

【设计意图】通过本例题及变式，引导学生透过变化的背景，抽象出具有共性的思想方法，抓住消参法求轨迹问题的本质，同时，通过引导学生从不同角度剖析例 2 及变式，采用“一题多解”的方式，帮助学生形成知识网络，培养学生灵活多变的思维能力，有效提升解题能力。

评析：自然的数学教学体现在包括理解数学知识是自然的、数学知识的生成过程是自然的、学习数学知识的范围是自然的、掌握数学知识的方法是自然的等。例 2 及变式的设计在一定程度上围绕了这四个方面的自然教学而展开，例 2 的设计由浅入深、分层设计，根据学生的实际生成问题，巧设梯度，让问题的求解、数学的学习在一种相对自然的氛围中推进。

（七）归纳小结

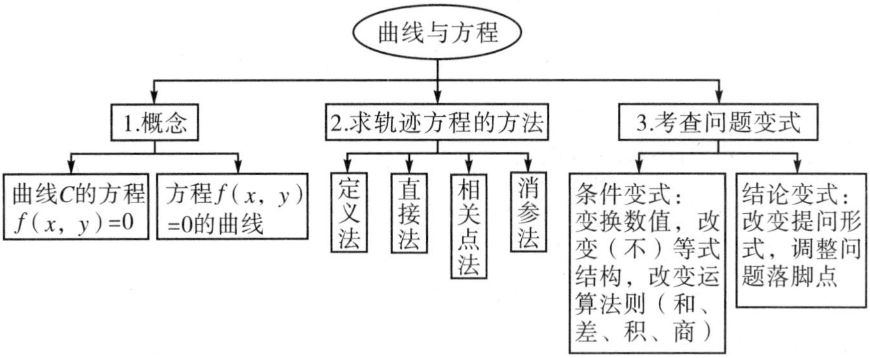

三、课后作业（略）

总评

对高三复习课以问题驱动探究，追求自然的数学教学的几点思考：

1. 何谓自然的数学教学

自然的数学教学指在数学教学时着眼于学生的成长，科学有效地帮助学生解惑时所获得的和谐的体验过程。这需要教师对课程理解到位、对教学任务明晰、对学情实时洞悉、明白并愿意正视自己的优劣。在复习课中如何实现“自然的数学教学”？应该是洞悉学生的学习基础，帮助其提升对已有概念与性质的理解、贯通各种方法的联系，站在学生的角度，在科学准确的前提下，让一堂课的每一个教学环节做到自圆其说即为自然。

2. 教师对复习课准确定位是实现自然的数学教学的前提

对于一节高三复习常态课，教师对其定位是准确的：首先，复习课有别于新授课，区别在于对相关内容结构的系统性、对相关概念理解的深刻性、对相关方法掌握的合理性及灵活性等方面都需要得到相应的提升，从而真正解决学生在复习备考过程中最大的疑惑，那就是我们今天所解决的问题与明天要解决的问题之间有何关联？其次是既然学生不是初次面对学习的内容，因此在教学过程中尽量给学生表达的机会，从中充分暴露其思维是评估学生学情有效的途径。最后是高三复习课着眼于高考，那么在课堂上对学生进行一定量的应试训练是非常有必要的。让人印象深刻的是，这三个方面在本节课都能体现得较充分。

3. 对实现自然的数学教学的建议

（1）尊重“数学现实”，让问题的提出自然

波利亚认为：如果我们不变式，我们就不会有任何的进步。数学问题的提出首先离不开老师的身先垂范，从考查问题到问题变式，再到具体问题，找准条件，弄清问题的落脚点，尊重数学现实，把范式提供给学生，并内化成学生的“再创造”能力。数学的“再创造”离不开学生的数学现实，如何把学生已有的数学经验转化为数学现实，是一个漫长的过程，且不可急躁，需要静待花开的胸怀与信念。自然的数学教学在面对数学问题的提出、分析、解决时，要有潜移默化、润物细无声的境界和高度。

（2）追求“有效教学”，让教学的展示过程自然

高三数学的教学，有效性是一项重要指标，所以过程的展示要自然。如果缺失了过程教学，那么数学的教学就沦为了“刺激—反应”训练。如何让教学过程的展示过程做到自然呢？可以从以下四个维度进行剖析。

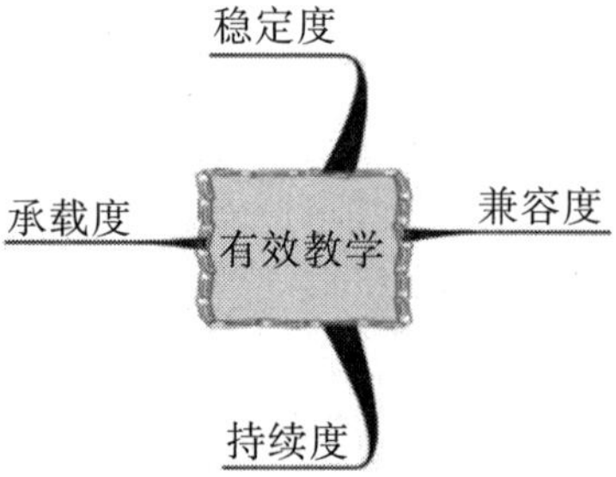

首先，有效的教学展示要有承载度，包括了解个体学情、预设教材；其次，要有稳定度，包括课堂的生成与学习经验；再次，要有兼容度，包括科学素养、人文素养；最后，要有持续度，包括个人境界等。

综上，合情合理是实现自然感觉的前提，解惑是实现自然状态的重要途径。教学个性始于模仿，但不会止于模仿，追求个性但不应止于标新立异，需要围绕着数学素养做文章，方可开展有效的自然数学教学。

附录四　多做一点点　多坚持一点点[①]

《中国青年报》记者　樊未晨

“20多年来，我努力让自己做到‘两个一点点’：平时比别人多做一点点，在遇到困难的时候再比别人多坚持一点点。”徐华说。这位广西壮族自治区南宁市第二中学（以下简称“南宁二中”）的教师，今年被评为2016年“全国教书育人楷模”。

自1992年毕业于广西师范大学数学系后，徐华便一直在南宁二中工作，从教24年，有21年做班主任，并且连续10年同时任两个班的班主任。

在广西南宁，有不少学生都希望成为徐华的学生。一个从小就被母亲认定“口迟言钝”的人，怎么当了老师，而且还能如此受欢迎?

徐华的秘诀大概就是那两个“一点点”。

不能光“学”　还要“悟”

徐华总说自己不是个聪明的人，但相信勤能补拙，所以，他总是“比别人多做一点点”。

刚当老师的第一年，为了更快适应班主任的角色，他经常跑到老教师任课的班级门口观察，看看老教师平时都是怎么做的。“不会做就模仿着做。”徐华说。

不过，同样的做法，老教师就能把学生带好，徐华却跟学生的关系很紧张，第一学年结束时，甚至有一个学生在徐华的讲台上写下了一句难听的话。

带完了第一届学生，徐华让学生对自己进行评价，结果学生给出的评价是：您是一名优秀的数学老师，但不是一名合格的班主任。

---

①樊未晨：《多做一点点　多坚持一点点》，《中国青年报》2016年9月11日第2版，有删改。

“我心里真的挺难受。”徐华说，这件事让他明白，不能光“学”，还要“悟”。

带了完整的一届学生后，徐华发现班主任的工作绝大部分都是常规性工作，但是因为刚刚参加工作，没有经验，所以徐华在做这些事的时候总是跟在别的老师后面，“别的班做了我们班再做，别的老师做了我再做”。

既然是常规的工作为什么一定要跟在别人后面？徐华想。于是，他开始按照自己的方式工作：凡事提前准备。新一届高一的学生还没有正式报到，徐华就已对每个学生的情况进行了了解，并与部分学生进行了初步的沟通，就是因为这种“提前一点点”的准备，让他的后续工作开展起来更加游刃有余。

徐华不仅在这一件事上多做了“一点点”。

徐华的家在南宁二中的新民校区，他带的班在凤岭校区，而且学生是住校的。虽然两校区相隔十多公里，开车最多需要半个小时，但是徐华每天都陪着自己的学生。“班上的孩子们在凤岭校区待多少个晚上，我就在凤岭待多少个晚上。”徐华说。为此，他的女儿还给他起了个绰号，叫“星期五爸爸”。

很多个“多做一点点”加在一起，不仅使徐华成为一名优秀的数学老师，还使他成为一名优秀的班主任。

只要潜心努力　终有开花之日

除了平时比别人多做了一点点，徐华在遇到困难时还能做到“再比别人多坚持一点点”。

徐华有一个晚上跑步的习惯。

“跑步谁都会觉得累。”徐华说，每当自己想放弃的时候，他就会在心里对自己说：这3圈是为我七班的学生跑的，这3圈是为我八班的学生跑的，这两圈是为我女儿跑的……就这样咬咬牙又能多跑出七八圈。

遇到困难退缩，这是人之常情。徐华也不例外，刚参加工作看着别的老师取得成绩时，他也着急。徐华说，也想找个捷径“绕过所有困难和挫折”。

这时候，一位老教师的话给了他启示：只需把每天要做的事扎扎实实地做好，结果一定会水到渠成。“这句话让我的心静了下来，并用自己的名字来提醒自己不着急。”徐华说，徐者慢也，华者花也，大自然是有规律的，人的成长同样如此——只要潜心努力，终有开花结果之日。

有了这样的心境，再遇到困难或者困惑时，徐华不仅不退缩，还能积极地想办法克服。

一次，徐华批改作业，发现学生们的错误总是重复出现，他开始陷入痛苦和迷茫：“这样的作业有什么意义？对自己这种留作业的方式非常不满意。”学生们重复出错是对所学知识没有真正理解，在这种情况下一遍遍地做题，学生们可能还会一遍遍地出错。

那段时间他脑子里想的都是如何找到针对作业问题的解决之道。

多年班主任的经历让徐华养成一个习惯，每节课都会到班上看看，无论是不是数学课。一天，语文课刚刚开始，徐华又来到了班级门口，只见学生们都非常专注地望着讲台，讲台上是正在课前演讲的学生。学生声情并茂地讲完后，台下学生除了鼓掌，还有人站起来针对演讲的内容提出自己的观点。

“谁说只有语文课可以演讲，数学课就不可以吗?”徐华问自己。

经过一段时间的思考，徐华推出了“课前 5 分钟作业自主讲评”的做法，即每节课随机抽取几名同学，用 5 分钟把自己对作业中某道题的思考过程、解题思路、注意事项讲出来，再由其他同学评议或提供其他做法，老师最后做补充或评价。

“学生只有真正明白了才能讲得清楚。”徐华说，这样做了一段时间后，徐华发现学生们的错误率降低了，自己批改作业的时间明显缩短了。节省出来了时间，徐华也有精力处理不同学生的个别问题了。

踏实做人做事

就因为每天比别人多做了那么一点点，日积月累，徐华成了一名研究与反思型的教师。徐华在一个学期末为两个班的孩子写了十多万字的期末评语；他和自己指导的 4 位老师代表广西参加全国数学优质课评比，均获得一等奖；他还积极发挥个人和学校辐射作用，使广西众多学校成为南宁二中教科研联合体合作学校，在真诚务实的帮助下，合作学校的教育教学质量均取得了令人欣喜的突破。

有人曾问徐华：当老师，就是年复一年，日复一日地做重复率比较高的工作，你是否会厌烦？徐华回答："其实，我们对工作是否厌烦，取决于我们的工作状态是否专注，当我们专注时，就会有惊喜的发现，就有了滴水穿石的功夫，当我能做到这些时，就会发现面对的太阳每天都是新的。"

一名已经毕业的学生写给徐华这样一段文字："离开的时候，您说，奋斗一生，永不放弃！3年来，我总是极力要证明什么，可您却用行动证明了大巧若拙，大智若愚，这时我才明白您一直要告诉我的是踏实地做人做事，感谢您的良苦用心。"

附录五　徐华：有反思意识才能成为一名好老师[①]

《中国青年报》记者　谢　洋　实习生　罗屹钦

从教25年，广西南宁市第二中学的徐华老师最引以为豪的，是陪伴了一届又一届学生的成长。他连续多年担任班主任，从2004年至2013年，更是连续10年担任两个班的班主任并承担教学工作。教学相长的过程中，他成为全国教书育人楷模、全国模范教师、享受国务院特殊津贴，获得过“苏步青数学教育奖”一等奖、“八桂名师”、自治区优秀专家等诸多荣誉。

担任班主任时，徐华每天的作息是这样的：早上6时40分，他第一时间来到学生宿舍楼下，留意学生什么时候出宿舍、用餐，提醒学生提前进入教室酝酿好情绪，准备一天的学习；每晚11时20分，学生宿舍熄灯后，他会在楼下等学生都静下来后再回去休息。

面对日复一日的超负荷工作，常有人问他难道不感到倦怠吗？

“没出现过倦怠的感觉，但感到过迷茫。”徐华认为，职业倦怠是对自己产生的一种本领恐慌造成的，“拿过去的经验去套新的学生，会不可避免地在工作中遇到挫折产生无力感，如果专注于自己的教育行为，会很有成就感，就不会感到倦怠”。

有一年，徐华首次同时担任两个班的班主任时，就曾感到过迷茫。放暑假前，他在给学生写期末鉴定时，面对众多的学生要一一写出有针对性的评价，除了工作量巨大，难度也让人头疼。写到一半时，徐华发现笔下对学生的评价很多都是模棱两可的语言，自己都不愿意看，为什么还要把这样的东西交给学生？

“人是需要不断追问、反思自己的教育教学行为的。”徐华说，经过

①谢洋、罗屹钦：《徐华：有反思意识才能成为一名好老师》，《中国青年报》2017年12月25日第11版，有删改。

思考，他对此有了很多新的认识和感悟：谁规定期末评语一定是期末才开始写？学期开始就应该启动评价学生的过程；学生和家长到底希望看到什么样的评语？他们希望看到你把最了解的一个方面呈现出来；谁说老师一定是了解孩子的那个人？跟孩子朝夕相处，了解他们最多的未必是老师，而是同伴。

反思过后，徐华开始改革评价学生的方法。他要求每名学生座位前后左右的4名同学要对其进行评价，学生宿舍的舍友也要评价，再加上老师的评价。这样到期末时，每名学生就会收到10人左右的评价。

互动性评价的概念其实早有人提出，但现实中很少有人去实践，原因就是背后的工作量太大。为了解决工作量巨大的问题，徐华利用Word文档的邮件合并功能，把Word文档跟电子表格关联在一起，便捷地管理海量的学生评价。

没想到，评价方式的小小改革，给学生的成长带来的却是惊人的变化。“如果有10名同学不约而同地认可你的某个优点，你就会觉得这是你身上特有的一种品质。这种外界的认可内化为学生的自我认同后，会成为支撑这个孩子今后面对各种挫折和挑战的力量，使他成为一名有魅力的学生。”徐华说。

在徐华看来，有没有反思意识，是区分一名普通老师和优秀老师的关键。一开始做老师时，徐华在备课时就常常问自己，上课时万一学生不按你的套路出牌怎么办？

于是他给自己提出“三不”的要求：不看教师参考用书、不看现成的教案、不看参考答案。他希望能站在学生的角度去琢磨，遇到这样的问题时会产生什么样的疑惑。

在徐华的办公室里，有一沓用活页纸手写的超过10万字的“工作反思录”。每次上课或听课后有感触时，他都会趁热打铁写下当时的心得。这些“反思录”中，有他被学生拿来的某道题问住后，解题产生的思考；有课堂上讲解某一道题时，突然产生的灵感；还有学生写的小周记。他从不认为教学全是老师在付出，把跟学生一起学习过程中的思考和素材搜集下来，对教师的专业成长也是一种帮助和积累。

后　记

心之所向　无问西东

"无问西东"出自清华大学校歌，原句是"立德立言，无问西东"，意思是一个人立德立言要追求卓越，超出古今中西。"心之所向，无问西东"源自电影《无问西东》，大意是遵从自己内心，义无反顾地去追求自己的目标。前者强调的是该设立什么目标，后者强调实现目标过程中的状态。

对于刚走上讲台的青年教师而言，面对千头万绪的工作如何去思考有价值的问题；对于有丰富教学经验的教师而言，如何去审视自己教学经验的科学性，这既是在追寻有效的学科教学，也是在不断强化自己经验的合理性成分，从而形成并完善自己的教学风格。作为一位教师，总希望留下一点自己教学经历中有价值的东西，让其对立志站稳讲台的教师（尤其是准教师）有些许的帮助。并不是认为自己的见解有多独到，也不是认为自己所呈现的内容有多精彩，而是尽可能呈现自己在学科教学实践中的所思所想，这大概是决定写这本反思录的初心吧。

本以为将自己多年来的教学反思结集成册是一件比较现成的事，无非就是将手稿录入电脑，但真正着手做这项工作时，才发现自己想得太简单了，没有预料到会遇到一个又一个挑战。

首先遇到的挑战是"散"。自己留下的课后反思不少只是点到为止，没有完整地表述清楚自己的观点与主张，于是只能边录入边重新厘清来龙去脉。另外，多年来自己的反思也并不是围绕着同一个主题进行的，如何在众多反思资料中找到与“自然生成”相关联的内容是让人头疼的事。

其次遇到的挑战是“偏好”。在整理文稿时发现，作为数学老师，留下相当数量的教学反思都是关于解题方面的反思，解题并非数学教与学的全部，而是知识应用的其中一个方面，这说明自己的教学对知识全方位的关注不够充分，也对教情与学情分析得不系统。

更让人沮丧的是，还遇到了资料遗失的挑战。由于手中的工作繁杂，因而手稿通常都是随身携带，将手稿录入电脑的工作，都是见缝插针地利用零碎时间来完成，录入整理工作时断时续，间隔的时间也时长时短。一天，当自己想要继续间断好一段时间的录入工作时，发现装在一个纸袋里的一大沓稿子不知所终，再也找不回来，因而有相当一部分反思内容是靠回忆的方式来完成，这也严重影响了完稿的时间。

我庆幸自己从教以来，无论做哪件具有挑战性的工作，都会遇到很多对自己无私关心与帮助的师长和学生，这次完成反思录的过程也不例外。

首先感谢我的每一届学生和每一位同行，无论课内还是课外，与他们对话交流的过程，既为我的教学反思提供了鲜活的素材，更是不断促使我始终用研究的态度来对待自己的日常教育教学，促使我争取成为一位有思想的践行者。

其次感谢与我相识二十多年的邝国宁老师，尽管邝老师已经退休多年，当我向他提出希望他能够为我的反思录作文章时，他不仅答应下来并很快完成，而且还以让人动容的热情与认真态度不断征求另外几位师长的意见，对文章几易其稿，这让一再推迟交稿的我无地自容。

最后感谢广西教育出版社的大力支持和编辑的辛勤付出，使拙作能顺利出版！

徐华

图书在版编目（CIP）数据

追寻自然生成的数学教学：徐华教学反思录 / 徐华著. -- 南宁：广西教育出版社，2021.12（2023.4 重印）

（特级教师书系）

ISBN 978-7-5435-8999-5

Ⅰ. ①追… Ⅱ. ①徐… Ⅲ. ①中学数学课 – 教学研究 Ⅳ. ① G633.602

中国版本图书馆 CIP 数据核字 (2021) 第 236831 号

策　　划：廖民锂　　**责任编辑：**陶春艳

版式设计：鲍　翰　　**封面设计：**杨　阳

责任校对：何　云　杨红斌　卢佳慧　　**责任技编：**蒋　媛

出 版 人：石立民

出版发行：广西教育出版社

地　　址：广西南宁市鲤湾路 8 号　**邮政编码：**530022

电　　话：0771-5865797

本社网址：http://www.gxeph.com

电子信箱：gxeph@vip.163.com

印　　刷：广西壮族自治区地质印刷厂

开　　本：787mm×1092mm　1/16

印　　张：25

字　　数：360 千字

版　　次：2021 年 12 月第 1 版

印　　次：2023 年 4 月第 2 次印刷

书　　号：ISBN 978-7-5435-8999-5

定　　价：58.00 元